강제동원편

전시 노동력 동원 번역자료집(1)

강제동원편

일제침탈사
자료총서 82

전시 노동력 동원 번역자료집(1)

동북아역사재단 일제침탈사 편찬위원회 기획
오일환 번역

동북아역사재단
NORTHEAST ASIAN HISTORY FOUNDATION

발간사

일본이 한국을 침탈한 지 100년이 지나고 한국이 일본의 지배로부터 벗어난 지 70년이 넘었건만, 식민 지배에 대한 청산은 이루어지지 못하고 있다. 일본의 독도영유권 주장은 도를 넘어섰다. 일본은 일본군'위안부', 강제동원 등 인적 수탈의 강제성도 인정하지 않고 있다. 일본군'위안부'와 강제동원의 피해를 해결하는 방안을 놓고 한·일 간의 갈등은 최고조에 이르고 있다. 역사문제를 벗어나 무역분쟁, 안보위기 등 현실문제가 위기국면을 맞고 있다.

한·일 간의 갈등은 식민 지배의 역사를 어떻게 볼 것인가 하는 역사인식에서 기인한다. 역사는 현재와 과거의 대화이며 이를 기반으로 미래로 나아갈 수 있다. 과거 침략의 역사를 미화하면서 평화로운 미래를 말하는 것은 불가능하다. 식민 지배와 전쟁발발의 책임을 인정하지 않고 반성하지 않으면 다시 군국주의가 부활할 수 있고 전쟁이 일어날 위험성도 배제할 수 없다. 미래지향적 한일관계를 형성하고 나아가 동아시아의 평화와 번영의 기틀을 조성하기 위해 일본은 식민 지배의 책임을 인정하고 그 청산을 위해 노력해야 할 것이다.

식민 지배의 역사를 청산하기 위해서는 식민 지배는 어떻게 이루어졌는지 그 실상을 명확하게 규명하는 일이 긴요하다. 그동안 일본제국주의에 맞서 조국의 독립을 위해 헌신한 독립운동가들의 활동을 찾아내고 역사적으로 평가하는 일에는 상당한 성과를 거두었다. 반면 일제 식민침탈의 구체적인 실상을 규명하는 일에는 충분한 노력을 기울이지 못했다. 제국주의가 식민지를 침탈했다는 것은 너무나 당연한 사실로 여겨졌기 때문에, 굳이 식민 지배에서 비롯된 수탈과 억압, 인권유린을 낱낱이 확인할 필요가 없었는지도 모른다. 그러는 사이 일본은 식민 지배가 오히려 한국에 은혜를 베푼 것이라고 미화하고, 참혹한 인권유린을 부인하는 역사부정의 인식을 보이는 데까지 이르고 있다. 일제의 통치와 침탈, 그리고 그 피해를 종합적으로 조사하고 편찬할 필요성이 여기에 있다.

일제침탈사를 체계적으로 정리하는 일은 개인이 감당하기 어렵다. 이에 우리 재단은 한국학계의 힘을 모아 일제침탈사 편찬위원회를 꾸렸다. 편찬위원회가 중심이 되어 일제의 식민지 침탈사를 정치·경제·사회·문화 모든 방면에 걸쳐 체계적으로 집대성하기로 했다. 일제 식민침탈의 실체를 파악하기 위해 2020년부터 세 가지 방면으로 사업을 추진하고 있다. 하나는 일제침탈의 실상을 구체적이고 생생한 자료를 통해서 제공하는 일로서 〈일제침탈사 자료총서〉로 편찬한다. 다른 하나는 이들 자료들을 바탕으로 연구한 결과물을 〈일제침탈사 연구총서〉로 간행한다. 그리고 연구의 결과를 대중들이 이해하기 쉽게 〈일제침탈사 교양총서〉를 바로알기 시리즈로 간행한다. 자료총서 100권, 연구총서 50권, 교양총서 70권을 기본 목표로 삼아 진행하고 있다.

〈일제침탈사 자료총서〉에서는 정치·경제·사회·문화 모든 방면에 걸쳐 침탈의 역사를 자료적 차원에서 종합했다. 침략과 수탈의 역사를 또렷하게 직시할 수 있도록 생생한 자료를 제공하는데 목표를 두었다. 그동안 관련 자료집도 여러 방면에서 편찬되었지만 원자료를 그대로 간행한 경우가 많았다. 이번에 발간되는 자료총서는 해당 주제에 대한 침탈의 실상을 체계적으로 이해할 수 있는 구성방식을 취했으며, 지배자의 언어로 기록되어 있는 자료들을 독자들이 쉽게 읽을 수 있도록 모두 번역했다. 자료총서를 통해 일제 식민 지배의 실체와 침탈의 실상을 있는 그대로 이해할 수 있게 되기를 기대한다.

2021년

동북아역사재단 이사장

| 편찬사

1945년 한국이 일제 지배로부터 해방된 지 76년의 세월이 지났다. 그럼에도 불구하고 일본 사회 일각에서는 여전히 일제의 한국 지배를 합리화하고 미화하는 주장이 나오고 있으며, 최근에는 한국 사회 일각에서도 일제 지배를 왜곡하고 옹호하는 주장이 나오고 있다. 이는 한국과 일본 사회, 한일 관계와 동아시아 국제관계의 미래를 위해서도 결코 바람직하지 않은 일이다.

이에 동북아역사재단은 일제의 한국 침략과 식민 지배에 대한 학계의 연구 성과를 총정리한 〈일제침탈사 연구총서〉를 발간하기로 하였다. 이에 따라 2019년 9월 학계의 전문가를 중심으로 편찬위원회를 구성하였으며, 편찬위원회는 학계의 연구 성과를 토대로 정치·경제·사회·문화 부문에서 일제의 침탈이 어떻게 이루어졌는지 정리하여 연구총서 50권을 발간하기로 하였다.

주지하듯이 1905년 일제는 러일전쟁에서 승리한 뒤, 한국에 군대를 주둔시키면서 한국의 외교권을 빼앗고 통감부를 두어 내정에 간섭하였다. 1910년 일제는 군사력으로 한국 정부를 강압하여 마침내 한국을 강제 병합하였다. 이후 35년간 한국은 일제의 식민 통치를 받았다.

일제는 한국의 영토와 주권을 침탈하였을 뿐만 아니라, 군사력과 경찰력으로 한국을 지배하면서, 정치·경제·사회·문화의 모든 부문에서 한국인의 권리와 자유, 기회와 이익을 박탈하거나 제한하였다. 정치적으로는 군사력과 경찰력, 각종 악법을 동원하여 독립운동을 탄압하고, 한국인의 정치활동을 억압하고 참정권을 박탈하였으며, 집회와 결사의 자유를 억압하였다. 경제적으로는 일본자본이 경제의 주도권을 장악하고, 일본인 위주의 경제정책을 수행했으며, 식량과 공업원료, 지하자원 등을 헐값으로 빼앗아 갔고, 농민과 노동자 등 대다수 한국인의 경제생활을 어렵게 하였다. 사회적으로는 한국인들을 차별적으로 대우하고, 한국인의 교육의 기회를 제한하고, 한국인으로서의 정체성을 박탈하여 결국은 일본의 2등 국민으로 만들고자 하였다. 문화적으로는 표현과 창작의 자유, 종교와 사상의 자유를 억압하고,

한글 대신 일본어를 주로 가르치고, 언론과 대중문화를 통제하였다. 중일전쟁, 아시아태평양전쟁을 도발한 뒤에는 인적·물적 자원을 전쟁에 강제동원하고, 많은 이들을 전장에 징집하여 생명까지 희생시켰다.

〈일제침탈사 연구총서〉는 침탈, 억압, 차별, 동화, 수탈, 통제, 동원 등의 단어로 요약되는 일제의 침략과 식민 지배의 실상과 그 기제를 명확히 밝히고자 하였다. 이를 통해 일제의 강제 병합을 정당화하거나 식민 지배를 미화하는 논리들을 비판 극복하고, 더 나아가 일제 식민 지배의 특성이 무엇이었는지, 식민 통치의 부정적 유산이 해방 이후에 어떤 영향을 미쳤는지를 밝히고자 하였다.

편찬위원회는 연구총서와 함께 침탈사와 관련된 중요한 주제들에 관하여 각종 법령과 신문·잡지 기사 등 자료들을 정리하여 〈일제침탈사 자료총서〉도 발간하기로 하였다. 아울러 일반인과 학생들이 보다 쉽게 읽을 수 있는 〈일제침탈사 교양총서〉를 바로알기 시리즈로 발간하기로 하였다.

일제의 한국 침략과 식민 지배의 역사는 광복 후 서둘러 정리해냈어야 했지만, 학계의 연구가 미흡하여 엄두를 내기 어려웠다. 이제 학계의 연구가 어느 정도 축적되어 광복 80주년을 맞기 전에 이와 같은 작업을 할 수 있게 된 것을 다행으로 생각한다. 한일 양국 국민이 과거사에 대한 올바른 역사인식을 갖고 성찰을 통해 미래를 향해 함께 나아갈 수 있기를 기대하면서 삼가 이 책들을 펴낸다.

2021년

동북아역사재단 일제침탈사 편찬위원회

| 차례

| 일러두기

1. 일제침탈사 자료총서는 가급적 일반 시민들이 읽고 이해할 수 있는 현대적인 문장과 내용으로 구성했다.
2. 인명 및 지명 등 고유명사는 처음 등장할 때 원어를 병기하고 이후에는 한글만 표기하는 것을 원칙으로 하되, 문맥을 이해하는 데 필요한 경우 원어를 재차 병기했다.
3. 한글 표기는 국립국어원 외래어표기법에 따랐다.
4. 연도는 서력 표기를 원칙으로 하고 관련 연호는 병기했다.
5. 숫자는 천 단위까지 아라비아 숫자로 표기하고 만 단위 이상은 '만'자를 넣어 표기했다. 도표 안의 숫자는 가급적 그대로 표기했다.
6. 국한문혼용체와 같이 탈초만으로 문장을 이해하기 힘든 경우, 가급적 현대어에 가깝게 윤문했다. 단, 풀어 쓰기 어려운 낱말이나 문구는 원문을 병기하거나 역자 주를 이용했다.
7. 낱말이나 문구에 대한 설명이 필요한 경우 또는 편찬사업의 취지에 따라 자료 해설이 필요한 경우 역자 주를 적극 활용했다. 단, 역자 주는 1), 2) 등으로 표기하고, 원자료의 주석은 *, ** 등으로 표기했다.
8. 판독이 불가한 글자의 경우, 원문에 따라 ■로 표기했다.
9. 원문의 그림은 가급적 그대로 인용하되 필요한 경우 원문에 따라 재구성하였다.

| 역자 서문

그동안 일제에 따른 강제동원의 역사적 사실, 특히 노동력 착취의 실태에 관해서는 생존 피해자의 생생한 증언 등을 통해 널리 알려져 왔다. 하지만 시간이 흐를수록 생존자는 줄어들고 후손들의 기억이 희미해짐에 따라 엄연한 역사적 사실을 왜곡하고 심지어 부인하는 세력들이 늘어나고 있다.

현재 일제 강제동원의 역사적 사실은 체험과 기억의 영역을 넘어 객관적 사료와 증거, 입증과 분석이 필요한 연구와 학술의 단계로 접어들고 있다. 그러나 이 단계는 점차 역사적 사실을 부정하려는 세력 때문에 '논쟁'과 국가 간 '역사전쟁'으로 전선이 확대되고 있다.

이에 일제 강제동원과 노동력 착취의 역사적 실체를 기록하고 논증하는 작업의 일환으로 가해자의 기록물을 발굴하고 분석하는 작업이 필요한 시점이다.

일제침탈사 자료총서 제82권과 제83권은 전시 노동력 동원 번역자료집(1)·(2)로 일제의 조선인 강제동원의 실태를 보여 주는 객관적 자료인 일본제국 정부의 공식 조사보고서, 조선총독부의 노무자원 조사 결과, 조선인을 대거 동원한 기업이 산하 작업장의 노무관리자들에게 조선인 노무관리를 교육시키기 위해 만든 매뉴얼, 노무관리 전문가의 조선인 노무관리 지침서, 일제의 요구에 부응하여 민간 연구소와 출판사 등이 추진한 조선인 노무관리 실태에 관한 조사결과, 공장·광산에서 노조를 해체하고 조직한 산업보국회의 운영에 관한 설명서 등 6건을 번역한 것이다.

일제의 강제동원을 역사적 사실로서 입증하는 데는 피해자의 체험과 증언, 구술뿐만 아니라 가해자인 일제가 직접 실행한 공적 기록물, 실무자들이 집계한 통계와 기술한 내용들도 함께 제시되어야 한다. 이 책에 번역된 기록물과 자료들은 그야말로 가해자들의 속내와 의도 그리고 그 결과를 있는 그대로 비춰 주는 역사적 '엑스레이 사진'이라 할 수 있다.

첫 번째 번역자료집은 6건의 자료 가운데, 「조선인 노무자의 관리에 대하여」, 「특수노무자의 노무관리」 그리고 「복명서」, 「노동자원조사에 관한 건」의 4건을 먼저 다루고 있다.

「조선인 노무자의 관리에 대하여」는 1942년 가지마구미(鹿島組)의 노무부(勞務部)가 산하 작업장 등의 노무관리자들에게 조선인 노무관리에 참고하도록 펴낸 사내 교육자료이다.

가지마구미는 현재 가지마건설(주)로 알려져 있는 일본 굴지의 종합건설회사이다. 가지마구미는 1880년 도쿄를 기반으로 설립되어 1910~1930년대 후지산 남쪽의 이즈(伊豆)반도를 횡단하는 단나(丹那)터널 등의 대규모 토목공사를 맡으면서 중견기업으로 성장하였다. 아시아태평양전쟁 말기 마쓰시로(松代) 대본영 조성 공사를 맡은 것도 가지마구미였고, 400여 명의 중국인 노무자를 학살한 하나오카(花岡)사건 역시 가지마구미에서 발생한 참사였다.

마쓰시로 대본영 건설에 동원된 조선인은 수천 명에 이르고 사망자만 수백 명이 넘는다. 인근 지역의 사찰 등에는 아직도 조선인 유골이 산재해 있다.

전쟁이 진행될수록 인력 부족에 시달리던 가지마구미와 대다수의 작업장에서는 조선인과 중국인을 동원하는 데 급급했을 뿐만 아니라 작업 현장에서 이들을 관리하고 작업능률을 올리는 데 혈안이었다. 「조선인 노무자의 관리에 대하여」는 이러한 고민에서 회사의 노무부가 직접 편찬한 교육자료로서 조선인을 효율적으로 관리하고 착취하기 위한 지침이라 할 수 있다.

「조선인 노무자의 관리에 대하여」는 조선인의 특성과 장단점을 나열하고 일본인과 동화(同化)시킨다는 명목하에 일본어를 가르치는 등의 관리 방침을 서술하고 있다. 하지만 조선인을 바라보는 일본인의 관점은 문명 개화한 일본이 하등하고 열등한 조선인을 개화시킨다는 인식에서 벗어나지 못하고 있으며, 이러한 교육자료를 펴낸 이유 역시 작업능률을 향상시키고 조선인을 효율적으로 '착취'하는 데 있다.

회사는 교육자료에서 조선인의 단점을 무려 '26개'나 나열하면서 조선인에게 너무 잘 대해주어 '버릇없게 굴지 않도록' 해야 하고, '사랑의 채찍과 눈물의 회초리'를 잊지 말아야 하며, '한 사람의 도주자도 발생하지 않도록' 노력할 것을 주문하고 있다.

「특수노무자의 노무관리」는 1943년 산해당(山海堂)출판사가 〈산업능률증진총서〉를 기획하고, 노무관리 전문가인 마에다 하지메(前田一)에게 집필을 맡겨 출간한 책이다. 산해당은 토목과 공학 분야에 특화된 서적과 잡지 등을 출판하던 출판사인데, 아시아태평양전쟁 기간에는 항공기 등 각 산업 분야의 생산증강에 필요한 도구서의 출판에 역점을 두었다. 하지만

전쟁기간의 출판 불황을 타개하고 당국의 출판보국(出版報國) 지시를 이행하기 위해 산업분야의 생산증강에 필수적인 노무관리에 관한 총서를 기획하기에 이르렀다.

마에다 하지메는 1920년대 홋카이도탄광기선회사에 입사한 이래 오랫동안 노무계로서 노무관리에서 잔뼈가 굵은 인물이다. 1927년에 출간한 『샐러리맨 이야기』를 통해 일본에 '샐러리맨'이라는 말을 퍼뜨린 인물이기도 하다. 전후 마에다는 일본경영자단체연맹(일명 '경단련')의 발족 이래 21년간 전무이사를 지내며 노동자단체와 노조운동에 대항하는 경영자단체의 조직과 논리를 만드는 데 앞장섰다.

「특수노무자의 노무관리」는 조선인과 중국인 노무자를 특수노무자로 규정하고 이들에 대한 노무관리에 필요한 기초지식과 체계적인 대응 매뉴얼 등을 담고 있는 지도서이다. 전편(前篇)은 조선인을, 후편(後篇)은 중국인을 다루고 있다. 조선인 노무동원계획에 관해서는 당국의 정책과 방침 그리고 관련 법령 등을 상세하게 다루고 있다. 그리고 실제로 조선인 노무자의 다양한 '모집' 방법에서 '관알선' 방식과 수송 체계까지 잘 설명하고 있다. 한반도에서 조선인 노무자를 어떻게 모집하고 동원했는지 그 실태와 맥락을 이해하는 데 매우 유용한 대목이라 할 수 있다.

더 나아가 「특수노무자의 노무관리」에서는 일본 현지 도착 1일째부터 숙련공이 되기까지의 전 과정에 관한 지침과 교육, 훈련, 재계약 등을 망라하고 있다. 특히 조선인의 도주 방지와 재계약 문제에 체계적으로 접근하고 작업능률과 출근율을 제고시키기 위한 방안 등을 제시하고 있다. 그 밖에 조선인 숙소의 크기와 설비, 여가와 풍습에 이르기까지 생활관리에 필요한 정보를 꼼꼼하게 서술하고 있다. 중국인 노무자(쿨리)에 관한 내용은 더욱 상세한데, 조선인과 사이가 나쁘기 때문에 서로 같은 장소에 두지 말 것을 지시하고 있을 정도이다.

조선인 노무관리에 관한 자료나 책 중에서 이만큼 자세하고 체계적인 매뉴얼은 찾아보기 힘들 정도로 「특수노무자의 노무관리」는 상세하고 체계적이다.

하지만 조선에 관한 이해와 조선인에 대한 온정적 태도는 어디까지나 강제동원에 따른 일상적인 착취를 은폐하고 오로지 작업능률을 향상시키는 데 그 목적이 있다.

「복명서」는 1944년 7월 31일 내무성 촉탁(囑託)인 '오구레 야스차카(小暮泰用)'가 '내무성의 명령'에 따라 '최근 조선의 민정과 동향 그리고 읍면 행정의 상황을 조사'한 결과를 내무성 관리국장에게 제출한 출장보고서이다.

주요 내용은 전시하 조선의 동향, 도시와 농촌의 식량사정, 조선 안 식민관료들의 반응과 태도, 부·읍·면 단위의 행정 이행 상황 등을 살펴보는 데 있다. 그런데 이 출장보고서에서 특히 중요한 부분은 후반부에 있다. 보고자는 조선인 노무자의 가정 형편과 인력 부족 사태 그리고 학교보국대 문제점 등을 다루고 있는데, 강제동원의 실체를 일본의 관료가 자인하고 비판했다는 점에서 의미가 있다.

예를 들면, 보고자는 '징용은 차치하더라도' '인질과 약탈, 납치'의 사례가 많으며 나머지 동원 방식 역시 '완전히 납치나 마찬가지'고, 이따금 '상해치사와 같은 불상사가 발생'한다고 적었다.

또한 보고자는 일본에 송출된 조선인 노무자의 월평균 수입이 76원 26전인데, 회사가 경비 명목으로 62원 58전을 공제하고 나머지 13원 68전만 순수입인데, 이 금액으로는 '누가 과연 현재처럼 고물가 시대에 살아갈 수 있겠는가?'라며 통박하고 있다. 실제로 보고자는 관의 알선으로 송출된 조선인의 한 가정을 방문하였는데, 당초 월급으로 130원을 받을 수 있다며 맺은 계약은 거짓이었고 일본으로 떠난 지 1년 가까이 되도록 송금은 물론 소식도 없는 가운데 63세의 노모가 혼자서 거의 빈사 상태에 있는 실정을 목격했다며 강제동원의 폐해를 비판적인 시각으로 보고하고 있다.

비록 보고자는 식민지 조선의 현실과 운명이 '대동아전쟁'의 성공을 위해 공출과 헌납, 강제 노무, 징병 등의 '영예로운 책무'를 짊어지고 있기에 '고통스럽지만 생명을 걸고 참고 견뎌야만' 한다고 굳게 믿는 일제의 관료이지만, 그가 직접 목격한 조선의 현실은 '차마 눈물을 흘리지 않을 수 없는 실정'이었다는 것을 당국에 비판적으로 보고하고 있다.

「노동자원조사에 관한 건」은 1940년 조선총독부가 전국 각 도별로 12~45세 인구를 연령과 성별로 나누어 조사하여 노동력으로 징발할 수 있는 인력을 조사한 결과이다.

1940년 3월경 조선총독부는 기존의 노동력 공출 방식으로는 한계에 부딪혔다면서 농촌의 잉여노동력을 몽땅 조사하여 징발하려는 목적으로 전국적인 노무자원 조사를 기획하였다. 3월 초 조선총독부는 전국 도별 노동자원조사에 관한 지시를 통달하여 그해 6월까지 대다수의 도별 집계가 이루어진 가운데 충청남도, 평안북도, 함경북도 등 일부 도의 오류와 미비한 통계를 9월까지 수정, 보완하였다.

조선총독부가 조사한 내용은 각 연령별 남녀 인구수, 노동출가(出稼) 및 노동전업(轉業) 희망자 수 등이다. '노동출가(出稼) 및 노동전업(轉業) 가능자, 희망자'란 조선인 대다수가 농업에 종사하는 가운데 고향이 아닌 다른 지역으로 가서 농사가 아닌 노동에 참여할 수 있는 자 또는 이를 희망하는 자를 가리킨다. 일제는 각 군(郡)의 이상경지면적을 기반으로 농사에 필요한 최소한의 인원을 제외한 나머지 노동력을 모두 과잉농가 및 잉여노동력으로 추산하고 이를 '노동출가 및 노동전업 가능자'로 계산하였다. 이때 조선총독부는 조사원을 통해 각 농가의 소작, 자작 규모와 세대원 수, 가계 소득과 지출 내역, 세대원의 건강상태 등을 나름대로 조사하여 이를 바탕으로 노동출가 및 전업 가능자와 희망자를 추산하였다.

이를 통해 1940년 현재 조선 전역에 걸쳐 해당 연령의 노동출가 및 노동전업 가능자는 남자 총 92만여 명, 여자 23만여 명이고, 노동출가 및 노동전업 희망자는 남자 총 24만여 명, 여성은 2만여 명에 이르는 것으로 집계되었다.

「노동자원조사에 관한 건」은 일제가 조선인 노동력을 착취하기 위해 조선의 농업 면적과 인구, 소득과 지출, 건강상태, 일본어 구사 능력 등 세부사항까지 주도면밀하게 파악했다는 것을 명징하게 보여 주는 사료라 할 수 있다.

부디 역사적 '엑스레이 사진'을 통해 현재와 미래의 독자들이 침략과 지배, 피지배 관계에 기인하는 질병의 원인과 상태를 정확하게 진단하고 올바른 처방을 내릴 수 있기를 기대한다.

역자 오일환

자료1

조선인 노무자의 관리에 대하여

'(주)鹿島組勞務部 編,『朝鮮人勞務者の管理に就て』, 1942년'의 번역

서사(誓詞)

1. 일시동인(一視同仁)[1]의 성지(聖旨)를 받들어 충량한 일본 신민이 되도록 한다.
2. 신도(神道)를 실천하는 본의에 따라 각각 그 맡은 직분과 역할에 봉공(奉公)하도록 한다.
3. 내지동화(內地同化)의 기조에 따라 생활을 갈고 닦고 개선하도록 한다.

1940년(昭和 15) 12월 4일

기원 2600년 봉축

전국협화사업대회

황국신민 서약(皇國臣民誓詞)

1. 우리는 황국신민(皇國臣民)이다. 충성으로 군국(君國)에 보답할 것이다.
2. 우리 황국신민은 신애협력(信愛協力)하여 굳게 단결할 것이다.
3. 우리 황국신민은 인고단련(忍苦鍛鍊)을 배양함으로써 황도(皇道)를 선양할 것이다.

근로자의 마음가짐(勤勞心得)

1. 우리의 직업을 존중하고 그 사명에 정진할 것.
2. 근로보국의 정신을 가질 것.
3. 규율을 바르게 하고 규칙을 엄수할 것.
4. 업무의 절차, 순서를 명심할 것.
5. 물자를 절약하고, 낭비가 생기지 않도록 마음에 새길 것.
6. 기계와 공구를 소홀히 다루지 않을 것.
7. 능률의 증진을 도모할 것.

---

1 모든 사람을 평등하게 보아 똑같이 사랑함.

8. 노동자를 아끼고 보호할 것.

9. 일치 협력하여 노력하고 분투할 것.

10. 안전과 보건에 유념할 것.

안전 5원칙

밝은 모습으로 출근해야 가정이 밝아진다.

떨어뜨리지 말고 던지지 말고 쉬운 방법으로 요령 부리지 말 것.

우리의 기계, 우리의 공구

물건은 제자리에, 버릴 것은 버리는 곳에

작은 불씨라고 무시하면 화재가 된다.

위생 5원칙

아침엔 웃는 얼굴로 먼저 인사하자.

낮에 땀 흘려 일하면 천국이지만, 밤에 땀 식은 채 그냥 자면 지옥이다.

아무거나 무턱대고 마시면 목숨이 위태롭다.

평온한 잠자리가 무엇보다 최고

적당한 운동과 적당한 휴식

서론

주지하는 바와 같이 우리나라에서는 지나사변[2]이 시작되고부터 군(軍) 방면의 업무와 군수공업, 기타 시국에 필요한 산업 방면은 물론이고 이러한 분야의 기초건설사업인 토목건축 공사장에서도 노동력의 수요가 급증함에 따라 해마다 노무자의 부족이 매우 심각해졌다.

정부로서도 이러한 중요 사업 방면의 노무자 부족을 보완하기 위해 1938년(昭和 13) 이래 다양한 노무통제법령을 제정·실시하고 이와 동시에 1939년(昭和 14)부터 매년 노무동원계획을 마련하여(1942년부터 '국민동원계획'이라고 개칭함) 불요불급한 방면에 종사하고 있는 노무자를 현재의 국가 정세를 감안하여 가장 필요한 방면으로 전환배치하고, 필요한 방면의 노무자가 다른 방면으로 이동하지 않도록 하기 위해 전력을 기울여 왔는데, 이러한 정부 당국의 노력에도 최근 들어 내지의 노무자 부족 상황이 해가 갈수록 심각해지자 상당히 많은 수의 노무자를 국외에서 들여와야만 하는 실정에 이르렀다.

더욱이 기존의 경험에 비추어 볼 때 가장 효과적이며 빠른 해결방법은 조선인을 내지로 이입시켜 내지인 노무자 부족을 메꾸는 것이다. 현재 정부는 금년도에 조선인 노무자 약 12만 명과 전년도의 나머지 약 3만 명을 합쳐 약 15만 명의 이입계획을 수립하여(이 중에서 토목건축업 관련 노무자는 약 2만 5,000명) 착착 진행하고 있다.

우리 가지마구미(鹿島組)에서도 전년도에 시나노강(信濃川)출장소에 150명, 최근에는 온다케(御嶽)출장소에 200명 정도의 조선인 노무자를 이입했고, 계속해서 금년도에도 여러 명을 이입할 계획이다. 더욱이 우리나라가 현재 당면하고 있는 대동아전쟁에서 승리하기 위해서는 생산력 증강이 긴요한데, 이러한 증산을 위해서 최우선적으로 고려해야 하는 문제가 바로 '노동력'이다.

따라서 우리나라의 현재 입장에서 볼 때 앞서 말한 바와 같이 조선인 노무자를 앞으로도 계속 내지로 이입시켜 이러한 노동력 부족을 보완해야만 하는 것은 분명한 사실이다. 현재

2 1937년에 일어난 중일전쟁을 가리킨다.

우리 토목건축업 방면의 공사장을 보더라도 내지의 노무자 과반수는 조선인 노무자가 차지하고 있는 상태이다.

또한 다른 측면에서 보면, 노무자의 부족이라는 문제보다 더 중요한 문제는 능률을 향상시키는 데 있다. 한 사람의 노무자가 두 사람 몫, 세 사람 몫의 일을 하도록 능률을 올릴 수만 있다면 노무자의 부족 때문에 발생하는 결함은 어느 정도 보완할 수 있다. 따라서 각 방면에서 노무자의 부족 때문에 고민하고 있는 현상태에서는 무엇보다 노무자의 능률을 향상시키는 것이 가장 중요하며 선결해야 할 문제인 것이다.

그런데 조선인 노무자는 일반 내지인 노무자와 성격과 생활습관이 다르기 때문에 내지인이나 중국인과 비교할 때 능률이 낮고 근면이라는 측면에서 볼 때 가장 뒤떨어져 있는 것 같다. 따라서 조선인 노무자에게 일을 시킬 때는 충분한 능률을 발휘할 수 있도록 지도하고 교육하는 방법에 대해 세심한 주의가 필요하며, 이를 소홀히 하지 않도록 하고, 관리를 하는 데도 일련의 연구와 고심이 필요하다고 생각한다.

물론 조선인 노무자를 부릴 때는 엄격하게 지도하는 것이 당연하지만, 저들을 대할 때 '친근한 마음(親心)'의 정(情)으로 돌보아 주는 것은 관리를 하는 데, 매우 중요하다고 생각하는데, 이렇게 온정을 겸비하여 관리를 할 때도 조선인 노무자의 성질과 특징을 제대로 이해하고 그 장단점을 잘 파악하지 않으면 좀처럼 원하는 만큼의 성과가 나오지 않을 것이다.

이 책은 이상의 관점을 바탕으로 조선인 노무자를 관리하는 마음가짐을 가급적 쉽게 설명하고, 직접 관련이 있는 공사장은 물론이고 일반 회사원, 부하, 관리자 등에게 조선인 노무관리의 연구자료로 참고하도록 하는 데 있다.

1942년(昭和 17) 12월

가지마구미 노무부장

차례

---

3 직책 등의 명칭은 각 직책의 책임과 역할을 엄밀하게 확인하기 위해 원문 그대로 번역하기로 한다. 다만, 경우에 따라 '계원'을 '담당자'로 풀어쓰기도 한다.

제1장 조선인 노무관리가 내지인과 다른 점

한국이 우리나라에 병합된 지 불과 33년밖에 되지 않았지만, 그동안 황국의 신민으로서 내지인에 열심히 동화되어 왔다. 그러나 그 역사, 풍속, 습관, 언어 등이 다르기 때문에 조선인의 노무관리 방식은 내지인과 달라야 한다는 점은 당연하다.

제1절 기존의 실패 원인

기존에 조선인 노무관리의 실패를 반복하고 있는 원인에 관해서는 여러 가지 논의가 있겠지만, 직접 이를 수행하는 관리자가 조선인의 성질과 특징을 제대로 이해하기 전에 '조선인은 역시 관리하기 힘든 민족이다'라는 점을 머리에 깊이 새겨 둘 필요가 있으며, 일본인 대부분의 기질이 너무 결벽한 데다가 성급하게 성과를 내려고 하는 점에 그 원인이 있지 않을까 생각한다.

제2절 진상의 인식

무릇 인간인 이상 어떤 정신상태나 실생활도 과거의 생활과 경험에서 비롯된다는 점은 두말할 나위가 없는데, 이에 따라 그들의 사상과 감정, 습관 등을 고려하고 항상 연구하는 마음가짐으로 임해야만 진상을 파악할 수 있다는 점이 가장 중요하다고 생각한다.

제3절 특성과 대책

조선인 노무관리에서는 앞에서 설명한 바와 같이 민족으로서의 특징과 성질을 제대로 이해한 뒤 거기에 맞는 대책을 세우되 장점은 돋우고 단점은 올바른 방향으로 이끌어 나가는 방침이 가장 중요하다고 생각한다.

제4절 조선인 노무관리에서 중요한 점

요약하면, 조선인 노무관리에서 가장 중요한 것은 조선인 노무자를 황국신민으로서 육성해 나가고 내지인에 완벽하게 동화시키는 것, 대동아전쟁하에서 각 방면마다 증산을 부르짖고 있는 오늘날 이렇게 능률이 떨어지는 노무자를 산업노무자로서 제 역할을 할 수 있는 유능한 자들로 육성해야만 한다는 두 가지이다.

더욱이 내지인과 조선인 노무자 상호 간의 협화(協和)가 중요하기 때문에 조선인 노무관리를 수행하는 자의 책무는 실로 중대하다고 할 수 있다.

제2장 조선인 노무자의 특성에서 본 노무관리

제1절 장단점과 대책

조선인 노무자의 특성이라고 하면 마치 조선인에만 한정되는 것으로 이해할 우려가 있지만, 내지인은 물론 다른 민족에서도 정도의 차이가 있을 뿐, 다소 비슷한 경향을 가진 사람이 있다는 것을 간과해서는 안 된다. 더욱이 이는 이입된 조선인 노무자 대부분이 이러한 경향을 갖고 있다는 데 지나지 않으며, 지능이나 덕성이 뛰어난 자도 있다는 것을 잊어서는 안 된다. 아무튼 우리는 상대를 바라볼 때 자기의 기준으로 판단하고 상대방을 실제보다 낮게 판단하기 마련인데, 이 점을 깊이 조심해야만 한다.

다음으로 각각의 특성에 관해서는 그에 맞는 대책과 동시에 중요한 사항을 언급해 두고자 한다.

1. 장점〔성정(性情)과 이를 조장하는 방법〕

(1) 효심이 깊고 부모에게 절대 복종하는 습관이 있다.

이는 공자의 가르침에서 온 아름다운 풍습인데, 저들이 귀선(歸鮮)[4] 등을 요구할 때는 이러한 아름다운 인정을 크게 참작해야만 한다. 그러나 귀선할 목적으로 종종 거짓말을 하는 경우가 있으니 주의가 필요하다.

(2) 조상숭배의 미풍양속이 있다.

이것도 공자의 가르침에서 온 것인데, 해마다 조상의 제사를 네 차례 올리는 것으로 알려

4 조선으로 돌아가는 것

져 있다. 이러한 경우에는 제사 때문에 귀선하지 않도록 하면서도 어떻게든 이 미풍양속을 잃어버리지 않도록 관리자가 신경 써야만 한다.

(3) 친척과 동료에 대한 동정심이 깊다.

대가족주의 아래에서 자란 습관 때문에 동류들끼리 단결하는 심리가 매우 강하고 견고하지만, 오히려 이 때문에 종종 외부와 분쟁을 일으키는 일이 있다. 또한 일본에 다른 연고자 등이 있을 경우에는 그리 도주하는 경우가 자주 있기 때문에 항상 통신이나 교통 등에 주의가 필요하다.

(4) 남녀 관계가 바르다.

'남녀 7세 부동석'이라는 유교(공자의 가르침)의 가르침 때문에 저들은 여자들에게 함부로 말을 건네지 않으며, 이 때문에 생각지도 못한 사소한 다툼이 벌어지는 경우가 있기 때문에 주의가 필요하다.

(5) 예의 바르고 연장자를 특히 존경한다.

연장자를 공경하는 미풍양속이 있는데, 만약 나이 어린 사람 앞에서 연장자를 꾸짖거나 모욕하는 듯한 태도를 보이면 이 때문에 악감정을 품는 경우가 있으니 주의가 필요하다. 또한 저들이 인사를 하면 반드시 답례를 하도록 해야 한다.

(6) 관헌과 강자에게는 유순하고 명령에 따른다.

앞에서 설명한 바와 같이 저들은 정신보다 계급을 중시하는 심리가 강하기 때문에 이에 대해서는 항상 엄중하고 공평한 태도를 잃지 않는 것이 중요하다.

(7) 다른 사람에게 관용을 베풀고 의연한 태도를 보이는 풍조가 있다.

이것도 유교정신의 표현으로, 일면 대국(大國) 사람의 풍모가 있는데, 일단 이해관계가 얽힌 일이 생기면 이런 풍모도 일변하는 사례를 종종 볼 수 있다. 이에 저들의 행동을 결코 일면만 볼 것이 아니라 끊임없이 최대한 신중하게 주의를 기울여 임해야 할 필요가 있다.

(8) 소박하고 열악한 의복과 음식을 잘 참는다.

이입노무자는 대부분 하층 생활자로서 소박하고 열악한 의복과 음식을 잘 견디는 습관이 있지만, 일본에 오게 되면 주변의 생활이 급변하기 때문에 이러한 풍습도 바뀌고 있다. 일면 저들에게는 허세를 부리는 성질도 있기 때문에 이를 선도할 수 있도록 유의해야만 한다.

(9) 일이 힘들기 때문이라기보다 수입이 많고 적음에 따라 이동한다.

저들은 원래 아무리 힘들고 천하고 불쾌한 일이라도 피하지 않는 풍습이 있는데, 일본에 오래 있다 보니 이러한 풍습도 점차 사라져 가는 경향이 있으니 이를 선도하는 데 신경을 쓸 필요가 있다.

(10) 체질이 우수하다.

일본인과 중국인의 체격, 체력과 비교하면 일본인이 가장 열악하고 중국인이 그다음이고, 조선인은 월등하게 뛰어나다. 그러나 노동량에서는 일본인, 중국인, 조선인 순서가 되고, 근면성에서도 조선인이 최하위이다. 이는 노무관리자가 관리 방법에서 한층 더 연구와 노력이 필요하다는 것을 보여 준다.

(11) 일본인과 비교할 때 가동률(稼動率)이 양호하다.

저들의 체력이 우수하고 기존의 습관 때문에 처음 이입되었을 때는 내지인보다 가동률이 높은데, 날이 갈수록 가동률이 현저하게 저하되는 경향이 있다. 이는 생활환경이 급변한 것과 민족성의 결함 때문인 것으로 생각하는데, 이 역시 관리자가 고려해야 할 사항이다.

2. 단점(성정과 이를 교정하는 방법)

(1) 지능이 매우 낮고 향상심이 없다.

교육을 받지 않은 자는 일반적으로 향상심이 부족한 것이 통례인데, 이는 기존 생활상태의 영향이 좌우하는 것이기 때문에 저들을 교육하고 훈련시킴으로써 저들의 지능을 높이고 향상심을 배양할 수 있을 것이다.

(2) 판단력이 부족하고 융통성이 없다.

이 역시 교육을 받지 못해서 지식능력이 낮은 자들의 일반적인 성질인데, 저들은 사물을 넓게 보지 못하고 한쪽으로만 치우쳐 보는 성질을 갖고 있다.

(3) 생활의 중심을 자기 몸과 가족에 두기 때문에 국가관이 부족하고 시국인식이 결여되어 있다.

병합 이전에 오랜 세월 핍박을 받아온 역사를 갖고 있는 민족이고 대가족주의 아래에서 있다 보니 자연스럽게 국가에 대한 관념이 부족한 것이 당연하다. 이들을 황국신민으로서 철저히 교육하는 것이야말로 실로 중대한 책무라고 생각한다.

(4) 사대사상(事大思想)이 강하다(강권자에게 복종하는 사상).

이는 저들의 오랜 역사에서 몇 번이나 나라가 흥망성쇠를 거듭하다 보니 항상 강한 자에게 압박을 받아왔기 때문에 그런 것이다. 이에 저들에게는 사랑과 정의를 지닌 강자로서 임하고, 한편으로는 엄정한 태도를 잃지 않으면 저들이 점차 감복하고 선량하게 바뀔 수 있다고 믿는다.

(5) 민족문제에 관하여 단결심이 강하다.

이에 대해서는 상당히 중대한 관심을 기울일 필요가 있는데, 저들을 모욕하는 말이나 태도는 절대로 삼가는 것이 매우 중요하며 동료 중 한 명이 모욕을 당하면 여러 명이 함께 행동에 나서는 경우가 자주 있기 때문에 충분한 주의가 필요하다.

(6) 사고가 천박하여 부화뇌동하는 성향이 많다.

②에서 설명했다시피 사물의 판단이 어둡고 다른 사람의 그럴듯한 말에 휘둘려 일시적 감정으로 격해지고 보통 때라면 상상할 수도 없는 돌발적인 행동을 하는 일이 자주 있다. 저들의 동향에 대해서는 항상 세심하게 주의를 기울이는 동시에 끊임없이 교육할 필요가 있다.

(7) 허풍이 심하고 표리부동하다.

극단적 이기주의와 대가족주의에서 생활한 영향이 있어서 그때뿐인 허세를 부리기 위해 금방 탄로가 날 뻔한 거짓말도 아무렇지 않게 내뱉는 버릇이 있고, 자기만 좋으면 된다는 생각에서 자기 물건과 다른 사람의 물건을 구분하는 소유관념이 없다. 예를 들면, 다른 사람의 물건을 훔쳤다가 탄로가 난 경우에도 그냥 돌려 주면 그만이라는 잘못된 생각을 갖고 있기 때문에 이 점에 있어서는 특히 도덕관념을 심어 주는 교육이 필요하다.

(8) 스스로 나서서 무엇을 시작하려는 기개가 없고 의지는 약하며 의존심이 강하다.

이것도 기존의 극단적인 가족제도에서 기인하는 폐해인데, 항상 자기 일은 자기가 한다는 사고와 더불어 황국신민이라는 생각을 교육시켜서 지도해 나가는 것이 중요하다.

(9) 온정을 보이면 이를 믿고 함부로 굴고 버릇없는 태도가 심해지고 은혜를 잊어버리는 경향이 있다.

저들을 대할 때 지나치게 관대한 태도를 보이면 곧바로 기어오르고 점점 더 버릇없이 굴 염려가 있기 때문에 관용적인 태도와 더불어 항상 엄중하게 지도하는 것을 잊지 말아야 한다. 또한 기회가 있을 때마다 은혜를 입은 것에 대해서는 반드시 보답을 해야 한다는 사상을 고취시킬 필요가 있다.

(10) 집념이 강하고 일을 부풀려 말하는 성질이 있다.

집념이 강하고 옹고집의 성향은 주로 극단적인 이기주의에서 비롯된 것인데, 논쟁을 좋아하고, 작은 불만도 이를 부풀려서 말하는 버릇이 있다. 이에 대해서는 저들이 주장하는 불만이 정직하지 않다고 곧바로 무시해 버리지 말고, 저들을 응대할 때는 주의를 잘 기울이고 좋은 방향으로 유도할 필요가 있다.

(11) 단체생활에 익숙하지 않은 자가 많다.

이입된 조선인 노무자는 대개 도시에서 멀리 떨어진 교통이 불편한 지역에 거주하고 교육을 받지 못한 채 극단적인 가족주의 아래에서 생활한 결과, 문명국에서 단체생활이라는 훈련을 거의 받지 못했기 때문에 이에 대해서는 끈질기게 교육해야만 한다.

(12) 자기중심적이라서 인정이 부족하고 의협심이 적다.

원래 도시에서 멀리 떨어져 아주 좁은 지역에서 생활해 왔고 대가족 제도하에서 자라왔기 때문에 자기중심적이고 인정이나 의협심이 부족한 것은 당연하다. 이러한 성질도 교육의 힘으로 고치는 수밖에 다른 방법이 없다고 생각한다.

(13) 허세가 있다.

저들이 가지고 있는 종래의 의식주 기타 생활방식을 고쳐 주고, 저들의 이러한 성질을 일본인과 마찬가지로 쓸모 있는 것으로 선도하는 것을 잊지 말아야 한다.

(14) 저축심이 부족하다.

이는 대부분의 조선인이 오랫동안 가난한 형편에서 자라왔고, 대가족주의 아래에서 부양을 받는다는 관념에서 비롯된 것인데, 이에 대해서는 개인이나 가족도 국민의 일원으로서 의무를 다하기 위해 저축을 할 필요가 있다는 점을 알아듣도록 설명하고 납득시켜야 한다. 또한 국가가 허가하는 한도에서 송금을 장려하는 것도 좋은 방법이 될 것이다.

(15) 부녀자의 경제관념이 없다.

이 역시 (14)에서 설명한 이유에서 비롯된 것이기 때문에 이에 대한 교육이 필요하다.

(16) 이해관계에 민감해진다.

임금(賃金)을 한 푼이라도 더 주는 곳으로 이동하려는 경향이 있기 때문에 항상 저들의 사소한 불평불만에 주의를 기울여야 하며, 임금이나 기타 금전에 관한 일은 제대로 납득할 수 있을 때까지 설명하는 노력을 기울여야만 한다. 또한 작업은 상근보다는 임시고용 제도로 할 필요가 있다.

(17) 도박을 즐기는 풍습이 있다.

이는 생활수준이 낮은 저들에게 오락의 유희인 것 같다. 이러한 나쁜 버릇을 일소하기 위해서는 저들에게 맞는 건전한 오락과 위안 그리고 체육 등에 힘을 쏟아야 한다. 이와 동시에 도박은 법률로 금지한 나쁜 짓이라는 것을 가르칠 필요가 있다.

(18) 밀주를 만드는 습관이 있다.

저들의 대부분은 도시에서 멀리 떨어져 교통이 불편한 시골에서 가난한 생활을 하고 이익에 민감하기 때문에 싸구려 밀주를 만드는 습관이 있다. 만약 이를 발견한 경우에는 무분별한 행동을 꾸짖고 밀주는 「주조세법」이라는 법률로 금지하고 있다는 점을 잘 납득시켜서 두 번 다시 저지르지 않도록 해야만 한다.

(19) 찬밥을 싫어하는 풍습이 있다.

조선에서는 계급제도가 엄격해서 귀족계급은 찬밥을 먹지 않는 습관이 있는데, 이에 대해 하층계급인 저들 역시 허세가 있어서 항상 다른 사람들 앞에서 '찬밥은 안 먹는다'라는 식으로 상류계급인 것처럼 허세를 부리는 습관이 있다. 이는 충분히 설명하여 가르치고 고칠 필요가 있다.

(20) 책임감이 약하다.

자기중심적인 생각만 갖고 있기 때문에 책임감이 적은 것이 당연한데, 작업을 할 때도 조선인들끼리 조(組)를 만들 경우나 개인 시간이나 감시가 소홀한 휴일에 근무를 할 경우에는 주의를 기울일 필요가 있다. 이에 대해서는 노동의 의미를 잘 설명하고 납득시키고, 사회생활을 하는 데 각자가 맡은 책임의 중대성을 일러 주는 등 특히 이러한 점에 주의를 기울여 단체훈련을 실시해야만 한다.

(21) 지구력이 약하다.

교육받지 못한 자는 대개 자기 몸의 규율을 바르게 하고, 자기를 절제하는 생각이 부족하여 싫증내기 쉬운 기질을 갖기 마련인데, 조선인의 경우도 이와 마찬가지로 한 사업장에 진득하니 자리를 잡고 일을 하는 것이 어렵고, 장시간 일을 하는 것을 싫어하는 습관이 있다. 교육과 훈련의 힘으로 기다리는 수밖에 없다.

(22) 의심이 강하다.

일반적으로 지능이 낮은 자는 이해력이 부족하기 때문에 다른 사람을 의심하고 보는 심리가 강하기 마련이다. 이 때문에 '이 정도는 알아듣겠지' 하는 간단한 일이라도 친절하고 자세하게 설명하고 납득시킬 필요가 있다.

(23) 연구심이 부족하고 창의적으로 궁리하지 않는다.

지능이 평균 이하인 자에게 연구심이나 무슨 일을 새롭게 생각해내기를 바라는 게 무리이다. 이러한 노무자에게 작업을 시킬 경우에는 어떤 일이 그 성격에 잘 맞을지 생각해서 두뇌를 사용하는 일은 피하고 운반하는 일, 짐을 쌓는 일과 같이 단순반복 작업을 시키는 것이 가장 좋다.

(24) 동작이 느려서 급한 일에는 부적합하다.

기계를 작동하는 일이나 보안상 주의가 필요한 작업이나 장소에는 조선인을 사용하지 않는 것이 좋다.

(25) 작은 상처에도 꾀병을 부려서 일을 쉬려는 풍습이 있다.

아주 지능이 낮은 조선인들에게는 일반적으로 있는 일인데, 이에 대해서는 그 상처가 어느 정도인지 잘 파악한 뒤 현장 담당자나 의사와 연락하여 이러한 폐단을 막아야 한다.

(26) 무저항주의의 풍습이 있다.

조선인의 역사는 인민이 핍박을 견뎌 온 역사인데, 신분이나 계급이라는 것을 아주 엄격하게 따지는 문화이다. 핍박을 받아 온 민족의 유일한 저항은 무저항주의라는 것을 인도의 간디가 보여 주고 있다. 조선인은 자기 의사에 반하는 것에 겉으로는 절대 반대의견을 드러내지 않고, 그렇다고 복종하지도 않는데, 극단적인 경우에는 단식동맹을 벌이는 사례도 있기 때문에 이러한 행동에는 끊임없이 최선의 주의를 기울일 필요가 있다.

제2절 조선인 노무자를 모집할 때 주의할 점

조선인 노무자의 도망이 많은 것은 저들의 독특한 성질과 취업한 다음의 관리방법이 좋지 않은 데에도 그 원인이 있지만, 모집할 때 조선인을 신중하게 조사하지 않는 것에도 원인이 있다. 따라서 선별하여 모집할 때는 우선 본인에게 공사장의 사정을 잘 알려 주고 본인의 생각과 기질을 충분히 물어보는 동시에 가정형편이나 기타 주변 사정을 상세하게 조사한 뒤 채용 여부를 결정해야만 한다.

제3절 대면식 거행

입소식과 별개로, 현장에 처음 출근하기 직전에 현장담당자나 현장에서 근무하는 일본인 노무자와 대면식을 거행하여 일본인과 조선인이 함께 융화하고 손을 맞잡고 산업보국을 위해 노력할 것을 맹세하도록 해야 한다.

제4절 일본식 창씨명을 쓰도록 장려한다

조선인 노무자에게는 일본인과 마찬가지로 창씨명을 정하고 담당자는 저들의 창씨명을 잘 기억해 두었다가 항상 일본식 이름으로 부르면 친밀도를 높이고 작업 능률에도 효과가 크다.

제5절 협화회 회원증 소지

협화회 회원증은 일본에 건너온 직후에 협화회 지부에서 본인에게 교부하고 2년간의 효력이 있는데, 이 기간이 지나면 다시 교부하도록 되어 있다. 각 공사장에서는 이 회원증을 소지하지 않은 자를 절대 사용하지 않도록 하고, 만약 이를 위반한 자에게는 본인이나 사업주를 불문하고 상당한 제재를 가할 필요가 있다. 또한 회원증의 유효기간이 만료된 경우에는 사람마다 기한이 달라서 이를 정리하기가 매우 어렵기 때문에 앞으로는 회원증을 교부할 때 각 사람이 서로 다르더라도 유효기간의 만료기일을 모두 일정한 날짜로 정해 두고 그것이 만료된 때는 각 지부 관내의 회원을 일제히 조사하고 모든 회원에 대해 일정 기간을 정하여 다시 교부하게 되면 누락자도 방지하고 정리하기에도 매우 효과적이다.

제6절 식사에 대한 이해

가난하다고 하지만 대가족주의의 따뜻한 품에 안겨서 살아왔고 특히 오랜 기간에 걸쳐 습관이 되어 온 음식을 일시에 끊는 것은 매우 고통스러운 일이기 때문에 일본에 이주한 초기에는 저들이 좋아하는 마늘, 고추, 김치와 같은 것을 주도록 배려하는 것이 중요하고, 그 밖에 제멋대로인 저들의 식사 습관을 고치기 위해서는 특별한 훈련이 필요하다.

제7절 위생의 개선

일반적으로 불결하고 위생관념이 없기 때문에 특별히 다음 사항에 유의해야 한다.

1. 식기 세척, 의류와 작업복의 세탁
2. 변소 청결
3. 각 방의 청소

4. 작업복, 작업화, 소지품의 정리정돈

5. 의류, 이불, 소지품의 일광 소독

기숙사 전체에 당번을 정하여 교대로 담당을 맡기고, 각자 맡은 일은 각자가 반드시 이행하도록 한다. 날짜를 정하여 검사를 하되, 미진한 점은 주의를 주고 성적이 우수한 자는 표창하는 등 장려하는 방법을 강구하는 한편, 영화, 종이인형극 등을 통해 위생관념을 선전하고 보급하는 데 노력해야 한다.

제8절 여가 이용의 선도

그리운 모국을 멀리 떠나 생활환경이 낯선 일본에서 하루의 노동을 끝마친 저들의 육체에 내일의 용기를 불어넣어 주는 것은 위안과 오락, 체육이다. 이에 대해서는 처음에 저들이 조선에서 좋아했던 것을 주로 하다가 점점 일본의 것으로 옮겨가는 것 같은데, 일본인과 조선인이 서로 대결하는 것은 가급적 피하고 무엇이든 건전하고 명랑한 것을 가려서 해야만 한다. 다음은 이에 해당하는 몇 가지 사례이다.

스모, 축구, 줄다리기, 등산, 팔씨름, 수영, 봉밀기[5], 소풍, 운동회, 장기, 하모니카, 피리, 조선 노래음반, 조선 영화, 조선 신문, 초심자 연극 예능 발표회 등

제9절 국어 교육

조선인에게 일본어 교육이 필요한 이유는 '국어의 공통은 민족을 감정적으로 결합시킨다'라는 말 그대로, 실제로 공사장에서 보면 언어소통의 문제는 다음과 같다.

5 두 사람이 긴 막대의 끝을 잡고 서로 밀어서 상대를 쓰러뜨리는 일본식 놀이

1. 작업에 대한 이해가 늦고 능률이 오르지 않는다.
2. 현장담당자나 일본인 노무자와 의사소통이 없어서 분쟁이 발생하기 쉽다.
3. 회사방침이나 기숙사의 작은 일에 대해서 오해하는 경우가 많다.
4. 위 2와 3이 원인이 되어서 도주자가 발생하고 있다.
5. 일본인과 조선인이 하나가 되거나 조선인을 진짜 일본인으로 만들기 위한 교육이 어렵다.

일본어 교육을 실시할 때는 대체로 다음 요령에 따른다.

1. 교육의 목표

현장 작업을 위해 현장담당자나 일본인 노무자와 회화가 가능한 것을 주요 목표로 하고 더 나아가 일상생활에 필요한 회화와 문자로 소통할 수 있을 것.

2. 교육의 내용

(1) 협화국어독본(協和國語讀本)

(2) 작업용 조선어 안내서

등을 교재로 할 것

3. 교육 기간 및 시간

교육 시간은 공휴일을 빼고 매일 1시간 이내로 하고 3개월 정도로 수료할 것.

4. 교육 장소

낮에 교육하는 것이 좋은데, 주간과 야간 근무 교대자에 대해서는 낮 근무인 경우에는 식당이나 기타 적당한 장소를 골라서 하고, 야근인 경우에는 근무 시간을 1시간 앞당겨서 작업장에서 가까운 적당한 장소에서 가르칠 것.

5. 일본어 공부를 장려하는 제도

일본어를 배우고 깨우친 정도를 다음의 3단계로 구분하고 시험을 쳐서 합격한 자는 얼마라도 임금을 올려 주거나 일시금을 각각 지급하도록 한다. 또한 합격자에게는 모자나 상의에 수료했다는 계급장을 붙여 주어서 일본어를 할 수 있는 자나 모르는 자를 다른 사람들이 알 수 있도록 해서 작업의 편의를 도모할 것.

1급: 회화, 문자해독 모두 할 수 있는 정도

2급: 현장과 일상생활의 회화가 가능하고 문자도 약간 쓸 수 있는 정도

3급: 작업용 도구, 작업상의 지시, 현장과 일상생활에 관한 이야기는 할 수 없지만, 스스로 이해할 수 있는 정도

6. 일본어를 깨우치도록 분위기를 조성

조선인 부녀자는 일상에서 물건을 구매하거나 조달할 때 일본어를 해야 하는 필요성이 간절하기 때문에 실력향상이 매우 빠르다. 따라서 일본어를 할 줄 모르면 주위 사람들에게 아무것도 얻을 수 없다는 식의 분위기를 조성하기 위해 일상에서 조선인을 접할 때는 현장담당자나 일본인 노무자, 간부들도 가급적 일본어를 사용하도록 해야 한다.

제10절 사원, 관리자, 지도원 등도 조선말을 공부할 것

조선인들에게 일본어를 가르치는 한편, 사원, 관리자, 기타 지도원 등도 작업에 필요한 간단한 조선어 안내서를 만들어서 조선인들을 상대할 때 필요한 경우 조선말을 할 수 있도록 습득시키고 통역이 필요 없도록 노력해야 한다.

제11절 중견 조선인 노무자의 육성

물론 조선인 노무자 중에서도 사상이 견실하고 기능이 뛰어나고 업무에 충실한 사람이 있기 마련인데, 이처럼 모범이 되기에 충분한 노무자에 대해서는 항상 이들이 앞장 서도록 신경을 쓰고 대우를 좋게 하고 이들에게 새로 들어온 조선인 노무자를 지도하도록 해야 한다.

제12절 조선인 전문주임과 계원의 역할

조선인 노무관리가 매우 중요하다는 점을 생각할 때 각 공사장에는 전문주임과 계원을 배치하고 여러 계획과 실행 업무를 담당시켜야 한다. 그리고 이들의 지휘 아래 50명당 1명의 계원을 두어서 현장마다 교대로 배치시키고 관리자나 지도원과 끊임없이 충분한 연락을 취하며 최선의 관리에 기할 필요가 있다.

제13절 식당 관리

조선인 노무자의 약 80%는 독신이기 때문에 식당 관리도 중요하다. 이하에서는 공사장의 식당 실태에 초점을 맞추어 다음과 같이 개선할 사항을 열거한다.

1. 관리자는 일본인으로 하고, 그 밖에는 일본어를 아는 성실한 조선인 지도원을 두어 조선인을 지도해야 한다.
2. 지도원은 조선인 노무자 30명당 1명 정도로 배치한다.
3. 지도원의 수입은 노무자보다 많게 한다.
4. 지금까지의 경험에 비추어 볼 때 조선인 노무자는 일본에 건너온 직후에 도주하는 자가 가장 많기 때문에 이를 막기 위해서는 매우 예의주시하여 조선인을 관리할 필요가 있다. 훈련기간 중에는 관리자, 지도원에게 특별수당을 지급하고 만약 도주자가 있을 경우에는 이 수당에서 일정 금액을 삭감하도록 할 것.

제14절 현장 계원과의 좌담회

1주일에 1회 내지 2회 정도 조선인 노무자 중에서 주요 인물을 모아서 현장 계원과 좌담회를 열어 작업이나 일상생활에 관해 실제적인 문제를 협의하거나 함께 식사를 하면 저들이 좋아한다. 그리고 고향의 부모에게 편지를 보내게 하거나 회사 차원에서 조선에 있는 저들의 부형들에게 저들의 일상생활 등을 알리는 것도 반드시 해야 한다.

제15절 분쟁, 쟁의에 대처하는 방법

조선인의 교육과 훈련에 매진하고 매일같이 조선인 노무자 관리에 신경을 쓰더라도 저들은 일본인과 다른 기질과 오해 때문에 싸움이 벌어지는데, 이 경우에는 싸움의 원인이 무엇인지 주의 깊게 살피고 이를 해결할 수 있는 수단과 방법을 생각해 내야만 한다. 또한 싸움이 벌어졌거나 그럴 위험이 임박한 경우에는 이를 결코 숨기지 말고 곧바로 경찰 당국이나 협화회 지부 등 기타 관련된 기관과 밀접하게 연락을 취하여 실수가 없도록 명심해야 한다.

제16절 권선징악의 필요

미개한 민족을 지도할 때는 잘하는 것은 칭찬하고 잘못한 것은 징벌하는 일이야말로 반드시 필요하다. 상벌을 분명히 하는 것은 저들을 관리하는 중요한 관건이다. 조선인은 단점이 많지만, 다른 한편 장점도 적지 않기 때문에 저들에 대해서는 잘한 것을 칭찬해 주는 한편, 잘못한 것은 엄격하게 징벌하는 엄정한 태도를 취해야만 한다. 그러므로 게으르고 규율을 어지럽히거나 국법을 어기는 불량노무자에 대해서는 무거운 제재를 가하여야 한다.

그리고 다음 성적이 우수한 자에게는 단체 또는 개인별로 표창을 해야 한다.

1. 취업성적
2. 안전성적
3. 근속성적
4. 청결성적
5. 저금성적

6. 송금성적

이상에 관해서는 항상 경찰서나 협화회, 기타 관계기관과 연락을 취하며 상벌에 신중을 기해야 한다.

제17절 모범관리 공사장 설정

민족의 융화는 국가의 기초를 튼튼하게 하는 데 반드시 필요한 일이다. 또한 산업인을 교육하고 훈련하는 것은 국가의 산업이 성장하느냐, 쇠망하느냐와 관련된 중요한 사업이기 때문에 이것이 성공하느냐, 실패하느냐는 곧바로 사업의 능률에 커다란 영향을 미친다. 그러나 현재 공사장의 상황을 보면 이것이 잘되고 있다고 할 수 없다. 각 공사장 모두 한층 더 노력할 필요가 있다.

이를 위해서는 두세 개의 공사장을 선정하여 철저한 훈련을 실시하고 조선인 노무자가 모범적인 공사장으로 만들어서 다른 공사장에게 따라 하게 하면 노무관리의 철저에 커다란 효과가 있을 것이다.

제18절 도주 대책

이입노무자 중에는 이상의 교육과 훈련만으로는 일정한 곳에서 차분하게 일에 집중할 수 없는 자가 있기 마련이고, 개중에는 도주자가 발생하는 것도 어쩔 수 없기 때문에 이에 대한 대책으로 여러 가지 방법이 고안되고 있는데, 다음 경우에는 행정당국과 민간이 힘을 합쳐서 한 사람의 도주자도 발생하지 않도록 노력할 필요가 있다.

1. 식사 특별훈련('6. 식사에 대한 이해' 참고)
2. 포주에 대한 단속을 강화할 것.

3. 조선인 노무자에 대해 행정당국은 엄한 아버지와 같은 마음으로 엄격한 태도를 취하고 관리자 측은 자애로운 어머니와 같은 마음으로 조선인을 대하는 것이 저들의 감정에도 맞으며 선도하는 데도 좋은 결과를 얻을 수 있다.

제3장 결론

1. 조선인 노무자의 성질과 감정 등을 자세하게 연구해 보면, 대체로 저들의 생활수준은 우리의 현재 생활수준과 비교할 때 한참 유치한 단계라고 할 수 있다. 신체 면에서는 더할 나위 없이 발달했지만, 정신 면에서는 아직 충분히 발달하지 않은 것 같다.

2. 정신 면에 대해 설명하면, 앞에서 언급한 단점 중에 '판단력이 떨어지고', '자기중심적이며', '온정주의에 빠져 있고', '지구력이 없고', '자기 물건과 남의 물건을 구분하는 의식이 없다'라고 한 것은 심리학에서 말하는 유아기 후기 내지 아동기 초기 또는 후기, 청년기에 해당하는 측면이 많은데, 이는 저들의 정신상태가 아직 충분히 발달하지 않은 증거이다. 그런데 신체 면에서는 장점 (10)에서 설명한 바와 같이 체격과 체력이 모두 잘 발달했다.

3. 노무관리상 잘 발달한 저들의 신체만을 보고 정신도 충분히 발달했으리라 생각하고 대우한다는 생각은 바꿀 필요가 있다.

4. 옛말에도 친근감에서 '천진난만하다' 또는 '못난 자식이 더 귀엽다'라는 말이 있듯이 우리들 마음 속 깊은 곳에도 이렇게 아름다운 정이 있다. 앞에서 설명한 바와 같이 조선인 노무자의 정신이 아직 충분히 발달하지 못하고 유치한 단계라는 점을 생각하면 엄격한 아버지의 마음으로 저들을 엄하게 관리하면서도 경우에 따라서는 자애로운 엄마처럼 자상한 마음으로 저들이 얘기하는 것을 잘 듣고 선도할 필요가 있다. 이렇게 하면 저들이 기꺼이 관리자와 함께 즐겁게 한층 더 열심히 일하는 사람이 될 것이고, 이렇게 되면 비로소 노무관리의 목적을 충분히 달성할 것이라고 생각한다.

이에 조선인 노무관리에 아주 중요한 관건이 되는 다섯 가지 원칙을 밝혀 두고자 한다.

(1) 유능한 산업노무자의 육성과 황국신민의 소질을 연마하자.

(2) 일시동인(一視同仁), 내선일체는 건국의 정신인 팔굉일우(八紘一宇)와 같은 말인 것을 명심하자.

(3) 우월감을 버리고 도와주는 마음과 우애심으로 임하고, 신뢰는 신뢰를 낳는다는 점을 기억하자.

(4) 친해져서 버릇없게 굴게 하지 말고 사랑의 채찍과 눈물의 회초리를 잊지 말아라.

(5) 한 사람의 마음은 만인의 마음과 같고, 관리의 요체는 인간성을 파악하는 데 있다.

자료2

특수노무자의 노무관리에 대하여

'前田 一,『特殊勞務者の勞務管理』, 1943년'의 번역

총서

치열해지는 현재의 전쟁 국면은 우리에게 전력(戰力)의 절대적 증강을 강요하고 있다. 미국과 영국의 생산력을 타도할 수 있도록 우리의 전력을 증강하는 것이야말로 대동아전쟁에서 결정적으로 승리할 수 있는 전제이다. 더욱이 자재·인력이 긴박한 오늘날 전력 증강을 효과적으로 달성하기 위해서는 공장·사업장에서 산업능률의 증진, 즉 단위당 생산량의 증가가 결정적 요인이 된다. 이번 가을에 다년간 이공과학 잡지·서적의 간행을 통해 출판보국의 사명 달성에 노력해 온 산해당(山海堂)은 순수기술 문제와 더불어 이러한 종류의 중요한 대책지도 문제에도 관심을 가지고 〈산업능률증진총서〉의 간행을 기획하게 되었다.

현재 전시경제 내지 공장관리에 관한 저서의 출판은 실로 끊임없는 것 같지만, 현단계의 전시경제의 관련성을 파악하여 산업능률 증진이라는 견지에서 중요 사안의 전반에 걸쳐 문제의 소재와 그 해결책을 체계적으로 제시한 저서는 전무하다고 해도 과언이 아니다. 이러한 시기에 이 총서를 발간하는 것은 그러한 결여를 보충하는 효시가 되는 기획이라는 것을 조금이나마 자랑스럽게 생각한다.

현재 생산증강의 핵심은 항공기의 대량증산에 있다는 것은 두말 할 나위도 없다. 하지만 항공기는 관련 분야가 매우 넓은 종합공업이기 때문에 항공기의 생산증강을 위해서는 여러 다른 기초산업과 관련된 부문의 생산증강을 수반한다. 그리고 현시점에서 항공기 공업뿐만 아니라 일반 공업의 생산증강은 능률적인 계획적 발주와 자재, 노동력 및 사업장의 원활한 배급과 조달에 달려 있다는 것은 말할 것도 없지만, 이와 동시에 공장·사업장 내부의 탁월한 창의와 연구를 통해 주어진 자재와 노력을 가장 효과적으로 활용하고 생산기술의 발전을 도모하여 소위 조립라인작업에 따른 대량 생산방식을 조속히 실현하는 것이야말로 산업인이 시급히 완수해야 할 임무이다.

따라서 이 총서는 이 실현에 대한 지침 지도서로서 도움이 되기를 바라며 문제의 선정에 관해 모든 권위자의 의견을 수렴하여 실수가 없도록 하였다. 이와 동시에 집필자에 대해서는 널리 세상에 권위자를 구하던 중 다행히 진정한 적격자를 만날 수 있었다는 것을 독자와 함께 기뻐하고 싶다.

서문

본래 공장, 광산에 있어서 노동력 구성의 근간이 되어야 할 내지인 노무자는 이미 공급의 부족이 초래되어 이를 충족시켜야 할 노동력으로서 국민징용령에 따른 징용공 외에 법령에 따른 근로보국대(勤報隊), 단기정신대(短期挺身隊), 농한기 근로노무자, 전·폐업자(轉·閉業者) 등 내지 노동력으로 미봉하는 것에 그치지 않았다. 더욱이 조선인, 중국인, 백인의 외지노동력을 흡수함으로써 바야흐로 노무관리의 대상이 되어야 할 노무자의 종류는 복잡하고도 다양한 양상을 띠고 있다.

특히 '언어, 습속, 생활, 사상이 다른 조선인, 중국인을 어떻게 조정하고 능률을 높여서 생산에 기여하게 할 것인가?' 하는 분야는 노무관리에서 미로와 같기 때문에 관계 담당자들은 나아가야 할 방향을 찾지 못해 매우 초조해하고 있다.

과거의 경험에 비추어 볼 때 조선인 근로자 수의 한도는 최고 30%를 넘지 않는다는 것이 일반적인 정설이었다. 이번 사용에 즈음해서도 이러한 정설은 노무관리, 기술지도, 사회치안의 각 방면에서 강하게 거론된 것 같은데, 대량모집의 효과를 노리고 조선인을 유입했던 과거의 경험과 달리, 이번처럼 국민동원계획의 일환으로서 조선인을 유입하는 경우는 그들의 소질과 특성이 어떻든 최고사용한도가 몇 퍼센트인지, 노무관리나 번거로운 민폐와 같은 문제에 개의치 않고, 좋든 싫든 조선인 유입은 이제 '엄연한 사실'이 되어 버렸다.

사람들이 아연실색하면서도 계속 유입되는 조선인을 받아들이는 동안 그 비율은 어느새 40%, 50%, 심지어 80%에 이르는 것으로 나타났다. 그런데 이 대세는 도저히 멈출 줄을 모른다. 최고 30% 정도라는 설명을 가볍게 일축하고, 바야흐로 내지의 자원산업이 이 조선인들을 그럴듯하게 운영함으로써 생산증강에 공헌하고 있다는 사실을 어떻게 설명해야 할 것인가? 이는 일시동인(一視同仁)의 황도정신에서 우러나오는 내선(內鮮)[6] 당국의 지성과 조선인

---

6 내지(일본)와 조선을 가리킨다.

노무자 자신의 황민의식 자각에 바탕을 둔 협력에 따른 요인도 물론 크겠지만, 요점은 불요불굴의 훈련 지도를 핵심으로 하는 노무관리, 기술지도의 견고한 결합 덕분이라고 하지 않을 수 없다.

그러므로 과거를 돌이켜보면 조선인에 대한 노무관리의 지도방침에서 조선인은 단순히 단기간의 돈벌이로만 생각하고, 오직 돈만 밝히고, 저급하고 무지하고, 저들을 비능률적인 악질분자로서 간주하고 일단 진지한 노무관리에서 예외로 한 것은 엄청난 착오였다.

저들 역시 백인, 흑인과 달리 동아 민족의 피가 흐르고, 영혼이 약동하고 있다. 훈련·지도 여하에 따라 황국신민이 될 수 있으며, 내지인 노무자의 표준에 이르지 못한다는 법은 없다. 병합 후 30년간 시행된 교육 역시 이런 관점에서 이루어졌다. 노무관리에서도 역시 '열정'과 '끈기', '친절'로써 이를 끈질기게 반복해야 하지 않을까.

특히 대동아 산업개발을 위해서는 조선인과 쿨리[7]의 기술수준을 향상시키는 것이 중요하며, 우리 산업 경영인의 책무는 한층 더 심각성을 강조하는 것이라 하지 않을 수 없다.

이러한 문제들을 종합적으로 고려해 볼 때 오늘날의 노무관리는 과연 그 목적에 합치하고 있는가? 노동 종별의 복잡한 혼합, 인력비율의 증가, 이에 따른 여러 조건의 변화와 관계없이 여전히 종전 그대로 내지인에 대한 노무관리의 사전적 공식에 따라 그들을 강제로 제압하고 있지는 않은가? 본질적으로 다른 무언가를 갖고 있는 저들에 대해서는 특수한 노무관리를 구상해야 하지 않을까? 기업경영의 조직 내에도 현재의 실정에 즉각 대응하여 전문적으로 연구하는 특수노무 부서의 출현이 필요하지 않을까?

순전히 특수노무자의 노무관리야말로 현상황으로 볼 때 전문적이고 조직적으로, 소위 '과학적인 마음'으로 진지하게 고찰해야 하는 큰 문제인데도 훈련·지도의 실시에서는 아직 모

---

7 '苦力'은, 중국인 노무자, '鮮人'은 조선인을 낮춰 부르는 표현이다.

범사례가 부족하고, 참고문헌이 많지 않은 것이 유감스럽다.

이 책은 일부나마 이러한 요망에 부응하고자 하는 것이지만, 저자는 원래 문필가가 아니며, 문장에 서툴지만, 오직 여기에 제시하는 소재야말로 대체로 탁상공론에 비할 바가 아니며 실무자로서 다년간 피땀 흘려 얻은 고귀한 체험의 결정인 만큼 다행히 조선인과 쿨리의 문제에 관하여 어떠한 시사점을 준다면 더할 나위 없이 기쁘겠다.

선배, 지우(知友)를 비롯한 독자 여러분의 조언과 질책을 바란다.

1943년

천장(天長)의 가절(佳節)에 즈음하여

마에다 하지메(前田一)

차례

후편 쿨리(苦力)

전편 조선인(鮮人)

제1장 조선인 이입과 관청의 방침

제1절 조선인 노무자의 도항단속

조선인 노무자의 자유로운 내지 도항이 가능해진 것은 1923년 이후로, 그 이전의 내지 도항은 법률상 저지 또는 제한을 받고 있었다.

1899년 7월 28일자 칙령 제352호에는 다음과 같이 명시되어 있다.

조약 또는 관행에 따라 거주의 자유를 갖지 못하는 외국인의 거주 및 영업 등에 관한 건

제1조 외국인은 조약 또는 관행에 따라 거주의 자유를 갖지 못하는 자라 하더라도 종전의 거류지 및 잡거지 이외에 있어 거주이전, 영업과 같은 행위를 할 수 있다. 단, 노동자는 특히 행정관청의 허가를 받지 않으면 종전의 거류지 및 잡거지 이외의 곳에 거주 또는 기타 의무를 행할 수 없다.

위 단서조항에 따라 외국인인 조선인, 중국인 노무자의 내지 이주에 대해서는 행정관청이 항상 불허주의를 견지하여 외국인 노무자의 왕래 및 거주와 관련하여 발생할 수 있는 사회문제의 예방 및 내지 치안단속에 만전을 기하고 있었다.

그리하여 1910년 8월, 일본제국이 한국을 병합함에 이르러 위 규정은 조선인에 대해서 적용할 수 없게 되었다. 조선인 노무자의 내지 도항이 지극히 쉬워진 것이다. 이후 조선인의 내지 이주는 점차 증가하여 1914년 제1차 세계대전 발발 이후 내지의 산업이 발흥하면서 산업 전반에서 미증유의 호황을 누리자 노동력의 수요가 점차 증가하게 되었다.

그 결과, 내지의 노무자만으로는 수요가 충족되지 못하자 오히려 내지인에 비해 임금이 싼 조선인 노무자를 적극적으로 유치하려는 움직임이 나타났다. 한편 조선 안에서는 소작농의 생활고와 기타 사회적, 개인적인 이유 등으로 문화나 생활수준이 낮은 조선보다 좋은 직장과 높은 지위를 획득하고자 동경하던 내지를 목표로 도항하는 조선인의 수가 점차 늘어났다.

이어서 1919년에 이르러 조선총독부는 경무총감부령 제3호에 따라 여행증명제도를 포고하여 조선인으로서 내지로 여행하고자 하는 자는 모두 관할경찰서에서 여행증명서를 받도록 하였다. 재차 조선인의 내지도항에 제한을 붙이게 된 것이다. 한일병합의 시기부터 본 증명제도를 실시하기 전까지 내지로 이주한 조선인의 수는 대체로 3만 명 정도로 추산된다.

조선인의 내지 왕래, 이주에 관한 조선총독부 경찰령을 살펴보면 다음과 같다.

1919년 4월 경령(警令) 제3호

조선인의 여행단속에 관한 건

조선인의 여행단속에 관한 건은 다음과 같이 정한다.

제1조 당분간 조선 밖으로의 여행 또는 조선으로 도래하는 조선인은 다음 각 호에 따라야 한다.

1. 조선 밖으로 여행하고자 하는 자는 거주지 관할 경찰서(경찰의 사무를 취급 및 헌병분대 헌병분견소를 포함, 이하 동일) 또는 경찰관주재소(헌병주재소를 포함, 이하 동일)에 여행의 목적 및 여행지를 신고제출하여 여행증명서를 교부받아 조선 안 마지막 출발지의 경찰서(헌병을 포함, 이하 동일)에 이를 제시하여야 한다.
2. 조선으로 도래하고자 하는 자는 위 호의 증명서 또는 재외 제국공사관의 증명서를 조선 안 첫 도착지의 경찰서에 제시하여야 한다.
3. 앞 2호의 증명서 또는 외국여권규칙에 따른 여권을 지닌 자는 조선에서 마지막 출

발지 또는 조선의 첫 도착지를 관할하는 경찰서 또는 경찰관주재소에 자진 출두하여 여행의 목적 및 여행지를 작성, 제출해야 한다. 단, 경찰관으로서 단속 등 특히 그 필요성이 인정되는 자에게는 이 규정을 적용하지 않는다.

제2조 본령의 규정에 위반한 자는 구류 또는 과태료를 부과한다.

부칙 본령은 발포한 날부터 이를 시행한다.

이리하여 일반 조선인의 내지 이주는 절차상 어려워졌다. 그러나 유럽 전쟁[8]의 영향에 따른 내지 산업계의 호황과 더불어 노동력의 수요는 한층 간절해졌기 때문에 실제로는 비교적 관대하게 내지 도항을 허가해 주었다.

하지만 "조선인이 일본 국민의 일원인 이상, 마치 내지인이 조선으로 도항하는 것이 자유로운 것과 마찬가지로 저들 역시 동일하게 내지로 도항하는 데 지장이 있어서는 안 된다. 즉, 같은 영토에서 생활하는 같은 국민들 사이에 거주 이전의 자유가 보장되지 않는 것은 국가로서 치욕이다"라는 견해하에 1922년 12월에 이르러 위의 불합리한 총독부령은 철폐되었다. 이에 자유도항의 원칙이 확립되어 내지와 조선 사이에 인구이동을 방해하는 법률적 걸림돌은 없어지게 되었다.

조선총독부령 제153호

1919년(大正 8)의 경무총감부령 제3호는 이를 폐지하고 본령은 발포한 날부터 시행한다.

1922년 12월 15일

이로써 조선인의 내지 도래는 완전히 자유로워졌다. 이와 동시에 조선의 하층계급, 바꿔

8 '제1차 세계대전'을 가리킨다.

말하면 소작농의 내지 왕래는 맹렬한 기세로 증가했다. 이에 더하여 당시 조선에서 새롭게 시행되고 있던 문화통치가 점차 조선 전역으로 보급되면서 조선인에 대한 동화정책의 표어인 일시동인(一視同仁)의 선전이 침투하여 더욱더 조선인 도래(渡來)의 기운에 박차를 가한 것은 사실이다.

내지로 이주한 조선인 수 증가의 상황을 당시의 통계로 살펴보면 다음과 같다.

재류조선인 연차별 조사(경보국 조사)

(단위: 명)

	인원수	전년과의 비교 증(△)감
1913년 12월 말	3,635	
1914년 12월 말	3,542	△93
1915년 12월 말	3,917	379
1916년 12월 말	5,624	1,707
1917년 12월 말	14,502	8,878
1918년 12월 말	22,411	7,909
1919년 12월 말	26,605	4,194
1920년 12월 말	30,189	3,584
1921년 12월 말	38,651	8,462
1922년 12월 말	59,722	21,071
1923년 12월 말	80,415	20,693
1924년 12월 말	118,152	37,737
1925년 12월 말	129,870	11,718
1926년 12월 말	143,796	13,926
1927년 6월 말	165,286	21,490
1928년 12월 말	238,102	72,816

앞 표에 따르면, 결국 1913년부터 1928년에 걸쳐 18년간 내지에 재류한 조선인의 수가 줄어들었던 것은 1914년의 93명뿐이고, 이 해를 제외한 나머지 17년 동안은 계속 증가를 거듭하여 1913년에는 불과 3,635명이었으나 1928년에는 무려 23만 8,102명이라는 거대한 숫자로 전자의 65배를 넘는 실로 놀라울 만한 증가를 보여 주고 있다.

더욱이 내지 도항자의 실제 숫자를 보면 다음과 같다.

조선인 내지 도항, 귀환 연도별 조사

(단위: 명)

	도항	귀환	차감 잔류
1917년	14,012	3,927	10,085
1918년	17,910	9,305	8,605
1919년	20,968	12,739	8,229
1920년	27,497	20,947	6,550
1921년	38,118	25,536	12,582
1922년	70,462	46,326	24,136
1923년	97,395	89,745	7,650
1924년	122,215	75,430	46,785
1925년	131,273	112,471	18,802
1926년	91,092	83,709	7,383
1927년	138,016	93,991	44,025
1928년	153,708	-	-

1921년까지, 즉 자유도항제가 반포되기 전의 도항자 수는 1만 4,000명 내지 3만 8,000명 정도였으며, 매년 증가 수는 고작 3,000명 내지 6,000명 내외에 불과했으나 자유도항제가 실시된 1922년에는 7만 명을 기록하여 전년에 비해 배로 늘어날 만큼 격증하는 추세를 보여 주었다. 또 1924년에는 종래의 수치를 넘어선 12만 명대로 증가하였고, 1928년에는 15만 3,000명으로 추산되어 그 무렵부터 조선총독부가 부산항에서 가급적 막무가내식 도항의 저지와 제한을 적극 실행하고 있는데도 조선인의 내지 도항은 그침이 없고 멈출 바를 모르는 상태였다.

내지에 재류하던 조선인 귀환자도 상기와 같이 해마다 증가하고 있지만, 이는 자유도항제 실시의 결과, 서로 간의 교통이 빈번하게 이루어지고 있다는 뜻이다. 더욱이 관동대지진 당시 일부 조선인의 맹동(盲動)에 따라 각지에서 불상사가 돌발했기 때문에 1923년에는 일시 귀환하는 조선인이 특별히 약 4만 5,000명을 넘었다. 또한 그 당시 조선총독부에서도 내지 정세의 악화에 호응하여 재차 여행증명제도를 채택함에 이르렀으나 그 후 사태가 진정되자마자 1924년에는 원래의 자유도항제로 복귀하였다. 총독부 경무국의 조사에 따르면, 이후의 도항자는 1개월 평균 1만 8,000명을 넘었으며, 귀환자의 1개월 평균치인 5,500명을 제외하여도 매달 1만 2,200명 선으로 내지 재류자가 증가하였다. 더욱이 이 상황은 일시적으로 끝나지 않고 수년간에 걸쳐 이러한 경향을 보였다.

이와 같이 다수의 조선인 노무자가 내지에 도래하였다는 사실은 한편으로는 제1차 세계대전 이후의 불경기에 따른 일반적인 노동력 과잉으로 고통받던 내지 노동시장을 한층 더 곤란하게 만들어 더욱더 다수의 실업자를 발생시키는 원인이 되었다. 이처럼 내선 쌍방의 노무자를 더욱더 곤궁하게 만들었다고 하는 견지에서 볼 때 조선인 노무자로서 뒤늦은 내지 도항을 지망하는 무리에 대해 소위 도항저지 방법을 강구하게 되었고 마침내 1925년 10월 이후 부산항에서 실시되었다.

경상남도 경찰부의 조사에 따르면, 이 제도 개시 이후부터 1927년 말까지의 실적은 도항저지 수 8만 3,477명에 비해 도항자 수는 무려 24만 6,890명이라는 점에서 결국 그 결과를 달성하지 못하였다는 것을 알 수 있다. 소위 막무가내 도항이 아니더라도 취업이 확정되어 내지에서 초청을 받고 이에 응하여 도항하였는데, 도항 이후 취직상황은 예상과 달리 결국 도항자 자신의 생계도 해결하지 못하고 내지인 노무자를 위협하는 결과가 되었기에 이후에는 더욱 단속을 강화하게 되었다. 1928년 7월 24일(1929년 8월 15일 개정)을 기해 총독부 경무국은 각 도 경찰부에 다음 조건에 한해 내지 도항을 허가하라는 통첩을 발하게 되었다.

1. 취업이 확실하다고 인정되는 자
2. 교통비 및 기타 필요한 여비를 제외한 60엔의 여유자금이 있는 자(출발지에서는 목적지까지의 소요여비 예상액과 준비금 10엔과의 합계액 이상을 소지한 자일 것.)
3. 모르핀 주사 상습자가 아닌 자
4. 노동 브로커(잔교 밖에서 선수금을 빌려 주거나 증명서를 발행하는 자를 가리킨다)의 모집에 응한 도항이 아닌 것

또한 도항희망자는 소관 경찰관주재소가 부산수상서(釜山水上署)[9] 앞으로 보내는 소개장을 반드시 지참하도록 하고, 소개장을 발부하는 주재소에서는 이 사실을 경찰서장에게 보고하도록 했다.

이 저지제도는 사실상 오늘날까지 존속하고 있으나 생각해 보면 제국신민으로서 같은 영토에 거주하는 자가 다른 한 곳에서 다른 한 곳으로 여행할 때 이를 막는다는 것은 부당하다는 견지에서 이후 저지라는 용어 대신 '유지(諭止)'[10]라는 단어를 사용하고 있다. 이는 모든 조선인 노무자로서 어떠한 준비도 없이 몸뚱이만 갖고 내지로 도항하는 자의 장래는 어지간히 한심한 것이며, 그에 따라 생기는 사회문제가 시일이 지나면서 심각해지는 상황에 대응하고자 내지도항자에 대해 당국이 친절하게 사정을 설득함으로써 도항을 포기시키려는 취지에서 나온 것이다. 내지도항자를 유지하는 조건은 일정하지 않으며 느슨해지거나 까다로워지는 경우도 있는데, 상황에 따라 항상 변하는 것이 바로 현재 도항을 조절하는 특성이라 하겠다.

---

9 오늘날의 해양경찰서에 해당한다.

10 '타이르고 깨우쳐서 저지시킨다'라는 의미로 만들어 낸 말이다.

제2절 조선인 도항의 원인과 취로상황

조선인 노무자의 내지 이주는 1922년 11월 자유도항제의 실시와 더불어 점차 그 수가 증가하여 이윽고 치안단속상 이를 억제하기 어려운 상태로 발전하였다. 그렇다면 이렇게까지 다수의 조선인 노무자가 내지를 향해 쇄도하는 원인이 무엇인지 생각해 보는 것은 조선인 노무자 도항의 역사적 사실이 중요하다기보다는 노무관리의 관점에서 간과해서는 안 되는 요소라고 생각한다.

노무자가 이동하는 일반적인 원인을 학문적으로 살펴보면 소위 사회적, 경제적으로 보다 좋은 생활조건을 바란다는 점, 다시 말해 저들이 늘 보다 좋은 직업과 많은 취직기회와 높은 문화생활을 향유하기를 원하는 것인데, 이는 마치 농촌의 청년이 오랜 기간 익숙하게 지내던 고향을 버리고 도시로 흘러들어오는 현상과 궤를 같이하는 것이며, 조선인 노무자 역시 미지의 세상인 내지에 대해 무한한 동경과 커다란 희망을 가슴 속에 품고 도래하는 것이다.

그러나 그들이 맹렬한 기세로 '내지로 가자, 내지로 가자' 하며 해협을 넘어오기까지 조선 내부의 무수한 특수한 사정에 지배된다는 점을 간과해서는 안 될 것이다. 이에 관해서는 이미 여러 식자의 논의가 있었지만, 이를 요약하면 다음과 같다.

1. 조선의 소작제도에 근본적인 결함이 있는데, 특히 부재지주(地主不在)제도에 따라 마름(관리인)의 착취가 매우 심하기 때문에 소작농민의 생활이 극도로 피폐해졌다.
2. 기업의 발흥, 대자본의 유입에 따라 가내수공업 및 수공업자는 일대 타격을 받아 생활이 궁핍해졌다.
3. 한일병합 이후 조선의 문화 및 생활 수준이 현저히 상승하여 1년 동안 곡류를 상시 섭취할 수 없게 된 농민들이 보다 나은 생활을 바라며 고임금을 얻고자 내지의 노동시장으로 유입되었다.
4. 조선인에 대한 동화정책의 보급과 외국으로 이주하는 것에 대한 불안감이 없으며 거리가 가까워 소액의 여비만으로 가능한 내지 이주의 꿈을 한층 강렬하게 품게 되었다.
5. 조선인 노무자의 과장된 선전과 소자본가들의 미사여구에 현혹되어 문화의 혜택을 입을 수 있다는 점에서 하층계급의 내지 이주에 대한 열망이 급격하게 유발, 조장되었다.

6. 유럽전쟁[11]의 발발 후 우리나라의 기업이 이상할 정도로 흥성하게 되자, 노동력의 수요가 급증하였기 때문에 내지 노동력만으로는 충족이 되지 않아 조선에서 노무자 모집을 개시하였다.

이상은 조선인 노무자가 내지로 쇄도하게 된 주된 원인이지만, 요약하면 일본이 조선을 병합하여 새로이 통치한 이래, 조선은 물질적, 정신적으로 급속한 발전을 이루었으나 이에 조선인이 받은 자극은 심각한 것이었다. 종래에는 선택받은 일부 사람들에게만 요구되었던 인격의 자유발전, 자유활동 및 자유향락에 대한 욕구가 이제는 일반화되어 스스로 운명을 개척하고 신천지를 향해 적극적으로 활동을 개시한 결과로 보아야 한다.

이리하여 1928년 말 조선인의 내지재류자 수는 23만 8,104명에 이르게 되었지만, 당시 지방별 분포상태(재류자 5,000명 이상을 점하는 부현)를 보면 다음 표와 같다.

(단위: 명)

	남	여	계
오사카부(大阪府)	40,187	15,022	55,209
도쿄부(東京府)	25,118	3,202	28,320
후쿠오카현(福岡県)	16,719	4,323	21,042
아이치현(愛知県)	12,336	5,592	17,928
교토부(京都府)	13,362	3,339	16,701
효고현(兵庫県)	10,166	4,156	14,322
가나가와현(神奈川県)	8,524	1,683	10,207
야마구치현(山口県)	6,863	1,976	8,839
홋카이도(北海道)	5,252	1,194	6,446
히로시마현(廣島県)	4,540	1,287	5,827

위 표에서 오사카부에 사람이 많은 것은 경제 중심지로서 각종 산업의 발달이 현저하고 다수의 노동력을 소화시킬 수 있기 때문이며, 도쿄도는 문화, 교육의 중추 지역으로서 학생

11 제1차 세계대전을 가리킨다.

들이 많이 모여 있기 때문이고 일보다는 오히려 제국의 수도를 동경하는 정도가 다른 곳에 비해 강렬하기 때문이다. 후쿠오카현은 석탄의 채굴에 종사하는 노무자의 수요가 왕성하기 때문일 것이다. 또 재류자의 수가 가장 적은 곳은 아오모리현 200명, 아키타현 118명, 구마모토현 179명, 오키나와현 14명 순으로 나타난다. 이미 조선인 노무자의 무리는 전국 방방곡곡에 진출하여 산간벽지의 어디에서나 그들의 모습을 볼 수 있는 상태이다.

이들 조선인은 어떠한 경로를 따라 도래한 것일까? 어떤 이는 내지에 사는 친척의 초청을 받고, 어떤 이는 친구를 따라, 어떤 이는 주위의 권유에 따라, 어떤 이는 일확천금의 꿈을 품고 막연하게 도항한 자도 있지만, 어느 쪽이든 내지로 이주하면 적어도 조선에 있는 것보다는 유리한 직장에 취직하는 것이 가능하여 보다 나은 생활을 누린다는 희망에 가득 차 있는 것은 앞에서 말한 대로이다.

다시 1928년 6월 말을 기준으로 재류조선인의 직업을 보면 다음과 같다.

(단위: 명)

관리·공무원 및 회사원	학생	상업	농업	수상(水上) 취업자	직공	광부	인부	기타	계
232	4,044	6,881	2,618	2,462	36,038	12,786	88,353	55,047	208,391[13]

위 표에 따르면, 육체노무자 중 수상취업자, 광부, 인부, 운수취업자[13]만 합쳐도 10만 4,232명으로 전체 인원의 절반에 달하고 있다. 여기에 직공 및 농업노무자를 더하면 14만 2,888명이 된다. 내지 거주 조선인의 합인 20여 만 명 중 3/4이 육체노동에 해당하는 일을 하고 있다. 이들 노무자 중에서 공장에 고용된 직공은 방적·방직공장에서 일하는 여공과 유리공장 등을 제외하고서는 대부분 막노동, 인부와 같은 자유노무자였다. 당시 오사카시 사회부 조사에 따르면, 조선인 총 노동자 중 인부의 수는 80%, 직공의 수는 20% 정도였다.

이와 같이 조선인 노무자의 대부분이 어떠한 기술도 필요로 하지 않는 막노동, 인부 등 자유노동자였다는 점을 고찰하면 다음과 같은 원인을 발견할 수 있다.

1. 대부분 소작농이었기 때문에 기계공업의 훈련에 적응하지 못하고, 숙련된 기술을 필요

---

12 실제 합산의 계(計)는 '208,461'이지만, 원문 그대로 표기함.

13 표에는 '운수취업자'가 없지만, 원문 그대로 표기함.

로 하는 각종 공업에서 능률이 낮다는 점

2. 대다수는 지식의 정도가 낮고, 일본어를 이해하는 자가 극히 적다는 점
3. 정주성(定住性)이 부족해 점차 기술이 숙련되었을 시점에 다른 곳으로 이주하는 경향이 있어 기업가들이 고용을 기피한다는 점
4. 내지인과 사이가 나빠 공동작업의 결실을 거두기 어렵기 때문에 자연스럽게 생산공업에서 추방되는 경향이 있다는 점

이에 저들은 많은 기술이 필요하지 않는 일을 할 수밖에 없다. 결국 저렴한 임금과 여러 명이 필요한 토목사업, 광산노동, 선박노동 등의 수요에 따라 순수 육체노동으로 흡수되어 갔다.

하지만 조선인은 내지인에 비해 근면한 측면에서는 떨어지지만, 다른 한편으로는 과격하고 천하고 불결한 노동도 꺼리지 않는 장점을 지니고 있다. 이는 원래 그들의 생활수준이 낮았기 때문이며, 당시 내지인 노무자들이 혐오했던 토공, 광부, 유리공과 같은 중노동 분야에서 비교적 저임금으로 고용이 가능한 저들이 환영받았던 이유이기도 하다.

당시 오사카시의 일본인과 조선인 성인 노무자의 임금은 다음과 같다.

(단위: 엔)

	조선인		내지인	
	최고 임금	최저 임금	최고 임금	최저 임금
농작부	1.70	1.20	2.20	2.00
세탁부	1.90	1.00	2.70	1.00
염색공	1.90	1.00	3.00	1.50
메리야스공	1.90	1.00	3.00	1.50
방적공	2.00	0.90	2.80	1.00
유리공	3.00	0.90	3.50	1.10
짐꾼	2.50	1.70	3.00	2.00
인부	1.70	1.00	2.00	1.80
막노동자	2.50	1.70	2.80	2.00
광부	2.30	1.60	3.00	1.80

앞의 수치에 따르면, 내지인 및 조선인 노무자 사이에 현저한 격차가 있는 것이 납득이 된다. 이는 물론 양자 간에 노동능률의 차이도 있지만, 그들의 몰이해 즉 내지의 경제사정을 알지 못했다는 것, 더욱이 내지에서 저들이 받는 대우와 상태가 조선의 상황보다는 훨씬 우수했기 때문에 내지인 노무자와 동등한 임금을 지급할 필요가 특별히 없다는 견지에서 고용주가 고의로 임금에 차등을 두었다는 점이 없지 않다.

이처럼 저들은 극히 적은 수입을 얻는 데 불과했지만, 그 생활비도 상상 이상으로 저렴했기 때문에 아마 인간으로서 최저한도의 생활을 유지하는 정도였을 것이다. 주거는 조잡하고 벽은 허물어지고 지붕이 내려앉아 간신히 비를 피하는 정도이고, 특히 음식 면에서 생존에 필요한 영양을 섭취하는지 의심될 정도이다. 먹는 분량은 많았지만, 저들은 오로지 쌀과 소금과 야채로만 살아가는 모습이었다. 그러나 저들은 허리띠를 졸라매는 생활에 익숙해서인지 매달 수입의 범위 안에서 고향에 송금도 하고 유사시를 대비해 저금을 하는 건전한 자들도 드물지 않았다는 점에 주목해야 한다.

그러나 한편으로 이러한 조선인 노무자의 출현은 당시의 내지인 노무자 입장에서 큰 위협이었다. 저들이 저렴한 임금을 무기로 어떠한 악조건 속에서도 태연하게 일에 종사하고, 조잡한 의복과 소박한 식사만으로도 생활해 나가는 모습은 내지인 노무자들이 도저히 따라 할 수 없었다. 특히 탄광과 같은 노동력 수요가 많은 곳에서는 대도시에서 목격하듯이 격렬한 노동자 쟁탈전이나 엄청난 노동예비군의 속출이 나타나지 않았지만, 조선인 노무자가 진출함으로써 어느 노동시장에서든 직·간접적으로 내지인 노무자의 취업을 어렵게 하고 임금을 낮추는 원인이 되었다.

마침 1927년 4월의 금융공황 이래 우리나라 경제계는 1930년의 세계적 공황의 내습에 따라 극도의 침체에 빠져 감산 강화, 사업 정리, 기업 병합 등을 차례로 실시한 결과 노동시장에 미친 영향이 지극히 심각해졌고, 전국 어느 곳에서든 실업자들이 넘쳐나는 모습을 보게 되었다. 또한 일반 노무자의 임금 하락에 따라 빈곤과 궁핍은 날로 현저해졌다. 이러한 현실은 내지에 거주하던 다수 조선인 노무자의 머리 위로도 불똥이 튀었다. 특히 이들의 대부분은 지능 수준이 낮고, 일확천금의 꿈을 품고 온 장정들로서 실업이라는 우환을 맞아 빈곤에 빠져 비탄하고 실망하는 정도가 내지인 노무자에 비교하면 더욱 극심하였다.

이러한 모습이 조선인의 사상과 통치에 우려할 만큼 심각한 문제가 된다는 점을 감안하여 조선의 당국이 막연하게 도항하려는 조선인을 억제하고 내지 재류조선인의 급증을 완화함으로써 저들의 생활을 안정시키기 위해 유지제도를 견지한 것은 어쩌면 당연한 조치였다고도 할 수 있다.

제3절 노무동원계획과 조선인 집단이입

1930년 세계적인 불경기의 내습과 함께 우리 산업계는 일제히 경기침체에 빠져 사업의 축소, 폐지를 동반한 종업원의 정리해고가 전국적으로 확대됨에 따라 실업문제가 야기되었다. 이 때문에 조선인 노무자는 필연적으로 노동시장에서 배제되고 내지 도항의 억제 강화와 재류조선인의 귀환과 맞물려 점차 그 수가 줄어들기 시작했다.

그러나 1931년의 금 수출 재(再)금지를 전환점으로 만주사변과 상해사변의 발발과 함께 군수중공업이 호전되고 시국을 돌파하기 위한 비용의 막대한 지출 등에 따라 노동력 수요가 점차 왕성해졌다. 1933년 이후 다시 지난날의 번영을 되찾게 되었다.

이후 만주국의 성립 및 조선에서 신산업의 발흥에 따라 내지로 이주하는 조선인은 일시적으로 감소세를 보였으나, 이 사이 내선일체의 진의가 조선 내부로 널리 침투하여 황국신민화운동의 활성화와 맞물려 조선인 노무자의 자질도 현저히 향상되어 종래의 불상사를 만회하고 각종 산업 부문에 걸쳐 기업가들 사이에 점차 저들을 흡수하려는 열망이 나타나게 되었다.

1930년 이후 1939년까지 조선인 도래 및 귀환의 숫자를 일괄하여 나타내면 다음과 같다.

(단위: 명)

	도항자수	귀환자수	증감(감소 △)
1930년	95,491	107,706	△12,215
1931년	102,164	83,651	18,513
1932년	113,615	77,575	36,040
1933년	153,299	89,120	64,179
1934년	159,176	112,462	46,714
1935년	108,659	106,117	2,542
1936년	113,714	110,559	3,155
1937년	–	–	–
1938년	–	–	–
1939년	–	–	–

그런데 1937년 7월 중일전쟁의 발발을 계기로 우리나라의 산업은 곧장 전시체제로 돌입하여 고도국방국가의 건설에 필요한 생산력의 이례적인 확충을 요망하게 되었다. 이와 더불어 조속한 식민지 노동력의 흡수대책이 필요해졌다. 특히 석탄광업 방면의 노동력 충원에 대한 긴급한 요구에 따라 1937년 말 사회국 장관이 각 도도부현 지사에게 통첩을 내려보냈는데, 통첩 내용에서 그 일면을 엿볼 수 있다.

"각 지방에서는 내지에 재류하는 조선인 노무자로서 취업을 희망하는 자(실업등록자 포함)가 있을 때는 이들을 적극적으로 탄광에 소개해 줄 것."

전쟁이 격화됨에 따라 소위 물자동원계획이 점차 본격화되자, 이에 따른 막대한 노동수요에 부응하기 위해 정부는 1939년 7월 우리나라[14]에서 처음으로 노동동원계획을 설정하여 군수 이하 긴급한 산업에 대한 일반노무자의 수급계획을 수립하게 되었다. 같은 해 수요노동력

14 일본을 가리킨다.

으로서 남녀 합계 ○○○명의 숫자를 열거하고 이를 공출할 수 있는 5개의 공급원 중 하나로서 조선인 노무자의 중점산업 투입 및 이용을 결정함으로써 종래 오랫동안 금지했던 '조선인 노무자 유입제한 방침'도 점차 완화의 조짐을 보이기 시작했다.

특히 노무자 충원에 곤란함을 호소하던 탄광, 광산 및 토목 방면에서는 조선인 노무자의 집단유입을 인정하고 적극적인 타개책을 강구할 수 있게 되었다. 즉 1939년 7월 28일부로 내무성과 후생성의 차관 명의 통첩에 따라 같은 해 약 ○○○명의 조선인 유입이 허가되었다. 이로써 저들은 국가의 요망에 부응하여 실로 시대의 각광을 받으며 등장하게 된 것이다.

이리하여 이번의 이입허가는 노동동원계획에 따라 설정된 인원수의 범위 안에서 허가되었기 때문에 노무자의 이입, 즉 모집수송 및 채용에 관해 관청에 제출하고 협의하는 각종 수속이 매우 엄격하고 직접 이 업무를 담당한 관계자들의 고충이 여간 아니었다. 하지만 마침내 조선의 특수한 사정과 더불어 조선 당국의 적극적인 원조에 따라 조선인 노무자의 집단도항은 의외로 좋은 성과를 보여 1939년 10월 이후부터 1940년 3월까지 약 ○○○명의 대량이입이 이루어짐으로써 저들을 생산 확충의 일선으로 송출하는 것이 가능해졌다.

그리하여 그 효과에 관해서는 처음부터 내지인 노무자와 같은 정도를 기대하지 않았지만, 소정의 기초훈련을 거친 후 각 업자의 지도관리 노력과 맞물리면서 저들의 생산성이 예상 이상이라는 점을 인정하게 되었다. 이에 내지 노무자원이 고갈됨에 따라 탄광, 광산 방면에서 조선인 노무자에 대한 의존도가 점차 높아졌다. 1939년에 이르러 조선인 노무자의 추가 이입 신청이 끊임없이 계속되었을 뿐만 아니라 1940년의 노무계획에 기반을 둔 이입은 전기, 광산 및 토목 분야 외에 총동원계획 산업으로 지정된 공장에 대해서도 약간이나마 허가를 받게 되었다.

그러면서도 조선인 노무자의 성격 및 능력의 선천적인 결함 때문에 수용하는 곳마다 새롭게 경험하는 노무관리와 생활지도의 곤란함이 점차 현저해졌고, 더욱이 치안 문제와 사회 풍속의 저해를 우려하는 당국의 의향도 있어서 이제는 내지인 노무자 수를 고려하여 조선인 노무자의 이입을 제한하는 문제가 논의되기에 이르렀다. 동시에 일본과 조선, 만주에 있어서도 조선 북부지대의 광공업이 비상하게 발전함에 따라 농촌의 잉여노동력을 흡수하는 경향이 차츰 왕성해지면서 농촌에서도 일정 한도의 농민을 정주시킬 필요성이 제기되자, 조선 당국의 노무자 송출 구상에도 변화의 기미가 나타났다. 그러나 내지 탄광, 광산의 절실한 요청은 여전히 해소되지 않았기 때문에 일본과 조선 당국의 충돌도 점차 격화되기에 이르렀다.

더 나아가 1941년 2월 대동아전쟁의 발발과 함께 어떠한 희생을 치르더라도 국가생산력의 비약적인 증강을 반드시 완수해야 하는 단계에 들어서자, 조선인 노무자 이입의 의의와 생산전(生産戰)에서 저들의 역할이 한층 더 중대해졌다. 더불어 조선 안 노무동원의 관련성을 고려하고 여기에 종래 조선총독부 직업소개령에 따른 모집방법을 개선하여 조선 당국이 노무협력의 주체로서 조선인 노무자의 내지 공출을 적극적으로 알선하는 노력을 기울이게 되었다.

이는 곧 '관알선 일제(一制)'의 탄생이자 일본과 조선 두 곳의 노무조정을 도모하여 함께 국민노동제의 확립에 대응하고 노무를 통하여 내선일체의 결실을 거두고자 하는 것이다.

따라서 이는 조선인 역시 도일을 일시적 돈벌이로 생각하는 것을 지양하고, 구인자 역시 저들을 단순히 이입노동력으로 간주하는 우를 범해서는 곤란하다는 것을 시사한다.

또한 이 제도의 설정에 호응하여 공출을 받고자 하는 산업분야의 통제단체들도 모집 및 이입의 원활한 추진을 도모하기 위해 조선 안에 사무소를 설치하고 책임자를 파견하고, 특히 모집 신청 및 지역할당에 관한 일체의 수속을 대행하며, 계획수송요강에 준거하여 수송의 통제에 착수하게 되었다.

제2장 조선인 노무자의 모집과 수송

중일전쟁 발발 이전까지 행해졌던 모집 방법은 대체로 지원(志願) 모집, 연고(緣故) 모집, 청부(請負) 모집, 업자의 직접 모집의 네 가지로 분류할 수 있다. 그러나 시국이 긴박해짐에 따라 내선 노동력 수급관계에 변화가 불가피하여 종래의 모집방식을 점차 통제(統制) 모집으로 변화시켰다. 당초의 과도적 통제는 점차 본격적 통제로 이행하여 마침내 관알선(官斡旋) 모집으로까지 발전하게 되었다.

제1절 지원 모집 및 연고 모집

1. 지원 모집

노무자 자신이 신문, 입간판, 전단 등에 따른 모집광고를 보고 직접 사업소로 출두하여 고용을 신청하면 사업소에서 해당자를 심사 후 채용하는 것이 일반적으로 행해졌던 방법이다.

2. 연고 모집

주로 기존에 근무하고 있는 노무자의 연고를 통해 서면 등으로 소개를 받아 내지 및 조선에서 불러들이는 방법인데, 대개 단신자인 경우에는 1명당 3~5엔, 배우자가 있는 경우에 5~8엔 정도를 대부분의 경우 광산에 도착 후 1개월에 20일 이상의 노동을 조건으로 소개자에게 수고비(世話料)를 지급한다. 단, 조선에서 직접 불러들일 경우 도항저지 제도에 저촉되기 때문에 소개자의 신고에 따라 취업지의 경찰서가 취업증명서를 발행해야 하며 조선에 있는 지원자에게 허가서를 송부하면 이를 바탕으로 신청자 소재지의 경찰서에서 신원증명서와 도항허가를 받는 절차가 번거롭기 때문에 사실상 이 방법으로 채용되는 경우는 거의 없었다.

그러나 1941년 5월 내지 노동력의 부족과 노무동원계획(勞務動員計畫)에 따라 이입된 노무자 가운데 만기가 되어 조선으로 돌아가는 노무자를 보충하는 방책으로서 약 ○○○명의 대량 연고 모집이 인정되었다. 미리 모집에 따라 이주한 노무자에게 조선 안에 거주하는 연고자 중에 내지로 도항하여 본인과 동일한 장소에서 취업하기를 희망하는 자가 있으면 신청하도록 하여 적합하다고 인정되는 자에 대해서는 사업주가 사전에 내지 관할 경찰서장에게 신고하여 승인을 받은 후 본인에게 고용통지서를 발급하는 방법이다. 이 경우 관할 경찰서장은 고용통지서에 본인의 내지도항에 문제가 없다는 취지의 무해증명(無害證明)을 부가해야 한다. 종래에 연고도항 절차에서 일본과 조선의 관할 경찰서 간에 이루어졌던 사전조회를 생략하는 동시에 조선의 집합일시 및 장소를 지시하여 도항의 보호, 도항 후의 훈련, 기타 편의상 매번 10명 내외를 한곳에 모아 사업주가 인솔하게 하는 등의 방법을 강구한 것이다.

본 모집의 수속, 절차와 모 회사의 모집 조건을 살펴보면 다음과 같다.

연고 모집에 따른 도항자 취급방법

(1) 인쇄지 양식에 따른 증명원을 군별로 작성하여 취업지 경찰서장의 증명을 받을 것.

(2) 모집 현지에서는 도항자의 호적초본 및 사진을 촬영하여(사진은 초본에 붙일 것) 이전에 작성했던 증명원과 함께 현지 경찰서에 제출하여 한 명씩 증명을 받을 것.

(3) 상기 절차가 종료된 후에는 미리 부산(또는 여수)에 집합일을 정해 두고 출발 전날에 증명원과 동일한 양식의 명부를 만들어(몇 개 군으로 나뉘어 있는 경우에는 한 권의 연명부로 기록할 것) 수상서(水上署)에 제출한 후 본인을 연행하여 사증을 받도록 할 것.

(4) 조사가 종료된 후 연송자(連送者)[15]가 하나의 단체로 사업장까지 데려올 것.

15 연행하여 송출, 인솔하는 자를 가리킨다. 즉, 인솔자에 해당한다.

조선인 연고 모집 조건

요지: 회사의 종업원 채용에서 그 밖에 재조(在朝)연고자를 모집하고자 할 경우에는 본 조건을 적용한다.

1. 응모자 자격
   1) 조선 거주, 연령 18세 이상 40세 미만의 신체 건장한 남성으로서 갱도업무에 종사할 자
   2) 호적등본이 있고 의사의 건강진단에 합격한 자
   3) 배우자 유무 불문

2. 계약조건
   - 탄광 도착 후 2년

3. 전대금(前貸金)
   - 가족 동반 시 30엔 이내
   - 단신자인 경우 15엔 이내
   - 탄광 도착 후 대여하는 것이 원칙인데, 사정에 따라 응모지에서 2/3 이내로 대여할 수 있다.

4. 대여 물품
   - 직접 모집 조건에 따라 피복비(20엔 이내)를 대여할 수 있다.

5. 소개료(이전료)
   - 가족 동반 시 10엔
   - 독신인 경우 5엔
   - 가족 동반자 중에 근로자가 있는 경우에는 독신자 분을 지급한다.

6. 통신비
   - 모집권유를 위해 조선 안 연고자에게 통신을 할 필요가 인정되는 경우에는 통신료로서 1건당 50전 이내를 지급할 수 있다.

7. 상기 이외의 사항은 내지의 직접 모집 조건을 준용한다.

제2절 청부 모집

각지의 주선자를 통하거나 지정된 주선인을 상주시켜 각지에서 수시로 모집하는 방법이다. 홋카이도 방면의 탄광에서는 1925년 이래 이 방법을 이용하는데, 모 탄광의 사례에 따르면 도 안에서의 모집은 배우자가 있는 경우 1명당 5엔, 독신인 경우 3엔, 도외 모집은 배우자가 있는 경우 1명당 8엔, 독신인 경우 1명당 5엔의 알선료와 본인 여비의 실비를 지급한 후 5인 이상을 모집할 때는 출장자의 3등 왕복 차비 및 일당 2엔 50전을 지급한다.

이에 주선인은 항상 사업주로부터 모집비를 미리 받아 오타루(小樽), 하코다테(函館), 아바시리(網走), 멀리 가라후토(樺太, 남사할린)와 내지 여러 방면으로 돌아다니며 노무자를 긁어모은다.

그러나 일시적으로 대량의 조선인이 필요한 경우에는 조선, 부산, 원산 등에 주선인을 특정하여 별도로 정한 청부비용으로 모집에 종사하도록 했지만, 이 방법은 모집종사자가 적당한 인물을 찾기 어렵고, 주선인에 따라 악용될 수 있다. 따라서 주선료 및 여비라고 불리는 고액의 모집비를 소모하는 등 상당한 폐해가 잇따랐다. 그런데 이 방법은 탄광 및 미개척지의 대규모 토목사업에 필요한 대량의 노무자를 일시에 확보하고자 할 경우에는 필연적으로 채택할 수밖에 없었다.

제3절 업자 직접 모집

1. 모 탄광의 시도

제1차 세계대전 발발 후 산업의 발전과 함께 노동력을 급속하게 충원할 필요가 있을 때 주로 큰 탄광에서 수차에 걸쳐 시도하였던 방법이 '직접 모집'이다. 지금의 홋카이도 모 탄광회사에서 실시했던 당시의 개요를 설명하면 다음과 같다.

이 탄광의 모집은 1917년 알선에 따라 처음으로 50~60명을 노무자를 이입하여 사역한 것이 시작이었다. 내지인에 비해 능률이 향상되기까지 차이가 크지 않고 일시에 대량의 노무자를 획득할 수 있다는 편리함 때문에 1918년 2월부터 시행된 조선총독부령 노무자모집 단속규제에 따라 조선 안 수송의 입구였던 원산과 부산을 모집의 근거지로 삼았다. 원산에는 사원이 직접 출장을 나가 모집사무소를 개설하거나 모집종사자와 상주하며 신망 있는 조선인 조수를 고용하였다. 그리고 해당 지역을 중심으로 노무자의 공급이 원활한 지역에 모집광고를 배포하거나 각지의 유력자에게 알선 등을 의뢰하여 일정 기간 중에 모집할 수 있는 자를 배편으로 쓰루가(敦賀) 또는 후시키(伏木) 방면으로 출발시키는 방법을 채택하였다.

부산에서는 지정주선인을 고용하여 모집을 하게 했다. 지정주선인이 건강진단과 신원조사를 하고 합격자를 배편과 차편으로 내지의 항구 또는 아오모리(青森)까지 이송하여 해당지에서 기다리고 있던 노무계원에게 인계하는 방법이다.

이 두 가지 방법의 모집 조건을 살펴보면 다음과 같다.

2. 조선인 노무자 모집 조건 비교[16]

	부산: 청부 모집	원산: 회사 직접 모집
응모자의 자격	1. 연령 20세 이상 45세 미만의 신체 건장한 남자로서 갱내노동에 종사할 자 2. 민적등본을 지니고 의사의 건강진단에 합격한 자에 한함. 3. 배우자 유무, 독신을 불문하나 동반가족은 3명에 한함.	
고용계약기간	광산 도착 후 만 24개월	
전대금(前代金)	응모자 본인 1인당 30엔 이내로 함. 단, 응모지에서는 5엔까지 대여하고 잔액은 도착할 때까지 도중에 대여하는 것으로 함(기혼자에게는 10엔 이내로 함).	응모자 본인 1인당 30엔 이내로 함, 단, 응모지에서는 5엔까지 대여하고 잔액은 광산 도착할 때까지 도중에 대여할 수 있음.
피복비 대여	피복은 도착 후 필요하다고 인정되는 자에 한해 가격 10엔 이내로 현물구입 대여함. 단, 피복으로는 작업용 셔츠 상하의, 모자, 각반, 신발, 게다(나막신)로 함.	
작업도구	곡괭이는 2개월, 삽은 3개월, 톱, 도끼, 망치는 4개월 동안 무료로 대여함. 위 기간 중에 현금 또는 임금으로 지불한다. 유바리(夕張) 탄광 이외의 각 광산에서는 위 도구를 원가의 절반 가격으로 지불하고 4개월 할부로 반납하도록 함.	
대부금품의 이자	대부금품의 이자는 도착한 다음 달부터 대부금품액의 10%를 최고한도로 하여 매달 임금에서 차감하도록 함.	

16 원문의 목차 제목은 '청부·직접 모집 조건 비교'이고, 본문 제목은 '다이쇼(大正) 말기의 조선인 노무자 모집 조건 비교'였다. 이에 차례와 본문의 제목을 일치시키고 간결하게 하기 위해 '조선인 노무자 모집 조건 비교'로 하였다.

	부산: 청부 모집	원산: 회사 직접 모집
중간 기착지	아오모리(靑森) 승선. 단, 경우에 따라서는 연락선 승선출발에 따라 연송책임을 해제함.	
주선수수료	-	주선인을 사용한 경우에 출장원이 적당하다고 인정한 응모합격자 1명당 수수료로서 15엔 이내를 지급.
주선인의 출장여비	-	주선인이 출장할 때는 3등기차 및 선박 운임의 실비를 지급하되, 기차, 선박편이 없을 경우에는 육로마차비로서 편도 5리 이상에 대해 1엔씩, 1리가 늘어날 때마다 10전을 부가함. 1일 숙박비로는 1일당 1엔 50전 이내를 지급함. 단, 숙박일수에 상관없이 4박을 한도로 함.
중간기착지까지의 연송비	도착채용인원에 대해 1명당 10엔 이내, 단, 연송 도중 응모자의 식비, 숙박비 및 연송인의 일당 숙박료 및 왕복 교통비 및 기타 잡비에 충당하는 것으로 함.	-
연송인 여비	회사의 사정에 따라 인수지에서 현장까지 계속해서 인솔을 명받았을 경우에는 그 여비로서 3등기차, 선박의 운임 1엔 50전, 숙박비로 1엔을 지급함. 단, 이 경우 현장에서 인도할 때 인솔책임이 해제된다.	-
기차, 선박의 운임 및 도중의 식비	노역자 및 그 가족이 응모지에서 광산 도착까지의 기차, 선박요금 및 인수지로부터 도중에 소요되는 식비는 회사에서 부담함. 단, 6개월 이상 노역을 계속하지 않을 경우에는 응모지에서 도착할 때까지 여비의 실비를 변상하도록 함.	노역자가 응모지에서 광산 도착까지의 기차, 선박운임 및 도중의 식비는 회사에서 부담함. 기타 위와 동일.
진찰료	-	진찰료는 합격, 불합격에 상관없이 응모자 1인당 60전까지로 함 단, 진단의사의 영수증이 필요함.
귀향자에 대하여	1. 계약기간이 만료된 후 귀향할 경우 응모지까지의 기차, 선박운임의 실비액을 지급함. 2. 계약기간 중 폐업, 사직할 경우에는 교통여비를 받지 못할 뿐만 아니라 회사가 지불한 왕복여비액을 일시에 변상하도록 함. 단, 도착 6개월 경과 후 폐업, 사직할 경우에는 왕복여비변상을 면제하도록 함.	
최저임금	공정에 따라 1개월마다 정산하고 지불함. 단, 1일의 임금이 60전에 미치지 못한 경우 부족한 액수는 회사에서 보충함.	

3. 청부 · 직접 모집의 특징

전술한 모집방법은 그 지역 및 방법의 상이에 따라 여러 특징을 지니고 있는데, 부산에서 모집하는 경우는 다음과 같다.

(1) 노무자의 집산(集散)이 빈번하기 때문에 단시일에 다수를 얻을 수 있다.

(2) 내지거주의 경험이 있는 자가 비교적 많기 때문에 소위 단시간에 그만두고 나가는 불량분자 또한 적지 않다.

(3) 육상 수송을 위해 내지의 대도시를 경유할 경우, 도중에 도주하거나 유괴를 당할 기회가 많다.

(4) 질 나쁜 주선인이 종종 있는데, 일할 곳의 사정을 과대선전하는 바람에 인솔 도중 사고가 생기거나 광산 도착 후의 성적이 시원치 않다.

원산에서 모집하는 경우는 다음과 같다.

(1) 순박한 농민이 대다수이기 때문에 통제하기 쉽다.

(2) 사원이 직접 건강진단 및 인선을 담당하기 때문에 양질의 인력을 획득하기 쉽다.

(3) 해로(海路) 수송이기 때문에 분산(分散) 또는 유괴의 염려가 극히 적다.

(4) 부산의 모집에 비해 모집비용이 저렴하다.

그런데도 1922년 총독부는 조선인 노무자의 단체모집을 금지하는 방침을 밝혔기 때문에 궁여지책으로 다음 해 4월부터는 자유도항자에게는 여행증명이 필요하지 않은 방법에 편승하여 조선에 있는 주선인이 모집을 해서 자유도항의 형태로 이입하는 방법을 채택함으로써 일시적인 편법에 의존할 수밖에 없었다.

그러나 이 방법에는 적지 않은 불편이 있었다. 1924년 5월 총독부의 양해를 얻어 원산에서 홋카이도로 향하는 직항선 이용을 조건으로 하는 단체모집이 허가되었다. 이로써 내지의 육로를 통과하는 부산 모집은 자연스럽게 폐지되고, 유일하게 원산에서 배편을 이용해 후시키에 도착하여 후시키에서 곧장 오타루로 직행하는 원산 모집만 이루어졌다. 당시 내지인 모집의 부진에 반비례하여 이 방법에 따른 모집은 엄청나게 좋은 성적을 거둘 수 있었다.

이리하여 탄광, 광산 외 일반 사업회사에서도 조선인 노무자를 점차 적극적으로 고용하고 모집성적도 차차 순조로워지자, 이후 노무자의 수요를 대량으로 그리고 단기간에 충족하는 데는 조선인 모집이 최선의 수단이 되었다. 그러나 1930년 이후 우리나라 산업계의 불황이 점차 심각해지고 사업합리화에 따라 종업원 정리와 더불어 조선인 노무자의 내지도항의 억제가 일본과 조선의 당국의 재량에 따라 한층 더 강화되었다는 것은 전술한 바와 같다.

4. 부록: 조선총독부령 노무자 모집단속규제

(부록) 조선총독부령 노무자 모집단속규제

(1918년 1월 29일 조선총독부령 제6호)

제1조 조선 외에 있어서의 사업에 종사하는 노무자를 모집하고자 하는 자에게 다음 각 호에 열거한 사항을 기재한 원서에 고용계약서안을 첨부하여 모집지 경무(부장)에게 제출하여 허가를 받을 것.

1. 본적, 주소, 직업 및 성명, 생년월일, 법인 명칭과 업무, 주 사무소 소재지, 대표자의 주소 및 성명
2. 노동자가 종사하는 사업의 종류 및 장소
3. 남녀 및 노무별 모집인원
4. 모집해야 할 노동자의 연령과 범위
5. 모집구역 및 기간

제2호 내지 제5호의 사항 및 고용계약의 조항을 변경할 때도 이전 항과 동일

모집출원인 또는 출원대리인으로서 조선 안에 주소가 있는 자는 조선 안에 임시주소를 정하여 경무(부장)에게 이를 제출할 것. 또한 이를 변경할 때도 동일하다.

제2조 전 조항의 고용계약서안에는 다음 항목을 기재할 것.

1. 노무의 종류

2. 고용기간

3. 취업시간 및 휴게의 방법

4. 임금 및 그 지급방법

5. 저금의 방법

6. 노무에 관한 장려방법

7. 수용설비

8. 식비, 입욕료, 침구 기타 일상생활에 필요한 비용의 부담방법

9. 왕복여비의 부담방법

10. 부상, 질병의 경우 의료 및 그 비용의 부담방법

11. 부상, 질병자의 휴양 중 임금 및 그 지급방법

12. 부상, 질병에 따른 불구가 되거나 사망한 경우 부조금, 위자료, 조위금 및 기타 지시방법

13. 부상, 질병, 사망에 따른 부모형제 및 기타 가족의 왕복에 소요되는 여비의 부담방법

제3조 모집자, 모집종사자를 사용하고자 할 때 원서에 기타 본적, 주소, 직업, 성명, 생년월일을 기재하여 경무(부장)에게 원출하여 허가를 받을 것.

모집자, 모집종사자를 고용할 때는 허가증을 휴대할 것.

제4조 모집자는 다음의 각호를 준수할 것.

1. 사실을 은닉[17]하거나 과대, 허위의 언동을 하여 모집을 하지 말 것.

2. 14세 미만인 자를 모집하지 말 것.

3. 부모 또는 이에 대신할 감독자의 승낙서를 지니지 않은 20세 미만인 자 및 남편의 승낙서를 얻지 않는 부녀자를 모집하지 말 것.

모집종사자는 사실을 은닉하거나 과대, 허위의 언동을 이용하여 모집을 하지 말 것.

---

17 은닉(隱匿)과 은폐(隱蔽)는 쓰임새가 각각 다르지만, 법률 또는 규정상의 용어인 경우는 원문을 그대로 두기로 한다.

제5조 모집자는 응모자의 본적, 주소, 성명, 생년월일을 기재한 응모자명부를 만들어 모집지 출발 전에 경찰서장(경찰서의 사무를 다루는 헌병분대 헌병분견소의 장을 포함, 이하 동일)에게 제출할 것. 이전 항의 경우에서 필요하다고 인정될 때 경찰서장은 응모자의 민적등본 또는 초본, 이전 제3호의 승낙서의 제시를 명할 수 있다.

제6조 모집자를 조선의 밖으로 도항하고자 할 때는 승선지명 및 출발기일을 미리 정하여 두고 응모자 명부 및 모집허가증서를 첨부하여 출발 3일 전 승선지의 경찰서장에게 제출해야 한다. 승선지 또는 출발기일을 변경하고자 할 때도 동일하게 이전 항의 제출하였던 응모자명부에 기재된 사항에 변동이 발생한 경우, 출발 당일까지 제출해야 한다.

제7조 모집구역이 2개 이상인 도에 걸쳐 있을 때는 제1조 또는 제3조의 원을 조선총독에 이를 제출할 것

제8조 모집자법령에 위반되거나 공익상 필요하다고 인정될 경우 조선총독 또는 경무(부장)는 제1조 또는 제3조에 따라 허가를 취소할 수 있다.

제9조 경찰서장이 필요하다고 인정할 때는 제1조 또는 제3조의 허가를 받은 자에 대해서 일시 모집을 중지하거나 기타 모집 단속에 관하여 필요한 명령을 할 수 있다.

제10조 본령의 규정에 따라 조선총독 및 경무(부장)에게 제출한 서류는 주소지 또는 임시주소지를 관할하는 경찰서장을 경유할 것

제11조 다음 각 호의 하나에 해당하는 자는 200엔 이하의 벌금 또는 과태료에 처한다.

1. 허가를 받지 않고 자신 또는 타인을 위해 모집을 할 경우

2. 제3조의 허가를 받지 않은 자를 모집에 종사시킨 경우

3. 제3조 제2항 또는 제4조에 위반될 경우

4. 제5조 제1항 또는 제6조의 제출을 게을리하거나 허위사실을 작성한 경우

5. 제5조 제2항 및 제9조의 규정에 따른 명령을 위반한 경우

제12조 모집자는 모집종사자가 그 모집에 관한 본령 또는 본령의 규정에 따른 명령에 위반될 때 자기의 지휘를 벗어난 것을 사유로 하여 처벌을 면할 수 있다.

제13조 모집자가 법인인 경우 법인의 대표자가 본령을 위반할 경우에는 본령의 규정에 따른 벌칙은 이를 법인에 적용한다.

법인을 처벌해야 할 경우에는 법인의 대표자를 피고인으로 한다.

제14조 본령은 이민보호법에 따라 이민단속인에게는 이를 적용하지 않는다.

본령은 1918년 2월 1일부터 이를 시행한다.

본령 시행 전 모집의 허가를 받은 자는 본령에 따른 허가를 받은 것으로 간주한다.

제4절 과도적 통제 모집

전술한 네 종류의 모집은 조선 안의 '조선총독부령 노무자모집단속규제'에 따라 소정의 수속을 마치고 당국의 허가를 받아 모집에 착수하는 것인데, 1939년 7월 노무동원계획하에서 탄광, 광산 및 토목사업에 대해 이입허가를 받은 조선인 노무자의 모집 역시 이전의 부령에 기반을 두고 있는 데는 변함 없다. 그러나 이번 모집의 성격이 국가적 요청에 따르다 보니, 고용조건, 모집지역, 모집기간, 수송방법에서 매우 엄격한 통제를 받지 않을 수 없게 되어 사실상 이전의 모집과는 비교할 수 없을 정도로 복잡다기해졌다.

1939년 9월 이번 모집의 착수에 즈음하여 내지 당국에서는 '조선인 노무자 모집요강'과 함께 이와 관련된 '조선인 노무자 이주에 관한 사무취급절차'를 제정하여 모집허가의 신청, 노무자의 도항 및 도착 후의 조치에 관하여 친절하고 정중하게 각 업자에게 지시하였다. 이 내용은 본 모집의 특질 및 동향을 이해하는 데 매우 중요하기 때문에 이하에 그 요점을 열거하고 약간의 설명을 덧붙여 본다.

1. 신청수속

조선에서 노동자를 모집, 고용하고자 하는 고용주는 다음에 적힌 사항을 기재한 '조선인 노동자 모집고용 원서(朝鮮人勞動者募集雇入願)' 원본과 사본 5통을 작성하여 취업지를 관할하는 직업소개소를 거쳐 지방장관에게 제출하는 것으로 한다.

(1) 모집하고자 하는 자의 본적, 주소, 성명, 연령
  ① 법인일 경우 그 명칭, 주된 사무소의 소재지 및 이사, 기타 법인의 업무를 집행하는 임원의 성명
(2) 조선인 노동자를 모집하고자 하는 이유
  ① 사업의 시급한 사정, 노동자의 부족 상황 및 그 대책으로서 채용방법, 내지 노동자를 모집하여 소기의 목적을 달성하지 못하는 사정을 상세히 기재할 것.
(3) 이주노동자가 종사하는 사업의 종류 및 사업의 소재지 및 명칭

① 해당 사업 또는 작업의 종료 직후에 기타 사업 또는 작업에 충족할 계획이 있을 때는 그 사업의 내용 및 이를 인계할 시기에 더하여 기재하고, 해당 사업, 작업이 바쁘거나 한적한 때가 있을 때 비수기에 노무자를 처치하는 방법도 기재할 것.

(4) 이주노동자가 종사할 사업에 실제로 종사하는 종업원 수(특별 및 내지인, 조선인별)

(5) 이주노동자가 종사할 작업 내용 및 (3)항과 동일한 사항을 기재한다.

(6) 이주노동자의 수(독신자, 가족동반 희망자 수)

① 특히 내지노동자를 써서 보충하기 힘든 최소한도에 한할 것, 따라서 희망자 수보다 지나치게 많을 경우에는 감독 기관에서 적절하게 삭감을 명할 수 있다.

(7) 조선의 모집구역 및 모집기간과 모집방법

(8) 인솔 및 보호방법

① 인솔자의 성명, 신분, 인솔예상기일 및 경로를 기재하여 경로에 대해서 가급적 사업장 소재지에서 가까운 곳까지 해로로 인솔하는 방법을 강구하여 규슈(九州) 지방에서는 하카타(博多)-부산 연락선을 이용할 것, 인솔자의 수는 적어도 노무자 50명당 1명으로 할 것.

(9) 이주노무자의 취업시간, 휴게시간, 휴일 및 야간작업에 관한 사항

(10) 임금 및 기타 급여와 그 지급방법, 식비, 입욕료, 침구 및 기타 일상생활에 필요한 비용의 부담 방법, 임금에 관해서는 특히 생활에 필요한 액수 외에는 저축하도록 할 것과 그 방법을 기재할 것.

(11) 제재 규정이 있을 경우 이에 관한 사항

(12) 주택 및 훈련소 설비의 상황

① 이주노무자는 모두 고용주가 직영하는 합숙소에 수용할 것, 단, 훈련기간을 거친 후 경찰서장의 허가를 얻어 가족을 불러들일 경우에는 이 규정을 적용하지 않음.

② 훈련소는 내지 생활에 순응하는 데 필요한 기초훈련 및 작업의 기초교육을 행하기 위해 설치하는 것으로, 위 취지에 맞게 계획하여 기재할 것. 훈련기간은 3개월로 하고 그 시설은 기존의 옥사(屋舍)를 이용하여도 지장이 없으며, 몇몇 고용주의 공동시설 또는 협화사업단체에 위탁경영을 하여도 지장 없음.

(13) 복리시설 및 보도(輔導)방법

① 조선인의 내지 적응, 내지인과 조선인 간의 협화에 유의하고, 적어도 내지인 노무자와 차별하여 취급하지 말아야 하며, 조선인의 생활보호 및 지도에 필요한 지도자를 두고, 이에 필요한 시설과 그 계획을 기재할 것.

(14) 고용기간 및 고용에 관한 사항과 귀향여비의 부담방법

① 고용기간은 6개월 이상으로 하고 일용, 임시고용과 같은 단기간의 고용은 인정하지 않기로 한다. 또한 가급적 고용기간을 명확하게 하여 필요한 경우에는 이를 갱신, 연장하는 방침을 취할 것, 해당 사업 또는 작업종료 시에 인수인계를 하지 않는 경우 해고 조치에 대해 기재할 것. 귀향여비는 기간만료 또는 고용주의 사정에 해고의 경우, 고용주가 부담한다는 취지를 기재할 것.

(15) 부상, 질병 또는 사망의 경우에 부조, 구제의 방법과 부형 및 기타 가족의 왕래에 필요한 여비의 부담방법

별도의 규정이 있는 것은 그 규정에 따르고 규정이 없을 경우에는 가급적 본인에게 부담을 주지 않는 형태로 그 방법을 기재할 것.

2. 도항, 인솔

앞의 여러 가지 절차를 거쳐 노무자를 모집하고 이들을 내지로 도항시킬 때는 모두 조선총독부령 제6호에 따라 '노무자모집단속규칙'을 바탕으로 고용계약서의 작성 및 제출, 모집종사자의 사용원서 제출 등의 사항을 이행해야 하는데, 이번 노무동원계획을 바탕으로 한 이주 조선인 노무자는 특별히 사상이 견실하고 신원이 확실하며 신체가 건강하고 가급적 일본어를 이해하고 본인의 거주지를 관할하는 경찰서장에게 내지로 도항하여도 지장이 없다는 것을 인정받은 소위 우수분자에 한정한다. 더욱이 모집노무자를 도항시킬 때는 집단적으로 이를 행하여 반드시 고용주 또는 책임 있는 대리인이 직접 인솔을 담당해야 하며, 다음에 기재한 사항을 준수해야 한다. 이때 모집지에서 취업지에 이르기까지의 비용(교통비 및 숙박료)은 고용주가 전액 부담하도록 하고 있다.

(1) 인솔자는 승선지 소재지를 관할하는 경찰서장에게 모집단속규칙에 따라 응모자 명부를 제시하고 도항의 사증을 받아야 한다.

(2) 인솔자는 내지 도착 2일 전에 도학자 명부와 여행일정을 하선지 및 취업지를 관할하는 각 경찰서장, 취업소개소 및 관계 협화사업단체에 각각 송부하고 이후 변동이 있을 때는 그 상황을 보고해야 한다.

(3) 이주노무자에게는 다음 사항을 숙지시켜야 한다.

① 시국 산업에 종사함으로써 국가에 공헌하는 자라는 사실을 자각할 것.

② 내지도항 후에는 소정의 훈련소에 입소하여 훈련을 받을 것.

③ 직장의 변경은 하지 않을 것.

④ 협화사업단체에 가입하여 회원증을 소지할 것.

⑤ 주소를 변경할 때는 5일 이내에 협화사업단체에 제출할 것.

⑥ 배우자가 있는 자는 훈련기간 중에는 처자를 초청할 수 없다.

⑦ 내지의 생활풍습에 순응하고 내지인에게 혐오감을 주는 행위를 하지 말 것.

⑧ 언어는 일본어를 사용할 것.

⑨ 임금은 생활비에 필요한 액수 외에 저축할 것.

⑩ 세금, 공과금, 집세 등의 체납은 반드시 하지 말 것.

⑪ 학령에 달한 자녀는 반드시 취학시킬 것.

⑫ 기타 협화사업단체 간부, 경찰관 및 취업소개소 직원의 지시에 복종할 것.

⑬ 이상 각 항에 위배되는 자는 귀향을 명받을 수 있음.

3. 도착 후의 조치

위 방법에 따라 모집된 조선인 노무자를 취업지로 인솔을 마친 경우에는 고용주는 신속하게 취업지를 관할하는 경찰서장, 취업소개소장 및 관계 협화사업단체에 노무자의 본적, 성명, 연령과 그 가족의 성명, 가족관계 및 연령 등을 보고하고 각 관계관청 및 단체의 지시에 따라 특히 작업지도, 훈련, 생활교육 기타 보호책을 강구하여야 한다. 또한 노무자가 따로 이동하거나 부상, 질병, 사망 등의 사정이 발생한 경우, 고용주는 즉각 관계 당국 및 단체에 보고하고, 그러한 노무자를 해고할 경우에는 관할 경찰서장의 승인을 받아야 한다. 또 고용기간이 만료된 때는 늦어도 만료기간 20일 이전에 관할 경찰서장에게 제출하여 지시를 받아야 한다. 3개월 간의 훈련기간이 종료되고 합숙소에서 다른 곳으로 이동하거나 조선에서 가족을 불러들일 경우에는 사전에 관할 경찰서장의 허가를 받을 필요가 있다. 고용주는 매월 말을 기점으로 노동 상황, 임금 및 생활태도 등을 지방장관에게 보고할 의무가 있고, 만일 고용주가 관계 당국의 지시사항에 위배되는 행동을 하였을 경우에는 사정에 따라 이후 조선인 노무자의 신규모집을 인정하지 않는다.

4. 모집착수까지

앞의 상황에 따라 각 고용주는 해당 연도에 필요한 노무자에 대해 고용허가신청서를 작성하여 이를 사업장 관할 직업소개소를 경유하여 지방장관에게 제출하고 지방장관은 위 신청서에 기재된 내용을 심사하여 고용허가에 적합하다고 인정하는 내용의 부가 신청서를 첨부하여 후생대신에게 전달한다. 이렇게 해서 후생대신이 내무대신과 협의한 후 지장이 없다고 인정되면 전국에서 모인 구인희망자 수와 노무동원계획에 따라 결정된 수를 대조하여 개별 고용주에게 고용허가수를 결정하고 지방장관에게 이입허가지령을 교부함과 동시에 이러한 취지를 조선총독부에 이첩하는 순으로 되어 있다.

고용허가신청(또는 이입허가신청) 외에 노무자 모집단속규칙에 따라 조선총독부에 대해 별도로 노무자모집 허가신청서를 제출해야 한다는 점은 앞서 설명한 대로이며 총독부는 해당 규칙 제1조에 따라 소정의 신청을 수리하고 난 뒤 앞서 기재한 이입허가신청과 대조하고 모집지역, 즉 도(道)를 할당하고 그 다음으로 고용주는 도지사(2개 도 이상 걸친 경우에는 총독)에게 정식으로 모집허가신청의 절차를 밟는다.

이에 도지사는 모집의 가부(可否)와 모집인원의 많고 적음 등에 관한 의견을 첨부하여 총독부에 승인을 요청하고 총독부가 지장이 없다고 인정하여 승인하면 비로소 도지사가 고용주에게 모집허가를 부여하는 것이다. 이때 도지사는 관할 지역의 모집에 대하여 모집인원수에 따라 군(郡)을 할당하고, 고용주는 할당된 군에 한해서만 모집을 허가받는 순으로 되어 있다.

이렇게 해서 1939년도 노무자 동원계획에 따라 조선인 노무자 고용의 할당을 받은 탄광, 금속광산, 토목건축업의 이입허가신청에 대해서는 이번 모집의 시급성을 감안하여 일본과 조선의 양 당국에서 가급적 신속하게 허가사무를 진행하였다.

이로써 모집지역은 가뭄 피해의 구제를 제1순위로 하여 피해 정도가 심각한 곳, 즉 경기도(京畿道), 충청남북도(忠淸南北道), 전라남북도(全羅南北道), 경상남북도(慶尙南北道)의 7개 도가 할당되었으며, 빠른 곳은 9월 중순, 늦은 곳은 10월 하순부터 해당 고용주가 대리인을 조선에 파견하여 할당된 모집지역을 중심으로 차차 본격적인 모집을 개시하게 되었다.

그러나 처음에는 다수의 업자들이 동일한 모집지역에 진출하는 바람에 해당 지역에서 경쟁이 벌어지거나 대체로 짧은 기간에 대량의 인원을 공출해야 하는 사정이 있고, 이번 모집의 목적과 정신, 절차방법 등이 조선의 각 지방관청에 충분히 전달되지 못한 점은 유감스럽다. 이에 각 업자들이 모집과정에서 직면하는 어려움과 장애의 정도가 예상 이상이라 초기의 모집성적은 어느 곳에서나 변변치 못한 모습이다.

특히 모집과 함께 다른 한쪽에서는 수송 문제를 처음부터 매우 걱정했는데, 결국 단시일에 지방에서 버스를 대절하는 문제, 철도 승차신청, 각 승선지에서 노무자의 도항사증과 세관검사 등에 관한 사무가 너무나 번잡하고 수송기관의 혼잡과 폭주까지 겹쳐 온갖 고난이 수반되었다.

그러나 시일이 지나면서 점차 각 방면에서 본 모집의 주된 목적을 이해하기 시작했고 당초에는 각 업자의 자유 모집에 맡겼던 곳에서도 점차 관이 적극적으로 알선에 나서는 모집방침으로 바뀌게 되자, 상호협력의 효과를 발휘하여 모집 및 수송사무는 대체로 원활하게 진전되어 다수의 노무자를 내지의 산업전선으로 보낼 수 있게 되었다.

제5절 본격적 통제 모집

1. 조선직업소개령의 공포

1939년도분으로 허가된 조선인 노무자의 모집기한은 1940년 3월 말로 종료되었지만, 모집실적은 조선 안 노동력의 조정, 수송 사정 때문에 반드시 양호했다고 할 수 없다. 따라서 내지 자원산업의 노동력 충원은 여전히 긴급하고 더욱이 조선인 노무자의 이입을 희망하는 정도가 더욱 강해졌기 때문에 일본과 조선의 당국은 재삼 협의조정을 통해 1940년 3월 말을 기준으로 1939년도 제2차 추가모집으로 하여 노무자의 이입 및 모집허가를 부여하게 되었다. 특히, 탄광의 경우 전력의 부족 등으로 생산력 확충에 중대한 차질이 빚어지자 무조건 그 신청을 승인하였지만, 금속광산 및 토목건축업은 조선 안의 노동력 수요 상태에 따라 삭감될 수밖에 없었다.

마침 1940년 1월 11일부를 기하여 종래 조선총독부령에 따라 시행되었던 노무자모집 단속규칙은 폐지되고 새롭게 제령 제2호로 '조선직업소개령(朝鮮職業紹介令)'이 공포되고 같은 달 20일 이후에는 동 시행규칙 제4장의 '노무자모집'에 관한 규정에 따르게 되었다.

이로써 제1차 모집에서 명확하지 않았던 점들이 모두 시정되고 소위 통제 모집의 본령을 발휘하게 되었다. 이에 참고를 위하여 해당 제령의 시행규칙에서 중요한 부분을 발췌하면 다음과 같다.

조선직업소개시행규칙(발췌)

(부령 제7호 1940년 1월 20일)

제4장 노무자의 모집

제38조 제령 제5조 제1항의 규정에 따라 허가를 받은 노무자의 모집은 다음의 각 호에 해당하는 경우를 제외한 직공, 광부, 어부, 토목공부 및 기타 인부의 모집으로 한다.

1. 응모자의 취업을 위해 거소를 변경할 필요가 없을 때
2. 이민보호법에 따라 모집할 때

제39조 노무자 모집 허가를 받고자 하는 자는 다음에 열거된 사항을 기재한 신청서를 모집지를 관할하는 도지사에게 제출하여야 한다. 단, 2개 도 이상의 모집지에 걸친 경우에는 조선총독에게 이를 제출해야 한다.

1. 본적, 주소, 직업, 성명, 연령(법인일 경우 주 사무소의 소재지, 명칭, 사업의 종류 및 이사와 기타 법인의 의무를 집행하는 임원의 성명)

   조선에 주소를 갖지 않은 자는 모집지가 속하는 도 안에 임시주소를 정하고, 조선에 주 사무소를 갖지 않은 법인에 대해서는 모집지가 속하는 도 안에 임시사무소의 소재지를 정하여 이를 병기할 것.
2. 응모자의 취업장 소재지 및 명칭
3. 응모자가 취업할 사업의 종류
4. 모집예정인원(남녀별, 단신자 또는 가족동반별 및 노무별)
5. 응모하는 노무자의 연령의 범위
6. 모집구역
7. 모집기간
8. 응모자의 수송방법
9. 모집종사자(스스로 모집에 종사하는 모집주를 포함, 이하 동일)의 본적, 주소, 성명, 연령, 직업 및 이력
10. 각 모집종사자의 담당모집구역 및 모집예정인원
11. 모집종사자에게 부여하는 보상

   전항의 신청에는 다음에 열거한 사항을 기재한 취업안내 및 기타 모집에 관한 문서 및 모집종사자의 사진 2장을 첨부할 것.

   (1) 이전 항 제1호 내지 제3호의 사항

   (2) 단기 사업에 있어서는 해당 사업의 개시 및 종료의 기일

   (3) 취업시간, 휴게시간 및 야간작업에 관한 사항

(4) 임금에 관한 사항

(5) 기숙사, 식사의 비용 및 기타 일상생활에 필요한 비용의 부담에 관한 사항

(6) 저금 및 취로의 장려에 관한 사항

(7) 복리시설 및 보도방법

(8) 왕복에 필요한 여비의 부담에 관한 사항(부상, 질병 또는 사망에 따른 부모형제 및 기타 가족의 왕복에 필요한 여비를 포함한다.)

(9) 제재를 정할 때 이에 관한 사항

(10) 고용기간 및 해고에 관한 사항

(11) 부상, 질병 또는 사망의 경우에 있어서의 부조구제에 관한 사항

제1항 단서규정에 따라 조선총독에게 제출할 서류는 1910년 조선총독부령 제5호의 규정과 관계없이 직접 이를 조선총독에게 제출해야 한다.

제40조 모집주가 전조 제1항 제3호 내지 제8호, 제10호 또는 제11호의 사항을 변경하고자 할 경우, 변경할 사항을 갖추어 모집종사자를 변경하고, 새로운 모집종사자가 될 자에 대한 전조 제1항 제9호 및 제10호의 사항을 갖추고 사진 2장을 첨부해 모집지를 관할하는 도지사의 허가를 받아야 한다.

전조 제2항의 문서에 변경이 있을 경우 지체없이 해당 사항을 모집지를 관할하는 도지사에게 제출해야 한다.

제41조 위 2개 조의 규정에 따른 신청서 또는 제출서류는 응모자의 취업소재지를 관할하는 도지사를 경유해야 한다.

제42조 조선총독은 노무자모집의 허가를 할 때 해당 신청서의 사본을 모집지를 관할하는 도지사에게 송부한다.

제43조 도지사는 노무자의 모집을 인가할 때 또는 전조의 신청서의 사본을 송부받은 때는 양식 제14호의 모집종사자를 모집종사자별로 작성하여 이를 모집주

에게 교부해야 한다.

모집주는 모집종사자로 하여금 모집에 종사할 때 모집종사의 증명서를 교부해야 한다.

모집종사자의 증서가 상실되거나 손상되었을 때는 모집주 및 모집종사자가 재교부를 신청할 수 있다.

모집종사자의 증서에 기재된 사항에 변경이 생긴 경우 모집주 또는 모집종사자는 바로 모집종사자 증명서 제출의 변경을 신청해야 한다.

제2항의 규정에 따른 신청서에는 모집종사자의 사진 2장을 첨부해야 한다.

제44조 모집종사자가 모집에 종사할 때는 모집종사자증을 휴대해야 한다.

응모자 또는 응모하고자 하는 자나 이를 보호하는 자는 모집종사자에게 모집종사자증의 제시를 요구할 수 있다.

제45조 다음 각 호의 1에 해당할 경우, 모집종사자는 지체없이 모집주에게 모집종사자증을 반환해야 한다.

1. 모집에 종사하는 것을 그만둘 때
2. 모집주의 요청이 있을 때
3. 제58조 제2항의 규정에 따라 종사자격이 금지되었을 때

모집종사자가 사망할 경우에는 호적법 제117조 또는 조선호적령 제99조의 제출의무자는 지체없이 모집주에게 모집종사자증을 반환해야 한다.

제46조 다음 각 호에 해당할 때는 모집주는 지체없이 모집종사자증을 교부한 도지사에게 반납해야 한다.

1. 모집기간이 만료된 경우
2. 모집을 완료한 경우
3. 모집이 폐지된 경우
4. 모집의 허가를 취소한 경우

5. 이전 조항의 규정에 따라 모집종사자증의 반환을 요구받은 경우

제47조 모집종사자가 모집에 착수하고자 할 때는 다음에 열거된 사항을 모집지를 관할하는 경찰서장에게 제출해야 한다.

1. 모집종사자의 주소 및 성명
2. 모집에 종사 중인 주소 및 사무소의 소재지
3. 해당 경찰서 관내에 있어서의 모집종사기간
4. 해당 경찰서 관내에 있어서의 모집예정인원
5. 응모자는 집합소가 정해졌을 때 그 소재지 및 집합일시를 이전 조항의 규정에 따라 제출하는 것은 제39조 제1항의 신청서의 사본 및 해당 조항 제2항의 문서를 첨부해야 한다.

제1항 각 호에 열거된 사항의 규정에 따라 첨부된 문서에 변경이 있을 경우에는 지체없이 이를 제출하여야 한다.

제48조 모집종사자는 응모하고자 하는 자에 대한 제39조 제2항의 취업안내를 교부하여 그 취지를 설명해야 한다.

제49조 제40조의 규정은 모집종사자가 미성년자, 금치산자(피성년후견인), 준금치산자 또는 아내를 노무자로서 모집할 경우, 이를 준용한다.

제50조 모집종사자는 다음에 열거된 행위를 할 수 없다.

1. 모집종사자증을 타인에게 양도하거나 대여하는 것.
2. 모집에 관하여 사실을 숨기거나 과대 또는 허위의 언사 및 기타 부정한 수단을 사용하는 것.
3. 모집을 강요하는 것.
4. 모집을 타인에게 위탁하는 것.
5. 응모자를 모집자종사증에 기재된 모집주 이외의 자에게 주선하는 것.

6. 금품을 지급하거나 대부하여 응모를 권유하는 것.
7. 이미 징용된 자를 권유하여 응모하게 하는 것.
8. 응모자, 응모하고자 하는 자 또는 이를 보호하는 자로부터 수수료, 보수 등의 어떠한 명의를 불문하고 금전 및 기타 물품을 받는 행위
9. 응모자, 응모하고자 하는 자 또는 이를 보호하는 자에 대해 그 소지품에 대해 보관을 요구하거나 보관하고 있던 재물의 반환을 이유 없이 거부하는 것.
10. 응모자의 외출, 통신, 면접 및 기타 자유를 제한하거나 응모자에 대해 가혹하게 다루는 행위
11. 해당 관리 또는 응모자를 보호하는 자에 대해 응모자의 소재를 은닉하거나 거짓말을 하는 것.
12. 응모자 또는 응모하고자 하는 자에 대해 미풍양속을 위반한 행위를 하도록 하는 것.
13. 응모자 또는 응모하고자 하는 자에 대해 유흥을 권유하거나 그 안내를 하는 것.
14. 응모에 관하여 알고 있는 자에게 비밀을 누설하는 것.

제51조 모집종사자는 양식 제50호의 응모자 명부를 모집에 종사하는 중 휴대하거나 제47조 제1항 제2호의 거주지 또는 사무소에 구비할 것.

제52조 모집종사자가 응모자를 모집지에서 출발시킬 때는 출발일 3일 전까지 다음에 열거된 사항을 모집지를 관할하는 경찰서장에게 제출해야 한다.
1. 응모자의 본적, 주소, 성명 및 연령
2. 출발부터 취업장 도착까지의 여정

모집종사자가 응모자를 조선 밖으로 내보낼 때는 조선에서 출발하기 3일 전까지 이전 항 각 호에 열거된 사항을 조선 안 출발지를 관할하는 경찰서장에게 제출해야 한다.

제2항의 규정에 따라 제출된 사항에 변동이 생길 경우, 지체없이 이를 제출해야 한다.

제53조 모집종사자가 응모자를 기차, 기선 및 기타 교통기관 외의 장소에서 숙박시킬 경우, 사전에 다음에 열거된 사항을 숙박지를 관할하는 경찰서장에게 제출해야 한다.

1. 숙박소
2. 응모자의 남녀별 인원수
3. 숙박소 도착 및 출발의 일시

제54조 응모자가 취업장에 도착할 때는 모집종사자는 지체없이 제52조 제1항 제1호의 사항을 취업장 소재지를 관할하는 경찰서장에게 제출해야 한다.

제55조 다음의 각 호에 해당하는 사항에 있어 응모자 또는 이를 보호하는 자의 요구가 있을 때는 응모자가 취업장에 도착하기 전에는 모집종사자, 도착 후에는 모집주가 응모자의 귀향을 위해 필요한 조치를 취해야 한다.

1. 취업안내에 기재된 사항이 사실과 다른 경우
2. 응모주, 모집종사자 또는 취업장의 감독자가 응모자를 학대하거나 능욕한 경우
3. 시험, 신체검사 등 모집주의 사정에 따라 응모자를 채용할 수 없는 경우
4. 기타 부득이한 사유로 인해 귀향을 필요로 한다고 인정되는 경우

제56조 다음 각 호의 하나에 해당할 때는 응모주는 7일 이내에 그 취지를 모집지를 관할하는 도지사에게 제출해야 한다.

1. 응모주의 본적, 주소, 임시주소 및 그 성명(법인일 경우 주 사무소 또는 임시사무소의 소재지명과 이사 및 기타 법인의 업무를 집행하는 임원의 성명)에 변동이 생긴 경우
2. 응모자의 취업장의 소재지 또는 명칭이 변경될 경우
3. 사업을 폐지할 경우
4. 모집을 폐지할 경우
5. 모집종사자의 본적, 주소 또는 성명에 변동이 생긴 경우
6. 모집종사자에 대해 모집의 위탁을 변경할 경우

第57조 모집주는 매월 5일까지 전월의 모집상황을 양식 제16호에 따라 모집지 및 취업장 소재지를 관할하는 도지사에게 제출해야 한다.

이전 항에서 제출한 모집지 및 취업장 소재지를 관할하는 조선총독부와 직업소개소장(조선총독부 직업소개소가 설치되지 않은 지역에 있어서는 부청, 군수 또는 도사島司)을 경유해야 한다.

第58조 조선총독부 또는 도지사가 모집이 부적당하다고 인정할 경우에는 그 모집허가를 취소할 수 있다.

第59조 조선광업령 시행규칙 제27조의 광업대리인은 본령의 적용에 대하여 모집주로 간주한다.

제5장 벌칙

第60조 다음에 기재된 각 호의 하나에 해당하는 자는 구류 또는 과태료를 부과한다.

1. 제5조, 제11조, 제132조 내지 제21조, 제28조 내지 제35조, 제40조, 제43조 제4항, 제45조 내지 제56조 또는 제57조 제1항의 규정에 위반되는 자
2. 제20조 제1항 또는 제34조 제1항의 장부에 허위의 사실을 기재한 자
3. 응모자 명부의 기재를 게을리하거나 허위의 사실을 기재한 자
4. 제22조, 제24조, 제36조 또는 제58조 제2항의 규정에 기반을 둔 명령에 위배된 자
5. 제23조 및 제37조의 규정에 따라 사업이 정지된 소개업자 또는 공급업자로서 정지 기간 중 사업을 행한 자
6. 제39조 제2항의 문서 외의 문서를 배포한 자
7. 모집종사자가 아님에도 모집에 종사한 자
8. 모집종사자증을 휴대하지 않고 모집에 종사한 자
9. 모집종사자로부터 위탁을 받아 응모자를 유치한 자

제61조 본령의 벌칙은 해당자가 법인일 경우 이사 또는 기타 법인의 업무를 집행하는 임원, 미성년자 또는 금치산자인 경우에는 법정대리인에게 이를 적용한다. 단, 영업에 관하여 성인과 동일한 능력을 지닌 미성년자에 대해서는 이러한 제한을 적용하지 않는다.

제62조 소개업자, 공급업자 또는 모집주는 대리종사자 또는 모집종사자, 동거 중인 호주(戶主), 가족 또는 고용인으로서 사업 또는 모집에 관한 제60조의 위반행위를 할 경우에는 소개업자, 공급업자, 모집주는 자신의 소관이 아니라는 이유로 그 처벌을 면하게 할 수 없다.

2. 본 영의 특징

상기 조선직업소개령은 노무동원계획의 수립에 대응하여 내지와 마찬가지로 조선 안 노무의 적정한 배치를 위해 조선총독부에서 직업소개사업과 함께 직업지도를 하도록 하는 것이며(동령 제1조, 제2조), 이와 관련해서 노무공급 사업을 하고자 하는 자 및 노무자 모집을 하고자 하는 자는 조선총독 또는 도지사의 허가를 받도록 규정한 것이다(동령 제5조).

그리고 다시 같은 해 1월 20일자(부령 제8호)로 경성, 대구, 부산, 평양, 신의주, 함흥의 6개 부(府)에 직업소개소를 설치하고, 각 부 일대를 관할구역으로 직업소개사업을 개시한다는 취지를 발표한 것이다. 그러나 이러한 직업소개소는 종래의 공영직업소개소를 국영으로 이관한 것으로, 주로 북선(北鮮)과 북만주 방면에 대한 노무자의 공출알선 및 직업지도에 해당한다. 한편 노무동원계획에 따른 내지 공출은 아직 이에 미치지 못하며, 여전히 고용주가 직접 노무자 모집을 담당하고 조선총독 및 도지사가 이를 총괄, 지도하는 것은 변함 없었다. 따라서 모집허가 신청서의 기재방법, 고용계약서의 내용, 모집종사자의 신청절차 내용, 모집종사자의 신청절차 및 모집행위 등에 관한 사항은 종래에 비해 매우 엄밀하고 세세하게 규정되었기 때문에 당연히 동령을 위반한 경우의 벌칙은 한층 강화되었을 뿐만 아니라 모집주(법인일 때는 그 업무를 집행하는 임원)의 경우, 자기의 지휘하에서 벗어났다는 이유로 그 처벌을 면할 수 없게 되었다.

하지만 1939년 제1차 모집 당시 조선직업소개령의 대강은 이미 정비되어 있었으므로 모집신청 및 차수에 관한 제반 절차는 모두 본령에 따라 규정되어 있지만, 당시와의 중대한 차이점은 직제상의 개정으로서 모집에 관한 일체의 사정이 경무부에서 내무부로 이관되었다는 점이다. 즉, 여러 지원서의 수리 및 취급처는 총독부에서는 보안과에서 사회과로, 각 도에서는 고등경찰과에서 사회과, 각 군에서는 경찰서에서 군청으로 각각 이관되었다.

대체로 조선인 노무모집에 관한 사무는 종래 '모집단속규칙(募集取締規則)'에 따라 처리되었기 때문에 경찰행정에서 관리하던 것을 이번 노무동원계획에 따른 모집에서는 완전히 그 의의를 달리하고, 조선 안 노무통제의 결실을 거두기 위하여 이를 내무행정에서 소관하기로 한 것은 당연한 귀결이라고 해야 할 것이다.

제6절 관알선 모집

1. 관민협력의 구현

1939년부터 조선인 모집을 개시한 이래 어느새 2년이 경과하였다. 1941년 가을, 소정의 계약기간이 만료되는 자가 다수 속출하자, 갑작스럽게 노동력 부족을 겪게 되었다. 이에 각 사업소는 여러 가지 정주조건을 정하여 최대한 만기자에게 재계약 또는 기간연장을 권장하는 데 전력을 쏟고 있지만, 그 효과를 기대하기 쉽지 않다. 한편 국제정세의 긴박에 따른 증산 요청에 즉각 대응하기 위해 조선인 노무자를 상비노동력으로 삼아 산업의 제일선을 강화한다는 근본방침을 확립하게 되었다. 이로써 좋든, 싫든 노무동원계획하에서 조선인 모집의 긴요성이 한층 더 중요해졌다.

때마침 대동아전쟁의 발발에 즈음하여 일반 조선인의 황민정신도 팽배하고 현안인 징병제도의 실현을 촉진하는 기운도 점차 무르익었다. 이에 저들로 하여금 동등하게 국가중요산업에 협력하게 하고 국민개로(國民皆勞)의 정신을 철저히 하고자 1942년 2월 20일부터 기존의 모집방법을 개정하여 조선인 노무자의 공출 및 수송사무를 일원화한 소위 관알선 모집 방식을 채택하게 되었다.

이 모집의 실시요강과 주된 개정사항은 다음과 같다.

(1) 모집 운영의 주체를 조선노무협회로 할 것.
(2) 유료모집으로서 1인당 일정액을 노무협회에 납부할 것.
(3) 모집허가신청서의 제출과 접촉의 대상을 각 도(道)로 하여 절차의 간소화를 도모할 것.
(4) 새롭게 부읍면(府邑面) 직업소개소의 이용을 인정할 것.
(5) 노무자의 편성을 부대조직으로 하고 간부 및 대원의 전형 등은 모두 내지의 근로보국대 공출에 준할 것.
(6) 내지도항 후의 훈련 기간을 6개월로 연장할 것.
(7) 노무자의 공출에 협력하기 위하여 사업주로부터 보도원의 선출을 요청할 것.
(8) 전형을 마친 노무자는 지역에서 일정기간 훈련을 실시하도록 할 것.

이 모집의 주체가 되어야 할 노무협회는 1941년 6월 설립되어 조선총독부 내에 본부를 두고, 도청 내에 지부를 두고, 각 부군(府郡)과 도(島)에(직업소개소가 설치된 부에서는 직업소개소 안에, 기타 군과 도에서는 부군도청 내에) 분회를 두고, 조선 안의 노무자원 개척, 노무직원의 알선 및 모집협력을 주요 사업으로 하고 있다.

고용주가 모집 허가를 받으면, 노무협회 본부는 총독부가 지시하는 모집 지역에서 해당 도 지부에 모집 방법, 도 지부는 도 당국이 지시하는 군의 분회에 모집 방법을 지령하도록 하고, 군 분회는 지령된 모집 조건에 따라 정해진 기일에 응모자를 집합시키고, 그 전형에 입회하도록 하고 있다. 그리고 전형을 마친 자는 현지에서 일정기간의 훈련을 하고 무사히 수료하면 이주노무자로서 이들을 대대조직에 편성하여 부, 군 또는 섬의 출발지에서 고용주에게 인계한다.

현재 고용주가 노무협회에 납부하는 모집비용은 출발지까지의 잡비를 계산한 것으로, 1인당 10엔으로 정하고 실제 공출 수에 따라 정산하도록 되어 있다.

이에 앞서, 석탄통제회는 조선인 노무자 모집신청 절차의 번거로움과 허가받기까지 많은 시일이 걸리는 경제적 손실을 감안하여 모집 지역의 할당(도 할당)까지 각 업자의 사무를 석탄통제회가 대행하고, 모집의 간소화, 신속화에 관해 깊이 고심하던 중이었다. 이런 때 위 관알선 모집 요강이 성립되자, 해당 요강 제2조 제2에 따라 분명히 이 사실을 기재하고, 경성 및 부산에 석탄통제회의 노무부(勞務部)출장소를 설치하고 노무협회와 긴밀하게 협력하며 각 업자를 대신하여 희망하는 모집지역에서 할당인원, 공출일정 등의 사항에 대해 조선 당국과 협상하고 노무자 공출수송의 원활한 진전에 힘쓰게 되었다.

이로써 관알선 모집은 석탄 분야에서 점차 금속, 토목철강 분야로 옮겨가면서 실시되었고, 모집지역은 기존의 조선 남부의 6개 도 이외에 새롭게 경기도, 강원도, 황해도의 3도가 추가되었다. 노무협회, 각 통제회 그리고 후술할 동아여행사(東亞旅行社)의 3자는 일체가 되어 사실상 1942년 3월 중순부터 대(隊)조직에 따라 정연하게 내지도항을 실현하게 되었다.

2. 조선인 내지 이입 알선요강

노무동원 실시계획에 따른 조선인 노무자의 알선에 관련된 내지 이입은 별도로 정하는 것을 제외하고, 본 요강을 바탕으로 이를 실시한다.

제1. 통칙

1. 본 요강에 따라 내지로 이입되어야 할 조선인 노무자는 모두 이를 노무동원 산업에 종사하도록 하는 것으로 한다.
2. 본 요강에 따라 내지로 이입시켜야 할 조선인 노무자의 수는 매년도 노무동원의 실시계획에 나타난 수를 한도로 하는 것으로 한다.
3. 조선인 노무자로서 근무기간이 만료되어 귀향한 자 및 그 인원의 보충에 대해서는 이후 같은 수를 본 요강의 방법에 따라 이입시킬 수 있는 것으로 한다.
4. 본 요강에 따라 알선한 조선인 노무자의 처우는 가급적 내지인 노무자와의 사이에 차별이 없도록 한다.
5. 본 요강에 따라 알선하는 조선인 노무자의 근무기간은 원칙적으로 2년으로 한다.

제2. 알선의 신청 및 처리

1. 조선인 노무자 이입 고용에 관하여 도부현의 승인을 득한 사업주로서 본 요강에 따라 조선인 노무자의 알선을 받고자 하는 자는 다음 서류를 조선총독부에 제출하도록 한다.
   (1) 조선인노무자 알선신청서(별지 제1호 양식) 원본, 사본 2통
   (2) 도부현조선인노무자 이입고용 승인서 사본
2. 필요할 경우, 사업주는 소속의 관계 산업단체의 직원을 조선에 주재하게 하고, 전항의 절차대행, 기타 노무자의 알선에 관하여 사업주를 대리하여 조선총독부 및 관계 각 도와의 연락을 취하도록 한다. 전항의 대행이나 대리인 경우에는 이를 증명할 만한 서면을 조선총독부에 제출하도록 한다.
3. 조선총독부는 제2차 신청서를 수리할 때는 도부현으로부터 조선인 노무자 이입 고용 승인 통보가 있는 것에 대해서는 해당 내용을 심사한 후 요원 충족의 긴요도와 종래의 연고 및 지역기반 또는 조선 안 노무조정 등의 관계를 고려하여 선출한 도별 알선인원 및 알선기간을 결정하고 별지 제2호 양식에 따라 관계 도에 통첩하기로 한다.
4. 각 도는 조선총독부에서 전항의 할당을 받은 때는 종래의 연고, 지역기반을 고려하여 5일 이내에 부군도별 선출인원을 결정하고, 즉시 별지 제3호 양식에 따라 이를 해당 직업소개소 또는 부군도(府郡島)에 통첩함과 동시에 별지 제4호 양식 및 제5호 양식에 따라 조선총독부 및 사업주에게 보고하도록 한다.
5. 직업소개소 및 군도도(郡島道)로부터 전항의 할당통첩을 받는 경우, 5일 이내에 다시 읍면별 선출인원을 결정하고, 즉시 별지 제6호 양식에 따라 읍면에 통첩하며 별지 제7호 양식에 따라 도에 보고한다.
6. 직업소개소 및 부읍면은 항상 관내 노동사정의 추이에 유의, 정통하여 공출 가능한 노무자의 소재 및 공출시기의 완급을 고려하여 경찰, 관헌, 조선노무협회 국민총력 단체, 기타 관계기관과 밀접한 연락을 가지고 노무를 보도하는 것에 협력하여 할당 노무자의 선정을 완료한다.

7. 직업소개소 및 부군도읍면은 할당 노무자의 집합을 완료했을 때는 할당 관청에 그 취지를 직접 보고하도록 한다.
8. 도는 전항의 보고를 받는다면 즉시 그 취지 및 인계장소를 사업주에게 통지하는 것으로 한다.
9. 사업주는 제4항 및 제8항의 통지를 받은 때는 그 지정된 시기 또는 필요하다고 인정하는 시기에 본인 또는 대리자로 하여금 관계 직업소개소 또는 부군도에 출두하여 지휘를 받도록 한다.

제3. 대(隊)의 편성 및 지도

1. 노동조직의 편성
   (1) 본 요강에 따라 출동시키는 조선인 노무자들의 노동조직은 '대(隊)조직'으로 한다.
   (2) 1조는 5명 내지 10명으로 하고, 2조 내지 4조로 1개 반으로 하며, 5개 반 내외로 1개 대를 조직한다.
   (3) 대는 가급적 부군도, 반은 읍 또는 면마다 편성하는 것으로 한다.
   (4) 각 사업장에 대한 배치는 원칙적으로 편성 당시의 대(隊)조직을 존치하되, 직장조직에 대해서도 가급적 이를 활용하도록 한다.
   (5) 직업소개소 및 부군도는 사전관계자와 협의하여 가급적 해당 군도 소재지에서 대의 편성을 하도록 한다.
   (6) 대의 명패에는 가급적 부군도명을 따서 무슨무슨 근로출동대로 하기로 한다.
   (7) 대의 편성이 완료된 경우, 별지 제8호 양식에 따라 출동대에는 명부 5통을 작성하도록 한다.
   (8) 읍면은 자기가 선출한 노무자의 명부를 별지 제8호 양식에 준하여 만든 뒤 이를 보관하도록 한다.

2. 대의 간부 및 대원의 전형

(1) 대원의 선정은 직업소개소 및 부군도에 있어서 다음의 조건을 구비하는 자로 대 안에서 이를 실시한다.

① 사상건실, 신원확실, 신체건강한 자일 것

② 가급적 일본어를 이해하는 자일 것

(2) 대장은 앞 항의 조건을 구비하는 것 외에 다음 조건이 더 있는 자 중 직업소개소 또는 부군도에서 임명하기로 한다.

① 인망 있고 지도력이 있는 자

② 가급적 국민학교 졸업 정도 이상의 학력을 가진 자

③ 가급적 연령 30세 이상인 자

(3) 반장은 대장의 구비조건에 응하여 이를 전형하고, 직업소개소 또는 부군도에서 임명하도록 한다.

(4) 조장은 대원 중에서 자질이 양호한 자를 선택하여 직업소개소 또는 부군도에서 임명한다.

3. 대 및 사업주의 지도

(1) 도, 부군도, 직업소개소 및 조선노무협회는 사전에 대원에 대한 대조직의 출동 취지를 철저히 하고, 그 국가적 사명을 인식시켜 직책의 중대함을 자각함과 동시에 다음 각 항을 이해하도록 한다.

① 시국 산업에 종사하며 노동으로 국가에게 공헌하고자 할 것.

② 국내도항 후에는 6개월 간 훈련을 받아야 할 것.

③ 내지도항 후의 노동방법, 생활환경 등에 대해 미리 알고 도착 후에는 속히 내지의 생활풍습에 순응하도록 체득하게 할 것.

④ 근무조건을 특히 철저히 할 것, 특히 임금통제령의 취지를 알도록 함과 동시에 각 개인별 수입에 대하여 능력에 따라 당연히 차이가 있어야 한다는 것을 깨닫게 할 것.

⑤ 노무조정령의 취지를 철저히 하여 취업장의 이동은 함부로 하지 않을 것.

⑥ 협화회에 가입하여 그 회원장(會員章)을 소지해야 할 것.

⑦ 임금은 생활비에 필요한 금액 이외에는 저축할 것.

⑧ 곤궁한 처지를 인내하며 공휴일 이외에는 함부로 휴업하지 말 것.

⑨ 국민직업지도소 직원, 경찰관, 협화회 직원의 지도에 따라야 할 것.

(2) 직업소개소는 부군도 및 조선노동무협회대 출동 전에 최대한 규율 있는 단체훈련을 실시하기로 한다.

(3) 사업주는 조선인 노무관리상 필요한 사항을 연구, 실시하기로 하고, 특히 다음 각 항은 시급히 실시하기로 한다.

① 지도 조직의 충실을 기할 것.

각 대에는 지도원을 둘 것.

지도원은 대장을 지도하고 대원은 작업 및 생활 전반에 걸쳐 지도 및 연락을 할 것.

지도자를 임명할 때는 적임자를 엄선할 것.

② 훈련 시설을 설치할 것.

③ 조선인 노무자의 숙련화를 도모하고, 우량대원에 대한 기술교육을 실시할 것.

④ 기술이 우수한 사람을 책임 있는 자리로 승진시킬 것.

⑤ 기간 중에는 가급적 특정 장소에서 규율 있는 생활 훈련을 할 것.

⑥ 적절한 위안위락 시설을 마련할 것.

⑦ 대장, 반장 및 조장의 처우에 관해서는 특히 고려할 것.

제4. 노무보도원

1. 사업주는 조선 안 관청이 노무자 공출 알선에 협력하도록 하기 위해 다음과 같은 비율로 적당한 자를 선출한다. 조선인 노무자 알선 신청인원 100명당 2명으로 하고, 100명을 늘릴 때마다 1명을 더할 것. 단, 500명 이상은 300명을 더한 것마다 1명을 늘릴 것.

2. 도지사는 전항의 협력자에 대해 노무자 공출에 관한 사무를 위탁(무급)하고, 노무보도원이라는 호칭을 부여한다. 이 경우, 내지 관할경찰서장에게 신원 및 그 밖의 문제점 유무를 조사하도록 한다.
3. 노무보도원은 사업주나 사업주가 고용하는 직원 또는 관계 산업단체의 직원으로 신원이 확실한 자로 한다.
4. 노무보도원은 관청의 지휘감독을 받아 위 노무자의 선정에 협력해야 한다.
5. 노무보도원에게 필요한 경비 일체는 사업주의 부담으로 한다.

제5. 인계 및 인솔

1. 직업소개소 및 부군도는 그 편성된 대를 출발지에서 이를 사업주 또는 그 대리자에게 인계하는 것으로 한다.

   출발지는 대체로 부군도 소재지로 한다.

   위에 기재한 인계의 경우, 직업소개소 또는 부군도는 별지 제9호 형식의 인계서 정부 3통을 작성하고, 정본은 직업소개소 또는 부군도, 부본은 도 및 사업주에게 이를 보유하는 것으로 한다.

   상기 인계서에는 대원명부를 첨부하도록 한다.

   직업소개소 및 부군도는 대의 편성지 소관 경찰서장의 내부서류소개소를 받은 대원명부 2통을 사업주에게 교부하도록 한다.
2. 대의 인계를 완료했을 때는 직업소개소 또는 부군도는 인계서 부본을 첨부하여 그 상황을 도에 보고하는 것으로 한다.
3. 도는 할당받은 노무자의 인계가 완료된 경우에는 즉시 그 사항을 조선총독부에 보고하는 것으로 한다.
4. 대의 인계 후 조선 안 수송 및 이선지로부터의 인솔수송에 대해서는 조선노무협회는 이들과 협력하는 것으로 한다.
5. 사업주는 대의 인계를 받아 이들을 인솔, 수송하는 데 있어서는 다음 사항에 유의하는 것으로 한다.

(1) 사업주 또는 책임 있는 대리자가 인솔할 것.

(2) 인솔자는 적어도 노무자 50명당 1명 이상을 붙일 것.

(3) 인솔자는 취업지 관할 국민직업지도소가 발행하는 인솔증명서를 휴대할 것.

(4) 인솔자는 승선지 관할경찰서장에게 대원명부를 제출하고, 소정의 내부답서를 받을 것.

제6. 도착 후의 조치

1. 사업주는 이입 조선인 노무자의 재해, 분규, 기타 중대한 사건 발생 시에는 지체없이 조선총독부 및 관계 도에 보고한다.
2. 사업주는 이입 조선인의 노동상황을 매년 6월 말 및 12월 말에 조선총독부에 보고하도록 한다.
3. 내지 이입 후 대장, 반장, 조장으로서 부적절하다고 인정될 때는 사업주가 다른 적임자로 이를 변경하도록 한다.
4. 대장 등에는 필요에 따라 협화회의 임직원을 위탁할 수 있도록 한다.

제7. 이동에 대한 조치

1. 근무기간이 끝난 후 계속 종사하게 할 필요가 있을 때는 희망한 자에 한하여 그 근무기간의 연장을 인정할 수 있다. 근무기간 만료 후 동일 사업주의 경영과 관련된 동종의 다른 사업장에 인계하여 종사하게 할 필요가 있을 때도 동일하게 취급할 수 있다.
2. 근무기간 만료 전 사업의 축소, 정지 또는 종료인 경우, 동일 사업주의 경영과 관련된 동종의 다른 사업장에 종사하게 할 필요가 있을 때는 원하는 자에 한하여 계속 근무를 인정할 수 있다.
3. 근무기간 만료인 경우 또는 근무기간 만료 전 사업의 축소, 폐지 종료인 경우, 사업주의 변경이 있어도 동일 사업장에서 계속 종사하게 할 필요가 있을 때는 희망하는

자에 한하여 이를 인정하는 것으로 한다.

4. 앞의 각 항의 경우, 도부현은 승인 후 조선총독부 및 관계 도에 그 내용을 통보하기로 한다. 토목건축사업이 근로기간이 끝난 후 계속 종사하게 할 필요가 있을 경우, 도부현은 사전에 조선총독부와 협의한다.
5. 근무기간 만료 후 또는 사업의 축소, 폐지, 종료에 따라 근무기간 만료 전 동종의 사업에 속하는 다른 사업주의 사업장에 종사하게 할 필요가 있을 때 희망하는 자에 한하여 도부현은 미리 조선총독부와 협의하여 이를 인정할 수 있도록 한다.
6. 귀향자 확정시 관할 도부현에서 사업주별로 귀향할 노무자의 출신지, 성명, 조선에서 하선 또는 귀향할 예정의 연월일 및 알선을 받은 연월일을 지체없이 조선총독부 및 관계 도에 통보하도록 한다.
7. 노무자 근무기간(사업의 축소폐지, 종료의 경우 포함)에 따라 귀향했을 때는 사업주 또는 그 대리인은 귀향 노무자의 성명, 귀향 연월일을 지체없이 관계 부군도에 보고하도록 한다.

제8. 기타

1. 사업주 또는 재단법인 직업협회는 알선에 필요한 부담비, 대의 편성비, 인솔수송비(직원여비) 및 잡비 등의 경비를 조선노무협회에 사전에 납부하도록 한다.
2. 대가 사업장에 도달하였을 경우에는 사업주는 지체없이 그 사항을 조선총독부 및 각 도에 보고하도록 한다.

제9. 부칙

본 요강은 1942년 2월 20일부터 이를 시행하는 것으로 한다(별지 각 호 양식 생략).

제7절 이입 조선인의 계획수송

이입 조선인의 수송방법에는 육로수송 및 해로수송의 두 가지 방법이 있었다.

전자는 부산 및 여수항에서 시모노세키(下關)를 거쳐 내지의 철도로 연계하는 것, 후자는 부산, 원산 및 여수 각 항구에서 선박으로 직접 근무지 또는 근무지와 가까운 항구로 수송하는 것이다.

육로와 해로의 모든 수송방법에서 인솔상의 실무사항을 엄수함은 물론, 조선출발에 즈음해서는 관할 경찰서장(부산에서는 부산수상경찰서장)이 사전신고명부를 살펴보고 도항하는 본인이 맞는지 여부, 요시찰 인물이 섞여 있는지 여부, 휴대품 중 위험물품을 소지하지 않는지 여부, 그 밖에 도항에 필요한 단속부터 경찰에 필요한 사항을 조사하여 아무런 지장이 없을 때 비로소 사증절차를 마치게 된다.

선박을 이용한 해상수송은 이번 모집 개시에 따라 일본과 조선의 당국이 희망한 것인데, 일시에 300~500명이라는 대량의 인원을 수송할 수 있다. 도중에 사고자(탈주)의 출발을 막고 국내 치안상의 우려를 제거하기 위해 홋카이도 방면에서 종용한 것이다. 그러나 선박의 임차는 시국 사정상 여러 가지 지장이 있고, 예를 들어 홋카이도탄광기선회사와 같이 선박을 소유한 회사조차 석탄의 수송과 선박 배치에 자주 곤란을 겪고 있으며, 일반적으로 해운회사의 용선도 쉽지 않다. 그러나 아무래도 홋카이도는 특히 모집기간이 같은 해 12월까지로 한정되어서 기한의 도래가 우려되기 때문에 전술한 홋카이도탄광기선회사의 보유선박을 비롯해 사키야기선(崎谷汽船) 및 북일본기선(北日本汽船) 양사의 공동용선을 이용함으로써 홋카이도의 탄광 및 금속 광산은 이러한 난국을 극복하여 해상수송을 감행할 수 있었다.

항로는 주로 부산에서 승선하여 오타루(小樽) 또는 무로란(室蘭)까지 항해하고, 원산에서 오타루 간 연락선도 있는데, 원산은 대체로 모집지와 멀리 떨어져 있어 이용도가 적었다.

항해일수는 부산~오타루 간 4일 반, 경비는 왕복 선박료, 노무자 식사 포함해서 원산~오타루가 25~26엔, 부산~오타루 간은 35~36엔으로 되어 있어 육로수송에 비해 대략 10엔 정도 비쌌다.

더욱이 관알선모집을 하게 되면서 조선인 수송 문제는 그 구상을 전면적으로 바꾸어 1942년 7월 1일부터 소위 계획수송을 실시하게 되었다.

이를 위해 같은 해 5월 11일, 12일 양일 간 시모노세키 시에서 석탄통제회, 광산통제회, 철강통제회, 토목공업협회의 4단체가 주관하고 기획원, 상공성, 후생성, 철도성, 내무성, 해무원 외 조선총독부 관계자가 참석하는 수송협의회가 개최되었는데, 여기에서 일본과 조선을 일관하는 단체수송을 실시하고 그 취급을 동아여행사에 일임하는 것이 합의되었다. 이와 동시에 조선총독부가 이상의 계획수송에 대응하는 공출계획을 수립하기로 하였다. 이 회의에서 결정된 계획수송의 실시요령 및 취급절차에 관해 동아여행사와 합의한 세부항목을 살펴보면 다음과 같다.

조선인 노무자 수송회의 결정개요

1. 수송취급 방법

단체수송의 취급방법에는 소량취급과 임시열차를 이용하기로 한다. 종류도 (중략) 소량 취급에 따른 평균 수송을 원칙으로 한다.

2. 수송신청 절차

수송신청의 수속에 관해서는 4개 통제단체에서 직접 철도당국에 맡기지 않고 모두 동아여행사(조선지부)를 양자 간에 소재하도록 하고, 이에 대한 신청은 조선총독부 노무과를 통해서 하도록 한다.

3. 철도당국의 수송계획은 연간, 4분기, 월간 등 세 가지 종류가 있고, 월간계획(익월계획)은 구체적으로 수립이 필요한 자료의 제출에 관해서는 다음 조치를 취하는 것으로 한다.

(1) 개요계획표 제출

① 각 통제단체에서는 노무보도원의 군내 할당된 공출 결정과 동시에 수송개요계획(일자, 도착역, 인원예정표)을 취합해 전달 5일까지 조선총독부 노무과를 거쳐 동아여행사 조선지부에 신청할 것.

② 동아여행사에서는 이 자료를 전달 10일까지 철도성, 조선총독부 철도국, 당사 부산영업소에 제출할 것.

(2) 확정계획표 제출

수송실시에 있어서는 다시 확정계획표를 수송개시 10일 전에 철도당국에 제출할 필요가 있으므로 노동보도원은 앞서 기재한 날부터 도착역 수송인원 확정시 신속하게 통제단체에 보고할 것.

① 철도성은 12~2월, 3~5월, 6~8월, 9~11월의 4분기마다 여객수송계획을 수립하며, 해당 성에서는 집단수송 전에 해당 계획을 끼워줄 것을 희망할 수 있다.

상기의 건은 후생성, 총독부, 철도성과의 교섭에 맡길 것.

4. 단체 운임의 할인

(1) 단체운임은 다음 인원 이상을 동시에 수송하는 경우, 50% 할인으로 하고, 승차선권은 조선과 일본을 '관통하는 표(통과표)'를 구입할 것. 단, 내지와 조선 양 철도에 따라 일관 운행 수송인 경우 15명 이상, 부산 이후만인 경우 30명 이상으로 한다.

2) 상기 할인은 알선요강 별지 제9호 양식에 따른 '알선내지 이입 조선인노무자 인계서'를 각 역장에게 제시하고, 국민동원계획에 따른 알선 노무자라는 것을 역장의 인정에 따라 행하는 것으로 한다.

5. 수송의 개시 시기

1942년 7월 1일부터 실시하는 것으로 한다.

6. 기타

(1) 수송 도중 도시락구매자는 (중략) 사전에 4통제단체가 구매예정역의 소재지 부현, 도지사에게 도시락용 쌀을 특별 배급하도록 하는 방법을 진정할 것 (후략)

(2) 관계 역에서 쌀의 특별배급을 받아 도시락을 준비하는 것은 모두 동아여행사가 이를 전담한다.

이와 더불어 석탄통제회의 입장에서 상기 요강에 따라 각 업자가 동아여행사에 납부하는 운임예납금을 다음과 같이 정하여 매월 말까지 다음 달분을 통제회에 송부하기로 하였다. 그 밖에 부산에서 노무자를 숙박시킬 경우의 숙박료도 동아여행사와 조선여관 사이에 계약을 체결하게 하여 당분간 1박 2식에 1엔 20전, 3식에 1엔 28전으로 하고, 수송 중에 기차도시락의 쌀밥 양을 특별히 늘리는 조치를 결정하는 등 편의를 제공하도록 하였다.

운임 예납금

- 후쿠오카 지부 관내 1인당 10엔
- 동부지부 관내 1인당 20엔
- 삿포로지부 관내 1인당 25엔

또한 석탄통제회에서 정한 계획수송에 관한 연락경로를 참고로 다음과 같이 제시한다.

이입 조선인 노무자 계획수송 연락경로도

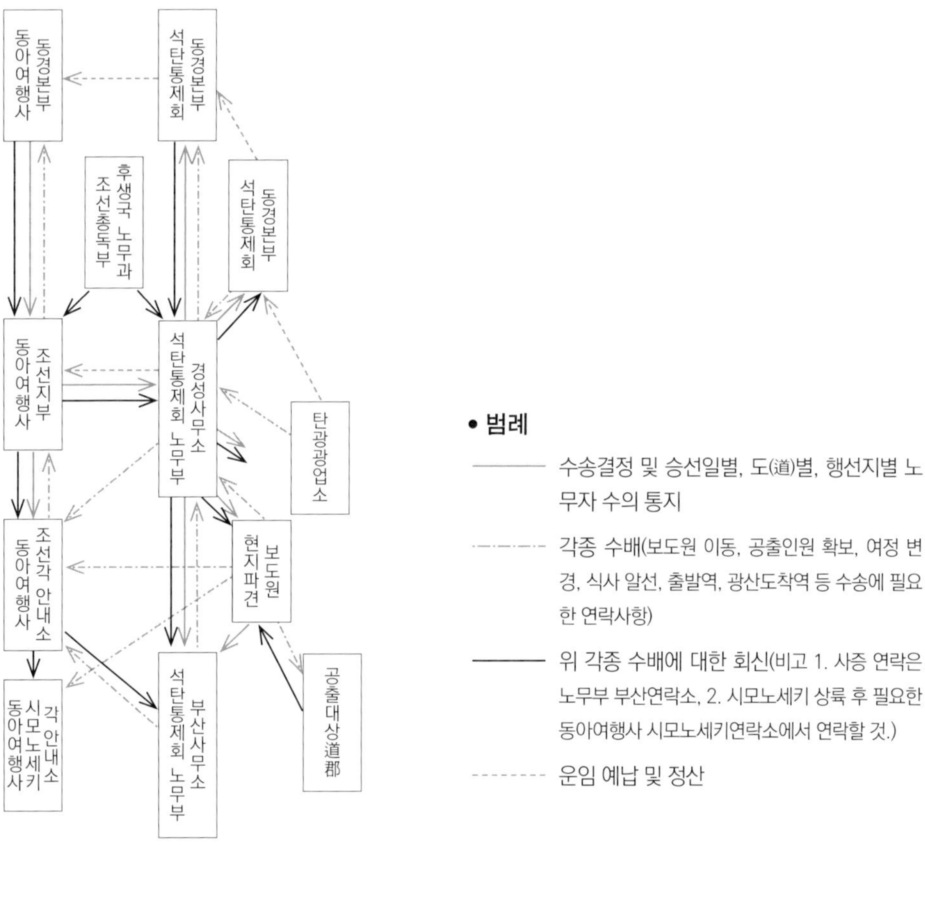

제3장 조선인의 훈련과 그 효과

제1절 훈련의 중요성

조선인 노무자 이입 초기에는 노동력 부족이라는 사실이 절실히 다가오고 있었기 때문에 작업현장에서 훈련에 시일을 소비하는 것은 대체로 어리석으며 비능률적이라는 이유로 부정하거나 거부하는 자가 적지 않았으며, 도착 다음날부터 바로 일을 시키면 그만큼 노동량이 증가한다고 생각했다. 설령 훈련을 실시한다고 해도 그 일수는 극히 짧거나 3일, 길어야 1주일이었다. 그러나 이러한 사용방법이 잘못되었다는 것은 곧 사실로 지적되었다. 출근율이 나쁘고 부상률은 많으며, 대체로 근무 기강이 뿌리째 썩었는데, 능률의 상승을 기대하기 어렵다는 것을 이해하게 되었다. 노무관리와 작업지도에서 그 근간을 이루는 것이 훈련이라는 인식은 사용해 본 체험에서 우러나왔다. 더욱이 그 훈련은 형식적으로 하는 속성훈련이어서는 안 된다는 것, 진지하고도 집요하면서 마음으로 반복하는 방법의 훈련이어야 한다는 것을 분명히 알게 되었다. 일견 길어 보이는 장기훈련이 결국에는 헛되지 않다는 것, 오히려 그편이 단기훈련이나 속성취업노동보다 훨씬 효과적이라는 것을 깨닫게 되었다. 이리하여 훈련방안이 수립되어 실행되었고, 오늘날에는 당연한 것처럼 보편화되었지만, 생각해 보면 조선인 훈련 요강이야말로 노무계와 현장 일선의 기술이 귀중한 경험을 통해 구축한 피와 눈물, 땀의 결정이라고 할 수 있으며, 조선인 지도에 있어서 시사하는 바가 있는 불멸의 경전이라고 할 수 있다.

훈련의 내용은 업종의 종류에 따라 어느 정도 차이가 있다는 점을 간과할 수 없지만, 그 정신과 대강은 피차 공통된다. 이에 그 대표적 사례로 조선인을 가장 많이 고용해 본 경험이 있는 탄광업에 대해서 해설하고자 한다.

조선인 노무자에 대한 훈련은 다음 아홉 가지로 분류할 수 있다.

1. 조선현지훈련
2. 취로지 도착훈련

3. 황민훈련

4. 일본어훈련

5. 작업훈련

6. 생활훈련

7. 체력단련

8. 취로 후의 재훈련

9. 불량자 특별훈련

제2절 현지훈련

1. 정신훈련

수송 도중의 규율을 확립하고, 도주를 방지하며, 취로지 도착 후의 훈련을 원활하게 진행하기 위하여 우선 모집하는 현지에서 확고한 훈련을 하여야 한다. 그러나 많은 경우에 현지훈련은 시간적으로나 장소 때문에 곤란할 뿐만 아니라 모집잡무가 번잡하여 이를 실행하기가 매우 난삽하기 때문에 종종 하는 둥 마는 둥 하고, 저들을 내지로 연행, 송출하는 것이 보통이다.

현지훈련에서 가장 먼저 배워야 할 것은 황국신민으로서의 자각을 환기시키고, 도항의 마음가짐을 확립하는 것이다.

황국신민서사

1. 우리는 황국신민이다. 충성으로 군국(君國)에 보답하자.

2. 우리 황국신민은 서로 신애(信愛)하고 협력하며 굳게 단결하자.

3. 우리 황국신민은 인고단련(忍苦鍛鍊)의 힘을 배양함으로써 황도(皇道)를 선양하자.

황국신민의 서사를 낭송하고 그 취지를 해설하여 내지 도항의 사명이 무엇인지를 이해하도록 하고, 이로써 출발 당시의 마음가짐을 확립해 두는 것을 잊지 않는 것이 가장 중요하다. 이와 같은 정신훈련의 기초에 입각하여 수송 시 행동훈련을 가미해야만 하는데, 이것이 지역 훈련의 목표가 되어야 한다. 정신훈련 요강은 다음과 같다.

(1) 출발할 때 모집지 경찰서장이 한 훈사의 요지를 부연하고, 특히 대동아전쟁의 승리완수를 위한 산업의 중요성과 그 업무에 종사하기 위해 도항하는 각자의 중요한 책무를 강조하고, 황국신민으로서의 책무 관철에 매진할 것을 훈시 중에 반복적으로 강조할 것.
(2) 도중에 도주하거나 취업 후 조기 귀국, 도망 등의 사고가 일어나지 않도록 신념적 봉사심의 단련육성에 노력할 것.
(3) 외부로부터의 유혹이나 유괴와 조우하는 경우의 마음가짐과 행동에 대해 충분한 주의를 줌과 동시에 한 번 잘못된 행동을 하였을 경우, 자신의 친족 및 관계 당국에 얼마나 심각한 영향을 미칠 것인지에 대해 가급적 실제 사례를 들어 훈계하고, 사고를 미연에 방지하는 데 만전을 기할 것.
(4) 도항 중, 취로 후, 사생활에 있어서 털끝만큼도 불안을 품지 않도록 실상을 설명하고, 희망으로 가득 찬 출발을 하도록 할 것.
(5) 대장, 반장, 조장은 부대조직의 의의를 이해시키고, 명령복종의 정신을 철저히 할 것.

2. 행동훈련

1. 모든 행동을 하나의 구령하에 통솔하기 위해 다음 동작을 일본어로 교시하여 단체 훈련의 실효를 거둘 것.
   (1) 부동자세
   (2) 정돈(전, 후열, 겹침, 번호)
   (3) 우향우, 좌향좌, 뒤로돌아
   (4) 전진, 정지, 구보(뛰어가)
2. 입사, 출사, 승차, 하차, 차내 시 일체의 행동은 인솔자의 지휘명령에 따르며, 부대간부의

지시에 따라야 한다는 것을 훈시하고, 절대 자유방임의 행동을 금지할 것.

3. 정렬, 착석 모두 완장에 기재된 번호순으로 질서 있게 정돈해야 한다는 것을 교시할 것.

4. 부산 사증심사에서 완전을 기하기 위하여 다음 사항을 충분히 훈시하고 여러 차례에 걸쳐 예행연습을 실시할 것.

(1) 심사관 앞에서 부동자세를 취하고, 모자를 벗고 목례를 한 후 질문에 대하여 명료하고 활기차게 답변할 것.

(2) 심사에 관한 예비훈련사항은 다음과 같다.

- 성명
- 연령(생년월일)
- 본적(군, 면, 리의 이름과 번지)
- 가족관계(부모 형제의 성명 및 동정)
- 직업
- 행선지

5. 모자, 옷과 휘장(완장)의 착용을 단정하게 하고, 불비하지 않도록 주의하여 실행할 것.

6. 여행 시 다음 사항을 철저히 주의할 것.

(1) 착용품의 본인 부담금과 할부에 대하여

(2) 지참한 돈의 환전에 대하여

(3)도시락과 음료수, 차의 급여 방법에 대하여

(4) 구급약품의 준비에 대하여

(5) 일행과 떨어질 경우의 대처에 대하여

(6) 수송의 계획적 운행에 대하여

3. 노무지도원 훈련

현지훈련의 일종으로, 노무자의 자질향상과 더불어 이를 통솔하는 부대간부의 양성을 목적으로 하는 훈련소는 이미 전라남북도, 경상남도 등에 설치되어 현저히 그 성과를 올리고 있는데, 경상남도 부산부 서면(西面) 훈련소의 개요는 다음과 같다.

노무지도원 훈련요강

제1. 훈련방침

국체의 본의에 입각하여 황국신민으로서의 자각에 충실하고, 견실한 국가관과 확고한 국민적 신념을 부여함으로써 산업전사로서의 자질을 양성한다.

제2. 훈련요강

1. 교과 훈련
황국의 노무자로서의 자질을 향상시키고, 황국신민으로서 빠질 수 없는 상식의 교양을 위해 다음 사항에 대해서는 특히 강화훈련을 한다.

(1) 수신·공민과

① 본 훈련소 창설의 취지에 대하여

② 훈련생으로서의 긍지에 대하여

③ 훈련생의 마음가짐

④ 우리 조국의 대정신(大情神)에 대하여

⑤ 일본 국체의 존엄에 대하여

⑥ 시국과 청·장년의 각오에 대하여

⑦ 반도 청·장년의 각오에 대하여

⑧ 반도 노무자의 책무에 대하여

⑨ 훈련생 책무의 중대성에 대하여

⑩ 시국과 노무와의 관계에 대하여

⑪ 예의 및 은의에 대하여

⑫ 대동아전쟁의 의의에 대하여

⑬ 단체 생활의 마음가짐에 대하여

⑭ 향토근로보국대의 지도정신에 대하여

⑮ 공출노무자의 지도정신에 대하여

(2) 국민과

① 국어(말하기, 읽기, 쓰기)

(가) 말하기(어휘, 어조, 강세의 지도)

(나) 읽기(음조, 단어, 숙독, 억양의 지도)

(다) 쓰기(문장의 표현력, 소재의 상상력, 일상생활에서 오가는 서한문의 지도)

② 국사

(가) 건국의 대정신과 국체의 존엄함에 대하여

(나) 역대 천황의 위업과 인덕에 대하여

(다) 각 시대의 개요와 국체의 정화에 대하여

(3) 지리 · 산수과(理數科)

① 지리

(가) 우리나라의 인문지리 개요와 일본의 세계적 지위에 대하여

(나) 일본의 주요 산업과 그 현상에 대하여

(다) 세계열강의 현상황과 국제관계에 대하여

② 산수

(가) 초보적인 사칙연산

(나) 주산

(다) 일용부기

2. 군사적 훈련

복종관념과 책임관념의 철저를 기하고 규율, 통제 있는 생활, 기민한 동작의 기초를 단련하기 위해 특히 군대식 훈련을 중시하여 다음 훈련의 철저에 힘쓴다.

(1) 맨손 각개교련

① 부동자세 ② 우향우, 좌향좌, 뒤로돌아 ③ 반우향우, 반좌향좌 ④ 속보행진 ⑤ 실내외의 경례 ⑥ 행진 중의 경례 ⑦ 발걸음의 맞춤과 정지 ⑧ 구보행진 ⑨ 출발 및 정지 ⑩ 최경례(最敬禮) ⑪ 배례(拜禮) ⑫ 신배(神拜) ⑬ 물품수수 ⑭ 발바꾸기 ⑮ 무릎앉아 ⑯ 엎드려 ⑰ 속보행진 중의 여러 동작

(2) 부대 교련

① 집합과 해산 ② 정돈요령 ③ 횡대의 정돈 ④ 대오의 중복 ⑤ 대오의 분산 ⑥ 대오의 직행군 ⑦ 종대 편성 ⑧ 대형의 변경 ⑨ 종대 행진 ⑩ 횡대 행진 ⑪ 정지 중의 방향 대형 변경 ⑫ 종대 행진 중의 방향 변경 ⑬ 목영목송(目迎目送) ⑭ 열병 및 분열

(3) 진중 근무훈련

① 복명복창 ② 전령 근무 ③ 연락 동작 ④ 군가 지도 ⑤ 행군

3. 생활 훈련

단체생활, 규율생활을 훈시하고 위생생활, 경제생활, 의례생활, 기타 일반생활의 개선 향상을 기하기 위하여 다음 사항에 대해서는 특단의 훈련을 한다.

(1) 단체생활에 관한 사항

(2) 규율훈련에 관한 사항

(3) 의례생활에 관한 사항

(4) 식사훈련에 관한 사항

(5) 입욕훈련에 관한 사항

(6) 위생훈련에 관한 사항

(7) 청결정돈에 관한 사항

(8) 휴양, 오락에 관한 사항

(9) 방화방공훈련에 관한 사항

(10) 근검저축에 관한 사항

(11) 생활개선에 관한 사항

(12) 전시에 관한 사항

(13) 일본어생활에 관한 사항

(14) 그 밖의 필요사항

4. 작업 훈련

사정이 허락하는 한 현지직장에서 노무실습을 하고 취로훈련, 취로지식, 노무기술의 단련을 도모하여 노무능률의 증진을 기하고자 다음 사항의 훈련에 힘쓴다.

(1) 노동의 신성함에 관한 사항

(2) 작업규율에 관한 사항

(3) 작업지식에 관한 사항

(4) 작업기술에 관한 사항

(5) 작업능률 향상에 관한 사항

(6) 노무와 국책에 관한 사항

(7) 마음가짐과 작업능률에 관한 사항

5. 황민훈련

황국신민으로서의 자질을 단련하고 충군애국의 정신을 함양하여 황국노무자로서의 자각을 견지하기 위해 다음 사항의 훈련에 노력한다.

(1) 국민의례에 관한 사항

(2) 황민행사에 관한 사항

(3) 일본어생활에 관한 사항

(4) 시국인식에 관한 사항

(5) 경신(敬神)사상에 관한 사항

(6) 종교심의 계발과 배양에 관한 사항

(7) 정조도야(情操陶冶)에 관한 사항

6. 체력단련

체력의 향상을 도모하고 굳센 의지와 과단성과 인내심을 오래 유지하여 규율공동의 정신을 함양하기 위해 다음 사항의 훈련을 한다.

(1) 쉬운 도수체조

(2) 기본 교련

(3) 스모, 구기종목(축구, 농구, 야구 등), 오락

(4) 계절적, 향토적 체력단련

제3. 훈련기간 및 훈련시수, 일과

1. 훈련기간

훈련소 규정 제5조에 따라 매달 3주로 하되, 시기에 따라서는 이를 신축성 있게 할 수 있다.

2. 훈련시수

훈련기간 중 매일 8시간제에 따른 훈련을 실시하며, 그중 1시간은 황민행사. 훈련에 충당하는 것으로 한다. 단, 훈련기간 중 1기의 훈련시수는 160시간 이하로 한다.

3. 일과

일과는 매일 오전에 정적 훈련, 오후에 심신일여의 동적 훈련을 한다.

제4. 내무훈련요강

기숙사 내의 내무훈련은 대체로 군대내무훈련에 준거하여 다음에 기재된 훈련에 힘쓴다.

1. 임원제에 따른 자율훈련
   사장(단장), 실장(반장), 조장, 제도에 따른 자율자수훈련

2. 주번제에 따른 훈련
   각 실에서 매주 약 3명씩 주번 근무를 하도록 하고, 사내의 정리정돈, 풍기위생 및 시달사항의 실시에 관하여 기숙사생의 지휘감독을 하도록 한다.

3. 야근당번 훈련
   각 실마다 1인당 매일 밤 21시(소등)부터 5시까지 야근당번 근무를 하도록 하여 화재, 도난, 보건, 위생에 관한 단속을 하고 책임관념을 실천하도록 노력한다.

4. 일직부번 훈련
   매일 교대로 일직근무에 종사하게 하고 사내외의 감시와 외래 방문자의 접수, 응대 등에 임하도록 하며 화장실, 욕실, 사무실 등의 청소상황감독에 힘쓴다.

제5. 훈련실시요강

1. 지도원은 엄연한 위엄과 확고한 신념을 유지함과 동시에 온정과 친절열성으로 지도함으로써 훈련생이 믿고 따르게 해야 한다.

2. 훈련의 실시에 있어서는 주도면밀하면서 구체적인 계책을 세워 기초적 훈련에서 확실하면서도 철저하고 엄중하게 실천해야 한다.

3. 훈련소에서는 전원 전일 일본어생활을 위해서 '대화는 일본어로'를 실천하는 도장으로 해야 한다.

4. 상벌을 명확하게 하여 항상 희망과 감사를 품게 하면서 근면하고 규율과 통제가 있는 명랑훈련을 해야 한다.

5. 지휘명령, 전달 등은 반복철저를 기하는 것 외에 반드시 복명복창을 엄수하게 하고, 일의 정확을 기해야 한다.

6. 외출 및 외박은 이를 허락하지 않으며, 그럴 필요가 있다고 인정될 때는 직원협의 후에 허가해야 한다.

7. 훈련생의 여가생활 및 위안오락에 관해서는 특히 면밀한 관찰을 게을리하지 않으며, 항상 이의 시정 지도를 위해 노력해야 한다.

8. 매주 1회 적당한 일시를 택하여 직원회의를 개최하고, 훈련생의 소행과 사상, 태도, 기타 훈련상 필요하다고 인정하는 사항의 심의연구를 해야 한다.

9. 조기발견, 미연방지의 대책을 강구하고, 항상 훈련생 전원의 동정에 유의하여 감독에 불상사가 없도록 해야 한다.

제6. 훈련성적 사정(査定)

1. 지도원은 항상 훈련생의 훈련 철저의 정도와 사상방면의 소행태도 등 기숙사 내 생활의 전반에 부가된 생활상황을 관찰하고, 필요에 따라 시험의 필답과 실연 등을 행하여 훈련성적을 평가한다.

2. 훈련생의 훈련성적은 우(優), 양(良), 가(可), 열(劣)의 표어로 평가하여 소정의 공부(公簿)에 기록, 정비한다.

제3절 취로지 도착훈련

1. 제1일째 훈련

조선에서 현지훈련을 마치고 수송 과정에서도 훈련의 의도 아래 지도를 받지만, 취로지에 도착하면 조선인 노무자로서의 본격적인 훈련이 개시된다.

도착훈련은 도착 첫날부터 사흘간에 걸쳐 새로운 생활의 마음가짐과 생활환경의 이해 등에 관한 총론적 훈련을 목표로 하는데, 이를 통해 조선인 노무자는 향후 생활의 대체적인 형태를 파악하고 일하는 곳의 업무에 관한 개념을 파악할 수 있다. 그 훈련 요강을 살펴보면 다음과 같다.

(1) 입산식

탄광 내 신사 안에서 엄숙하게 행할 것. 이 경우에는 반드시 경찰 측이 참석하여 엄격하게 훈시를 할 것. 이 훈시는 장래에 미치는 영향이 크기 때문에 가급적 세세하게 강조할 것. 향후에도 항상 경찰 측과 연대를 유지해 가는 것이 훈련 지도에 절대로 필요하다(비가 오거나 눈이 내릴 때는 갱구 내 학교, 기타 의식에 적합한 집회소).

(2) 숙소(寮)의 할당

제1부터 제50까지 '○○료(寮)'라고 하되, 수용할 숙소(寮)를 할당할 것.

(3) 료장(寮長) 인사

할당된 각 료(寮)의 료장이 인사의 훈시를 한다. 이 경우, 긴장감을 잃지 않도록 할 것. 첫인상이 중요하다.

(4) 방(室) 배정

즉시 집합하여 방을 배정하고 화재 예방, 위생, 기타 기숙사 생활의 일반적인 주의사항을 알려 주며 조수와 통역을 소개한다.

(5) 휴식

할당된 각자의 방에서 휴식을 취한다.

(6) 저녁식사

식사 전에 신단에 배례, 인사말, 황국신민의 서사 복창을 이행하는 동시에 식사에 관한 주의사항을 교시하는데, 식사 전후에 눈을 감고 합장한 채 "잘 먹겠습니다(頂きます)", "잘 먹었습니다(御馳走様)"를 외치며 인사하게 하는 것이 적당하다.

(7) 안착 통지

부모, 형제에게 반드시 안착했다는 통보를 할 것.

(8) 외출

도착일에 한하여 외출을 금할 것.

(9) 점호

오후 7시 반, 이 기회에 거듭 향후의 주의사항을 훈화하듯이 이야기하여 산업전사다운 기색을 함양시키는 데 노력할 것.

(10) 취침(오후 8시)

(비고)

① 취침할 때까지 료장 이하는 채용에 필요한 서류를 작성하고. 그 사이에 인물평가 예상을 대체로 종료해 둘 것(이러한 예상이 후일 적합 여부를 시험하게 된다.).

② 식사 전후에 눈을 감고 합장하여 "잘 먹겠습니다", "잘 먹었습니다"는 반드시 료장 이하가 솔선수범하여 계속 실행하도록 노력할 것.

③ 신규 및 기존 료원(寮員)을 식당 또는 기숙사 밖에 정렬시켜 서로 인사하도록 하고 료 내 친화에 노력할 것.

2. 제2일째 훈련

(1) 기상

오전 4시 예를 들면 '기분 좋다, 영차'와 같은 용감한 구호로 힘차게 일어나기, 세면, 청소, 점호

(2) 조식

오전 4시 반 조식 후 실내 및 주변 정돈, 휴식

(3) 강화(講話)

오전 8시부터 노무 및 보안 관련의 개요를 설명할 것.

(4) 일상어 교육

간단한 일상어를 가르치고 계속 지속적으로 행할 것.

(5) 신체검사

오후 1시부터 탄광 내 병원에서 신체검사를 시행하여 근로의 적부, 배치장소 등을 결정할 것. 병원에 이르는 도중 광산 내 신사를 지나갈 때는 반드시 참배할 것, 앞으로 개별로 지나갈 경우에도 반드시 신사 앞에서 예를 갖추어 절을 하도록 가르칠 것.

(6) 신원조사

기숙사로 돌아간 뒤 내지의 친척, 지인 등을 조사해 기록해 둘 것.

(7) 석식

전날과 동일

(8) 훈화

조수 및 통역으로부터 기숙사 생활 실정에 대해 훈화할 것. 이 기회에 회사에서 특별히 제작한 한글 설명자막이 들어간 보안영화(保安映畫)인 '안전의 깃발 아래'와 같은 것을 상영하여 흥미롭게 보안 지식을 주입할 것.

(9) 점호, 취침 : 전날과 같음

3. 제3일째 훈련

(1) 교련

오전 7시부터 9시까지, 야외에서 보병행진곡에 맞춰 각개교련을 시행하고 특히 엄정한 경례를 가르칠 것.

(2) 갱외견학

오전 9시부터 11시까지 갱외 견학을 시킬 것. 이때 투입준비(繰込)학교 또는 갱무소 앞에서 작업장의 최고지휘자가 훈시할 것.

(3) 체조

오전 11시부터 정오까지 간단한 체조를 가르칠 것.

(4) 유희

점심 식사 후 오후 1시까지 재미있는 유희로 흥을 돋울 것.

(5) 교련

오후 1시부터 3시까지(각개교련 및 부대 교련)

(6) 창가

오후 3시부터 4시까지(동요, 행진가 등)

(7) 감상

저녁 식사 후 각자의 감상 또는 오늘까지의 체험담 등을 발표하도록 하고, 이를 노무과 직원, 숙소장 이하가 열심히 청취하여 지도의 참고 자료로 삼을 것. 이 방법은 향후 기회 있을 때마다 매번 계속 반복할 것. 대화 중에 '좋다! 해내자'라는 근성을 주입하는 데 유념할 것.

(비고)

① 한 행사에서 다음 행사로 넘어갈 때는 10~15분의 휴식을 취할 것.

② 야외 훈련 시에는 점심 도시락을 휴대할 것.

③ 우천 시 집합소는 투입준비학교로 하고, 일요일에는 국민학교, 우천 시에는 체조장 등을 빌릴 것, 여기서 강의, 훈화, 경험담 발표 등을 할 것.

④ 단체오락은 반드시 국민의례부터 시작하여 황국신민서사, 만세삼창으로 끝낼 것, 이때 회사의 영화나 종이인형극 등을 이용하는 것도 한 방법이 된다.

제4절 황민 훈련

조선인의 특성 때문에 체류기간 2년 정도의 시일 내에 저들을 황민화하는 것이 얼마나 어려운 일인지는 새삼 말할 것도 없지만, 가급적 모든 지도방침을 황민화에 따라 운영하는 것은 정치적, 경제적으로 매우 중요하며 우리 선배들의 책무라고 할 수 있다.

황민화 지도에서 최고의 금물은 초조함이다. 조선 병합 후 30년이라는 시간이 흘렀지만, 아직 충분하지 않은 저들을 짧은 계약기간에 바로잡으려는 것은 처음부터 무리이다. 그렇다고 절망해서는 안 된다. '열성'과 '친절함'으로 '누가 이기나 해 보자'라는 식으로 겨룬다는 각오로 끈질기게 임하는 것이 중요하다.

대동아전쟁하에서 산업전사로서 내지의 공장이나 광산에서 일하는 조선인들 중에는 내지인을 감명케 할 정도로 아름다운 선행을 하고, 황국신민으로서의 자각에 투철한 사람도 결코 적지 않다. 저들을 향해 어쩔 수 없는 습성을 지닌 자라며 멸시하는 사람들은 다음에 기술한 사례를 보고 그러한 인식을 시정했으면 한다.

[사례 1]

○○○의 협화료에 있던 50명은 2년의 계약 기간을 마치고 최근 귀국하게 되었는데, 취로현장을 떠나기에 앞서 황국신민의 일원으로서 뭔가 기념할 만한 봉사 작업을 하고 싶다며 깊이 고심한 결과, 전원이 근로봉사하여 이번 전쟁에서 흥아(興亞)를 위해 희생한 숱한 장병들을 위로하는 충령탑을 협화료 앞마당에 건설하기로 결심하였다. 이후 시간을 아끼고 자갈을 모아 콘크리트를 굳혀 마침내 당당한 충령탑을 건설하는데 성공하였다.

[사례 2]

노동력 충족이 곤란한 시기에 ○○○협화료에 있던 계약기간 만료자들이 일시에 조선으로 귀환하는 문제가 중대한 관심사였는데, 기우에 그치고 말았다. 대부분이 산업보국정신대원으로 재계약을 맺어, 총은 잡지 않더라도 '나는야 산업전사'라는 의지를 불태우며 작업현장에 모든 노력을 다하겠다는 강력한 피의 맹세를 하게 되었다. 이 신념과 결의를 천명하기 위해 모두 일본적십자사의 정회원으로, 그것도 회비를 일시불로 내는 정사원으로 가입하겠다고 신청하였다. 이 미담은 관계 관청과 식자들을 몹시 감격시켰고, 대중의 모범으로서 각 협화회에 격문이 날아갔을 정도이다.

[사례 3]

○○○의 조선인 임중석(林仲錫) 군은 재계약을 신청했기에 규정에 따라 장려금으로 120엔을 회사로부터 받았다. 받은 돈을 이리저리 만지면서 손에 넣은 채 바라보던 임군은 결연히 사무실로 달려가 "이 돈을 헌금하겠습니다. 현시국에서 재계약은 산업전사의 의무입니다. 전 당연한 일을 했을 뿐입니다. 돈을 받을 이유가 없습니다"라며 전부 내놓았다. 사무실 직원들도 철철 넘치는 정성과 황국신민이 된 임군의 모습에 감격

하며 즉각 헌금 절차를 밟았다. 임 군은 평소 부지런하고 낭비도 하지 않았으며, 실제로 우편저금과 회사적립금을 합하여 1,417엔을 가지고 있는데, 이미 고향의 부모에게 785엔을 송금한, 우러러볼 영혼의 소유자였다.

이런 사례가 적지 않다. 연이은 헌금 미담, 용돈을 절약하여 저축하는 데 협력하기, 매월 1일 금주, 금연을 실행하여 아낀 금액의 헌납, 고향의 가뭄 의연금 응모에 근로장려금을 거출하기, 대항경기에서 받은 상금을 신사의 대치(大幟)[18]에 헌납하기 등 수많은 미담이 관계자를 진심으로 감격스럽게 하고 있다.

저들에게도 황국신민의 소질이 없지 않다. 다만, 이를 계몽하고 지도함에 있어 원래 사상적 고루함을 전통으로 하는 저들의 근성을 바로잡기 위해서는 열정과 친절, 끈기가 필요할 뿐이다. 이미 노령에 들어선 사상이 고루한 자는 어쩔 수 없지만, 장래 있는 청소년, 장년의 조선인을 황국신민으로 지도하는 것은 시국의 진전과 함께 중요성이 크다고 하지 않을 수 없다.

황민훈련의 행사와 요령으로 다음과 같은 것을 채택해야 한다.

---

18 신사에서 쓰는 깃발

황민훈련 지도요강 및 주의

[황대신궁(皇大神宮)][19]

1. 지도요강

(1) 황조(皇祖) 아마테라스 오카미(天照大神)의 신덕(神德)

(2) 신칙(神飭)과 건국의 정신

(3) 황대신궁의 모습

(4) 황실의 존숭

(5) 국민의 존숭

(6) 경신(敬神)의 진의

(7) 신사참배예법의 실습

2. 지도상의 주의

(1) 자세를 바르고 긴장하여 듣도록 할 것.

(2) 조선인의 조상숭배관념을 활용하여 이야기할 것.

(3) 기숙사 식당의 신전(神前)에서 개별적, 단체적으로 참배실습을 하도록 할 것.

(4) 그림책, 사진 등을 적극 활용할 것.

(5) 지도자 스스로 충분한 위엄과 품위를 유지하고 단정한 복장으로 설명할 것.

[천황폐하]

1. 지도요강

(1) 천황폐하는 아마테라스 오카미의 마음으로 우리나라를 통치하여 주신다.

---

19 일본의 아마테라스 오카미(天照大神)를 모신 이세(伊勢)신궁의 내궁(內宮)

(2) 천황폐하는 국민을 자식처럼 자상하게 보살펴 주신다.

(3) 국민은 천황폐하를 현인신(現人神)으로서 큰 부모로서 받들고 모신다.

(4) 우리나라는 황실을 대종가(大宗家)로 받들어 모신다.

(5) 역대 천황의 성덕

(6) 황실에 관한 어법과 최경례(最敬禮)의 실습

3. 지도상의 주의

(1) 일시동인(一視同仁)의 성지(聖旨)를 강하게 강조하여 천황폐하의 인자함을 봉재(奉載)하도록 할 것.

(2) 성덕에 대해 다수의 사례를 이야기하여 감동시킬 것.

(3) 매일 아침 궁성요배를 실행할 것.

[대일본제국]

1. 지도요강

(1) 국체의 본의, 만세일계의 황위, 군민일체의 대가족 국가

(2) 충효일본(忠孝一本)

(3) 신민의 충성과 일본국민이라는 행복

2. 지도상의 주의

(1) 우리 국체가 세계에서 으뜸인 이유를 충분히 알릴 것.

(2) 만세일계인 황위의 존엄과 혁명을 항상 겪는 외국을 비교하여 이해시킬 것.

(3) 황실이 국민의 큰 종가인 이유를 알도록 하여 천황폐하에 귀일하여 받드는 것은 일본국민인 자의 자랑이라는 것을 강조할 것.

(4) 청일, 러일 양 전쟁 및 근대 일본의 비약적 발전을 설명하고, 황국신민이라는 행복과 영예를 충분히 알도록 할 것.

[충군애국]

1. 지도요강

(1) 죽음으로 천황께 봉공(奉公)하는 정신은 우리나라의 전통적 미풍임.

(2) 대동아전쟁뿐만 아니라 과거의 전쟁에서 대승한 원인은 이러한 정신의 발로임.

(3) 이러한 정신으로 직역에 봉공할 것.

(4) 대가족 국가와 충효일본

(5) 야스쿠니(靖國) 신사

2. 지도상의 주의

(1) 국체의 정화(精華), 대가족 국가, 충효일본(一本)의 관계를 서술하여 황국신민이라는 행복과 신하된 도리의 기초를 이해하도록 할 것.

(2) 야스쿠니 신사 및 각 부현의 호국신사에 관한 설명

(3) 조선의 지원병제도, 징병제도(1944년)에 관한 설명

(4) "나라를 생각하는 길에 둘은 없도다. 전장에 나가든지, 나가지 않든지"[20]라는 천황님의 말씀을 설명할 것.

[붕우(朋友)]

1. 지도요강

(1) 붕우의 소중함과 함께 붕우의 선택과 좋은 친구, 나쁜 친구

(2) 스스로 벗에게 도움이 되고자 하는 마음가짐

(3) 협조협력의 정신과 부화뇌동과는 천지 차이

(4) 동료 상사의 지도충고와 의에서 생기는 것의 마음가짐

---

20 메이지 천황의 어록 중 하나로, "国を思ふ道に二つはなかりけり戦の場に立つも立たぬも"를 가리킨다.

2. 지도상의 주의

(1) 신의를 잘못 생각하여 악에 뇌동하는 일이 없는 모습

(2) 나쁜 친구를 충고하는 데는 용기가 필요하다는 점을 강조할 것.

(3) 서로 믿는 벗의 실제 사례와 나쁜 친구를 위해 몸을 버린 실제 사례를 설명

(4) 신의를 중시한 것에 대해서 아마노야 리헤이(天野屋利兵衛)[21]의 이야기 등을 인용할 것.

[검소·물자애호]

1. 지도요강

(1) 국방국가체제와 물자애호, 전쟁과 물자와의 관계

(2) 식량, 피복, 주거도구에 대한 요령

(3) 물자의 활용

(4) 용돈, 교제비

2. 지도상의 주의

(1) 시국과 국책에 기여하여 물자부족을 감내하는 정신함양

(2) 헌금, 헌품, 위문 등의 설명

(3) 다음과 같은 사항에 합의할 것.

① 쓸모없는 물자를 사지 않을 것.

② 부족한 것은 부족한 대로 해결할 것.

③ 물자를 헛되이 버리지 말 것.

④ 물자를 소중히 다룰 것.

---

21 오사카 출신의 상인으로서 추신구라(忠臣藏, 억울하게 처형당한 주군의 복수를 하고 할복한 사건을 극화한 작품)의 배경이 되는 아코(赤穗)사건 당시 아코(赤穗)의 낭인들에게 물자를 지원해주어 신의의 대명사가 된 인물

⑤ 도구는 잘 손질할 것.

⑥ 용돈은 월 10엔 이내로 사용할 것.

⑦ 신규로 구입할 생필품은 반드시 료장의 승인을 받을 것.

⑧ 술, 담배를 자제할 것.

[정려각근(精勵恪勤)][22]

1. 지도요강

(1) 근로는 사람의 본분으로서 국가에 대한 의무이다.

(2) 근로는 환희와 영예이다.

(3) 착실함과 열심

① 힘들어도 참는다.

② 궁리한다.

③ 면밀하게 주의를 기울인다.

④ 규율에 따른다.

2. 지도상의 주의

(1) 전쟁 완수를 위해 장기간에 걸쳐 불굴의 정신으로 맡은 곳에서 봉공할 것을 강조할 것.

(2) 일할 수 있다는 것에 자긍심을 갖고 음지에서 성공을 위해 근면역행하며 근면에 표리부동이 없을 것.

(3) 무사고, 무결근, 규범적인 노무자의 사례, 직장 이동이 망국인 이유를 설명할 것.

(4) 고향에 있는 부모, 아내, 자녀, 형제 등이 쉬지 않고 열심히 일해 줄 것을 염원하고 있다는 것을 강조할 것.

22 결근, 휴식, 태업 등 쉬거나 빠지지 않고 열심히 일하는 것을 가리킨다.

[책임관념]

1. 지도요강

(1) 신용을 얻는 데 기초는 반드시 약속을 지킨다는 점을 자각할 것.

(2) 상사의 명령, 법규의 준수, 도덕상의 책임 등을 다할 각오

(3) 종사하는 산업의 중요성과 직장을 사수할 각오와 용기

(4) 도주할 경우의 불이익과 비겁함

2. 지도상의 주의

(1) 책임을 회피하고 전가하는 성질이 있으므로 이 점을 충분히 강조할 것.

(2) 책임을 중시하는 미담을 다수 수집하여 설명할 것.

(3) 노무조정령의 정신 및 근로보국령의 정신과 실제 사례를 설명할 것.

(4) 도주, 직장이동이 무책임한 이유를 충분히 설명할 것.

(5) 전쟁터에서 싸우는 부대와 비교하면 중노동이 훨씬 쉽다는 점을 강조할 것.

[극기]

1. 지도요강

(1) 제멋대로 구는 것은 모든 악의 원인이다.

(2) 사리사욕은 국가를 능욕하는 영미(英美)의 사상이다.

(3) 인고단련과 대동아전쟁, 일상생활과 직장에서 봉공한다.

(4) 용기와 극기

(5) 생활반성과 일의 궁리

(6) 직역에서 반성과 연구력은 발견과 발명의 기초

(7) 연구와 문화

(8) 일본인의 독창력

2. 지도상의 주의

(1) 진취, 연구심이 결핍된 저들을 선도한다는 마음을 가질 것.

(2) 식사나 기타 불만이 있을 경우, 부화뇌동하는 사례가 많은데, 이에 충분히 유의하여 끈기 있게 강조할 것.

(3) 항상 국책에 따라 국가의 입장에서 설명할 것.

(4) 폐기물 이용, 원료재생, 대용품 제출 등의 실제를 부연 설명할 것.

(5) 일정한 과제(의, 식, 주, 기타)를 부여하여 연구하고 궁리하는 즐거움을 주고 결과물을 평가하여 포상, 훈계 또는 격려 등의 적당한 조치를 할 것.

[정직, 침착, 비상훈련]

1. 지도요강

(1) 정직은 신용을 얻고 성공하는 기초

(2) 정직은 신(神)에게 통하는 마음

(3) 부정직(허언)은 악의 기초, 부정직은 언젠가는 반드시 드러남

(4) 정직의 지름길

① 이익, 허영, 사욕, 유혹에 빠지지 않을 것.

② 잘못은 즉시 고치고, 이를 다시는 하지 않을 것.

③ 타인과 자신, 공사를 혼동하지 말 것.

(5) 정좌하여 배를 단련할 것.

(6) 비상시에는 우선 심호흡할 것.

(7) 화재 등에 직면했을 때는 기민하게 조치할 것.

(8) 비상시 피난훈련을 실시할 것.

2. 지도상의 주의

(1) 겉과 속이 다르고, 사람들 앞에서 거짓말하는 것이 당연하다고 여기기 때문에 이 점을 특히 강조할 것.

(2) 사익을 추구하는 근성이 강하고 선천적으로 남을 속이는 성향이 있다는 것에 유의할 것.

(3) 공공의 물건, 타인과 자신의 것을 구별하지 않고 방만한 버릇이 있어 이를 뿌리부터 교정할 필요가 있음.

(4) 윗사람에게 복종하는 척하는 풍습이 있어 이에 넘어가지 않도록 유의할 것.

(5) 저들은 기민성이 없고 아무 이유도 없이 소란을 떠는 풍습이 있는데, 2, 3분이라도 심호흡을 시켜서 정신통일을 하도록 할 것.

(6) 방공, 방화의 사상, 국토방위의 사상을 철저하게 단련하도록 행할 것.

[건강, 협력]

1. 지도요강

(1) 건강과 국책

① 적극적: 운동, 단련, 출역

② 소극적: 위생, 수면, 휴양

(2) 개인위생과 단체위생

(3) 협동의 관념과 단체

(4) 협동과 뇌동과의 차이

(5) 직장생활과 협동

(6) 료장을 중심으로 하는 협동생활

2. 지도상의 주의

(1) 대책 없이 위생이 불결하며 말만 잘할 뿐, 자신과는 상관없는 일은 나 몰라라 하기 때문에 직접지도가 중요하다. 식사, 변소, 입욕, 세탁, 청소 등 일체에 관해 솔선수범할 것.

(2) 의기로 시작하고 형태를 갖춘 뒤 실행에 매진할 것.

(3) 올바른 명령에 절대복종할 것.

(4) 협동과 뇌동에 관한 [신의]의 요강을 반복하여 거듭 실제 이야기로 설명할 것.

[시국인식과 신도(臣道)실천]

1. 지도요강

(1) 대동아전쟁과 세계 신질서의 건설, 선전포고의 대조(大詔), 구질서, 신질서

(2) 대동아공영권의 건설과 일본의 사명, 영미의 동아시아 침략사를 상기시킬 것.

(3) 대동아전쟁에 있어서의 눈부신 성과와 총력전, 생산력 확충과 국가의 기대

(4) 내선일체, 일시동인, 황민화운동, 신도실천

2. 지도상의 주의

(1) 시국인식, 신도실천에 관한 확고한 국민적 신념과 그 실천력을 배양할 것.

(2) 커다란 전과(戰果)의 실제 이야기를 충분히 들려 주어 황국신민의 영광을 마음으로 느끼고 국책에 전념하는 기백을 침투시킬 것.

(3) 지도자는 항상 실례를 들고 평이하고도 구체적인 이야기를 들려 줌으로써 반드시 감동시키겠다는 마음을 가질 것.

제5절 일본어훈련

모든 훈련의 기초는 언어에 있다. 말이 통하지 않고 훈련의 성과를 기대한다는 것은 이미 무리가 있다. 의사명령을 전달하기 위한 유일한 방법으로써 오늘날 '통역'을 사용하고 있지만, 이 방법은 결코 충분하지 않다. 통역이 우리의 생각을 이해하고 사실대로 전달할 수 있는지 의문스럽고, 격화소양(隔靴搔癢)[23]의 느낌을 지울 수 없다. 따라서 훈련에서 암(癌)이 무엇이냐

23 신을 신고 발을 긁는 것과 같이 성에 차지 않는다.

고 묻는다면, 첫째가 '말'이라고 대답하는 데 조금도 주저하지 않을 것이다.

일본어훈련의 방법으로는 '이로하(いろは)' 즉, 글자 교육에서 시작하는 것도 좋고, 작업장에서 조선인들끼리 대화할 때 조선어 사용을 금지하는 등 여러 방법이 있을 수 있는데, 어느 쪽이든 조직적으로 교재를 가지고 지도하는 방법을 사용해야 한다. 도움이 될 만한 교재로 중앙협화회가 편찬한 '협화국어독본(協和國語讀本)'을 추천한다.

응급 대책으로는 우선 작업생활에 필요한 말하기, 읽기, 숫자 읽기, 셈하기, 글쓰기, 철자법에 대해 쉬운 것부터 순차적으로 조금씩 가르쳐 주는 것이 효과적이다.

예를 들면 당면한 작업에 필요한 어휘로 다음의 것들이 있다.

> 갱목(坑木), 갱구(坑口), 천정(天井), 권립(捲立), 목발(目拔), 지주(支柱), 채탄(採炭), 운반(運搬), 피크(ピック), 컨베이어(コンベア), 곡괭이(鶴嘴), 안전등(安全燈), 탄차(炭車), 위험(アブナイ), 주의(注意), 성냥(マッチ), 담배(煙草), 가스(ガス), 금지판(禁柵), 떨어뜨려(落せ), 잘라(切れ), 옮겨(運べ), 채굴중지(掬止め), 아래로 가라(下に行け), 도망쳐라(逃げよ), 뒤로 물러나(後すざれ), 앉아(要掛), 뛰지마(蹴るな), 계원(係員), 조수(助手) …

일상생활용어로서 예를 들면, 이 명칭들을 외우게 하고 하루빨리 일본어로 일이 추진되도록 하는 것이 선결 과제이다.

> 이불(布團), 방(部屋), 복도(廊下), 욕탕(浴湯), 변소(便所), 세면소(洗面所), 화장지(塵紙), 비누(石鹸), 당번(當番), 조리사(賄), 료장(寮長), 통역(通譯)….

훈련의 실례로서 흥미로운 사례를 한두 개 적으면 다음과 같다.

1. 휘장(徽章)제도의 이해

훈련기간을 1년 주기로 하고, 그 사이에 내지인과 대화를 할 수 있는 것을 목표로 하며, 여기에 도달할 때까지 훈련한다. 처음 6개월은 초급으로 하고, 9개월 수료자를 중급, 1년 수료자를 상급으로 하여 이들 각급의 수료자에게는 마치 체력검정에서 금장(襟章)을 수여하듯이 수료 정도를 표시하도록 한다. 지도예정표는 다음과 같다.

협화훈련대(協和訓練隊) 국어지도 예정표

훈련기간				보습기간	
기간/항	제1기	제2기	제3기	제1보습기간	제2보습기간
기간	2개월	2개월	2개월	3개월	3개월
지도내용	50음도 발음, 동(同) 명사 발음과 해석 습득. 시급히 필요한 상용어를 훈련용어로 하고 말하기를 주로 한다.	위와 동일	위와 동일 가타카나로 이름 쓰기	협화독본 2~15 간단한 문장의 독해와 대체적인 의미 파악. 히라가나 이름의 읽기와 쓰기, 가타카나 철자법	협화독본 16~26 조금씩 복잡한 문장의 독해와 대체적인 의미 파악, 히라가나 이름의 습득 및 철자법
인정	초급 병	초급 을	초급 갑	중급	상급
비고	카드 및 그림과 표본 사용. 표준어를 사용하여 발음을 정확히 할 것. 카드를 이용한 발음, 명사의 습득을 시험하여 인증서를 부여	위와 동일	위와 동일 위와 동일 가타카나로 이름 쓰기로 인증서 부여	협화독본을 사용, 접속사의 용어주의, 경어, 수, 의문사의 지도, 환경용어, 기타 대화에 중점을 두고 황국신민생활상의 요령을 강조, 독본의 독파, 대화에 따라 문장 시험, 히라가나의 철자법	위와 동일 결전하의 황국신민으로서의 태도를 양성하는 데 노력. 가급적 다른 참고서를 활용하여 일본어를 습득하고 일본어로 황국신민이라는 인식을 갖는 데 철저를 기하고 일상생활을 구현하도록 한다.

2. 일본어장려금 제도

일본어수료의 정도를 측정한 뒤 4급 단계로 구별하여 다음과 같은 장려금을 급여하는 제도이다.

(1) 특급 출근 1일당 30전

(2) 1급 출근 1일당 20전

(3) 2급 출근 1일당 10전

(4) 3급 출근 1일당 5전

조선인뿐만 아니라 내지인 계원, 반장, 조장, 선배 광부 역시 "오른쪽, 왼쪽, 앞, 뒤, 몰라, 다시 말해, 알았나?, 대답해" 등의 필요어휘 정도는 습득해 둘 필요가 있다.

그러나 돌이켜보면 지금 이루어지고 있는 일본어훈련은 지도하는 사람의 관점에서만 너무 근시안적이지 않은가? 저들은 석탄을 캐는 노무자이니 거기에 필요한 말만 가르치면 충분하다고 하는 관점에서 한 발짝도 나가지 않고 있지 않은가? 언어란 그 자신에게는 민족의 혼을 가지고 전통을 말하는 것이다. 한편으로는 황민정신의 함양이라는 고매한 이상을 내걸면서 다른 한편으로는 석탄 채굴에 필요한 말만 가르치면 된다고 한다면, 조선인 훈련은 근본적으로 낙제라고 해야 한다.

일본어훈련의 근본적인 목표는 저들을 인간으로서 황민화로 이끌어가는 데 있으며, 저들을 석탄 캐는 '물건'으로 이용하는 것이 결코 아니라는 점을 노무관리자는 다시 한번 반성해 볼 필요가 있다.

제6절 작업훈련

1. 갱외훈련

탄광의 작업훈련은 갱 안에서 실천하는 데 도움이 되는 것이 목표겠지만, 갱외훈련은 확실히 그 기본이 되는 것이다. 즉, 갱외의 훈련장에서는 갱내작업에 필요한 기초적 훈련-삽 사용법, 중량물 운반법, 탄차 다루는 법 등 제반에 걸쳐 조직적으로 지도하고, 일정기간의 훈련을 수료한 자를 갱내로 보내 실천에 응용하도록 하고, 작업에 대한 마음가짐을 계속 훈련시킨다.

'갱외 훈련 요령'은 다음과 같다.

- 기간: 15일 간
- 참가자: 1회당 100명
- 지도원: 주임 1명, 계원 2명, 내지인 지도노무자 3명, 조선인 통역 2명

(1) 훈련종목

① 쇠망치 두드리기

② 중량물 운반

③ 탄차 싣기

④ 탄차 운반

⑤ 흙파기 작업

⑥ 삽 사용의 흙파기 작업

⑦ 착암기 분해 및 설치

⑧ 암석천공

⑨ 발파조작

⑩ 소형 권양기(捲揚機) 운전

⑪ 궤도부설

⑫ 암석 굴진

(2) 목표

각 작업에 대해 사전에 '표준규격'을 정해 놓고, 이에 점차 접근하는 것을 목표로 한다. 이하 순서에 따라 각 훈련의 표준규격, 준비사항, 훈련방법 등에 대한 설명을 추가하면 다음과 같다.

① 쇠망치 훈련

(가) 준비사항

(ㄱ) 한손 망치 중량 2근[24]

(ㄴ) 양손 망치 1호형 중량 15근(6.8dag)

2호형 중량 30근(13.6dag)

(ㄷ) 망치 훈련대 설치 바이스 60대를 준비한다.

(ㄹ) 양손 망치에 모루 또는 토사장(土砂場)을 준비한다.

(ㅁ) 쇠망치 걸이를 만들어 연습 외에는 정연하게 걸어 놓는다.

(ㅂ) 정을 준비한다.

24 미터법의 일종으로, '데카그램(decagram)'으로 읽는다. 1dag는 100kg의 1/100.

(나) 훈련방법

(ㄱ) 계원은 연습 전후로 악력과 허리의 근력을 시험하여 기록해 둔다.

(ㄴ) 타격에는 연습자를 정렬하여 계원의 구령에 따라 한다.

"제자리에", "준비"

"한손 망치 중간 휘두르기" 시작

"한손 망치 크게 휘두르기" 시작

"양손 망치 난(何)타격" 시작

한손 망치의 타격은 중간 휘두르기 1분 간 50회

크게 휘두르기 1분 간 30회 준비로 한다.

타격은 "하나", "둘"의 구령을 통해 조정한다.

(ㄷ) 타격은 작업량과 공정률을 고려하여 점차 1회의 타격수, 1일 총 타격수를 증가시킨다.

(ㄹ) 훈련개시 5일 간에 있어서 작업규격은 다음과 같다.

한손 망치

훈련일수	제1일	제2일	제3일	제4일	제5일
중간 휘두르기	500	600	700	800	1,000
크게 휘두르기	200	300	400	500	600
계	700	900	1,100	1,300	1,400[25]
작업량(dag)	580	766	952	1,138	1,394
비고	한손 망치 0.91dag 중간 휘두르기 50 타격의 작업량 0.76g×0.91×50=34.6dag 크게 휘두르기 1분 간 30타격의 작업량 1.3g×0.91×30=3.51dag				

25 실제 합산의 계(計)는 '1,600'이지만, 원문 그대로 표기함.

망치 2호형

훈련일수	제1일	제2일	제3일	제4일	제5일
1회 타격	20	25	35	40	50
횟수	5	5	5	5	5
총타수	100	125	175	200	250
작업량(dag)	1,940	2,425	3,395	3,830	4,850
비고	2호형(30근=13.6dag) 망치 1타의 높이 1.36m 2호형에 있어서 작업량 1.3×13.6×1.1=19.4dag 1분 간 20타격을 한다면 19.4×20=388dag 제1일의 작업량 388×5=1940dag				

망치 1호형

훈련일수	제1일	제2일	제3일	제4일	제5일
1회 타격	30	45	60	75	90
횟수	5	5	5	5	5
총타수	150	225	300	375	450
작업량(dag)	1,455	2,240	2,910	3,695	4,365
비고	1호형(15근=6.8dag) 망치 1타의 높이 1.3m 위로 휘두를 때의 10%를 아래로 휘두른다고 가정하면 1호형에 따른 작업량 1.3×6.8×1.1=9.7dag 1회의 타격, 1분 간 타격이라고 가정하면 9.7×30=291dag 제1일의 작업량 291×5=1455dag				

② 중량물 운반훈련

(가) 준비사항

(ㄱ) 갱목 1호형(10관=37.5dag)

(ㄴ) 갱목 2호형(15관=56.3dag)

(나) 훈련방법

(ㄱ) 계원의 구령에 따라 운반을 개시한다.

구령 "준비"

"운반거리 30m(60m)"에 준비 시작

(ㄴ) 운반거리는 점차 연장하여 노동력을 증진시킨다.

(ㄷ) 훈련개시 5일 간의 작업규격은 다음과 같다.

갱목운반훈련작업규격표

훈련일수	1회의 거리(m)	횟수	작업량(dag)
제1일	1호형 20	3	3,375
제2일	1호형 60	2	4,500
제3일	2호형 30	3	5,067
제4일	2호형 60	2	6,756
제5일	2호형 60	3	10,134
비고	1호형 갱목 10관=37.5dag 1호형 1회의 작업량 30m일 때 37.5×30=1,125dag 60m일 때 37.5×60=2,250dag 2호형 갱목 15관=56.3dag 2호형 2회의 작업량 30m일 때 56.3×30=1,689dag 60m일 때 56.3×60=3,378dag		

③ 탄차선적훈련(준비사항)

(가) 준비사항

선적재료는 갱 밖 버력더미의 버력을 사용한다. 무게가 약 2.0dag이므로 석탄의 무게인 1.5dag와 비교하여 33% 무겁다. 한쪽 탄차용적(폭 2.8척, 길이 4척, 깊이 2.4척) 27입방척(尺) 용량버력은 1000dag-1dag, 빈 차의 중량은 230dag. 궤조각 삽(경강박판형식 2), 곡괭이 등을 준비한다.

(나) 훈련방법

(ㄱ) 선적할 버력의 위치는 탄차의 중심에서 4척인 점에 둔다.

(ㄴ) 선적 높이는 4.5척

(ㄷ) 버력의 하반은 평탄하고, 10도의 사면을 구비한다.

(ㄹ) 계원의 구령에 맞춰 시작하고 끝낸다. 즉, '하나', '둘', '셋'의 3동작으로 구

분하여 적정 피치를 가감한다.

(ㅁ) 시작일에는 6차까지 쌓기 시작해 매일 1차씩 늘린다. 마지막 날의 적차수는 20차로 하여 종료한다.

(ㅂ) 적치공률은 다음의 표준규격을 기초로 하여 지도한다.

1차 선적에 필요한 시간

	조선인 미숙련자	내지인 미숙련자	내지인 미숙련자 중 우수한 자	내지인 중간공	내지인 경험공
개시일	13분 30초	11분 15초	9분 8초	7분 52초	5분 45초
종료일	8분 55초	7분 45초	6분 21초	6분 13초	5분 42초

④ 탄차운반훈련

(가) 준비사항

갱 밖 훈련용 암석채굴 막장에서 100m의 운반거리로, 18파운드 궤조를 악조건으로 부설한다.

즉시 밀어올리는 경사 2도

밀어내리는 경사 2도

최소곡선 5m

궤조접속불비로 탈선하는 장소를 설치한다.

(나) 훈련방법

전부 구령에 따라 수평, 밀어올림, 밀어내림, 곡선, 탈선의 각 종류에 걸쳐 반복훈련을 행한다.

⑤ 흙파기(土取)훈련

(가) 준비사항

(ㄱ) 60m의 18파운드 궤조를 3개 부설한다.

(ㄴ) 반삽, 삽, 곡괭이 등을 준비한다.

(나) 훈련방법

(ㄱ) 6인 1조로 3개 조를 만들어 30분에 걸쳐 계원의 구령에 따라 훈련을 개시한다.

(ㄴ) 훈련개시 14일 동안의 작업규격은 다음과 같다.

6인 1조 30분 간의 흙파기 운반 작업 능력 규격표

훈련일수	1일	2일	3일	4일	5일	6일	7일	8일	9일	10일	11일	12일	13일	14일
작업능력 지도목표 (내지인 평균능력 100~150위 평방척)	75	80	80	85	95	95	100	100	105	105	110	110	120	130

⑥ 삽만을 이용한 흙파기작업

(가) 준비사항

(ㄱ) 삽 외에 다음 그림과 같은 토취현물을 준비한다.

(나) 훈련방법

(ㄱ) 6인 1조로 3개 조를 만들어 30분 동안에 걸쳐 계원의 구령에 따라 훈련을 개시한다.

(ㄴ) 훈련개시 14일 간의 작업규격은 다음과 같다.

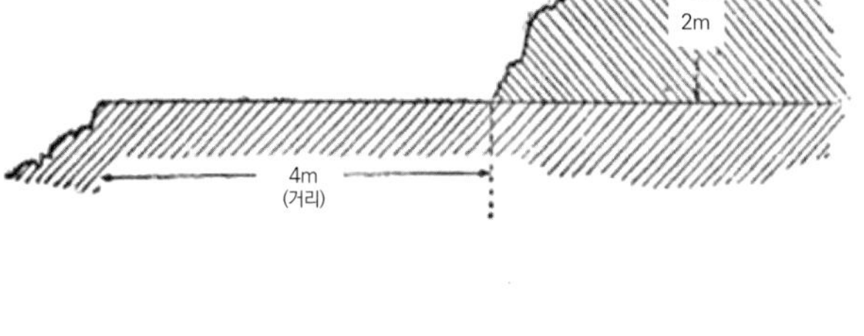

6인 1조 30분 간의 삽만 사용한 흙파기 작업 능력 규격표

훈련일수	1일	2일	3일	4일	5일	6일	7일	8일	9일	10일	11일	12일	13일	14일
작업능력 지도목표 (내지인 평균능력 100~150위 평방척)	25	30	35	35	40	50	50	55	65	65	70	75	80	90

⑦ 착암기 분해 및 조립훈련

(가) 준비사항

(ㄱ) 분해조립용 낡은 착암기 3대를 준비한다.

(나) 훈련방법

(ㄱ) 착암기의 구조를 설명

(ㄴ) 착암기의 부품 명칭을 설명

(ㄷ) 각자의 연습은 2일 간에 걸쳐 행한다.

(ㄹ) 피트의 날 형태와 마멸 등에 관한 설명

⑧ 탄석천공훈련

(가) 준비사항

(ㄱ) 훈련 막장을 설치한다.

(ㄴ) 공기관을 연장

(ㄷ) 피트의 보관

(나) 훈련방법

(ㄱ) 천정, 3척 높이, 하반 3위치에 천공한다.

(ㄴ) 소요시간을 각 사람별로 측정하여 기량의 진보를 기록한다.

(ㄷ) 수평공, 상공, 하공, 천공 각도 등을 연습하게 한다.

⑨ 발파훈련

(가) 준비사항

(ㄱ) 갱 밖에 훈련채굴 막장을 준비한다.

(ㄴ) 막장은 가척 '몰' 5호형 틀이 들어가도록 폭 10척, 높이 7척으로 한다.

(ㄷ) 망치 3대, 피크 3대를 준비하여 기계장치를 설치하여 정리한다.

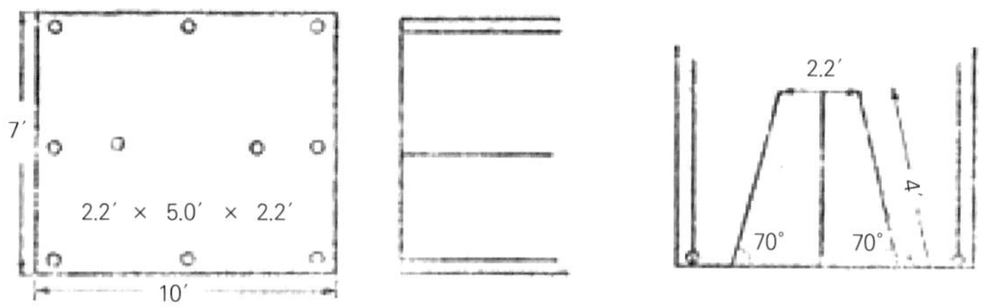

(나) 훈련방법

(ㄱ) 발파의 규격

(ㄴ) 사용폭약

야마기리 다이너마이트 250과 길이 195모 경 32모

112.5와 길이 90모 경 32모

호인완연도화선, 6호 뇌관, 길이 35모, 경 62모

(ㄷ) 규격을 바탕으로 구멍의 위치, 방향, 경사에 관해 지도한다.

(ㄹ) 암석의 저항과 폭약량에 관해 설명한다.

(ㅁ) 폭약장전방법

(ㅂ) 사철포사용 방법

(ㅅ) 점화방법

(ㅇ) 단독발파 제발 등을 하여 암석파쇄의 상황을 지도한다.

(ㅈ) 암석굴착량은 점차 증가시키더라도 대체로 다음의 규격으로 한다.

50위 입방척(약 450㎥)	5일 간
75위 입방척(약 675㎥)	"
100위 입방척(약 900㎥)	"

⑩ 소형권양기 운전훈련

(가) 준비사항

㈀ 막장 편반갱도에 5도의 오르막 경사를 설치 10마력의 소형 권양기를 부설한다.

(나) 훈련방법

㈀ 신호방법(引鈴)

㈁ 전기 스위치의 취급방법

㈂ '클러치'와 '브레이크'의 조작방법

㈃ 기계 손질 방법

⑪ 레일부설훈련

(가) 준비사항

㈀18파운드 레일(軌條), 헤시, 모루, 소나무 3촌×4촌각 침목, 스위치 게이지, 반선레일을 준비한다.

(나) 훈련방법

㈀ 훈련막장연장과 함께 반드시 훈련노무자로 하여금 궤도를 부설하도록 한다.

㈁ '짐크로'를 사용하여 곡선부설의 연습을 하도록 한다.

2. 갱내훈련

15일 간의 갱외훈련에 따라 기본소양을 완성한 노무자는 다시 15일 간 갱내의 실천에 대해 훈련을 받는다. 갱내훈련은 결국 갱외훈련을 연마하는 것이며, 갱내작업장을 훈련의 도장으로 만들고, 매일의 노동은 황민연성의 행위로서 저들을 황민화함과 동시에 갱내의 환경조건에 친숙하게 하는 것이 그 목표가 된다.

입갱 제1일은 갱목 끌고 운반하기, 짊어지고 운반하기, 버력 던지기 등을 갱내에서 실습하는 것으로 시작하여 제2일, 제3일, 시일이 경과할수록 작업의 분량, 정도를 늘려가며 채탄, 굴진 기술의 실습에 이르기까지 소정의 훈련 기간을 수료한 경우에는 그 기간의 성적, 체격, 두뇌, 기술 등의 여러 가지를 참조하여 이를 갑, 을, 병의 3종으로 구분하고 저들을 적재적소에 직종별로 배치한다.

갑 - 즉시 사키야마(先山, 지도적 숙련공)로 양성할 수 있는 자

을 - 채탄, 운반, 굴진 등의 아토야마(後山, 사키야마의 보조)로 배치하여 앞으로의 성적을 지켜볼 자

병 - 제일선의 사용에 부적당하므로 당분간 잡역에 종사하게 하고 성적을 본 후 운반, 굴진 등의 아토야마가 될 수 있는 자

그리고 훈련기간 중에는 물론, 훈련기간이 종료된 경우에도 노무계는 반드시 그 기숙사를 방문하여 격려와 찬사를 보내는 것을 잊지 말아야 한다. 또한 훈련수료 후 2개월 정도는 출근할 때 료장이 솔선하여 대오를 정비하고, 갱구의 작업준비장까지 송영하는 수고를 마다하지 말아야 한다.

3. 작업에 대한 마음가짐

갱내외 모두에서 '작업에 대한 마음가짐'을 함양하기 위하여 다음과 같이 지도하는 것이 중요하다.

(1) 작업조직기율 지도

① 반(班), 조(組)의 제도를 인식하여 상사와 선배에 대한 복종관념 함양에 노력할 것.

② 경례, 태도, 기분의 관리와 실천을 지도할 것.

③ 갱내 용어의 철저를 기할 것.

④ 현장, 노동과 밀접한 연락을 기할 것.

⑤ 직장 내의 협화를 도모하여 그 분위기 속에 융화시킬 것.

⑥ 수시로 도처에서 개별적으로 교정 지도할 것.

⑦ 직장 예의를 지도할 것.

(2) 직장보안지도

① 입갱 수칙을 철저히 할 것.

② 자기 복장점검, 료 입구에서 복장점검을 철저히 할 것.

③ 현장 규칙을 준수할 것.

④ 금지판(禁柵)[26]의 의미를 확실히 가르칠 것.

⑤ 재해의 실제 이야기, 경험 등을 훈화하여 방지 방법을 주지, 훈련시킬 것.

⑥ 직장 위생에 관해 훈련 지도할 것.

⑦ 연락 계통을 철저히 주지시켜 둘 것.

(3) 작업지식기술, 능률향상지도

① 현장상황, 발생과정 등을 쉽게 이해시켜 둘 것.

② 직장에 대한 흥미와 애착의 마음을 환기시킬 것.

③ 지도자는 한 번 실패하는 데 굴하지 않고 다시 두세 번 성실하게 지도할 것.

④ 지도자는 급하게 서두르거나 화를 내지 말고 큰 사랑을 갖되 명령하듯이 선도할 것.

⑤ 사심 또는 이유 없이 임금을 차별하지 말 것.

⑥ 상사는 시의적절한 때 훈시할 것.

⑦ 우수자에 대해서는 지장이 없는 한 특별대우를 하되, 어느 정도는 항상 희망과 경쟁심을 갖도록 유념할 것.

⑧ 현장단위에서 각종 행사를 실시하여 융화를 도모할 것.

(4) 직역봉공실천지도

① 작업의욕을 왕성하게 하고, 약간의 고통과 상처 등을 극복할 수 있는 기력을 함양할 것.

② 취업태도, 책임관념을 강화하여 직장이 곧 전쟁터라는 기백을 육성하는 데 힘쓸 것.

---

26 메탄가스나 유독가스가 정체되거나 그럴 우려가 있는 경우 또는 낙반붕괴 등의 위험이 있으니 들어가지 말라고 세워 둔 경계표시

③ 상사는 시국담과 전과 등을 훈화하여 흘러넘치는 기백을 이식할 것.

④ 언행일치할 수 있도록 그때마다 단련시킬 것.

⑤ 각종 기회를 포착하여 내지현지화를 도모할 것.

제7절 생활훈련

언어, 풍습이 다르고 문화교육의 정도가 낮은 조선인으로 하여금 내지의 생활에 익숙하게 하고, 황국 노무자로서의 공사(公私)생활을 익히는 것이 생활훈련의 목표이다. 생활훈련은 이를 위생지도, 식사지도, 일상예의지도, 기상취침지도, 단체생활지도, 저축송금용돈지도, 방공방화재해 방지지도, 외출외박여행지도, 여가지도 등 아홉 가지로 나눠 훈련하는 것이 적당하다.

1. 위생지도

조선인은 위생관념이 없다는 것이 그 특성 중 하나다. 공장, 광산의 협동생활을 영위하는 경우, 조선인의 불결함은 그들만의 문제로 끝나는 것이 아니라 집단생활을 운영하는 종업원 전반에 영향을 미친다는 것을 생각하면 결코 포기할 수 없는 큰 문제라고 하지 않을 수 없다.

특히, 저들은 전염병에 대해 무관심하고 병원균을 뿌리면서 걸어 다니는 정도는 보통이다. 청결이나 청소와 거리가 먼 환경에서 자란 저들에게 일단 위생, 청결관념을 불어 넣는 일이 쉬운 일은 아니다. 그렇다고 그것에 일일이 화만 낸다고 해서 훈련이 진척되지는 않는다. 느긋하고 차분하게 그리고 성실하게 지도해 나갈 수 있는 아량이 필요하다. 이렇게 끈질기게 노력한 결과, 저들이 몰라볼 정도로 깨끗하게 된 사례도 적지 않다.

> ○○사업소의 어느 조선인 기숙사는 내지인 기숙사보다 청소가 잘 되어 있고, 만사가 정연하게 정리되어 있다. "어쩌다가 이렇게 됐느냐"는 질문에 조선인은 이렇게 대답했다.

"처음에는 료장에게 호되게 꾸중을 듣고 '청소하라, 청결하게 하라'라는 명령을 받고 그것이 너무나 싫어서 견딜 수 없었지만, 요즘에는 더럽혀져 있으면 웬지 기분이 나쁘기 때문에 혼자서도 청소를 하게 되었다."

공자의 "본성은 가깝고 습관은 멀다(性相近習相遠)"라고 하신 말씀과 같이 훈련의 효과, 습관은 무서운 것이라고 감탄하게 된다.

위생지도는 다음과 같은 사항부터 시작하는 것이 적당하다.

(1) 기숙사에 있을 때는 흙발을 엄금할 것. 세족소를 마련하여 밖에서 돌아왔을 때 반드시 발을 씻게 할 것.
(2) 변소의 사용방법을 충분하고 철저히 가르치고, 사용할 변소를 정하여 책임을 갖게 할 것.
(3) 실내의 청소정돈을 이행하게 할 것.
(4) 청소 당번제를 설치하여 복도, 세면대, 화장실 등의 청소를 할 것.
(5) 화장실 이외의 용변을 엄금하여 발견되는 즉시 제재의 방법을 강구할 것.
(6) 상시 수건 및 손수건류를 소지할 것.
(7) 치약의 사용을 장려할 것.
(8) 이불은 개지 않는 상태가 되지 않도록 매일 정돈하고 노력하여 일광소독을 행할 것.
(9) 속옷류의 손질, 세탁을 자주 할 것.
(10) 입욕 방법 및 목욕 예절을 충분히 가르칠 것.
(11) 두발, 손톱 손질에 수시로 주의를 줄 것.
(12) 기생충의 구제법을 적어도 연 1회 시행할 것. 조선인의 90%는 기생충을 가지고 있다고 한다. '세멘원'[27]의 복용을 권하는 자들도 있다.
(13) 이해하기 쉬운 위생강좌, 영화회 등을 개최하여 실제 사례를 들어 위생관념의 배양에 노력할 것.

---

27 Semen cina, 구충제의 일종이다.

(14) 방별, 반별로 청결정돈의 대항경쟁을 하고 상품을 주거나 대우를 좋게 하는 등의 자극적 방법을 채택할 것.

2. 식사지도

조선인이 밥을 많이 먹는다는 것은 이미 정설이지만, 광산 도착 직후에 하루 1되 2홉의 쌀을 먹어치운 기록보유자도 적지 않다. 현시국에서 국민이 식량 절약을 하고 있는 마당에 조선인들에게만 한 되의 밥을 먹어치우게 할 수는 없다. 그러나 포만감을 채워 줄 만한 방법을 강구하지 않으면 능률에도 영향을 미치기 때문에 일찍이 이를 대용할 식량의 연구가 활발히 이루어졌다.

하지만 대용식 문제는 그렇다 해도, 조선인의 식사 실정을 바라보면 식사 자체를 개선하고 지도해야 할 점이 적지 않다. 첫째, 저들은 습관적으로 밥에 국물을 퍼 넣고, 잘 씹지도 않고 그대로 삼킨다. 광산 도착 초기에 병원 의사를 힘들게 하는 위장병은 이러한 습관이 원인일지 모른다. 보건상으로나 영양상으로도 충분히 음미하고, 식사예절에 따라 섭식하는 것을 존중하고 감사하는 분위기를 길러 주는 것이 중요하다. 식사지도의 목표는 바로 여기에 있다고 할 수 있다. 그러나 그 전에 조선의 식사 문화를 이해할 필요가 있다.

원래 조선에서는 찬밥을 극단적으로 싫어하는 습관이 있다. 의도치 않게 찬밥을 내 주었더니 아무 말 없이 방으로 돌아가서는 소위 단식동맹을 아무렇지 않게 감행한다. 찬밥을 먹을 때는 계원도 함께 먹으면서 일본의 습관을 말해 주면 납득한다. 밥 먹을 때도 마찬가지다.

"우리 마누라도 매일 맛있는 밥만 지을 수 없으니 오늘은 조금만 참아 주게"라는 식으로 선수를 치지 않으면 소동이 일어날 것이다.

반찬인 채소는 소금, 간장을 이용해서 얼큰하게 할 것과 고추는 처음 반년 정도는 건드리지 않는 것이 좋다. 가정과 달리, 기숙사 같은 다수가 거주하는 장소에서는 그리 정성 들인 식단을 만들기 어렵다. 100명이 있으면 100인분이 같아야 한다. 재료의 입수도 자연스레 제한되고 비용도 감안해야 하기 때문에 식단을 만드는 것만으로도 기숙사의 료장은 신경쇠약에 걸릴 정도이다. 식단은 계절에 따라 달라야겠지만, 대체로 다음의 수준이면 적당하다고 생각한다.

(1) 아침식사

① 제1일 새싹된장국, 야채절임(국에 두부류를 넣어도 좋음.)

② 제2일 된장국, 야채절임(국에 고구마류를 넣어도 좋음.)

③ 제3일 파된장국, 야채절임(두부 또는 부추를 넣어도 좋음.)

④ 제4일 송어 된장국, 야채절임

⑤ 제5일 계란 된장국, 야채절임

⑥ 제6일 무된장국, 야채절임

⑦ 제7일 메누키(붉돔)국, 야채절임

(2) 점심식사

① 주로 도시락 반찬이 되는 것.

② 제1일 소금숭어 조림, 야채절임

③ 제2일 소금송어 구이, 야채절임

④ 제3일 튀김 조림, 밀가루로 만든 쓰쿠다니, 야채절임

⑤ 제4일 풋고추에 생된장, 가도야끼조림, 야채절임

⑥ 제5일 말린 빙어구이, 야채절임

⑦ 제6일 연어알젓, 야채절임

⑧ 제7일 가는 돼지고기 조림. 야채절임

(3) 저녁식사

① 제1일 가자미조림, 양배추절임, 야채절임

② 제2일 대구조림 다섯 가지 외 고구마 조림, 야채절임

③ 제3일 다랑어 조림, 무말랭이 조림, 야채절임

④ 제4일 돼지고기, 양파, 무, 다섯 가지 외 토란절임, 야채절임

⑤ 제5일 의■■ 조림, 무 조림, 야채절임

⑥ 제6일 청어구이, 두꺼운 야채절임, 야채절임

⑦ 제7일 홍어조림, 가지조림, 야채절임

이상과 같은 식단은 실제로는 그림의 떡이며, 재료 구입이 어려운 현상황에서 도저히 위 식단대로 갈 수 없다. 시장에 가서 있는 재료로 내일의 식단을 임시변통하는 것이 보통이며, 료장은 동시에 조리장도 겸해야 한다.

조선인에 대한 요리는 가짓수보다 분량이 많은 것이 원칙이지만, 재료와 비용이 제약되므로 다음과 같이 대체적인 표준을 정해 둘 필요가 있다.

(1) 어류

① 뼈가 붙은 경우, 112.5g 내지 150g

② 뼈 없이 살만 있는 경우, 75g 정도

(2) 육류

① 돈가스는 37.5g에서 75g

② 야채와 혼합할 경우, 37.5g 내지 56.25g

(3) 채소류

① 생선 반찬은 110~150g이면 충분하지만, 대식가는 부족함을 호소한다.

(4) 절임류

① 무절임이 가장 좋다. 수용인원을 100명, 종업원과 가족을 20명으로 하고 하루에 1인당 반 개로 할 때 하루당 약 60개, 1개월당 1,800개, 1년분 2만 1,600개의 말린 무를 절일 것.

연말연시의 특별식단으로 '조선절임(김치)'을 만들 것. 말린 무를 잘게 썰어 양파, 고춧가루, 잘게 썬 문어를 재료로 하여 소금을 적당히 뿌린 뒤 위에 돌을 얹고 가볍게 절일 것. 4, 5일이면 삭는다.

연말, 연시, 축제, 백중절 등의 휴일 식단은 특히 고려할 필요가 있다. 예를 들어 다음과 같은 식단을 아침, 점심, 저녁에 적절히 안배할 것.

(가) 유부새싹국 (나) 메밀국(메밀, 양파, 우엉, 돼지고기) (다) 조림(돼지고기, 우엉, 곤약) (라) 두부무국 (마) 조선절임 (바) 감귤류 (사) 술 한 홉 (아) 오조니 (자) 단팥죽 (차) 요쓰모리(생선조림, 쓰쿠다니, 감, 히노데)

이처럼 식단에 대해 세심한 관심을 기울이는 한편, 이를 섭취할 때의 태도, 분량, 뒤처리 등 만반에 걸쳐 지도하는 것을 잊지 말아야 한다.

식사예절에 관한 지도요령은 다음과 같다.

(ㄱ) 식사에 대한 감사와 감은의 마음을 철저히 하도록 식전과 식후에 반드시 "잘 먹겠습니다", "잘 먹었습니다"를 외치게 하고 눈을 감고 합장하게 할 것.

(ㄴ) 음식은 최소 열 번 정도 씹는 습관을 들여놓을 것.

(ㄷ) 국에 밥을 말거나 고춧가루를 뿌리는 버릇을 고칠 것.

(ㄹ) 가급적 정량의 식사를 급여할 것.

(ㅁ) 식사 중 잡담이나 소란을 피우지 말고 정숙할 것.

(ㅂ) 식당 출입구에는 가미다나(제단)을 설치하고, 반드시 출입 때마다 절을 하게 할 것.

(ㅅ) 조리실에 함부로 출입하지 말 것.

(ㅇ) 식사에 대한 불평을 엄금할 것.

(ㅈ) 배급 정량미, 대용식 등에 대해서는 충분히 설명하고 이해를 갖도록 할 것.

(ㅊ) 파리에 대한 무관심, 무지의 무서움을 충분히 이해시킬 것.

3. 일상예의 지도

산업보국회에서 제창하여 실시된 직장기율 훈련요강은 작업시간이나 기숙사에서는 그대로 철저하게 이행되지만, 일상에서 저들의 태도를 바라보고 있으면 마치 딴사람이 아닌가 생각될 정도로 한심하다.

그들 입장에서 규율훈련은 상사들이 강제하기 때문에 어쩔 수 없이 하는 것일 뿐, 이를 일상생활에까지 적용하지 않아도 된다고 생각하는 자가 있다. 사소한 것이지만, 애써 시간과 인력을 사용해서 행한 규율훈련도 저들은 진실로 받아들이지 않고 있다. 한낱 형식적인 장식에 지나지 않았다는 사실이 무섭다. 일상예의지도의 필요성은 여기에 있다.

일상예의지도는 다음과 같은 것에서 시작하는 것이 적당하다.

(1) 윗사람, 경찰관, 동료 간에도 길거리에서 만났을 때도, 반드시 거수경례를 정확하게 실행할 것.

(2) 신사 앞에서는 멈추고 배례를 드릴 것.

(3) 복장, 용모, 태도, 자세를 항상 단정하게 유지할 것.

(4) 확실한 일상예의의 실행자로서 내지문화지표에 달한 자라는 인정을 부여할 것.

(5) 노상, 극장, 영화관 등 수시도처로 예의를 준수하지 않는 자에 대하여 개인적으로 적당한 방법에 의하여 훈계할 것.

4. 기상취침 지도

(1) 기상, 취침은 종이나 북처럼 일정한 신호에 따라 규율적으로 할 것.

(2) 기상시의 행사를 정하여 침구의 정돈, 실내 청소, 세면 등을 반드시 거행할 것.

(3) 취침 전에는 성명점호를 실시할 것.

(4) 알몸으로 자는 습관을 교정할 것.

(5) 취침 시에는 화기의 주의, 복도 외 소등, 절대정숙을 거행할 것.

5. 단체생활 지도

단체생활 지도로서 주의가 필요한 사항은 다음과 같다.

(1) 료장 중심주의가 흘러넘치게 할 것.

(2) 상명하복의 미풍을 철저히 할 것.

(3) 지휘명령 전달 등은 정확하게 노력해서 반복할 것.

(4) 시간엄수관념을 철저히 할 것.

(5) 제멋대로의 이기적 사상을 교정할 것.

(6) 호협일치(呼協一致)의 애정유옹(愛情誘擁)에 노력할 것.

(7) 동작의 민첩, 판단의 정확을 기할 것.

(8) 수시로 교련을 실시하여 규율통제를 도모할 것.

6. 저축, 저금, 용돈 지도

저축 및 그 밖의 사항에 관한 주의 사항은 다음과 같다.

(1) 저축보국의 관념육성에 힘쓸 것.

(2) 저금은 매월 정액 신청제를 실시할 것.

(3) 송금은 료장이 책임을 지고 다룰 것.

(4) 용돈은 1개월 10엔 이상을 주지 않는 것을 원칙으로 할 것.

(5) 송금은 대체로 월 30~50원까지로 하고 나머지는 저금할 것.

(6) 저축에 관하여 수시로 정신훈화를 실시할 것.

7. 방공, 방화, 재해방지 지도

방공, 방화, 재해방지 지도에 있어서는 다음 사항에 관해 철저하게 교육할 필요가 있다.

(1) 공습에 대한 방비를 철저히 할 것.

(2) 방공에 대한 연습을 수행하게 할 것.

(3) 경찰과 연락을 취해 방첩계의 사상 철저를 기할 것.

(4) 화기 취급에 대해서는 엄중하게 단속할 것.

(5) 담배꽁초 처리, 스토브 취급, 실내건조물 취급, 재를 버리는 장소 등을 철저히 할 것.

(6) 불 당번제를 만들어 순찰할 것.

(7) 화재 발생 시에는 속히 조치할 수 있도록 훈련해 둘 것.

(8) 그 밖에 수해, 붕괴 등 재해사고 발생 또는 발생의 우려가 있을 경우, 빠른 대처법을 교시하여 철저히 훈련해 둘 것.

(9) 강연, 교육 등을 수시로 실시할 것.

8. 외출, 외박, 여행 지도

자유로운 외출, 외박, 여행은 단체생활에서 통제를 문란하게 하는 첫걸음이다. 특히, 조선인 중에는 출근에 관심이 없고 감시하는 눈초리만 없다면 도시로 도주하려는 사람이 상당수 존재하고 있다는 점, 모든 방면에서 유괴의 손길이 뻗쳐 있다는 점, 사회치안의 문제가 된다는 점을 망각해서는 안 된다. 이러한 의미에서 외출지도의 중요성이 있다.

그러나 극단적인 통제는 불평불만을 야기하여 분란의 원인이 되기 쉽기 때문에 적정한 감시와 지도하에 행할 필요가 있다. 지도요령은 다음과 같다.

(1) 외출, 외박, 여행에 관해서는 단속을 엄격히 하고, 관계 당국과 연락을 긴밀히 할 것.

(2) 외출은 원칙적으로 근거리 지구로 정하고 다음과 같이 취급할 것.

① 훈련 제1기 중에는 지도직원 인솔하에 견학, 훈련 목적 외 이를 허가하지 않으며

② 훈련 제2기 중에는 반장 이상의 책임자 인솔인 경우에 한하여 허가할 것.

③ 훈련 제3기 중에는 조장 이상의 책임자 인솔인 경우에 한하여 허가할 것.

④ 훈련기간 경과 후에 있어서는 도주 및 기타 범죄의 우려가 없는 자에 한하여 자유외출을 허가할 것.

또한 이 경우, 다음 사항에 관해 지도할 필요가 있다.

① 외출 중이라 해도 규율을 유지하며 떠들썩하지 않도록 주의를 줄 것.

② 외출할 때 문란하게 과음하지 않도록 주의를 줄 것.

③ 외출 시에는 복장, 태도, 예정시간엄수 등에 관해 주의를 줄 것.

④ 외출 시에는 반드시 료장에게 신고하고, 귀가 시에는 보고할 것.

(3) 외박에 관해서는 원칙적으로 이를 허가하지 아니하며, 부득이한 사정이라고 인정될 경우에 한하여 허가할 것.

(4) 여행에 관해서는 견학여행 외에는 이를 허가하지 않을 것.

(5) 부득이한 사정으로 인정될 경우에 한하여 허가할 것.

(6) 외박, 여행에 관하여는 사전에 일시, 행선지, 용건, 성명 및 소지금 등을 신고하여 진위를 확인할 것.

9. 여가 지도

무미건조한 생활과 남아도는 시간은 악행으로 가는 첫걸음이다. 여가를 지도하여 명랑하고 활기찬 생활을 성취하는 것은 능률증진의 중요사항이다.

(1) 휴일, 휴양시간 또는 식사시간 등을 유효하게 이용하여 내지의 생활화 내지 풍속화에 노력할 것.

(2) 위안, 오락에 관해서는 건전주의에 준거하여 체육, 유희 등에도 예를 들면 축구, 스모, 군가 등 오락을 선정하는 데 유의할 것.

(3) 종합적 또는 기숙사 단위로 실시하는 모든 행사에는 반드시 황민화를 포함하고 처음과 끝에는 의례를 실시할 것.

(4) 취미, 기호 등에서도 내지화를 목표로 문화적으로 실시할 것.

(5) 그 밖의 훈화, 실제 이야기 등으로 선도할 것.

(6) 도박의 박멸을 기할 것.

제8절 체력단련

체력단련은 신체의 향상을 도모하여 사지 동작을 기민하게 하고, 건강, 과단성, 인내, 지구력, 공동규율의 심신을 양성하기 위하여 실시하는 훈련이다.

특히, 이입 조선인의 대부분이 농민 출신으로, 체력의 바탕은 대체로 양호하지만, 운동기능, 감각기능이 낮고, 신체의 불균형적 발달로 인해 동작이 느리고 단체협력 작업에 적합하지 않기 때문에 체력단련의 실제는 이러한 점을 바로잡는 데 주력할 필요가 있다.

훈련의 대강은 다음과 같다.

1. 교련

(1) 대(隊) 편성

규율의 확립은 우선 조직의 확립에 있다. 여기에 확고한 부대조직의 필요성이 있다. 부대편성은 다음에 적힌 대로 행하며, 이에 따라 군사적 규율훈련을 실시한다.

① 대 편성

(가) 이입 반도노무자 전원을 협화훈련대로 편성

(나) 협화기숙사 단위에 훈련부대를 조직하고, 훈련부대는 몇 개의 훈련반, 훈련반은 몇 개의 훈련조로 편성한다.

(다) 단위훈련부대는 다음 간부를 둔다.

㈀ 대장 1명: 대장은 기숙사 통역으로 이를 충당한다.

㈁ 반장 약간 명

㈂ 조장 약간 명: 반장, 조장을 부본부장으로 임명한다.

(라) 대장, 반장, 조장은 상사의 명을 받들어 부대, 반, 조의 훈련생을 지도한다. 단, 특별한 사정이 있는 경우, 부대 또는 반이나 또는 조에 부장(副長)을 둘 것.

(마) 부대간부에 대해서는 각각 임명명령서를 교부하고 임기는 따로 정하지 않는다.

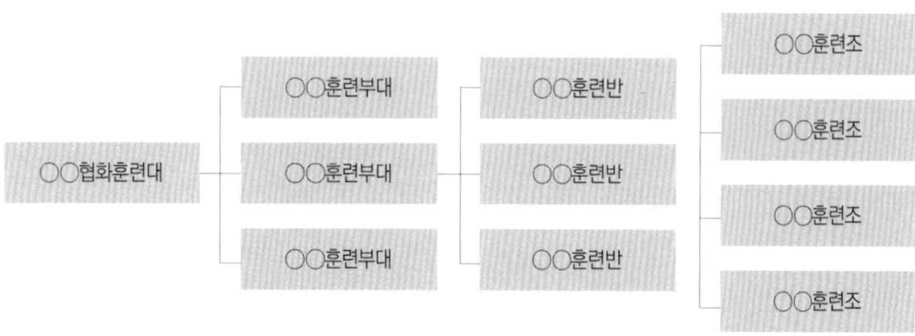

② 지도임원

협화훈련대에 다음의 지도임원을 두고, 사업지역의 협화회장이 도도부현 협화회장에게 추천 또는 연락하는 것으로 한다.

본부장 1명	본부장은 사업소장이 맡으며, 협화훈련대를 통제한다.
부(副)본부장 1명	부본부장은 노무사무의 주석자가 이를 맡아 본부장의 명을 받아 협화훈련대의 훈련지도통할을 맡고 본부장에게 사고가 생길 경우 이를 대신하도록 한다.
지도감(指導監) 약간 명	지도감은 노무과의 협화기숙사 담당 직원 이하 관계 계원을 임명하고 상사의 명을 받아 협화훈련부대의 훈련지도를 운영 관장한다.
담임지도직원 약간 명	담임지도직원은 단위훈련부대의 료장으로 임명하며 상사의 명을 받아 대장을 지휘하며, 대원들의 만반의 훈련을 지도, 협력을 담당한다. 단, 작업훈련에 관해서는 보안과원 및 현장계원도 이에 협력하도록 한다.
보조지도직원 약간 명	보조지도직원은 담임지도직원의 명을 받아 대원지도상의 보좌하므로 기숙사 조수 경계원으로 이를 충당한다.
특과지도직원 약간 명	특과지도직원은 지도감의 명을 받아 연락을 긴밀히 하고 대원의 지도, 관리에 관하여 책임훈련과가 분담하여 전임하며 사업소의 산업보국대 임원, 청년학교 교사 및 동 지도원 중에서 본부장이 이를 임명하는 것으로 한다. 단, 필요에 따라 국민학교 교원 기타 적임자 중에서 본부장이 이를 위임할 것.
서기 약간 명	서기는 상사의 명을 받아 필요한 장부를 비치하여 협화훈련대에 관한 모든 사항을 기록할 것.

(2) 기초교련

① 각개교련

(가) 부동자세

(나) 좌향좌, 우향우, 뒤로돌아

(다) 경례의 여러 동작(거수주목의 경례-최경례, 배례-일반 및 직속상관에 대한 경례)

규율을 존중하고 절제를 지키며 극기자제, 견인지구, 용왕매진, 세심주밀 등의 미풍을 함양하고, 명령에 복종하여 규칙을 엄수하며, 심신을 통일하고, 신체 각부의 경직을 풀어 엄정한 태도와 용모를 정돈하고, 특히 경례 동작에 있어서는 예절을 중시하고 질서를 세워 윗사람을 공경하고 이에 절대 복종하는 정신을 길러 인격품성을 고상하게 하도록 지도할 것.

② 부대교련

(가) 열병

(나) 분열

(다) 집합, 해산

(라) 정돈

(마) 부대의 운동 및 대형, 방향전환

지휘관을 핵심으로 하는 단결력 및 단체 안의 책임관념을 기르고, 각개교련을 통한 덕성의 향상에 노력한다.

특히 밀집교련에 있어서는, 조직 안에서 각자의 책임을 체득하게 하고, 여럿이 단결하여 한 몸처럼 행동하는 것에 익숙해지고, 기강을 엄수하고 질서를 존중하며, 단결협동을 지키는 습성을 갈고 닦게 할 것.

2. 체조

(1) 기본체조

체조는 육군교범에 따라 기본체조를 실시하고, 심신을 단련하며, 여러 작업에서 요구하는 체력, 기력, 특히 기민함과 지구력을 양성하는 데 주안점을 둔다. 그중에서도 지도자를 중심으로 하는 정신적 단결 아래 민첩하고 활발하며 절도 있게 행동할 수 있게 하는 것인데, 그 성과를 직장의 일상생활에까지 구현할 수 있도록 지도할 필요가 있다.

(2) 응용체조

① 철봉

② 악력

③ 구름사다리

④ 타이어(45kg짜리 바퀴) 들고 내리기

⑤ 전신체조

⑥ 달리기(10분 간)

이상의 운동을 개인별로 기록하되, 날이 갈수록 흥미를 유발시켜 횟수를 늘리도록 노력하고, 도착 당시 전혀 동작이 불가능했던 훈련생이라도 훈련기간 종료 시에는 모두가 가능하도록 훈련함으로써 작업에 필수불가결한 팔힘을 증대시켜 작업능률 향상에 이바지하게 한다.

3. 유희

(1) 스모(조선의 씨름 포함)

(2) 체육회

(3) 줄다리기

(4) 축구

(5) 창가

(6) 소풍, 등산 등

혹독한 훈련을 하는 일면에는 흥미와 폭소를 자아내며, 명랑한 기분을 유지함과 동시에 살기 좋다는 기분을 느끼게 하는 일은 수백 리나 되는 산길과 바닷길을 헤쳐 온 이입 조선인 노무자에게 반드시 필요한데, 이것이 바로 노무관리의 요체이다. 지도의 핵심은 끊임없이 저들의 심경을 헤아려 각종 훈련과 더불어 위안거리인 오락에 대해서도 주도면밀하게 마음을 쓰는 데 있다.

제9절 취로 후의 재훈련

1. 목표와 방법

취로 후의 재훈련은 다음의 네 가지를 목표로 하여 기간을 정하지 않고, 계속 시행되어야 한다.

(1) 이미 수료한 취업예비훈련 중 불완전한 부분의 보완적 재훈련

(2) 조선인 간부의 양성

(3) 조선인 숙련노무자 양성

(4) 내지인과 조선인의 구별을 초월하여 내선융화, 황국산업인으로서의 협동생활 훈련

경험에 따르면, 모집지에서 편성된 부대조직의 간부는 수송 도중의 간부로는 적합하지만, 취로지의 작업, 생활 면의 간부로서는 적성에 맞지 않는 자도 있다. 집단생활의 규율통제를 확보하기 위해서는 '좋은 간부'를 얻는 것이 선결과제이며, 조선인의 경우에는 그 필요가 절실하기 때문에 끊임없이 간부를 육성함과 동시에 차세대의 간부를 양성하는 것은 노무관리상 절대 긴요한 일에 속한다.

간부의 훈련과 양성을 위해서는 다음에 유의해야 한다.

(1) 노무계, 현장주임, 료장은 평소 자기가 소속된 조선인 간부와 밀접한 연락을 유지하고, 기회가 있을 때마다 황민정신의 함양, 산업인의 각오 등에 대해 친절히 교시하며, 회장, 간담 등의 기회를 만들어 물심양면으로 그들의 마음을 확실히 파악할 것.

(2) 조선인 간부 강습회, 육성회 등의 개최로 간부 특유의 지능 함양 및 통솔력 양성에 주력할 것.

직장 전체의 규율 확립, 능률 향상을 기하기 위해서는 일본인과 조선인을 초월한 전체적 협동조화의 훈련이 필요하다.

기존에는 조선인의 훈련에만 열중한 결과, 직장 전체를 일관하는 훈련이 결여되었기 때문에 나무에 대나무를 접붙인 것처럼 찜찜한 기분이 들고, 내선융화의 결실이 오르지 않았던 실례가 적지 않다. 이를 시정하기 위해서는 일본인과 조선인 노무자를 하나로 하는 직장별 연성방법을 채택해야 한다. 그 대강을 나타내면 다음과 같다.

3단계 도장(道場) 연성방법 요강

1. 참가자

   각 직장별로 소속된 내지인, 조선인 노무자

2. 횟수

   매달 1회 2시간

3. 도장

(1) 제1도장 정신훈련

(2) 제2도장 작업 관련 실천훈련

(3) 제3도장 수시 간담회

4. 방법

(1) 첫째 날

① 18시 작업종료 후 제1도장에 집합, 국민의례

② 18:30 일본 노래(和樂)

③ 19:00 강연, 훈시

④ 20:00 체조, 놀이

⑤ 20:30 종료

(2) 둘째 날

① 5시 신사 앞에서 집합, 배례를 종료하고, 대오를 정돈하여 제2도장으로 작업현장을 향해 출발

② 6~16시 작업장을 제2도장으로 하여 개설한 취지를 선전함. 전원 긴장된 정신과 발랄한 기운으로 일체의 사념을 버리고 상호협력, 연구 궁리하여 능률의 향상을 기하기 위한 실천훈련을 실시

③ 18시 제3도장으로 집합, 원형으로 앉아 함께 저녁식사를 함. 기탄없는 의견 발표와 감상 및 희망사항을 발표하도록 한다. 조선인으로서 일본어를 이해하는 자는 일본어로 쓰도록 한다. 계급의식, 민족의식을 불식한 간담회로 이끌 것에 유의

④ 20시 30분 도장종료를 선언

2. 지도적 숙련공 양성

숙련공이 반드시 통솔자의 자격을 갖추었다고 할 수 없듯이 명인(名人)도 반드시 지도자일 수 없다는 사실은 수많은 사례에 비추어 볼 때 명백하다.

조선인처럼 습관적으로 감독의 눈을 피해 빈둥거리려는 교활한 자는 고생과 책임을 동반

하는 지도적 직무를 기피하는 경향이 없지 않다. 이것을 그대로 내버려 두면 언제까지나 조선인은 제몫을 다하는 노무자가 될 수 없기 때문에 애써 이러한 습성을 타파하고 기술을 습득하게 하는 동시에 자진해서 난국을 헤쳐 나가도록 해야 된다. 특히, 향후 조선인 수의 비약적 증가에 따라 지도적 숙련공의 양성은 능률증진 면에서나 노무관리 면에서도 더욱 소홀히 할 수 없는 문제이다.

시험적으로 탄광에서 사키야마(先山, 지도적 숙련공)를 양성하는 요령은 다음과 같다.

사키야마 양성 훈련요강

1. 목적

사키야마로서 필요한 정신 및 작업방법을 습득시킨다.

2. 기간

원칙적으로 3개월 간에 걸쳐 성적을 심사한다.

3. 인원

5명을 1개 조로 하여 보도원 1명을 더해 지도하도록 한다.

4. 훈련항목

행동훈련과 기술훈련을 동시에 행하는 것이 필요하다.

(1) 행동훈련

① 장래 조장, 반장이 될 경우에 취해야 할 태도, 행동요령을 설명한다.

② 계원의 명령에 대한 요령, 보고의 방법

③ 부하의 지휘통솔 방법

④ 곤란한 작업을 솔선수범하는 정신을 양성

⑤ 작업의 운영에 책임을 갖는 정신의 함양

⑥ 연구심을 양성하여 발명궁리에 이르는 노력

(2) 기술훈련

① 기계도구의 취급법에 관해서는 일단 전부 다 안다고 하더라도 우선 이를 지도하여 잘못된 점을 시정한다.

② 갱도굴진 및 채탄장에 있어서의 작업순서, 분담 및 정돈

③ 각 작업의 소요시간 규격 및 작업의 요점

④ 규격시간 내에 완전한 작업을 달성하도록 하는 훈련

⑤ 보안상 사키야마가 해야 할 사항(특히, 발파사키야마에 대해서는 발파규정)

5. 훈련방법

(1) 갱도굴진에 대해서는 5명을 1개조로 하여 1개 막장에서 일하도록 한다.

(2) 각각 1일마다 교대하여 선임으로서 작업하도록 하여 보도원은 항상 같이 있으면서 그 작업방법을 시정해 줄 것.

(3) 보도원은 별지 제1호 양식에 따라 각각의 성적을 상세하게 기록해 둘 것.

(4) 1개월 뒤에 적당한 막장에 각 1명씩 배치하여 독립된 사키야마로서 작업하도록 하며, 이때 보도원이 각 막장을 순시, 지도할 것.

사키야마 후보자 자격 시험문제 채점표

항목		표준점수	채점란					평균
			보도원	계원	담당	주임	광무과	
1	잘 생각하고 행동하며 경솔한 대답이나 판단 및 행동을 하지 않는다.	5						
2	타인을 이끌며 솔선하여 일한다.	10						
3	타인이 믿고 복종하며 지시에 순종한다.	5						
4	계원이 명령을 받은 경우 어떠한 어려운 일도 명령대로 한다.	10						
5	계원이 명령을 받으면 그대로 하지만 그 밖에 다른 일에는 신경을 쓰지 않는다.	3						
6	계원이 명령을 지레짐작하여 명령대로 하지 않는다.	-3						
7	계원이 명령을 받았을 때 이의를 제기하거나 일을 제대로 하지 않고 변명만 늘어놓는다.	-7						
8	타인으로부터 주의를 받았을 때 화를 내지 않고 자신의 잘못을 인정하고 고친다.	3						
9	때때로 주의하고 감시하지 않으면 멋대로 한다.	-5						
10	일을 할 때 여러 가지 방법을 강구하여 이를 완성한다.	7						
11	일이 순조롭지 못할 때 도중에 갱을 나가는 일이 있다.	-10						
12	일이 지연되었을 때 초조해하지 않고 평소대로 완수한다.	3						
13	막장이나 도구를 잘 정돈한다.	7						

	항목	표준 점수	채점란					평균
			보도원	계원	담당	주임	광무과	
14	일의 방법이 순조롭고 잘 정연되어 있다.	7						
15	일의 방법이 기민하다.	3						
16	일의 방법이 정중하다.	3						
17	일의 방법이 느리고 둔하다.	-3						
18	일의 방법이 난폭하다.	-7						
19	쾌활한 사람이다.	3						
20	우울한 사람이다.	-3						
21	화내기 쉬우며 때때로 성을 내는 경우가 있다.	-7						
22	기분이 변하기 쉬워 타인의 말이나 소문을 믿기 쉬운 경향이 있다.	-5						
23	불평을 말하지 않고 항상 같은 태도로 일을 한다.	5						
24	타인과 조화롭게 일을 하며 싸우지 않는다.	7						
25	타인의 막장은 생각하지 않고 자기 막장의 사정만 좋으면 된다고 생각하는 경향이 있다.	-10						
26	타인에게 호감은 없으나 배척당하지는 않는다.	3						
27	타인을 나쁘게 말하거나 바보 취급하거나 위압감을 주는 일이 없다.	5						
28	말투나 태도가 정중하다.	3						
29	선배에게 경례한다.	5						
30	다른 사람 앞에서 말을 잘 한다.	3						

① 완전무결한 성능을 가진 사키야마를 100점으로 하여 그에 비하여 후보자의 합계점수를 붙여 그 내역을 해당항목에 점수를 기입할 것.

② 각 항목은 표준점수 이상으로 채점하지 않을 것.

③ 계원 및 담당직원이 사키야마 후보자별로 성능문진표에 점수를 기입한 후 주임에게 제출하여 이를 평가할 것.

④ 보도원은 기초훈련기간 종료 후 기입할 것.

⑤ 주임 및 광무과원은 심사할 때 기입할 것. 다만 주임 및 광무과원의 심사는 독립훈련기간의 말기에 적당한 시기에 할 것.

사키야마 자격 검정표준

종목	득점	채점표준	채점방법
성능	100	별지 성능시험표에 따라 계원 2명 이상으로 하여금 채점해 두고 이에 준하여 종합적으로 채점한다.	심사원은 질문관찰에 따라 채점한다.
체력	100	역량 및 중노동에 버티는 정도 50 시력 10 청력 30 질병 30	
기술	100	채탄 및 굴진기능 50 지주기능 30 작업태도 20	방법의 정확도, 속도 등을 관찰한다. 작업에 대한 주의력, 판단력, 이해 등에 대한 질문 및 관찰에 의하여 채점한다.
상식	50	채광상식 기술상식	탄광 일반의 상식을 질문한다. 기계용구보안 등에 대한 상식을 질문한다.
이력	50	일본어를 사용하여 이에 능숙한 정도를 요함 10 연령 10 근속년수 20 결근율 10	20세-35세까지 10점 상기 점수 이상, 이하는 1살당 1점을 감한다.
계	400	320점 이상을 합격으로 한다.	

제10절 불량자 특별훈련

조선인 노무자 중에는 상습적 규칙위반자, 도주하는 버릇이 있는 자, 흉포한 자, 기타 게으름, 도벽, 상습도박, 선동 등을 일삼는 일부 불량선인(不良鮮人)과 대다수의 선량한 조선인에게 나쁜 영향을 미치고 더 나아가 사업장 전반에 큰 문제를 야기하는 사례가 결코 적지 않다. 이들 불량자를 격리하고, 그 습성을 교정함으로써 선량한 노무자로 환원시키는 것은 노무관리에서 극히 중요한 일에 속한다. 특별훈련소는 이러한 취지에서 설치되는 것이다.

특별 훈련소 수용에서는 다음과 같은 원칙으로 실행할 필요가 있다.

1. 왜 특별훈련소에 수용하는지를 동료 조선인 전부에게 이해시킬 것.
2. 훈련소는 기숙사와 별개로 설치할 것.

3. 훈련기간은 2개월 정도를 목표로 할 것.

4. 훈련 중에는 외출을 금할 것.

5. 다만, 근로는 엄격한 감독하에 평소대로 할 것, 임금 또한 평상시와 똑같이 지급할 것.

6. 훈련 중에는 금주, 금연할 것.

7. 훈련소 내의 청소, 잡역 모두 자치적으로 할 것.

8. 하루 종일 수회에 걸쳐 정좌를 단련시키고, 료장에게 훈화를 들을 것.

탄광의 불량자 특별훈련소의 일례로, ○○광업소 '청심료(淸心寮)'의 훈련요강은 다음과 같다.

청심료 훈련요강

1. 총칙

(1) 본 기숙사는 청심료라고 하며, 이입 조선인에 한하여 수용함.

(2) 료 지도자는 취지를 체득하고, 품성을 중시하여 가혹하더라도 지적하는 것을 맡은 임무로 한다.

(3) 기숙사에서는 금주, 금연을 실시, 검소함을 취지로 하여 석탄보국에 헌신의 노력을 다하고, 혼자 방만하거나 자유외출 등을 인정하지 않는다.

(4) 본 기숙사는 오전 4시에 기상하고, 오후 8시에 취침한다.

(5) 본 기숙사는 본 요강에서 정한 것 외에는 협화기숙사 직무수칙에 준하여 취급한다.

2. 기구

(1) 료장은 경계주임의 임무를 맡는다.

(2) 특별강사로서 노무과장 이하 노무과의 조선인 계원이 이를 담당하며, 협화료의 각 료장은 매일 교대로 출장을 가는 것으로 한다.

(3) 기숙사의 규율, 미화, 상호협동 등을 도모하기 위해 밤낮 교대로 경계근무를

한다.

(4) 통역은 노무과의 통역이 이에 해당하며, 그 밖의 필요에 따라 협화료의 통역이 출장을 가는 것으로 한다.

(5) 료 관리자는 입주자로 하고, 료장의 명을 받아 사무 및 취사, 입욕, 기타 일상생활 일체를 관장하며, 아침 행사를 지도한다.

(6) 료장은 상사의 명을 받아 기숙사 내의 통일을 꾀하고 각 계원과 협조하며, 입실자에 대해서는 준엄하게 이를 지도하여 노동의 향상을 기도함과 동시에, 경리, 강좌, 훈육 일체의 책임을 진다.

(7) 특별강좌의 강사는 기숙사에 따라 수시로 출장을 가서 훈련하는 일에 힘쓴다.

(8) 협화료의 각 료장은 취침 전 30분 내지 1시간의 수양 강좌를 열어 입실자에 대해 야간행사를 지도한다.

(9) 경계원은 입실자를 항상 시야에 넣고, 그 일거수일투족에 주의를 기울여 의심스럽다고 인정될 때는 상사에게 속히 보고하고, 임기응변의 조치를 강구해 사전에 도망자 등이 없도록 엄중히 관리해야 한다.

(10) 통역은 화자의 언사를 정직하게 통역하고, 입실자와 잠깐 잡담하는 것도 허락하지 않는다.

3. 기숙사 입출

(1) 협화료장은 소속의 이입 조선인 노무자에 대한 입실 필요가 인정될 때 그 이유 및 의견을 구하여 노무과의 협화료 담당자에게 보고해야 한다.

(2) 보고를 받은 계원은 행위의 경중과 협화료장의 의견, 그 밖의 사항을 참작 검토한 뒤 여부를 결정하기로 한다.

(3) 입실이 결정되면, 지체없이 상사에게 보고함과 동시에 관계 각계로 연락하는 것으로 한다.

(4) 입실기간은 입실 다음날부터 최소 3일을 한도로 하며, 장기인 경우라도 60일을 넘을 수 없다.

(5) 입실이 결정된 경우, 필요에 따라 3일 이상 10일 이내의 부정기로 정할 수 있다.

(6) 입실자 중 개전의 정이 현저한 자에 대해서는 료장에 따라 입실일 감소의 특전을 부여할 수 있다. 단, 입실일이 3분의 2 이상 지난 자에 한한다.

(7) 기숙사의 출입 및 기타 이송은 출신소속의 협화료에서 하는 것으로 한다. 단, 현장이송은 기숙사관리자 또는 경계원이 하는 것으로 한다.

4. 행사

(1) 행사는 아침저녁 2회로 하고, 다음과 같이 실시한다.

(가) 아침: 기상, 청소(실내외 복도, 식당, 목욕탕, 화장실, 기타), 세수, 정좌, 요배, 식사 (오전 4시 40분)

(나) 저녁: 창가(놀이 포함), 일본어교육, 정좌, 요배, 취침

5. 특별지도 및 훈육

(1) 입실자는 정신수양에 힘쓰고, 긍정하지 않는 자에 대해서는 특별한 훈련을 실시하도록 한다.

(2) 훈육은 국체의 존엄함을 부연 설명하여, 경신숭조(敬神崇祖)의 관념을 함양하고, 인간 된 도리의 진의를 철저히 한다.

6. 식비 및 재적

(1) 식비는 입실의 경우 그다음 날부터, 퇴실의 경우 당일까지 이 료에서 지불한다.

(2) 료 재적(在籍)에 관해서는 식비와 일치하는 것으로 한다.

(3) 식사는 내지인과 동일한 정량미로 하고, 부족한 부분은 부식으로 채우는 것으로 한다.

7. 제재

(1) 입실 중에 소행이 불량하고 반성의 태도가 분명하지 않은 자에 대해서는 다음 제재를 추가한다.

① 정좌, 1시간 이내로 야간 실시

② 취사도우미(수시)

③ 목욕탕 및 화장실 청소(수시)

④ 기숙사 외부 청소(수시)

⑤ 기타 필요한 청소(수시)

(2) 제재는 료장의 명을 받아 료 관리자, 반장이 이를 관장하는 것으로 한다.

(3) 입실 중 소행이 불량하여 개전의 의사가 없는 사람은 당국과 협의하여 조선으로 돌려보낸다.

상기는 '청심료'의 기구 및 운영의 대체적인 요약이나 노무자는 이에 대해 다음과 같이 말하고 있다.

(내용 없음)

운영의 근본목표는 마음과 마음의 이어짐에 두고 훈련하는 것이 중요하다. 그러므로 특별훈련소를 개설할 때는 지도자의 선임이 매우 힘들다. 훈련을 할 때는 먼저 규율적인 기거동작에서 시작하여 황국신민으로서의 행사를 진행하고, 작업현장도 가급적 한곳으로 정하고, 전임 계원을 두어 노동계와 현장이 밀접한 연계 속에서 지도한다.

이렇게 해서 청심료의 개설이 그 밖의 일반 료원에게 반성을 하는 계기가 되며, 여기에 수용된 사람 역시 하루라도 빨리 원래의 기숙사로 돌아가겠다는 자세로 진지하게 노력하도록 하는 것이 중요하다. 또한 료장 자신도 불량선인의 성격을 바로잡아 훌륭한 황국신민으로 만드는 것에 흥미와 책임을 자각하고, 상하 일체가 되어 운영될 수 있도록 지도해야 한다. 청심료는 조선인 이입 후 4개월째에 실시되었다. 이입 이후 종종 도주의 속출, 쟁의의 남발로 노무계원도 피곤하여 약간 비관적인 인식이었지만, 청심료 개설과 동시에 우울한 기분도 일소되었다. 설치 이후의 수용인원은 299명이다. 수용 사유는 다음과 같은데, 거의 모두 개심하여 일반과 마찬가지로 취업하고 있다.

① 도주자 205　　② 폭행 6

③ 태업 28　　④ 소행불량 11

⑤ 절도 7　　⑥ 도박중독 18
⑦ 선동 17　　⑧ 불순종 4
⑨ 규칙무시 3

제11절 훈련의 효과

1. 효과가 있다

단시일 내에 훈련의 효과를 기대하는 것은 무리이다. 특히, 조선인처럼 언어와 풍습을 달리하는 상대인 경우는 더욱 그렇다. 그러나 저들을 끝내 사랑하지 않는 것, 훈련의 효과가 없다고 포기하는 것은 완전히 잘못이라고 누차 말했다. 저들에게도 피가 있고 살이 있으며 영혼이 있다. 탁해진 피를 정화하고 불균등한 신체를 조절하며 다듬어지지 않는 영혼을 연마하는 것이 훈련이다. 시일이 걸리고 노력과 끈기가 필요하다는 것은 당연한 이야기일 것이다.

이입 조선인을 받아들인 경영실무자는 저들의 일상에 접근하여 피땀 어린 지도훈련에 열중하고 있다. 겨우 1%의 성적향상에도 눈물이 난다. 기쁜 마음을 기억하면서, 다시 1%의 향상을 목표로 오늘도 내일도 훈련과 지도에 여념이 없다. 이리하여 1939년 가을로 접어든 이래, 훈련의 효과를 돌이켜 결산해 보면 이제 절반 정도 된 것 같은데, 훈련의 효과는 기대해도 될 것 같다.

훈련의 성과는 이를 통계적으로 표시할 수 있는 것과 그렇지 않은 것이 있다. 그러나 이입 초기의 조선인과 훈련을 거친 저들 사이에는 엄연히 다음과 같은 차이가 있다는 것을 관찰할 수 있다.

(1) 시국인식의 앙양과 근로보국의 정신이 일시적이지 않고 신념으로 환기되어 가고 있다. 예를 들면, 앞에서 사례를 들었던 계약만료자 임중석 군이 재계약 장려금 120원을 즉석에서 헌금한 것과 같다. 이러한 헌금 열풍이 조선인 사이에 빈번해지고 있다는 사례가 많으며, 봉사작업, 공덕운동에 협력하는 등 대체로 조선인의 특성에서 볼 수 없거나

상상만 하던 일들이 차례차례 구현되고 있는 것은 올바른 정신훈련의 효과라고 하지 않을 수 없다.

특히, 그들의 경험과 기술을 살려 노무충족에 일조하는 차원으로 제기된 재계약에 대해서 처음에는 오해도 있었던 것 같지만, 최근에는 자발적으로 재계약을 신청하는 사람이 점증하고 있는 상태이다(도표 참조). 1941년 1월 불과 38%, 1942년 9월에는 16%까지 감소했던 재계약률이 같은 해 12월 이후에는 놀랍게도 96%가 되었다. 이것이야말로 저들의 시국인식이 높아지고 있는 증거라고 하지 않을 수 없다.

반도인 재훈련 이후 재계약 성적 일람표(재계약률) (단위: %)

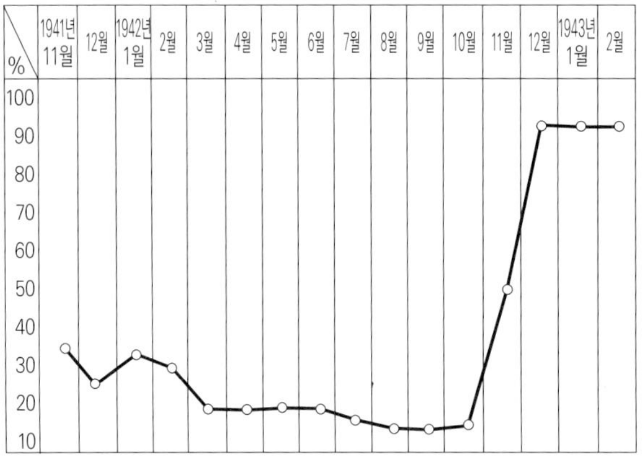

(2) 작업률의 향상, 즉 근로기피, 태업의 경향이 점차 사라지고 있다.

(3) 도주율의 감소

(4) 규율과 예의 엄수에 따라 작업장과 기숙사의 분위기가 명랑해지고, 의지가 소통하여 내선융화에 공헌하고 있다.

(5) 풍모, 용의가 점차 긴장미를 더해 명령의 전달 등이 신속히 이루어져 상명하복의 분위기에 익숙해지고, 조선인 특유의 자기중심적인 작업당번 기피도 감소하였다.

(6) 시간관념이 침투하여 규정시간의 출근이 점차 궤도에 오르고 있다.

(7) 일본어의 보급이 확대되어 당초 10% 미만이었던 일본어 이해자의 수가 점차 증가하여 약 절반 정도는 일본어로 자유롭게 대화할 수 있게 되었다.

(8) 청결위생사상의 향상이 현저해져 각자의 소지품은 물론, 침구류의 정돈, 거실의 청소

등 몰라보게 청결해졌다. ○○탄광의 실례에 따르면, 1940년도의 경우 새로 장만한 이불이 3개월 만에 터져서 대수선이 필요했지만, 1942년도에는 질이 떨어지는 이불일지라도 5개월 동안이나 수선할 필요가 없었다는 사례와 같이, 청결정돈의 효과가 나타났다. 위생지도의 결과로서 조선인 특유의 질환이라 할 수 있는 소화기병과 같은 것도 다음 표와 같이 현저하게 감소하였다는 것을 알 수 있다.

조선에서의 소화기병 발병률

(단위: %)

종목	1939년도	1942년도
10월	63.9	26.5
11월	38.1	25.0
12월	36.5	27.5
1월	33.2	23.0
2월	38.7	19.0
3월	41.7	20.0

(9) 식량 불평의 기운이 가라앉았다.

대동아전쟁 이래 국민사기의 앙양과 불요불굴의 각오가 일부 떨어지는 기운이 있지만, 태평양전쟁 발발 이후 식량불평의 소리는 내지인, 조선인 모두에서 자취를 감추고 있다. 식량이 충분하다는 의미가 아니다. 예를 들어 아무리 부족해도 불평을 하지 않고 꾹 참고 있는 모습은 존경스럽다. 한때 상당히 소란스러웠던 어느 탄광의 식량불평에 따른 분쟁 건수도 1942년도에는 겨우 2건밖에 나오지 않았는데, 이는 전년도의 26건에 비하면 현격히 감소한 것이다.

(10) 작업능률의 향상

훈련 규격에 대한 접근이 현저해졌다.

(11) 재해율의 감소

훈련 전후를 비교하면 현격하게 감소했다는 것이 통계적으로도 입증되고 있다.

(12) 운동기능, 감각기능의 향상은 체력단련의 효과로 극히 현저해졌다.

이상이 훈련의 효과로서 설명되고 있는데, 이하에서 이를 좀 더 구체적으로 설명한다.

2. 출근율의 향상

생산성은 도표와 같이 놀라울 만큼 향상되었다. 1941년 11월 87% 미만이었으나 1년 뒤에는 92%, 같은 해 2월에는 95%에 이르렀다.

반도인 재훈련 이전과 이후의 출근율 일람표

(단위: %)

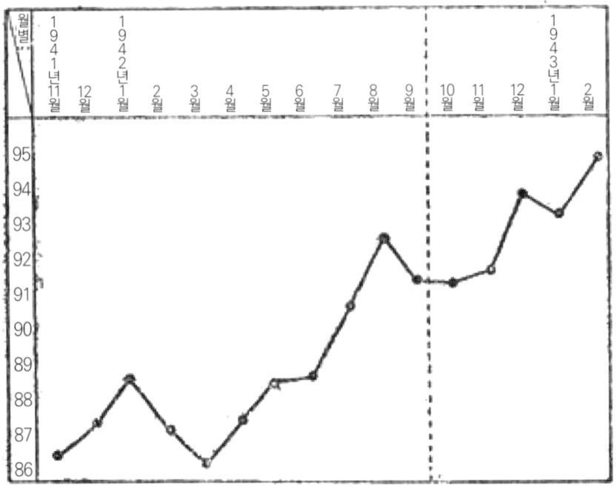

더욱이 불량자 특별훈련의 효과를 출근율에서 살펴보면, 도표와 같이 훈련 전에는 60%를 전후하여 최고치가 73%에 불과했으나 훈련 후에는 일부 예외를 제외하고는 100%에 근접하는 경이적인 기록을 보여 주게 되었다.

불량선인 특별훈련 전후의 출근성적

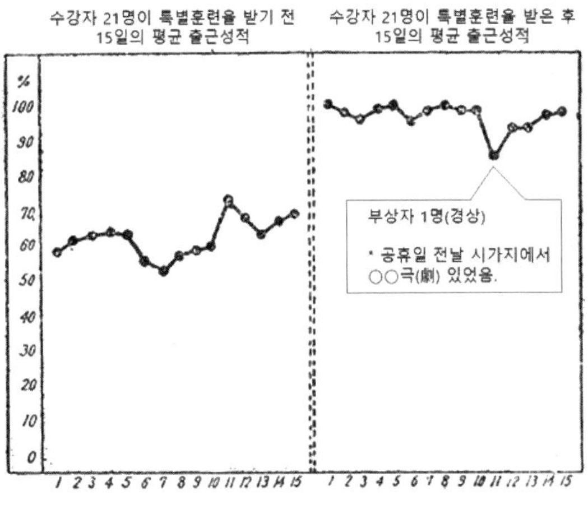

3. 도주율의 감소

조선인 고용에서 암적 존재였던 도주 방지 문제는 실무자에게 커다란 고민이었는데, 결국 여러 가지 물적 시책과 지도훈련을 통해 저들을 자리잡게 하는 것 외에는 방법이 없었다.

조선의 현지훈련과 취로 후에 본격적인 훈련을 실시한 결과, 최근 들어 도주율이 현저하게 감소 추세에 있다고 할 수 있다. 다만, 처음부터 악질적인 도주계획자가 섞여 있는 경우에는 반드시 일률적으로 말할 수 없지만, 도표에서 알 수 있듯이 일단 훈련의 효과가 나타났다고 생각한다.

재훈련 전후의 도주율

(단위: %)

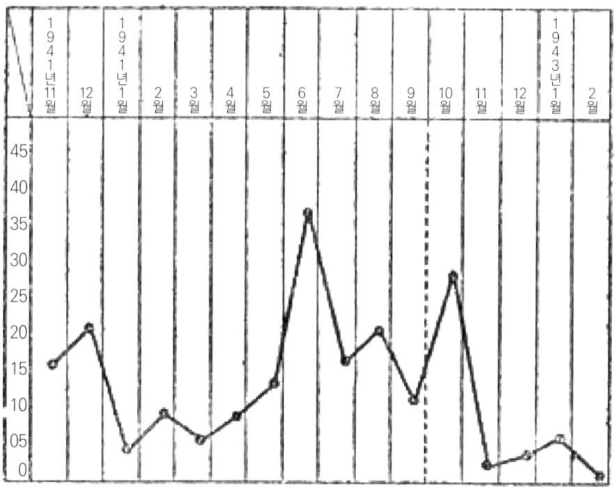

4. 작업능률의 향상과 재해율의 감소

암석피크 굴진의 작업능률은 갱외훈련 초기에는 1일 1.4㎥이었으나 훈련 5일째 이후에는 내지인의 평균능력인 2.3~3.4㎥의 범위에 도달하여 제13일에 2.7㎥, 제25일에는 3.1㎥로 향상되는 놀라운 성과를 보여 주고 있다.

암석피크 굴진력 향상

완전히 훈련을 시키지 않는 사람과 훈련을 시킨 사람과의 비교는 도표와 같이 전자의 경우에서도 작업능률이 날이 지날수록 약간 향상되지만, 다른 한편 부상률도 또한 평행적으로 증가하는 현상을 나타내고 있다. 훈련한 경우에는 작업능률은 현저하게 향상되어 내지인의 능력에 근접하는 반면, 부상률은 줄어들어 하루 최고 2명으로, 미훈련 시의 하루 최고인 8명에 비해 4분의 1에 못 미치는 수준이다.

훈련 전후 작업능력, 부상률 비교

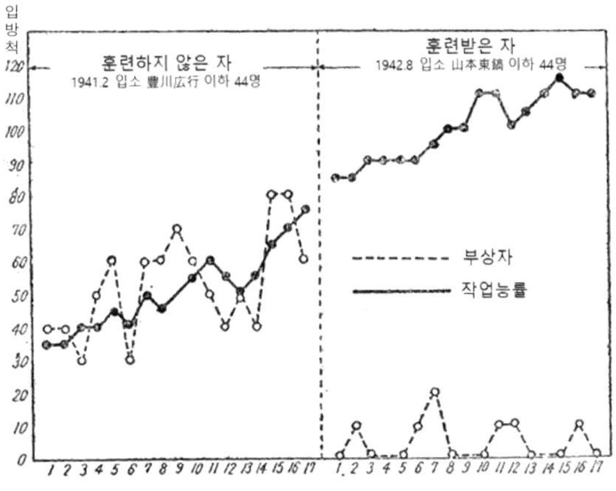

5. 체력단련에 따른 운동기능의 향상

이입 당시 조선인의 소질은 내지인 표준에 비해 '정신기능'에서 80%, '감각기능'에서 65%, '운동기능'에서 88%를 나타냈다. 물론 일부 조선인에 대한 테스트의 결과이므로 이것으로 전반적인 상황을 헤아릴 수는 없겠지만, 어느 쪽이든 내지인 표준에 비해 상당한 간극이 있다는 것은 부정할 수 없는 사실이다. 체력단련은 이를 교정하고 향상시키는 방책이지만, 훈련실시의 결과는 도표에서 알 수 있듯이 악력의 경우 좌우 40킬로 정도였던 것이 1개월 후에는 55킬로로 향상되고, '윗몸일으키기'는 8회 정도에서 시작하여 마지막에는 25회에 접근하였으며, '철봉'의 경우 처음 4번이 마침내 11번에 이르고, '바퀴 돌리기'도 2회 반에서 1개월 후에는 9회로 증가함으로써 어느 쪽이든 체력단련의 효과를 충분히 입증하고 있다.

체력단련에 따른 운동기능 향상

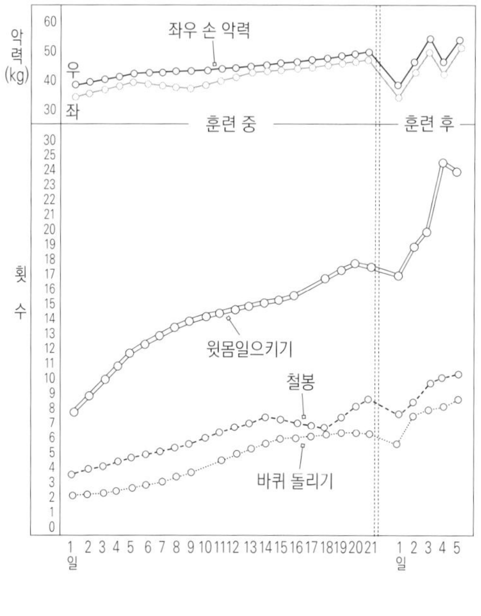

6. 능력점수의 향상

내지인의 표준능력을 100으로 했을 때 조선인의 능력이 어느 정도인지를 시험한 결과는 다음에 제시된 바와 같다. 이입 초기 4일 간의 훈련을 거친 자는 50~70점이 73%를 차지하고 91점 이상은 248명 중 불과 3명뿐이었는데, 반년 후에는 평균 10점을 향상하여 61점 이상 80점이 대다수인 78%를 차지하게 되었다.

최우수 능력자도 3명에서 7명으로 증가했다. 이들 조선인을 당초 1개월 간 훈련시켜서 입갱한 경우에는 훈련 4일 만에 입갱한 자가 반년 후에 보여 주는 능력을 이미 입갱 초기에 달성하였고, 반년이 경과한 때는 최우수자 68명(27%), 81점 이상 90점이 90명(36%), 71점 이상 80점이 57명(24%) 그리고 70점 이하는 불과 33명(13%)이었다. 평균점수의 경우, 위 4일 훈련자와 1개월 훈련자 사이에는 5점의 차이가 있는데, 6개월 후의 능력은 10점의 차이가 생긴다는 경이적인 수치를 나타내고 있다.

조선인 능력 점수 향상(조사인원 248명)

능력점수(점)	96~100	91~95	86~90	81~85	71~80	61~70	51~60	평균점수
훈련 4일로 입갱한 경우								
입갱 당초	2명	1명	7명	6명	51명	116명	65명	66점
%			3	3	21	47	26	75
6개월 후	3	4	18	23	135	53	7	75
%	1	2	7	9	55	23	3	
훈련 1개월 후에 입갱한 경우								
훈련 당초	3	5	15	26	115	64	20	71
%	1	2	6	10	47	26	8	
6개월 후	40	28	45	45	57	20	13	85
%	16	11	18	18	24	8	5	

제4장 작업 면의 조선인

제1절 이동

1. 도주의 원인

조선인 이동의 상황은 다음 표와 같다. 1939년 10월 이입 당초부터 3년간 약 반수 이상 줄어들었다. 그동안 만기귀환자는 겨우 7.3%에 불과하고, 35.6%가 도주라는 것은 놀라운 사실이다. 도주가 가장 심한 곳은 후쿠오카 지방으로 약 44%, 그다음에 토키와(후쿠시마) 지방이 34.2%, 삿포로 지방은 비율이 안정되어 15.6%로 나타났다.

이입 조선인 노무자 이동조사(1942년 10월 말 현재)

(단위: %)

지방별	이입수	감소비율					차감 10월 말 현재 비율
		도주	질병송환	만기귀환	사망	기타	
후쿠오카(福岡)		44.0	3.5	3.4	0.5	6.9	41.7
죠반(常磐)		34.2	9.6	11.6	0.8	2.8	41.0
삿포로(札幌)		15.6.	4.5	15.8	2.1	2.5	59.5
합계		35.6	4.3	7.3	0.9	5.5	46.4

주) 이 조사는 1939년 10월 이후 1942년 10월 말에 이르는 석탄광업의 이입 총수에 대한 동태이다.

도주의 원인은 크게 둘로 나눌 수 있다.

(1) 도항 전부터 도주할 의지가 있던 자, 원래 일할 의지가 없는 자

① 취업지에서 나태한 사람으로서 조선에 거주할 당시부터 내지에 거주하는 지인과 기타 인물과 서신 교환 등을 하며 사전에 내지 도항의 시기를 노리고 있던 자

② 원래 일할 의지는 없고 단순히 내지에 대한 동경 때문에 막연하게 도항한 방랑벽이 있는 자

(2) 취로 후 다음과 같은 사유로 도주의 기운이 생겨남.

① 모집 조건의 차이에 따른 불만

② 임금, 작업 시간에 대한 불만

③ 임금 계산의 오해(비율 할당 등의 경우)에 따른 불평

④ 동료의 임금과 현저한 차이가 있는 경우의 불만

⑤ 갱내작업의 공포심 및 혐오

⑥ 갱내작업의 중노동 때문에 다른 손쉬운 직업을 찾아서

⑦ 식량 문제(배급규제미에 포만감을 느끼지 못함)

⑧ 외부로부터의 미끼에 따른 유혹 및 기만적 유괴

⑨ 엄격한 기율 생활을 견디지 못함.

⑩ 동료 간의 돈 문제, 싸움 등 때마침 발생한 나쁜 일 때문에

⑪ 병약하여 일을 견디지 못함.

⑫ 고향의 처자식으로부터 돌아오라는 요청 또는 가정 형편 때문

⑬ 단독 생활의 적적함에서 오는 향수병

⑭ 단기훈련기간 경과 후에는 자유롭게 퇴직할 수 있다는 오해

⑮ 나쁜 짓을 저질러 발각될까 걱정해서

⑯ 담당자가 조선인의 기풍을 이해하지 못하고 내지인과 동등하게 취급하는 것에 대한 오해

불만은 도주의 주된 원인이지만, (1)에 대해서는 모집지 출발 전에 상당한 조치를 강구하고, 우선 이러한 도항자가 절대 없도록 조심하는 방법밖에 없다. 즉, 다음 사항에 유의해야 한다.

(1) 응모지에서 군(郡) 당국, 경찰서의 신원조사에서 완벽을 기하는 동시에 시국인식을 철저히 하고, 산업전사의 중요성을 강조하며, 응모자로 하여금 도중 또는 취로지 도착 후 도주하는 자에 대해서는 상당한 처분을 한다는 취지의 훈시를 지역 경찰서장에게 부탁하여 이러한 종류의 도항자를 저지한다.

(2) 모집지에서 적어도 3일 정도 정신과 행동의 양면에서 현지훈련을 실시하여 소질 향상에 힘쓸 것.

(3) 출항 전 경찰서의 협력을 얻어 휴대품 및 신체검사를 실시한다. 계획적 도주를 하는 도항자의 대부분은 소지한 수첩에 하차역, 행선지, 성명 등을 기입해 놓았거나 왕복 문서와 봉투 등을 소지하고 있는 것이 통례이다.

(4) 탄광 도착 후에는 그들의 왕복문서, 행선지 등에 대해서는 항상 주의를 기울여서 도피를 사전에 발견하는 데 노력하고 적당한 조치를 취해야 한다.

(5) 이입자 인솔 중 브로커 등이 열차 내에 잠입하여 악선전을 하거나 종이조각에 "탄광행은 위험하다. 다른 안전한 일이 있다. ○○역에서 기다릴 테니 도주하라" 등의 쪽지를 창문으로 투입해 유괴하는 등의 사실이 있으니 보호인솔자는 만전의 주의를 기울여야 한다.

도항 후 도주의 의사를 갖게 되는 것에 대해서는 별도로 기재할 석탄통제회의 '조선인노무자도주방지대책요강(朝鮮人勞務者逃走防止對策要綱)'에 따라 원인 제거에 힘쓰는 동시에 조선인노무자를 직접 다루어야 할 노무계원, 현장계원에게 충분히 조선인 노무자의 특수성을 인식시켜서 저들의 취급에 만전을 기해야 할 것이다.

특히, 저들이 조선에서 생활할 때와 달리, 내지 이입 후에 겪게 되는 생활양식의 변화에 수반하여 여러 종류의 지도와 정신적 훈련의 강화, 위안오락 등의 복리시설 완비 등에 대해 세심한 주의를 기울여야 한다. 이와 함께 저들의 저금을 장려하고 매달 일정액을 회사에 예금하게 하는 것은 예금이 증가할수록 도주의 방지에 상당한 효과가 있다고 믿는다.

모 탄광에서 1942년도에 조사한 조선인의 감상과 희망 등의 결과를 수집한 바에 따르면, 이동의 원인과 대책에서 시사하는 바가 많다.

(1) "생활하는 데 어려움은 무엇인가?"라는 질문에 대해서는 생필품 배급이 원활하지 못하고 포만감을 얻을 수 없다는 것을 첫째로 꼽고 있다. 그다음은 다음과 같다.

① 임금이 낮아서 생활고에 시달리는 것

② 아침 입갱시간이 너무 빨라서 피로가 심한 것

③ 갱내의 온도, 통풍의 조건이 나쁜 것

④ 말을 알아듣지 못하는 것, 계원의 폭언

⑤ 건강 문제로 인해 개근을 할 수 없는 것

⑥ 주택, 오락설비가 불완전한 것

⑦ 자유행동이 허용되지 않는 것

(2) "생활에서 기쁘게 생각하는 것은 무엇인가?"라는 질문에 대해서는 다음을 들고 있다.

① 공휴일 및 매일 작업이 끝난 후의 휴식

② 월급날에 월급을 받는 것

③ 가정이 원만하고 식사와 음주를 하는 것

④ 저금이 늘어나는 것

⑤ 내지인하고 얘기할 수 있는 것

⑥ 영화, 낚시, 친구들과의 담소

이상은 주변에서 도주의 원인이 어떻게 쉽게 형성되는지, 이에 대한 대책은 어떠해야 하는지에 대한 시사점을 주고 있다.

2. 조선인노무자 도주방지 요강(석탄통제회)

(1) 조선인 노무자들의 훈련을 촉진하는 것.

① 이입된 반도노무자에 대해서는 우선 정해진 이입 노무자 훈련 및 취급 요강의 이행을 도모할 것.

② 방랑벽이 있는 사람에 대해서는 특별훈련을 실시할 것.

(2) 반도노무자에 대한 노무관리의 쇄신을 도모할 것.

① 노무관리의 준칙을 작성하고, 각 사업장별로 조선인 노무자 관리규칙을 만들고 실시하게 할 것.

② 사업상 불량분자의 예견을 위해 노력함과 동시에 감독을 엄하게 하고 선동유혹 등의 유인방지에 노력할 것.

③ 도주자 발생은 경영자 또는 경영담당자의 책임이라는 것을 자각하도록 환기시킬 것.

④ 업자 간에 노무자 빼 오기 방지를 철저히 할 것. 이를 위해 빼 오기를 하는 업자에 대해서는 노동조정령에서 정한 처벌을 강행하는 동시에 업자 간의 도덕적 제재를 가하는 것 외에 노무자의 충원을 중지할 것.

⑤ 일용노무자의 공정임금을 이행하도록 단속을 강화할 것.

(3) 노무자 브로커의 철저한 단속을 실행할 것.

브로커를 하는 자의 조사를 행하여 노무의 통제를 흐트러뜨리는 것에 대해서는 처벌하거나 훈계를 하는 등 단속을 엄중히 할 것, 요컨대 이것이 단속에 관한 규정의 정비강화를 도모할 것.

(4) 노무자 단속 강화를 도모할 것.

① 협화회에 예찰과 항상 협력하여 도주자의 발견에 노력할 것.

② 도주를 발견한 경우에는 훈계한 후 종전의 사업장으로 복귀시킬 것.

③ 사업주는 사업장 소재지 협화회 회원장을 소지하지 않은 자의 고용을 하지 말 것.

④ 열차, 선박, 기타 교통수단의 이동 단속을 강화할 것.

(5) 협화회의 기구를 확충할 것.

협화회 활동을 강화 촉진하기 위해 전임 직원을 지회 및 분회에 배치할 것.

3. 재계약문제

계약기간 2년을 버티지 못하고 도주하는 자가 상당히 많은 조선인에 대해 다시 계약기간 갱신연장을 권장하는 것이 얼마나 어려운 일인지는 두말 할 필요가 없다.

다만, 저들은 도주해도 조선으로 돌아가는 것이 아니며, 예를 들어 돌아간다고 하더라도 과연 좋은 생활이 가능할지 의문이다. 더욱이 더 큰 문제는 현시국하에서 생산증강의 관점에서 노무충족의 완화를 도모하는 동시에 '2년의 기술경험을 활용한다'라는 점에서 재계약이야말로 소홀히 할 수 없는 문제 중 하나이다.

재계약권장의 방법으로다음과 같은 방법을 생각해 볼 수 있다.

(1) 조선 현지에서 관계 관원의 내지 출장을 요청하여 현지의 실정과 재계약이 필요한 이유를 훈시할 것.

(2) 내지의 관민 유력자가 직접 계약이 만료된 조선인에게 재계약의 의의와 필요를 역설할 것.

(3) 계약이 만료된 조선인 중 대표적 유력자 두세 명을 조선에 파견하여 구석구석 현지의 상황을 시찰하게 하고, 내지귀환보고회를 개최하여 이참에 재계약을 하는 것이 유리하다는 것을 설명할 것.

(4) 재계약자 여러 명을 규합하여 정신대를 만들고 발대식, 신사참배, 모임 등의 행사를 통해 선전 장려함으로써 점차 입대자를 증가시키는 것.

(5) 재계약자에 대한 제반 급여, 대우를 후하게 할 것.

위와 같은 방법도 일단 고민해야겠지만, 더욱 중요한 것은 '방책(策)'보다 '열의(熱)'이며, '강제하기(力)'보다 '정(情)'이다. 관계담당자가 진심어린 기백과 열정을 가지고 권장하는 방책을 실시하지 않으면, 저들은 결코 따라오지 않는 쭉정이일 뿐이다.

○○광업소의 재계약 권장 사례를 다음에 적시해 보자.

(1) 계약 만료 6개월 전부터 준비 공작으로서 료장을 통해 통역, 반장, 실장급의 모범 인물에 대해 재계약 취지를 알려 둔다.

(2) 이들을 통해 개별적으로 재계약의 필요를 설명해 주고, 기숙사원 중 바로 산업보국 정신을 자각하여 적어도 1년은 잔류하여 산업보국에 헌신하겠다는 확실한 의지를 가진 동지를 확보하고, 그로부터 별지와 같은 '원서'를 제출하게 하고, 이를 그대로 재계약 신청서로 정리한다.

(3) 신청자가 ○○명에 달하면, 4월 29일 천장가절을 골라 제1회 간담회를 개최하여 명칭을 '결맹정신대(結盟挺身隊)'라고 명명한다.

(4) 모임에는 노무과장 이하 관계자 다수참석, 신사참배 후 신사 안에서 기념촬영, 식장은 엄숙한 국민의례로 시작하여, 화기애애한 간담으로 끝마치고 마지막으로 '황국신민서사'를 낭송, 만세삼창 후 산회한다.

(5) 정신대원 중 통역 몇 명을 근간으로 하는 선전권장조직을 통해 점차 동지 획득에 노력한다.

(6) 정신대원 전원은 공휴일을 이용하여 열차로 3시간 정도 소요되는 작은 여행회를 개최하여 신사참배, 해당 지방관 관계자의 훈시, 명승지 시찰 등을 마치고 상호간의 친애, 결맹의 강화를 도모하는 데 힘쓴다.

(7) 동지 획득이 일정 수에 도달할 경우에는 이를 마감하고 제2차, 제3차 결맹정신대라고 명명하며, 제1차와 같은 행사를 거행한다.

(8) 정신대에게는 가슴에 '협력장'을 패용하게 하여 일반 직원과 별개로 육성 지도한다.

(9) 원서(조선어 병용)

시국이 중대한 가을, 우리들은 석탄광업이 얼마나 보람 있는 일인지 통감하고 재작년 이곳에 왔습니다. 그 당시는 내지의 생활이나 언어에서 어딘지 모르게 불안했지만 노무담당자, 협화회 여러분의 끊임없는 지도로 불안함도 사라지고 점점 일도 익숙해지고 생활도 즐거운 지 벌써 1년 반이 되었습니다. 여러분이 저희에게 베풀어 주신 그동안의 호의와 노력을 헛되게 할 수는 없습니다. 저희는 이제 일과 생활에도 익숙해졌기에 이제부터가 진정으로 나라를 위할 때입니다. 저희도 훌륭한 황국신민입니다. 동아의 지도자인 일본의 국민으로서 신하된 도리를 실천하는 것은 곧 지금의 직장에서 진검으로 봉공하는 것입니다.

이것이 또한 일상적으로 저희를 지도해 주신 직원 여러분의 취지에 부합하는 것이라고 생각합니다. 이에 진심을 피력하여 계약을 갱신하고 계속 직역 봉공이 가능하도록 배려해 주실 것을 탄원합니다.

1942년(昭和 17) 월 일

제◯협화료 성명 (인)

◯◯광업소 노무과장 귀하

(10) 결맹정신대 '사혼육성(士魂育成)' 행사요강

① 결맹정신대 상회(常會)

각 료마다 료장을 상회장으로 매달 2회 개최

② 결맹정신대 연합상회

상회장은 노무과장, 매달 1회 개최, 전원 '히노마루 머리띠(日の丸鉢巻)'를 착용한다.

③ 개최순서

정렬－궁성요배－국가제창－묵도－회장인사－'대원혼의 힘(隊員魂の力)' 합창－행사－'황국신민서사' 합창－해산

> '대원혼의 힘(隊員魂の力)'
>
> 우리들은 결맹전사다.
>
> 몸이 부서지고 뼛가루가 될지라도
>
> 대군(大君, 덴노)의 국토를 방위할 임무가 있다.
>
> 함께 손을 잡고 힘을 합쳐
>
> 3배가 운동에 몸을 바친다.
>
> 이 기운, 이 열의, 이 힘
>
> 무엇이 두려울쏘냐. 일본의 혼

④ 행사

미화작업－도로수리－방화, 방공, 방범, 방첩훈련－등산, 소풍, 운동회－거리행진－체조, 음악, 가무, 제비뽑기－건포마찰, 재계(御禊) 행사－심야강습, 감상발표, 정좌－반성 명목 등을 적절히 안배한다.

⑤ 다과회

(11) 재계약에 대한 특별우대

① 재계약자에 대해서는 1개월 휴가 및 기념금품을 주고 일시 귀환을 허가할 것.

② 일시 귀환자가 휴가기간 내에 복귀할 때는 왕복 여비 수준의 장려금을 지급할 것.

③ 일시 귀환자로 복귀 시 가족 동반자에 대해서는 가족의 여비를 지급할 것.

④ 재계약자로서 일시귀환을 하지 않은 자에 대해서는 장려금과 기념금품 외 왕복여비 상당액을 지급할 것.

제2절 적성배치

조선인을 사용함에 있어 이를 일시적, 품팔이 노동자로 취급하는 노무관리는 재검토를 해야 한다. 저들을 다루는 심경과 태도는 순전히 황국의 산업인으로서 명실상부한 노무자답게 사용해야 한다.

이로써 노무관리는 조선인 사용의 근본대책을 수립하고 본격적으로 지도훈련에 임해야 할 것이며, 적성배치의 고려와 같은 것도 종래의 상식론에서 한걸음 더 나아가 과학적으로 확실한 근거를 가지고 대처하는 것이 당연하다.

조선인은 체격은 좋으나 동작이 완만하고 둔하기 때문에 탄차를 밀거나 잡역에 적당하다는 식의 상식적 관념을 금과옥조로 여기며, 적성배치의 과학적 처치를 백안시하던 종래의 사고방식은 이 기회에 깨끗이 털어 내고 다시금 저들의 성능에 과학적인 메스를 가하여 그 기량을 재검토해야 할 때이다. 최근 신규 채용한 조선인의 직장배치에 관해 과학적 검토를 추진한 ○○광업소의 사례는 이러한 취지에서 출발한 것인데, 아직 결론에 도달하지 못했지만, 그 경과의 대강을 살펴보는 것은 참고가 될 만하다.

1. 성능검사

종래 탄광에서는 노무자를 채용할 때 엄격한 건강진단을 시행해 왔지만, 공장 같은 곳에서는 성능검사를 실시한 사례가 극히 드물다. 특히, 조선인에 대해서는 전무했다. 적성배치 관점에서 ○○광업소는 해당 검사실행에 착수하여 우선 야마코시(山越)제작소의 제조검사기를 사용하여 다음의 검사를 실시하였다.

(1) 정신기능

① 선별력 검사

② 구성력 검사

(2) 감각, 지각

① 시각, 촉각 변별검사

② 공간 변별검사

(3) 운동검사

① 작업속도검사

② 운동속도검사

③ 악력검사

④ 등근력검사

위 검사결과를 바탕으로 다음 작업분석표에서 직장배치를 결정하였다.

이입 조선인 노무자 이동조사(1942년 10월 말 현재)

(단위: %)

		종별	채광부	굴진부	충전부	지주부	궤도부	운반부	통기부	갱내 기계부	갱외 기계부
성능 분류	정신기능	선별력	2	2	2	3	3	4	4	4	5
		구성력	3	3	4	4	4	4	4	5	5
	지각기능	시, 촉각	2	2	3	3	3	4	5	5	5
		공간분별	2	2	3	3	4	3	5	5	5
	운동기능	운동속도	3	3	3	4	3	4	4	4	4
		작업속도	3	3	3	4	4	5	4	4	5
		악력	5	5	4	4	4	3	3	3	3
		등근력	5	5	5	4	4	3	3	3	3

주) 이 표는 야마코시제작소 발행 '정신적 성능 검사법'에 게재된 5단계 채점법에 따라 등급별로 구분한 고등과 2학년 남자의 검사표의 5단계 구분을 옮긴 것이다. 단, 운동기능 중 악력, 등근력은 고등과 2학년생의 것을 채택할 수 없어서 피검사자의 실적을 다음과 같이 구분하였다.

각 등급 5단계 구분표

등근력	90 미만	90 이상	110 이상	130 이상	150 이상
악력	20 미만	20 이상	30 이상	40 이상	50 이상
종목별 5단계	1	2	3	4	5

주) 1. 악력의 수치는 좌우 평균값으로 한다.

2. 이상의 표는 현재 각 직장에 종사하는 노무자에게 반복적 동일검사를 통해서 얻은 능력수준이 아니며, 작업내용을 고려하여 이렇게 되어야 한다는 것을 가정한 표준이기 때문에 향후 기경험자의 검사진행을 동반하여 다소 시정되어야 할 점이 있다.

적성배치와 관련하여 조선인의 경우 성능검사뿐만 아니라 내지인과의 배치관계에서 다음과 같이 주도면밀한 준비가 필요하다.

(가) 간단한 육체적 반복작업(수압운반, 토사충전 등)은 조선인에게 맡겨도 가능한 경우라 하더라도 반드시 10%의 내지인 노무자를 배치할 것.

(나) 채탄, 굴진, 지주, 공작에서 내지인 광부를 보조할 때도 내지인 60%, 조선인 40%로 배치하는 것이 효율적이다.

(다) 조선인 수가 증가하고, 위 비율을 초과하는 것이 부득이할 경우에는 조선인으로 하여금 빨리 숙련공에 도달하도록 특별훈련지도를 실시하고, 이를 수료한 자를 내지인과 동렬에 사용할 것. 실제 탄광에서는 이미 이러한 경지에 도달한 자가 많다.

(라) 한 작업장에 조선인만 배치한 실례에 따르면, 반드시 우려했던 것과 같이 능률의 저하는 현저하지 않으며, 오히려 채탄량에 있어서 3%의 향상을 보였을 정도이다. 하지만 때때로 작업장에 붕괴 사고가 발생하면 저들은 이를 수리하지 않고 무책임하게 내버려 둔 채 퇴거하는 일이 있다. 이러한 경우에 대처하기 위해서라도 (나)에서 말한 것처럼 반드시 내지인을 어느 정도 배치해 둘 수밖에 없는 필연성이 이해될 것이다.

제3절 능률

조선인을 사용하는 문제에 대해 초보자가 맨 먼저 질문하는 것은 "능률은 어떤가?"이다. 질문자는 마음 속으로 "조선인도 좋지만 능률이 오르지 않으면 곤란하지 않은가?"라고 반문할 것이다. 과연 조선인들이 그렇게 비능률적인 자들인가?

물론 수많은 경험에 비추어 볼 때 조선인이 모든 기능에 있어서 내지인 표준보다 훨씬 아래에 있는 것은 명백하다. 그러나 내지인이라고 해도 전폐업자, 단기협력대와 같이 소위 초심자의 능률이 반드시 표준에 도달할 수 없는 것은 조선인의 경우와 비슷하다. 그러므로 능률 여부를 논한다면 모름지기 훈련을 거친 자와 훈련을 거치지 않은 자로 구분하여 갑론을박을 해야지, 시골에서 갓 올라온 조선인과 내지의 숙련공을 비교하여 일률적으로 조선인을 비능률적이라고 판단하는 것은 조선인에게 너무 가혹한 처사이다. 오늘날 세상에서 조선인의 능률이 내지인의 50% 또는 76%라고 하는 것은 훈련을 거치지 않은 조선인에 대한 평가라고 해도 틀리지 않다.

저들은 조선의 산속에서 모집에 응하여 도보나 트럭 또는 태어나서 처음 보는 기차와 기선을 타고 앞뒤로 수십여 일을 소비하고 언어풍습이 전혀 다른 내지의 취업지에 도착했다. 피로도 가시지 않은 채 피곤하고 불안한 가운데 일을 시켜놓고 능률의 높고 낮음을 혹평하는 것은 터무니 없는 일이다. 높은 능률을 원한다면 원하는 만큼의 노력을 기울여야 한다. 훈련지도에 노력을 기울이지 않은 채 능률이 오르기만을 기대하는 것과 같은 그런 사행심으로는 조선인 노무관리에 함부로 나서지 말아야 한다. 하물며 지도의 핵심에 해당하는 기술자 등이 자기 책임 때문에 생산능률이 저하된 것을 조선인의 비능률 탓으로 돌리고, 자기의 잘못을 변명하고 호도하는 재료로 삼는다면 이는 그야말로 언어도단이라고 해야 할 것이다.

훈련지도에 따른 능률의 향상에 대해서는 '훈련의 효과'에서 이미 언급했지만, 내지의 숙련공과 신규로 채용한 조선인을 비교한 '퍼담기횟수'를 보더라도 조선인의 능률을 경시해서는 안 된다는 것이 입증되고 있다.

시간별 퍼담기횟수 조사표

		8시	9시	10시	11시	12시	13시	14시	15시	16시	평균
1주일	내지인	185	135	161	196	183	228	103	186	37	152
	조선인	100	84	79	85	77	74	50	57	62	72
2주일	내지인	–	177	200	211	213	138	156	133	122	164
	조선인	74	108	90	66	103	87	88	86	86	88
3주일	내지인	–	–	216	252	234	199	170	139	155	195
	조선인	–	–	195	150	112	105	133	75	104	115
4주일	내지인	182	184	137	231	168	159	136	137	168	173
	조선인	110	148	115	71	88	99	101	55	114	107

주) 이 표는 야마코시제작소 발행 '정신적 성능 검사법'에 게재된 5단계 채점법에 따라 등급별로 구분한 고등과 2학년 남자의 검사표의 5단계 구분을 옮긴 것이다. 단, 운동기능 중 악력, 등근력은 고등과 2학년생의 것을 채택할 수 없어서 피검사자의 실적을 다음과 같이 구분하였다.

앞 표에 따르면, 1주일째에는 내지인 대 조선인의 비교는 내지인 152회, 조선인 72회로 내지인의 47%의 능률을 보이는데, 2주일째부터는 54%, 3주일째는 59%, 4주일째부터는 62로 점차 실적이 나아지는 것을 보여 주고 있다. 4주간의 성적을 보면 내지 숙련공의 반년 전후의 능률이지만, 이들에게 고도의 기초훈련을 실시하고, 전문기술지도자를 붙여서 굴진작업 훈련을 실시한 성적은 다음 도표와 같다.

조선인 암석피크 굴진능력

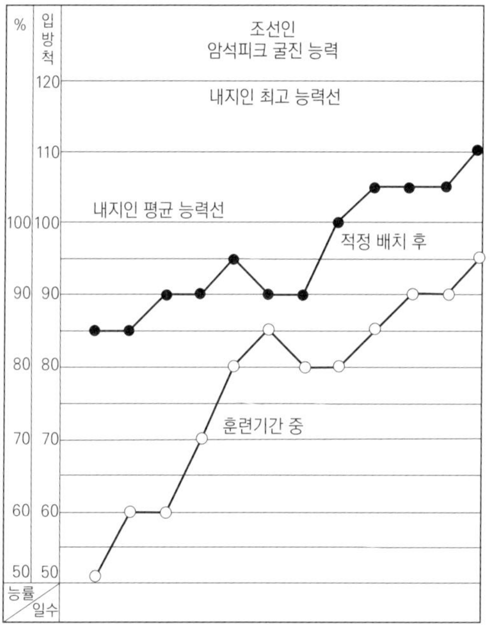

2주째에 접어들어서 내지인 평균능률의 95%에 달하고, 1개월의 훈련기간을 마친 후 성능검사의 실적에 따라 적성배치를 한 결과, 2주째부터는 내지인 평균능률을 능가하여 최고능률에 육박하는 좋은 성적을 보여 주었다. 이는 조선인 관리의 장래에 대하여 시사하는 바가 크다고 할 수 있다.

제4절 출근율[28]

1. 기숙사에 료장이 상주하여 지도하는 경우와 외부에서 출퇴근하여 지도하는 경우 사이에는 출근율에 상당한 차이가 있다는 것은 다음의 성적을 보아도 알 수 있을 것이다. 기숙사에는 꼭 료장이 가족과 함께 거주함을 원칙으로 했으면 한다.

(단위: %)

	1940년도	1941년도	1942년도
료장 상주 기숙사	91.0	92.3	93.4
료장 출퇴근 기숙사	78.3	81.5	76.0

2. 료장이 조선인의 마음을 사로잡았는지 여부가 출근율에 있어서도 상당한 영향을 미치는데, 그 실례로 출근성적으로 표창을 받은 료장이 있는 료의 조선인 98명의 출근 상황은 다음과 같다.

(1) 1년 개근자 29명
(2) 1년 중 1일 결근자 12명
(3) 1년 중 2일 결근자 6명
(4) 1년 중 3일 결근자 3명
(5) 1년 중 4일 결근자 2명
(6) 1년 중 5일 결근자 5명

즉, 전체 인원의 30%는 개근자이며, 1일 결근자는 12%에 불과하다. 1년에 걸쳐서 출근율이 97.8%라는 것은 경이로운 일이다.

28 원문에서는 출가(出稼, 타향에서 돈벌이함)로 나와 있으나 의미에 맞게 의역함.

3. 가족과 같이 사는 조선인과 기숙사에 거주하는 독신자의 출근율 비교는 가족이 있는 쪽이 훨씬 열세이다. 가족초청은 정착의 취지라기보다 근무성적이 특히 우수한 사람에게 주어지는 것인데도 이들의 출근성적이 뒤떨어지는 것은 기숙사와 달리, 감독의 눈길이 미치지 못하는 것과 더불어 가정의 잡무가 증가하는 데 따른 것으로 보인다.

(단위: %)

	1941년도	1942년도
가족 동반	85.0	86.0
기숙사 거주	92.3	93.4

4. 독신자를 고향이 같거나 그 밖의 사정으로 가족동거 사택에 기숙하게 한 경우의 출근율은 기숙사에 수용한 경우에 비해 약 70% 정도로 저조하다. 기숙사 건설이 지연되거나 동향인의 가족동거 사택에 머물게 하는 것은 정착의 측면에서는 효과가 있지만, 근무에 있어서는 기숙사에 미치지 못한다.

5. 훈련기간 종료자와 그렇지 않은 자의 출근이 매우 다르다는 것은 이미 언급했는데, ○○ 사업장에서 훈련을 받지 않은 조선인의 근무율 실적은 다음과 같았다.

(1) 1940년 평균 78.3%

(2) 1941년 평균 81.5%

(3) 1942년 평균 76.0%

그런데 1942년도에 본격적인 훈련을 실시한 결과 다음과 같은 성적을 나타냈다.

1942년	6월	7월	8월	9월	10월	11월	12월	평균
조사 수	61명	61명	150명	195명	195명	195명	297명	-
근무율	99.7%	96.9%	94.7%	93.2%	93.9%	89.2%	91.0%	94.1%

6. 기숙사 수용 수는 100명 전후인 경우가 200명 전후인 경우보다도 훨씬 좋은 출근율을 보여 주고 있다.

(단위: %)

	1940년도	1941년도	1942년도
100명 내외 수용	95	94	97
200명 내외 수용	86	86	87

7. 대항경쟁의 종별에 따른 근무율

(1) 현장반 대항경쟁 근무율 1% 향상

(2) 숙사반 대항경쟁 근무율 4% 향상

8. 결근의 원인에 대하여 ○○사업장의 1942년도 실적을 조사한 결과 부상, 질병이 대부분을 차지하고 있는데, 출근율을 향상시키기 위해서는 건강관리와 보안훈련이 중요하다는 것을 시사하고 있다. 이동의 원인으로서도 이와 똑같은 시사점이 있다는 것은 앞에서 이야기한 바와 같다.

원인	결근 총인원	비율
부상	22,537	45.6
질병	18,342	37.0
태만	3,880	7.8
피로	983	2.0
현장불만	1,069	2.0
경조사	269	0.6
기타	2,468	5.0
계	49,548	100

제5절 임금

임금에 관해서는 내지인과 조선인의 구분이 없다. 또한 초임, 미성년자에 대한 임금은 법령에서 정한 바와 같다. 말하자면, 본인의 근면 여하에 달려 있다. 마지막으로 탄광, 광산의 임금 수입 실적은 다음 표와 같다.

1942년도 ○○탄광임금조사(조선인)

(단위: 엔)

내외별	직종별	훈련기간						직종별 평균
		1개월	6개월 미만	1년 미만	1년 반 미만	2년 미만	2년 이상	
갱내부	채탄부	–	3.46	4.55	4.92	5.15	5.68	4.86
근무율	굴진부	–	3.26	3.83	3.90	4.11	4.77	3.80
	지주부	–	3.21	3.48	3.80	4.02	4.08	3.70
	운반부	–	3.36	3.64	3.60	3.68	4.57	4.06
	충전부	–	3.30	4.15	4.30	4.42	4.74	4.32
	기계부	–	–	–	–	–	3.60	3.60
	공작부	–	3.09	3.17	3.30	3.39	3.46	3.26
	전기공	–	–	–	–	–	–	–
	잡부	–	2.75	–	–	–	–	2.75
	종별 평균	2.75	3.31	3.62	4.46	4.49	4.93	4.20
	운반부	–	2.67	2.76	3.27	–	3.69	3.26
	선탄부	–	–	2.65	–	–	–	2.65
	기계부	–	–	–	–	–	–	–
	공작부	–	1.83	–	–	–	–	1.83
	전기공	–	–	–	–	–	–	–
	잡부	–	2.65	–	2.78	–	–	2.73
	종별 평균	–	2.65	2.71	2.81	–	3.69	3.12
전체 평균		2.75	3.04	3.43	4.27	4.49	4.86	4.14

금속광산의 조선인 임금표(1942년 12월 말 현재)

(단위: 엔)

광산명	근무율(%)	1인당 1일 근무일당 임금			월평균 수입
		최고	최우수	평균	
이(イ)	90.1	4.578	2.164	3.338	87.22
로(ロ)	80.7	5.812	1.614	3.540	82.85
하(ハ)	88.1	8.012	1.723	4.312	110.17
니(ニ)	91.3	4.920	1.836	3.221	85.21
호(ホ)	90.0	4.780	1.104	3.348	87.38
헤(ヘ)	89.5	6.460	853	3.452	89.60
토(ト)	93.1	4.723	2.273	2.987	80.65
치(チ)	87.2	5.375	2.135	3.719	94.05
리(リ)	86.6	5.991	1.600	2.958	74.29
누(ヌ)	63.8	3.403	2.988	3.414	61.32
루(ル)	93.1	2.033	902	1.569	42.36
오(ヲ)	92.7	4.608	647	2.217	59.60
와(ワ)	85.8	2.628	1.787	2.229	55.46
카(カ)	95.9	4.608	794	3.136	87.22
요(ヨ)	88.7	3.376	2.331	2.618	67.34
타(タ)	87.4	3.619	2.221	2.844	72.08
레(レ)	93.0	4.182	808	3.315	89.41
소(ソ)	86.5	5.969	776	2.983	74.83
쓰(ツ)	90.5	4.223	1.098	3.051	80.57
네(ネ)	91.0	6.762	640	2.701	71.28
나(ナ)	91.5	6.106	1.549	2.878	76.37
오(ヲ)	85.5	4.916	847	2.973	73.72
무(ム)	94.9	3.377	1.037	2.795	76.92
우(ウ)	75.3	5.701	2.413	4.602	100.49
이(ヰ)	87.7	3.888	767	3.426	87.13
노(ノ)	89.0	4.160	1.577	2.694	69.53
오(オ)	96.3	6.135	785	3.273	91.41
쿠(ク)	91.4	2.902	2.730	2.811	74.51
야(ヤ)	82.2	6.497	764	3.426	81.67
마(マ)	86.2	3.546	829	2.800	69.99
케(ケ)	85.9	3.613	1.691	2.759	68.73
후(フ)	99.4	4.240	1.914	3.206	92.42
코(コ)	83.4	3.893	803	2.896	70.04
에(エ)	62.9	4.951	895	2.100	38.31
나(ナ)	87.0	4.125	1.600	3.168	79.93
아(ア)	94.9	4.077	1.919	2.975	81.87
사(サ)	87.3	3.040	1.558	3.002	76.00
합계	87.1	8.012	640	3.184	80.42

제5장 조선인 기숙사

제1절 기숙사의 관념과 구상

기숙사 관리에서 가장 중요한 문제는 료장이 사람들을 장악하느냐 여부에 달려 있다. 능률의 향상이나 기숙사 내의 분란이나 소동도 료장의 인물됨과 그 관리방법과 관련된 경우가 적지 않기 때문이다.

생각건대 기숙사는 내지인(內地人)의 경우도 마찬가지이지만, 단순히 노무자에게 기숙사를 제공하고, 그 행동을 감독하는 것만으로는 안 된다. 기숙사야말로 그 생활을 통해 건전한 근로관(勤勞觀)을 수립하는 수련장이며 내일의 노동력 배양의 축적장이 되어야 한다.

이러한 의미에서 료장이 되어야 할 자는 통솔력과 덕망을 겸비한 자로 충당하여, 노무자를 지도, 훈육하는 일에 깊은 관심과 책임을 가지고 있는 사람이어야 한다. 물론 강제력 하나로 임하는 것은 대단한 착각이지만, 단순한 사무적 처리만으로 만족하는 것 또한 마땅하지 않다. 진실로 저들에게 안주하고 편히 쉴 수 있는 장소인 동시에 생활전반에 걸친 훈육지도를 하는 도장다운 모습에 유의할 필요가 있다.

종래 공장, 광산의 기숙사에 대한 생각은 단순히 노무자를 재우는 곳, 식사를 주는 곳이라는 편향된 사고를 가지고 있었다. 즉, 노무자를 수용하는 장소의 개념으로만 관리되었다. 그러나 시국 이후 노동력의 질적 변환은 이러한 사고방식을 바꾸었다. 기숙사는 노무관리의 강력한 부문이라는 사고가 안착되기에 이르렀다. 즉, 기숙사는 다음과 같은 곳이어야 한다.

(1) 규율과 협동정신을 배양하는 생활의 수련도장이다. 일을 통해서가 아니라 사생활의 행주좌와(行住坐臥, 일상의 여러 동작)를 통해서 행하는 바의 규율과 협동정신의 배양은 가장 자연적이며 습관화하는 것이 가능해야 한다.

(2) 교양을 높여 사기를 앙양하는 배움터일 것.

(3) 건전한 신체를 만드는 보육소, 즉 과학적인 영양관리로 내일의 노동력을 유지 배양하는 곳일 것.

이러한 관념에서 기숙사를 재검토할 것을 요구하기에 이르렀다. 야하타(八幡)의 노무관(勞務官)사무소에서는 이 개념을 단적으로 표현하여 다음과 같은 관리지도 요령을 발표한 바 있다.

기숙사 관리 지도요령

1. 기숙사 관리의 목표

기숙사는 단순히 숙박을 제공하거나 노동의 강화와 저임금 유지를 위한 물적 시설이 아니라 노동력의 근기(根基)를 배양하고 유지증강을 도모하기 위한 생활지도, 덕성 함양, 보건관리, 영양관리 및 휴양지도를 이루는 것을 목표로 하는 물심양면의 시설이다. 즉, 노무자의 노동 전후의 생활을 양성, 훈련하는 도장이면서 따뜻하고 청순한 가정을 목표로 하여 직장 및 기숙사의 지도일원화가 상시 고려되지 않으면 안 된다.

2. 기숙사의 시설

기숙사의 시설은 노무자의 휴식, 교육, 훈련 및 보건에 관한 시책을 항상 조직적으로 영위할 수 있도록 간소하고 건전해야 한다. 이 목적을 달성하기 위해 다음의 설비는 반드시 갖추어 두지 않으면 안 된다.

(1) 거실 및 침실

① 개인 또는 공동 책상, 개인용 책꽂이, 사물함의 설치

② 개인별 옷걸이, 수건걸이 설비

(2) 복도

① 청소용구함, 공동신발장, 공동 쓰레기장의 설치

② 방공(防空) 용구의 설치

③ 휴게실 또는 병실

④ 의무실

⑤ 오락실

⑥ 면회실

⑦ 외부인 숙박실

⑧ 독서실, 도서관, 신문대 등의 설치

⑨ 이발실

⑩ 매점

⑪ 빨래 말리는 곳 또는 건조장

⑫ 정원, 원예 및 운동장

⑬ 취사장은 반드시 직영으로 할 것.

3. 지도조직

(1) 기숙사 지도조직의 주관은 주임노무담당자가 함을 원칙으로 한다.

(2) 기숙사에는 료장을 두어 지도책임을 맡도록 한다.

(3) 료장의 보조자로서 조수 1명을 둔다.

(4) 료장을 비롯한 조수는 반드시 기숙사에 입주하도록 한다.

(5) 료장-반장-실장의 제도를 채택한다.

4. 지도목표

(1) 황국근로정신의 앙양

(2) 향상심의 함양

(3) 협동정신의 함양

(4) 신의, 예절, 공덕심의 함양

(5) 규율의 확립

(6) 보건위생사상의 함양

(7) 명랑하고 강건한 기풍의 함양

앞서 기재한 관리요령은 하나의 이상적인 안이며, 조선인 기숙사의 현상황이 반드시 이와 일치하는 것은 아니다. 목표를 이 정도로 두어야 함은 물론이지만, 사실은 계속 이입되는 조선인 노무자를 일단 수용하는 데 급급해하고 있고, 기숙사 신설도 현재 자재난과 인력난인

상황에서는 대충 조잡한 형태를 면치 못하고 있다.

독립된 기숙사, 사택, 여러 채를 연결한 개조기숙사 등 여러 종류가 있지만, 감독과 화재예방에서 보면 언뜻 보기에 눈에 띄기 쉬운 30첩(疊)[29] 정도의 큰방 식(大部室式)을 이상으로 할지도 모르지만, 휴식, 편안한 취침 등의 관점에서 보면 작은방 식(小部屋式)이 가능하다는 현 상황에서는 많게는 6첩, 12첩, 15첩 정도의 거실이 많다.

감리지도의 관점에서 보면 료장과 더불어 료모제(寮母制)를 두는 것이 더욱 바람직하다. 이 양자가 부모애로 기숙사원을 대하고 기숙사의 가정화를 위해 노력하고 마음으로부터 나오는 친애로서 관리의 요체가 되어야 할 것이다. 따라서 단란한 가정의 분위기를 형성하고 고향 이야기를 나누고 각자의 가정에 대한 통신연락을 꼼꼼히 하는 것 외에 각종 도서, 그림책, 지역신문 등을 통해 기분 안정, 완화에 세심한 주의를 기울여야 한다. 한편으로는 엄격한 통제와 규율 있는 생활을 습득시키고 황국민으로서의 자각을 일깨우기 위해 시국지도, 뉴스사진, 식후 환담 등 기회가 있을 때마다 시국인식의 앙양을 도모하는 동시에 라디오 체조, 원예, 강보(强步) 등의 단련을 실시하여 한거불선(閑居不善)을 방지하는 것이 중요하다. 이를 위해서는 적어도 월 1, 2회 실장, 반장, 조장 및 기숙사원의 친목회를 열어,

(1) 단란하고 화목한 기숙사 가정의 건설에 관한 연구

(2) 희로애락의 흉금 없는 발표

(3) 산업전사라는 긍지의 발양

(4) 감사보은에 관한 교육

등에 관하여 자그마한 기회라도 포착해서 저들을 훈육하는 데 노력해야 한다. 내지인과 조선인의 사이에 기숙사, 주택의 내용을 변경할 필요는 없다. 차차 내지의 거주에 순응하여 익숙해지도록 해야 한다.

이하 조선인 기숙사의 설계, 운영에 관한 사항을 상세히 설명하겠다.

---

29 일본의 전통적인 방의 면적 단위. 다다미 1장의 길이는 가로 90cm, 세로 180cm로, 대개 다다미 2장이 방 1칸의 기준이었으며 6장이면 보통, 8장이면 큰 방으로 보았다.

제2절 기숙사의 설계

설계 시에는 다음 조건을 고려해야 할 필요가 있다.

1. 정원

수용 정원은 100명 정도가 적당할 것. 비용절감이라는 점에서 보면 수용 인원이 많을수록 간접비용이 줄어들겠지만, 관리 차원에서 고려하면 최고 120명 정도까지를 한도로 하는 것이 더욱 효율적이다. 더 이상 늘리면 손을 쓰기 힘든 사고가 많다.

2. 방의 크기

한 방의 크기는 다다미 10첩, 정원은 6명으로 할 것. 광업경찰규칙 제67조 제1항 제6호의 관계를 고려하여 취침 시에는 다음과 같이 되는 것이 사용상 편리해지고 평수도 경제적이다.

3. 거실

(1) 거실에는 6인분의 벽장을 만든다. 벽장은 한쪽에만 만들면 사용상 불편하므로 한쪽에 세 사람 몫으로 만들 것.

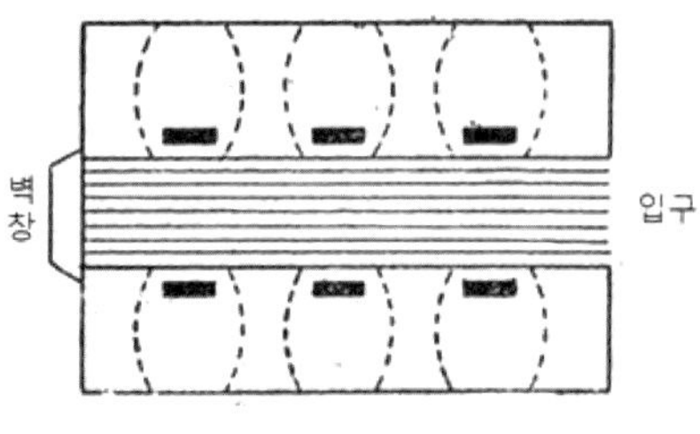

① 점선은 6명이 잘 경우를 나타낸다.
② 중앙 입구와 통하는 공간에는 난로 또는 탁자를 놓는다.

(2) 또 욕심을 내면 한쪽을 4인분, 나머지를 2인분으로 해서 도코노마(床の間)[30]를 설치하면 더욱 좋다. 앞으로 기숙사 설계의 방침은 여기까지 나아갈 필요가 있다.

괘도(掛圖)를 걸어 정조교육에 일조할 것.

---

30 일본식 방의 상좌에 바닥을 한층 높게 만들어 벽에는 족자를 걸고, 바닥에 꽃이나 장식물로 꾸며 놓은 공간

4. 작업복, 신발류를 놓는 상자

이 상자는 높이 6척 정도로 하고, 아래는 신발, 위에는 의복을 넣도록 하고, 여기에는 자물쇠를 채울 것.

5. 욕조

욕조는 1평 반 이상이면 좋지만, 탄광에서는 분진으로 몸이 더러워지므로 욕조에 들어가기 전에 한 번 씻기 위해 샤워시설이나 별도의 욕조를 만들어야 한다. 소형 약탕[31]이 있으면 더욱 좋다.

6. 화장실, 세탁소

화장실에는 거울을 비치하고 냉온 양수를 내보내는 설비로 할 것. 세면소는 대야를 구비하기보다는 장비로서(콘크리트제) 세면대 및 배수를 고려하여 설계할 것.

7. 식당

(1) 식당은 16평 내지 20평이면 150명 정도까지 공간을 맞춘다. 식당의 폭은 4칸(7.2㎡)이 이상적이다. 길이 6척(180cm)의 식탁을 2열로 하고, 중앙 통로로서 간격 창 사이를 3척(90cm)으로 양쪽으로 잡으면 딱 4칸이 된다.

(2) 탁자의 폭은 1척(30cm)의 판 3장 또는 2장 반 또는 2장, 즉 3척, 2척 5촌, 2척의 세 종류가 있으나 각각 득실이 있다.

(3) 3척인 쪽이 넓어서 확실히 좋으나 공간을 많이 차지한다.

(4) 중용을 취해서 2장 반 정도인 곳으로 정한다고 하면 6척(180cm)의 식탁에서 6명이 마주보고 좌식할 수 있어 대략 1평(3.3㎡)이 필요하다.

(5) 4칸의 4칸에 16평(52.9㎡)의 식당이라면 식탁 8개 사용이 가능한 정원 40명분의 식탁이 생긴다.

31 입욕제를 넣을 수 있는 욕탕

(6) 4칸의 5칸 내지 20평(66.1㎡)이라면 정원이 60명이 되고 절반은 한 번에 식사할 수 있게 된다.

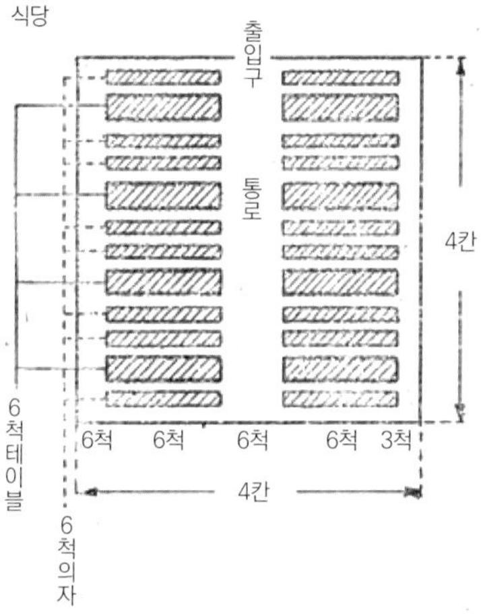

① 식당에는 난방장치가 필요하며 난로를 설치할 것.
② 그림은 스팀식 난방에 대한 넓이인 만큼, 난로를 부착한다면 이보다 크게 설계할 필요가 있다.
③ 이 밖에 도시락통을 씻기 위한 싱크대를 이 실내 또는 옆방에 설치할 것.
④ 창은 미닫이창을 내어 분재라도 둔다면 기분 좋을 것이고, 도시락을 올려놓을 수 있다.
⑤ 식탁 밑에 펜스를 부착할 것.

8. 조리실(부엌)

넓다고 해서 과하지는 않지만, 오히려 너무 넓어도 그만큼 편리하지도 않기 때문에 대체로 12평(39.7㎡)이면 120~130인분을 만드는 데 충분하다.

(1) 조리대

부엌에 조리대가 설치되어 있어 아무것도 고려할 필요가 없는 것 같지만, 왼쪽에 있지 않고 일개 가정과는 달리, 설계의 방식에 따라 조리사를 한두 명 줄일 수 있고 하루 종일 일을 하는 가운데 불편함을 느끼면서 일하는 것은 곤란하다.

조리대는 구석에 설치하지 않고, 주위에서 모두가 일할 수 있도록 가급적 중앙에 설치할 것. 그리고 수조는 조리대에 밀착시키거나 위쪽에 매달아 자유롭게 물이 나오도록 하지 않으면 능률이 나쁘다.

조리대는 폭 4척(120cm) 길이 6척(180cm)이 바람직하다. 높이가 너무 낮으면 허리가 아프고 높으면 팔이 지치니 그곳에서 일하는 사람들과 의논하여 정할 것.

그리고 물이 떨어지는 홈을 중앙으로 가로질러 만들고 도마는 두꺼운 것이 좋다. 식칼을 직접 사용해도 느낌이 있는 두께로 하지 않으면 일하기 힘들다.

(2) 수조

수조는 클수록 좋고 싱크대와 밀착한다면 위쪽 가장자리를 싱크대보다 34촌(72cm) 높여서 수조에서 싱크대로 흘러들어가도록 해야 한다.

위로 건다면 매우 크게 만들어 저수조로 둘 것. 이 저수조는 반드시 설치해 둘 것. 물이 안 나올 경우, 많은 도움이 된다.

(3) 찬장

찬장은 싱크대와 가까운 곳이 좋고, 부엌은 좁더라도 손이 닿는 곳에 어떻게든 설치해 두는 것이 능률이 좋다.

찬장도 싱크대 뒤쪽 한 칸 정도인 곳에 붙박이식이 아니라 그 반대편에서 꺼낼 수 있도록 설계해야 한다.

(4) 조리대

조리대는 180cm 탁자보다 폭이 넓고 두꺼운 판으로 만들어 사방에서 총력으로 일이 가능하도록 하고, 여기에 서랍을 붙여 두면 더욱 편리하다.

(5) 부식접시를 두는 장소에 대하여 부식물을 담은 접시를 어디에 두면 가장 능률적인가?

요컨대 부식물을 담은 접시를 먼 곳으로 옮기고, 그것을 식사하는 사람에게 옮기기 때문에 조금이라도 먼 곳에 둔다는 것은 생각해 보면 매일의 일이므로 노동력의 손실이 클 뿐만 아니라 시간낭비이다.

조리하는 곳과 식당에 근접한 곳에 두면 부식접시를 가져갈 수 있으므로 그 방지를 위해 나무상자에 접시를 넣고(45cm에서 75cm 정도) 뚜껑을 덮어서 포개놓고 식권 지참자에게 건네주도록 하는 것이 좋다.

부식물을 훔치는 자가 없으면 매우 능률적으로 편리하게 하는 방법도 있는 까닭에 참고를 위해 다음을 언급해 둔다.

① 회전접시 선반

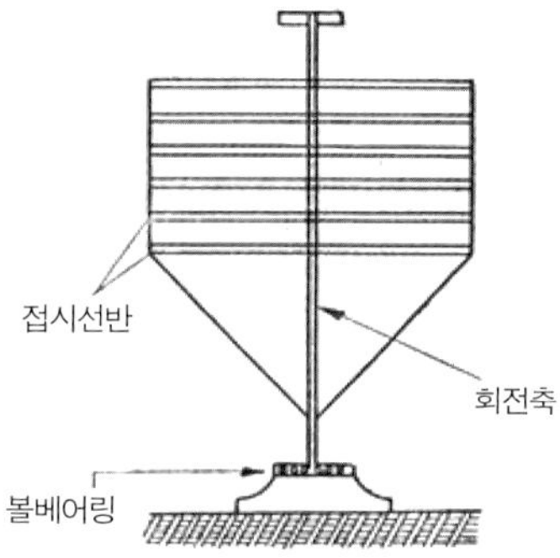

회전축에 직각으로 선반을 여러 단씩 설치하고 회전축과 함께 그 선반이 좌우로 회전하도록 한 것. 선반의 형태는 원형 또는 육각형이 모양이 좋다. 다만, 여기에 문을 달지 않으면 먼지 또는 파리가 침입할 수 있으므로 자동으로 닫히도록 설비할 것. 선반의 크기는 반경이 손이 닿는 범위여야 한다. 그리고 설치 위치는 식당과 접하고 있어 식당에서 각자 집어갈 수 있도록 할 것.

② 더 이상적으로 생각한다면 식권을 금속성으로 하고, 이를 특정 구멍에 집어넣어서 한 접시가 나오도록 한다면 대단할 것이다.

9. 가마장(취사장)

15~16평(49.6~52.9m^2)이면 된다.

10. 조리원 숙소

가족을 데리고 안정감을 주기 위해 책임 조리사는 숙박, 상주토록 할 것, 다다미 6~8첩 정도로 내부에 화장실을 둘 수 있다.

11. 사무실

다다미 8첩 정도의 크기로 붙여 기숙사 내의 중추에 둘 것.

12. 숙직실

사무실 옆을 우선하거나 그 근방에 마련한다.

13. 사감주거실

기숙사의 책임관리자로서 종종 료장도 사용하고, 처자를 데리고 입주하는 관계상 시끄러운 곳은 금물이다. 주택도 살기 좋게 하여 기분 좋게 대우해 주도록 한다. 설계는 일반주택과 거의 다르지 않지만, 내부에 욕탕과 화장실이 있으면 좋다. 다만, 사무실 근처에 기숙사의 핵심 시설 근처로 두는 것을 추천한다.

14. 집회소

오락실을 겸해도 좋다, 연단도 마련하고, 칠판, 액자 등으로 기분이 좋아지는 다다미가 잘 깔린 식당과 동일하게 큰 곳으로 하며, 떠들어도 근처에 폐가 되지 않는 위치로 하면 이상적이다.

15. 신발장

현관에 설비할 경우에는 각 방별로 열쇠를 잠그게 하지 않으면 도난당할 우려가 있다.

16. 쌀 창고, 잡화 창고 및 절임 창고

절임 창고는 천장을 높이지 않을 경우, 큰 통에 누름돌을 올리면 천장에 닿아 곤란하므로 가급적 높일 것.

17. 지하 냉동창고

겨울철에는 야채의 동결을 막으며, 여름철에는 어류의 부패를 방지한다. 중요하기 때문에 3평(9.9㎡) 정도로 만들 것.

제3절 생필품의 정비

번호	품목명	숫자	적요
1	찻잔	300	파손을 고려하기 때문
2	국그릇	110	-
3	작은 접시	110	-
4	중간 접시	110	-
5	3평 접시	110	-
6	소바동	110	-
7	서양식 접시	110	-
8	절임이 들어간 돈부리	15	-
9	절구	대 2	절구공이 4개
10	침뱉는 통	대 20	-
11	재떨이	대 20	-
12	빨간 찻그릇	10	법랑제의 쇠로 만든 것도 가능
13	미양고(米揚笊)	대 10	-
14	자양고(煮揚笊)	5	솥바닥에 적합한 것(생선을 올리고 삶은 것)
15	된장녹고(味噌漉笊)	5	거르지는 않지만, 푸는 것이 목적
16	찻그릇(茶椀籠)	5	-
17	젓가락(긴)	10	도시락용 젓가락
17	젓가락(짧은)	10	
18	사랑방용 빗자루	20	-
19	긴 빗자루	20	복도용
20	화로용 빗자루	20	-
21	대나무 빗자루	10	외부 청소용 포함
22	접시	5	밥통 세척용
23	쓰레받기	20	각 방용
24	재받이	20	-
25	대걸레	5	걸레가 부착되어 서서 복도를 닦는 것
26	국자	5	-
27	약통	5	-
28	큰 약통	20	-

번호	품목명	숫자	적요
29	편자	10	대, 중
30	세면기	20	-
31	식칼(사시미칼)	5	-
32	식칼[데바(出刃)]	5	-
33	식칼[오치바(落刃)]	5	-
34	꼬치	50	-
35	소형화로(七輪)	5	때를 놓쳐 지각하는 사람에게 따뜻하게 데워 줄 용도
36	프라이팬	2	600g 정도의 것
37	쓰바가마(鍔釜)	2	30~36cm 정도의 덮개
38	주전자	2	4두(80L) 덮개
39	방울	1	식사보고용
40	도냄비	12	된장국을 낼 정도면 가능
41	1말 냄비	1	잡물 삶기용
42	톱	1	-
43	각삽	1	-
44	망치	1	못뽑기 겸용
45	고무 호스	10m 2장	수도전에 연결 가능한 것
46	자물쇠	5	-
47	큰 도끼	1	-
48	석쇠	2	소금에 절인 물고기를 굽기 위한 것
49	남비 주걱	2	남비 바닥의 누룽지를 긁기 위한 것
50	절임용 큰 통	-	2만 개 정도의 말린 무를 절일 수 있는 것
51	4말통	15	절임용 및 잡용
52	물통	5	부엌, 세면용
53	세수통	5	식기세척용
54	셀로(밀랍의 일종)	2	3중인 것
55	절구	2	숟가락 공동
56	쌀독	대 6, 소 6	-
57	한 되짜리 되	1	잡곡용
58	손잡이 달리 한 되짜리 되	1	액체용
59, 60	밥주걱	대 2, 중 4, 소 15	가마용, 밥통용, 찻그릇에 담기 위한 것
61	국자	10	-

번호	품목명	숫자	적요
62	스토브(대형)	1	길이가 긴 조림용
63	스토브(중형)	약 5	사무실, 포목, 수선실, 건조실 등
64	스토브(소형)	방 수만큼	거실용, 연통을 포함
65	스토브대	필요수	–
66	석탄상자	"	–
67	부삽	"	큰부삽, 작은부삽은 손가마용으로 1개씩 필요
68	집게	"	큰집게는 오른쪽에
69	쌀통	1	2두통으로 대용 가능
70	책장	1	사무실용
71	사무용 책상	1	–
72	의자	5	–
73	슬리퍼	10	손님용
74	튀김용 냄비	2	–
75	벽시계	4	–
76	식탁	16	폭 2척, 길이 6척
77	6척 걸상	32	–
78	주판	2	–
79	부기 막대	1	–
80	이불	110	–
81	다다미	필요수	단, 집회소용은 유도용 다다미
82	큰 화로	2, 3개	–
83	욕통	10	–
84	빨래판	10	–
85	수세미	대소 110	–
86	구두닦이	2	–
87	화장실용 나막신	20	–
88	쌀독	대 1	쌀을 2, 3섬 내서 잴 것
89	전화	–	–
90	세탁대야	–	–
91	도마	–	–
92	믹서기	–	–
93	아궁이	1	석재로 숯을 꼬치로 걸어 구울 것

주) 100인분을 수용할 경우를 표시한다.100인분을 수용할 경우를 표시한다.

제4절 기타 장비

1. 수도

(1) 부엌의 세류장(洗流場)[32]

(2) 쌀 씻는 곳

(3) 세면실

(4) 욕탕

(5) 세탁실

2. 소화설비

1개 동에 적어도 1개소는 소화전을 설치하고, 이에 호스를 장비하여 건물의 말단까지 물이 나올 수 있도록 할 것.

3. 부뚜막

부뚜막에는 아궁이를 얹어 완전하게 밥을 지을 수 있도록 설계하지 않으면 안 된다. 요점은 로스틀과 아궁이 밑의 간격을 1척 이상 반드시 떨어뜨릴 것. 연기배출 구멍을 가마의 옆구리 쪽에서 방해하지 않으면서 잘 빠져나가게 해야 한다.

4. 저수조

단수가 될 경우 꼭 필요하기 때문에 6척 이상을 구비하는 것이 좋다.

5. 사다리

만일의 경우, 각 장소에서 지붕에 올라가도록 다수 구비해 둘 것.

---

32 오늘날의 싱크대와 비슷하다.

6. 대형 석탄적치장 1개소

7. 사무실과 기타 석탄적치장은 여러 인부가 드나들 수 있도록 적당히 만든다.

8. 전등 및 전화

전화의 경우, 사무실과 료장실이 떨어져 있는 경우에는 초인종을 설치할 것.

제5절 종업원의 배치

1. 사감(기숙사 담당자) 1명

수완가로서 노무경험이 있는 내지인

2. 조수 1명 내지 2명

통역 1명(체력 건강하고 의지가 강한 자)을 반드시 포함할 것.

3. 조리사 남자 2명, 여자 4명

남녀 1개 조는 책임조리사로서 상주시킬 것.

4. 청소부 1명 내지 2명

5. 잡부 1명

6. 욕탕 관리인 겸 건조 당번 주야 각 1명씩

7. 이불 수선공 약간 명

8. 석탄 및 잡화운반인 2~3명

제6장 생활 면의 조선인

제1절 나쁜 습관을 청산해야 한다

조선인의 사생활에 대해서는 이미 도처에서 접해 왔다. 요컨대 사생활의 습속 차이는 노무관리상 이해해 주는 것이 필요하지만, 내지의 생활에 있어서 언제까지나 거기에 매달려 있을 필요는 없다. 실제로 필자는 부산항 출발과 동시에 일단 조선을 벗어나게 하고 내지 생활에 동화하는 것을 목표로 지도 훈련하고 있다. 이 때문에 공장, 광산의 조선인 노무관리에서는 태어난 곳의 습속은 다양하지만, 이를 그대로 반영하지 않는 것을 통례로 한다.

그러나 작업할 때와 달리 사생활에서 고향을 그리며 풍습을 되돌아보고 멀리 떨어진 타지에서 적적함을 달래고 싶은 것이 공통된 인정이며, 노무관리 면에서도 저들의 무료함을 달래고 심신의 안정을 초래할 수 있다면, 적극적으로 그 방도를 강구하는 것이 훨씬 현명하다. 그러나 과연 어느 정도의 습속이 공장, 광산의 생활에 채용될 수 있을까? 실제 문제로서는 매우 불편한 문제이다.

예를 들어 복장은 어떠한가? 식재료의 종류, 조리법은 어떠한가? 관혼상제의 습속은 어떠한가? 내지의 공장, 광산의 실정이 거기에 부합할 수 있을 것인가? 조선의 흰옷이 푸른색의 작업복으로 바뀌고, 김치가 단무지로 바뀌고, 매장이 화장으로 바뀌어도 이것은 어쩔 수 없지 않은가? 내지 사업장의 협동생활 속에서 조선의 습속을 채용하기에는 스스로도 한계가 있다. 허락하는 한도에서 적당히 조정하고 깊게 고민하면 걱정할 필요도 없다.

공장, 광산은 각자의 사정에 맞추어 자신들이 하루빨리 내지의 생활방식에 동화할 수 있도록 지도해야 한다. 다만, 노무관리의 입장에서는 '저들이 조선에서 어떠한 습속에서 생육되어 왔는가?' 하는 점을 일단 이해하고, 그 차이의 심한 정도를 인식하면서 저들을 내지의 생활방식으로 지도하는 것이 중요하다. 의식주 등과 관련해서는 이미 조선인의 특성 및 기타 항목에서 언급한 바와 같으며, 그 밖의 습속 차이로서 관혼상제를 열거해 보고자 한다.

제2절 관혼(冠婚) 풍습

1. 중매결혼을 원칙으로 한다. 중매인은 마을에 오랫동안 거주한 연장자로, 자신이 사는 곳 근처에 젊은 연령의 남녀가 어디에 있는지 항상 관찰하고 있다. 중매인은 남자와 여자 각각의 집에 가서 이야기를 듣고 양자의 의견, 희망에 따라 이야기를 진행한다.
2. 보통은 여자를 보지 않고 결혼한다. 맞선을 보는 것은 중산층 이상의 사람으로 여겨진다.
3. 결혼식은 종교식과 전통식의 2종이 있으며, 종교가 있는 자는 종교예식에 따라 교회 목사의 주례를 듣고 식을 거행하고, 종교가 없는 자는 전통식으로 군(郡)의 공회당에서 한다.
4. 식장에는 남자 보증인 2명, 여자 보증인 2명과 중매와 목사가 들어간다.
5. 목사는 여자의 의사를 들은 뒤 남자의 의사를 물어 적당하지 않다고 판단하면 혼인의 중지를 선언한다. 의견이 모아지면 남자가 여자에게 결혼반지를 건네며 부부로서의 연을 맺는다. 종교예식도 전통식도 마찬가지다.
6. 결혼식 후 여자의 집에 가서 친척, 지인들을 초대하여 피로연으로 한다. 이는 일반적으로 전통식이다.
7. 가는 도중에 말을 타거나 가마를 타고 흔들리면서 가는데, 교통이 편리한 곳은 자동차로 간다.
8. 여자는 가마 안에 요강을 넣고(쇠로 된 항아리) 도중에 용변을 볼 때 사용한다.
9. 초혼인 사람은 가는 내내 울면서 가고, 예전에 남자 경험이 있는 여자는 절대 울지 않는다.
10. 여자는 한 번 결혼하면 두 번 다시 결혼하지 않는 것이 보통이다. 곳에 따라서는 3년 지나면 재혼해도 된다고 한다. 단, 남자는 일해야 하니까 언제든지 재취(再娶)할 권리가 있다.
11. 남자는 15~16세, 여자는 17~18세부터 결혼한다.
12. 마당에 돗자리를 깔고 그 위에서 식을 올리고 소나무 가지로 모닥불을 피운다.
13. 절은 코가 땅에 닿을 때까지 숙여 두 번 한다.
14. 신랑과 신부는 결혼해도 동거하지 않고 적어도 8개월에서 길면 3년에 걸쳐 별거 생활을 한다. 그 사이 신랑이 신부 집에 왔다 갔다 하는데, 아이가 생기면 일정 기간이 지난 뒤에야 자식으로 입적한다. 태어난 날과 호적이 다른 것은 이 때문이다.
15. 첫날밤에는 방에 상을 차려놓고, 과거의 이력을 이야기하며 일생을 굳게 다짐한다.

16. 의식 중에 신부는 반드시 눈가림을 하는데, 곁에서 시중드는 사람을 따라 침실에 들어가 눈을 가린다.
17. 복장은 남자는 머리에 관을 쓰고 큰 나막신을 신고, 여자는 머리에 화환을 달고 머리를 길게 늘어뜨리고 다닌다.
18. 남자는 먼저 머리를 두 번 숙이고 이어서 여자가 네 번 숙인다. 절이 틀리면 모두가 비웃기 때문에 엄숙하게 한다.
19. 결혼하는 3일 간은 두 달에 걸치지 않는 것이 상례이다. 즉, 30일과 31일에는 혼인하지 않는다.
20. 외동딸을 졸라서 신부로 들일 때는 결혼비용을 남자 집에서 전액을 지불하도록 되어 있다.
21. 비용은 최저 50엔, 보통 300~500엔 정도이다.
22. 결혼 당일은 면(面) 전체에서 축하의 뜻을 표한다. 구경꾼에게도 음식을 대접한다.
23. 여자의 나이가 많은 것은 혼기가 지난 여자를 얻는 것이다. 부유한 불량노인은 일부다처를 하고 있지만, 일반적으로는 일부일처제이다.
24. 부잣집에는 마을의 젊은이들이 모여 신랑의 다리를 천으로 묶어 천장에 거꾸로 매달아 술값으로 얼마를 낼 거냐고 물어서 50엔, 100엔, 200엔으로 값을 올린다. 술값이 낮으면 더 위로 끌어당기고 원하는 가격이 되면 아래로 내려 준다. 지금도 행해지고 있는 풍습이다. 큰 화재가 났을 때 매단 사람을 그냥 두고 도망가는 바람에 신랑이 죽은 적도 있다.
25. 조선에서는 여자를 존중하고 남의 여자에게는 친척이 아니면 말을 건네지 않는다. 길에서 남녀가 마주쳐도 상대에게 얼굴을 보이지 않으며 얼굴을 돌리고 피하며 지나간다. 남의 아내에게 말을 걸지 않는 것이 예의로 되어 있다.
26. 여자는 남자에게 말을 걸지 않는 것이라고 배우고 자라는 바람에 결혼해서도 남편에게 말을 걸지 못한다. 부부의 친밀을 알아보는 방법으로 신랑과 신부를 포옹하도록 묶고 친척이 여러 가지 질문을 던져 말하게 한다. 여자에게는 "이 남자는 누구인가?", "남편의 이름이 무엇인가?"라고 묻고, 남자에게는 "이 여자는 누구인가?" 등 여러 가지 질문을 던지는데, 대답을 하지 않으면 안 된다. 매질을 하기도 하는데, 일종의 고문에 가까운 정도로 때린다.

제3절 장제(葬祭) 풍속

1. 사망할 때는 사망진단서를 첨부하여 군수에게 제출한다.
2. 지인이나 친구는 면(面)에 부고(통지장)를 전달하고, 수십 리 떨어진 곳에서도 이를 지참한 후 직접 만나 부고를 보여 주는데 절대로 우편 등을 이용하지 않는다.
3. 부고를 받은 친척, 지인, 친구는 일을 쉬고 장례식에 참석한다. 참석하여 남자는 의식, 여자는 취사 전체를 봉사한다.
4. 참례자는 반드시 빨강, 노랑, 보라색 봉투에 조사(弔詞)를 써서 가지고 가고, 초, 향, 담배, 부의금, 백지, 과자, 기타 음식 등을 꼭 가지고 간다. 절대로 손짓으로 불러 참례하지 않도록 되어 있다.
5. 장의위원장은 제일 가까운 친구가 맡아 장례 일체를 주도한다.
6. 종교는 불교, 기독교, 천리교, 천도교 등이 있는데, 일반적으로 무종교자가 많다.
7. 기독교도 중에 목사를 부르는 사람도 있는데, 일반인은 망자에 대한 유일한 공양으로서 참례자 모두 시종 통곡을 한다. 눈물이 나지 않으면 소리만으로 곡을 한다. 울 때가 정해져 있는데, 식사를 할 때, 공물을 줄 때, 조문객이 있을 때, 다음 날 닭이 울 때 등이다.
8. 장례식 중 또는 상중의 복장으로 아내, 자식, 손자는 황색 삼베옷을 입고, 부모는 기지를 불문하고 새로운 옷을 입고, 아내는 머리를 자르고 3년 동안 황색 삼베옷을 벗지 않는 것으로 되어 있다.
9. 망자에게는 최상의 명주를 입히고 비단 이불을 깔아 가급적 보기 좋게 한다. 하층 계급이라도 참례자들이 면 전체에서 오고 조의금도 많아져 상당한 비용을 들일 수 있다.
10. 사망과 동시에 온몸을 천으로 묶고 이를 덮어 놓은 뒤 사흘 만에 헝겊을 떼어내 옷을 입힌다.
11. 장례식 중 3일이든, 5일이든 참석자 전원이 술을 마시고, 식사는 생선, 야채 등의 일반식으로 아침, 중식, 점심, 중식, 야식을 먹는다. 그 밖에 한밤중에는 세 번 음식을 내고 한바탕 춤을 춘다. 참석자 일동은 밤이 되면 뜰에 소나무를 태워 큰불을 만들고 밤을 샌다.
12. 사망 후 발인까지의 일수는 그 집의 빈부에 따라 다른데, 가장 빠른 경우는 3일, 보통은 5일이며, 중산층 이상은 7일, 9일, 13일로 길게 할수록 유력자라고 한다.

13. 발인 당일에는 각 군에서 거지가 모여들고, 우두머리인 사람이 50~60명씩 데리고 와서 며칠 묵으면서 식사를 하는 경우도 있다.
14. 관을 짊어지는 사람은 마을의 지인으로 22명으로 되어 있다. 장지로 보내는 중에 우는 사람은 계속 우는데, 보통은 장송곡을 부르면서 보낸다.
15. 조선인은 모두 토장(土葬)을 하는데, 한 번 묘지에 묻었다가 1년 뒤에는 밤중에 자기 집 부근으로 가져온다고 한다.
16. 장례식 중에는 절대로 싸우지 않으며, 만일 난동을 부리는 자는 전원이 제재를 가한다.
17. 장례비로서는 빈부에 따라 차이가 있지만, 가난뱅이라도 50~60엔 정도 필요하며, 보통 150~160엔이 필요하다.
18. 관의 경우만 보통 15~16엔 이상인데, 중산층 이상은 은행나무 관을 사용하고, 150~160엔이 필요하다. 매장을 할 때 관이 부식되는 것을 방지하기 위해 표면에 칠을 한다.
19. 조선에서는 장례식 비용이 신분에 맞게 소요되기 때문에 불행하게도 1년에 두세 명의 사망자가 나오면 중산층 이상의 집이라도 파산한다는 이야기가 있다.
20. 매장 후 3년간 매달 1일, 15일에 가족 전원이 함께 묘지에 가서 하루 종일 울며 지샌다. 중산층 이상의 효자는 묘지 부근에 임시 가옥을 짓고 세수도 하지 않고 지낸다.
21. 집 부근에는 마을 사람들이 돈을 모아 임시로 공양당을 지어 놓고 1, 2, 3년제를 지내고 친척들을 초청하여 대접하는 3년째에 공양당을 태워버린다.
22. 묘지에는 비석을 세우고 5대 조상마다 마을 전체의 친척들이 모이는데, 아무리 먼 곳에 있어도 반드시 모이게 되어 있다. 이렇게 죽은 사람들에게 자손들이 음식을 바치고 공양한다.

제4절 습속의 차이

다케다(武田) 협화관은 습속의 차이에 관해 다음과 같이 말했다.

여보(ヨボ)라는 말은 조선인 사이에서는 '여보세요(もしもし)' 또는 '어이'라는 뜻으로 다른 사람을 부르는 의미지만, 내지인에게 '뇨보(にょうぼう, 마누라)'라고 불리는 것은 멸시의 뜻을 담고 있기 때문에 몹시 싫어하는 것이다. 또한 동일한 의미를 나타내는데 내지인의 해석과 문자를 다르게 사용하는 것이 있다. 예를 들어 일본의 '상담(相談)'이라는 말에 대해 조선에서는 '의논(議論)'이라는 말을 사용한다. 저들이 떠드는 것을 우리는 '싸움(喧譁)'이라 하고, 저들은 배에서 육지로 '상륙(上陸)'한다고 하고 우리는 '하륙(下陸)'이라 한다. '임차(賃借)'를 '세(貰)'라고 쓰기 때문에 집을 빌려 주는 '대가(貸家)'를 '세가(貰家)'로 쓴다는 점 등에 주의해야 한다."

조선에서는 경어를 그 대상자의 신분, 연령에 따라 하대어(下對語), 대등어(對等語), 상대어(上對語), 최상대어(最上對語)의 네 가지로 구분한다. 실수로 급이 낮은 경어를 사용하면 화를 내는 일이 있다. 내지에서 활발히 사용하는 '고/오(御)'라고 하는 경어는 조선에서는 옛날부터 왕족 외에는 사용하지 않는 것으로 되어 있다. 때문에 내지인에게 고/오(御)라는 경어를 쓰지 않는다고 해도 그건 경시하는 것이 아니기 때문에 화낼 필요가 없다.

노인, 기혼자가 존경받고 어린이나 미혼자를 가벼이 여기는 풍습이므로 전차 안에서 어린이에게 자리를 양보하도록 강요하는 어른을 보기도 한다. 맨살을 드러내는 것을 가장 혐오한다. 이 점에 무관심한 내지인은 그래서 반도인에게 멸시를 받는다. 반도인은 피부를 드러내지 않을 뿐만 아니라 실내에서도 의관을 정돈하고 있다. 관은 모자와 반대로 사람들 앞에서 벗는 것이 실례라고 한다.

조선의 방에서는 온돌이 따뜻한 윗목을 상석으로 삼아 어른에게 이를 양보하지만, 일본에서의 상하를 모르기 때문에 도코노마의 기둥을 등에 대고 태연하게 서 있는 경우가 있다. 상대가 어른이면 아랫사람이 먼저 말을 거는 것이 실례이다. 따라서 말을 걸기 전까지 묵묵히 있어야 한다. 반도인이 내지인을 방문한 경우, 현관에 들어서도 "무슨 용건이신지?"라고 묻지 않는 한 묵묵히 서 있기 때문에 이상한 사람으로 오해받을 수 있는데, 이렇게 잠시 서 있는 것은 실은 겸손의 미덕을 그대로 실행하고 있는 것이니 오히려 칭찬해야 마땅하다. 물건 등을 갖고 와서 내지인을 방문해도 남편이 없으면 그 물건을 부인에게 건네 주지 않는다. 이것은 부인과의 대화를 사양하기 때문이다.

조선에서는 남녀가 허물없이 대화를 나누는 것을 허용하지 않는다. 조선인과 인사하는 경우 "부인에게 안부를 부탁드린다"라는 말은 꿈도 꾸지 말아야 한다.

기타 여러 가지가 있지만, 요점은 형태의 차이에 지나지 않는다. 사람은 자신과 다른 풍습을 경시하고 배척하기 일쑤이기 때문에 충분한 주의를 촉구하며, 적극적으로 반도인과 친해지고 저들을 연구하여 그 정신이 존중하는 바를 참작하여 상호 따뜻한 교제를 계속하도록 하고 자발적으로 고치도록 지도하는 것이 중요하다고 생각한다.

제7장 사용자의 경험

1939년 가을 이입 초기 탄광의 갱내 작업에 조선인을 사용한 체험자의 감상을 수집한 결과는 다음과 같다. 몇 마디 안 되는 짧은 말 중에도 노무관리에 시사하는 바가 매우 많기 때문에 이를 그대로 옮긴다.

탄광에서 조선인을 사용한 체험자의 감상

1. 조퇴 방지에는 상첨(上添), 하첨(下添)[33]에 감시자를 두면 효과적이다.
2. 회유, 친절, 동정도 지나칠 경우 나쁜 결과를 초래하는 경우가 많다.
3. 작업용 생활용어집의 '팸플릿'을 만들어 각자에게 배포하기 바란다.
4. 동작에 민첩성이 결여되어 입갱시간에 늦어 곤란하다.
5. 조퇴자, 게으른 자를 응징하는 데는 임금카드를 찢는 흉내를 내며 임금을 지급하지 않겠다고 하면 효과적이다.
6. 반장, 통역의 인선 소홀에 불만이 많으며, 이의 좋고 나쁨에 따라 작업에 심대한 영향이 있다.
7. 시간에 상관없이 도시락을 먹어치우고 정작 식사시간에는 남의 도시락을 훔쳐 먹고 빈 도시락을 던져 놓기 때문에 도둑맞은 사람이 다음날 곤란해진다.
8. 호적과 실제 나이가 다른 자도 다수 있고, 난해한 이름이 많기 때문에 명찰에 후리가나를 붙일 필요가 있다.
9. 휴식시간 등에 고향의 사연을 화제로 말을 걸면 상호간 친밀감이 깊어진다.
10. 린치는 절대 가하지 말 것. 가해자가 희생되는 정도로 끝나지 않는 결과를 초래할

33 갱도의 부분적 명칭으로서 작업장 출입로에 해당한다.

수 있으니 주의하라.

11. 작업 종료 뒤 근무 상태, 능률상의 강평을 해 두고 좋은 점은 적극 칭찬하는 것이 좋다.
12. 동료들이 나쁘다고 인정한 자는 조금만 나무라도 누구도 소란을 피우지 않는다.
13. 동향인이나 친구, 동지들끼리 결속하여 제멋대로 행동하는 것을 따라 하는 경향이 있다.
14. '일본어', '일본인', '일본'이라는 말보다는 '국어', '내지인'이라고 말하는 편이 감정을 자극하지 않는다.
15. 강압과 온정으로 반도인을 통제할 힘이 있는 담당자가 한 명 정도 현장에 필요하다.
16. 갱내에 금지물건을 휴대하는 사람이 많기 때문에 현장에서 불시검사를 실시하면 효과적이다.
17. 물이 새는 현장에서는 우의, 채석 현장에서는 마스크를 사용하도록 하면 능률적이다.
18. 여러 차례 반복하여 교육하는 것이 중요하다.
19. 반도인이 싫어하는 '니어미 씹할 놈(니기미씨팔)'(ニキビシバラ, 불륜행위), '이놈의 새끼'(イヌモセキ, 바보), '나쁜 사람'(ナツブサロメ) 등의 말을 조심할 것, 동시에 '당신'(タンシ)이라고 부르면 아주 기분 좋게 대답한다.
20. 젊은 반장은 통제력이 부족하다, 반장에게 완장을 채워 주면 감독으로 오인하고 일을 안 하는 사람이 있다.
21. 도시락을 잊어버리고 왔을 때 자기 것을 주면 매우 고마워한다. 작은 일에도 그들은 복종한다.
22. 민족적 모욕감을 주는 말, 예컨대 "조선은 망한 나라다" 따위의 말은 절대로 하지 말 것.
23. 나이가 젊기 때문에 장래에 숙련공이 될 거라는 희망이 있는데, 2년 내로 돌아간다고 하면 실망한다.
24. 자발적으로 일을 하거나 타인의 몫까지 도와주는 사람이 적다.

25. '철관연결하기(鐵管接ギ)'와 같이 더러운 곳의 일도 아무렇지도 않게 하는 점은 훌륭하다.

26. 훈련 중이더라도 시간 연장의 경우에는 수당을 늘리는 것이 타당하다. 반장의 임금은 조금 늘려야 한다.

27. 훈련 중에는 임금이 정해져 있기 때문에 힘든 일이나 남은 일을 기피한다.

28. 증가, 공제의 경우는 잘 설명하여 납득시키지 않으면 시끄러워진다.

29. 경험에 따르면, 임금의 비율은 채탄 10, 굴진 9, 충전 8.5, 지주 8, 기타 7이 타당하다.

30. 훈련 중에 놀아도 임금은 반드시 받는다고 생각하는 자가 많다.

31. 임금통제령의 취지를 노동계가 철저히 가르치지 않으면 현장에서 곤란한 일이 생긴다.

32. 내지인 갱부의 태도는 온순하고 친절해졌다, 조선인이 좋아할 만한 도시락 반찬을 가져다 주는 자도 있다.

33. 내지인 사키야마는 힘들기 때문에 조선인 아토야마를 반가워하지 않는 분위기가

34. 조선인의 수가 많기 때문에 내지인이 조선인의 단점에 오염되지 않을까 우려된다.

35. 내지인이라는 이유만으로 일부러 반항적인 태도를 보이는 조선인도 있다.

36. 모집지에서 들었던 설명과 현장의 취업조건에 차이가 크다며 호소하는 사람이 많다.

37. 반도인 일지를 작성해 현장과 노무가 연락을 취하면 효과적이다.

후편 쿨리(苦力)

제1장 총설

제1절 쿨리의 의미

"쿨리라는 말은 원래 중국어가 아니다. 중국어 문학에서는 노동자를 줘공저(做工者), 리줘저(力作者) 등이라 하고, 속어로는 줘공더(做工的), 리줘더(力作的)라고 하며, 양쪽 모두 궁런(公人), 샤오궁(小工) 등이라고 한다. 오늘날 우리가 말하는 쿨리는 만주와 중국인 미숙련 노동자를 총칭하는 말로, 근력에 의지하여 생활하는 무리(受苦累的人)라는 뜻인데, 이 쿨리라는 말이 어째서 노동자라는 뜻으로 통하게 되었는지에 대해서는 사람에 따라 설명이 다르다."(만철경제조사회「만주의 쿨리」)

"지나(중국)에서는 이들을 노동자라고 하지 않고, 따로 '쿨리'라고 칭한다. 쿨리는 영어의 'Coolie' 또는 'Cooly'의 번역어로, 이 단어는 원래 영단어가 아니라 타밀어의 번역어이다. 대개 타밀어에서 쿨리는 '고용'이라는 뜻인데, 서구가 동양에 진출할 시기 서양인이 아시아인의 미숙련 노동자를 이 단어로 총칭한 것이다. 19세기 이후 유럽인의 저서에서는 모두 쿨리라는 단어가 널리 사용되는데, 자신이 직접 여비를 부담하거나 고용주인 백인과 연(年) 단위로 계약하여 그 백인의 부담으로 외국으로 이주한 인도인과 중국인의 미숙련 노동자 그리고 각각 해당 지역의 백인에게 고용된 미숙련 인도인, 중국인 노무자로 정의했다. 그 후 19세기에 들어서 저 유명한 동인도회사의 대중국 무역이 더욱 발전하고 광둥(廣東)이 무역항으로 번성하면서 중국 상인과 거래가 이루어졌다. 이에 영국인의 상관(商館)이 격증하고, 이들 영국의 상관에서 사용하는 중국인 노동자의 수가 점차 증가하는 동시에 개항장에서는 쿨리라는 말이 일반적으로 사용되기에 이르렀고, 마침내 중국인도 역음인 '쿨리(苦力)'라는 문자를 사용하게 되었다. 한편 남양, 기타 식민지에서 백인에 고용된 중국인 노동자도 증가하고, 차이나쿨리(支那苦力)라는 말이 해외에서도 널리 사용되기에 이르렀고, 19세기 말엽부터 차이나쿨리라는 단어의 사용이 더욱 확장되어 단순히 외국인만 사용하는 미숙련 중국인 노동자를 지칭하는 데 그치지 않고, 모든 중국인 미숙련 노동자를 지칭하게 되었다."[1920년『사회정책시보』 창간호 중 고마쓰 도시로(小松敏郎)의 논설]

"쿨리란, 순수 중국어가 아닌 유럽인이 도래한 후 유럽인이 중국인 인부를 가리키는 총칭이 되었다. 중국인들 사이에서 쿨리(苦力)라는 말은 쓰지 않는다. 그들끼리는 항상 '쿵런(公人)', 신조어로는 '라오둥저(勞動者)'라고 한다. 하지만 외국인이 동양에 와서 차츰 중국인 노동자를 고용하는 일이 많아지면서 항상 저들을 가리켜 '쿨리'라고 호칭하기에 이르렀고, 바야흐로 외국인의 왕래가 빈번한 곳에서 쿨리라는 말이 매우 보편화되면서 거의 중국어가 된 것 같다. 쿨리는 '힘에 의지해 생활하는 사람'을 뜻한다. 그러나 원래 중국어가 아니기 때문에 쿨리의 범주는 매우 불명확하다. 그래서 내가 본 바로는 쿨리라는 말의 범위는 노동자보다 훨씬 좁으며, 더욱이 어떤 기술을 지닌 사람을 쿨리에 포함시키는 것은 온당치 않은 것 같다"[우에스기 마스요시(上杉益喜) 저『중사仲仕쿨리의 연구』]

오늘날에도 쿨리라는 단어의 사용범위가 명확하지 않고, 단지 몸에 누더기를 걸치고 있는 만주인이나 중국인을 보면 모두 쿨리라고 단정하는 사람이 적지 않은 듯하다. 요컨대 쿨리는 다음과 같다.

1. 한족 및 만주족일 것
2. 미숙련 노동자일 것
3. 타인이 결정하는 노동에 종사하는 임금노동자일 것
4. 주로 야외에서 육체노동에 종사하는 자일 것

이하에 설명을 덧붙여 보자.

1. 일반적으로 만주에서 쿨리라고 하는 것은 대부분 한족이고, 만주족도 다소 있다. 그러나 만주의 조선계 노동자에 대해서는 절대로 쿨리라고 하지 않는다.

2. 쿨리는 미숙련 노동자이다. 여기에서 미숙련 노동자는 직공 또는 장인처럼 기술적 훈련을 거친 노동자가 아니라는 의미로, 아무런 경험을 필요로 하지 않는 것은 아니다. 그리고 우리들이 말하는 쿨리는 실제로 '어떤 노동에 종사하고 있는가?'라는 취업 형태에서 나오는 명칭이다. 그러니까 어떤 중국인 목수가 있는데 목수 일이 없어서 우연히 토목공사에 종사하는 경우에 그때는 목수가 아니라 쿨리라고 보아야 한다. 이는 자작농이 인부로 고용된 경우에도 마찬가지다.
3. 노동자라면 모두 타인이 정하는 노동에 종사하는 자이어야 함은 당연하다. 자신의 일을 하는 소작인 또는 인력거를 소유하고 있는 인력거꾼 등은 여기에서 말하는 노동자가 아니다.
4. 쿨리는 주로 실외에서 취로하는 자이다. 즉, 토공·하역 쿨리, 채탄 쿨리 등과 같은 것이 그것이다.

이로써 쿨리라는 말은 이제 완전히 중국어가 되어 버렸다. 그것은 중국인의 전문 저서(제1차 중국노동연감 제625쪽)에서도 쿨리라는 말이 사용된 것을 보아도 명백하다(만철경제조사회 「만주의 쿨리」).

제2절 쿨리에는 네 가지 종류가 있다

각종 문헌을 통해 또 항간에 전해지는 이야깃거리에 따르면, 우리가 생각하고 있는 쿨리는 '동물적 생활에 안주하고 있는 인간쓰레기'라는 느낌으로 일단 이해하고 있는 것 같다. 그러나 한 번 북중국 각지를 시찰하여 현지의 실정에 대해 세심하게 고찰하면 관념과 사실 간에 차이가 매우 크다는 점에 놀랄 것이다. 물론, 모든 쿨리가 상상 이상으로 훌륭하다는 의미는 아니라 '쿨리라는 말을 듣는 사람 중에 이렇게 진보한 노무자가 있었는가?' 하고 놀라는 정도의 이야기이다. 이처럼 우리는 쿨리라는 것을 저급하고 열등하게 평가하고 있다. 어째서 이토록 저급한 동물적 생활을 하는 무리로 평가받게 되었을까?

우리가 이해하고 있는 쿨리는 도시의 인력거꾼이나 고용조건이 형편없는 농업노동자 등의 이야기로 추정했을지도 모른다. 고용주로부터 임금다운 임금도 받지 못하고, 노동의 대가로서 토지를 사용해도 좋다는 허락을 받는 정도이거나 약간의 토지와 방을 빌려 거기에서 나오는 수확물을 소득으로 허락받는 소작 정도가 빈농노동자의 일반적인 형태이며, 그들은 고용주의 필요에 따라 언제든지 일해야 하고 죽을 때까지 일한다. 지주나 부농에 대한 빚을 갚기 위해 몇 년을 무보수로 일하는 사람도 있다. 어린 시절에 팔려 그 채무를 상환할 때까지 몇 년이고 노동하는 사람도 있다. 연말에 금품을 빌리고 다음 해 농번기에 노동을 미리 약속하는 것, 가축(소 한 마리 빌리는 값은 3일분의 노동과 같다고 한다)이나 농기구를 빌리고 이를 인력으로 갚는 것, 스스로 땅을 가지고 있는 상용공인 '대지용공(帶地傭工)', 임금 대신에 고용주로부터 아내와 집을 얻어 거주하는 '취처성가(娶妻成家)', 처자 없이 무급노동에 종사하지만, 고용주가 노후를 보살펴 주는 '양로장공(養老長工)', 아직도 잔존하느냐고 반문하고 싶어지는 노예노동 등이 있다. 이렇게 난잡한 고용조건 속에서 태연하고 묵묵하게 일하는 노동자, 즉 쿨리를 동물적 저급생활자라 이해해도 한편으로는 납득이 갈 만하지 않은가?

그렇다고 해도, 우리같이 내지 노무관리의 지도자들로서는 도저히 이해할 수 없이 빈곤한 생활에 만족하고 있는 쿨리를 모든 산업의 노무자에게 적용하여 공장이나 광산의 노무자도 이와 같다고 단정한 것은 돌이켜보면 인식이 매우 부족했다는 것을 새삼 통감한다.

쿨리라고 해도 여러 종류가 있으며, '과연 어떠한 쿨리가 내지 노동력 충족의 일익을 담당할 수 있는, 소위 바로 이입할 수 있는 쿨리가 될 수 있을 것인가?' '그 종류는 무엇인가?' 라고 묻는다면, 나는 적어도 내지 이입의 경우 그 대상이 될 수 있는 쿨리에 네 가지 종류가 있다고 답하겠다.

첫째, 천재(天災), 인재(人災)에 쫓겨 빈궁한 처지에 있고 부락(部落)에서 부락으로 유랑하거나 만주와 몽강(蒙疆)의 멀리 떨어진 곳까지 가서 돈을 벌고자 하는 자들로, 이들을 임시로 '난민(亂民) 쿨리'라고 부른다.

둘째, 도시에서 방적 공장의 노무자, 톈진(天津), 탕구(塘沽), 친황다오(秦皇島), 칭다오(靑島), 롄윈항(連運港) 등의 부두에서 일하는 하역 쿨리, 카이란(開灤)탄광, 중싱(中興)탄광 등의 근대적 설비가 갖추어진 광산 등에 고용되어 있는 이른바 숙련공이라고 불릴 만한 자들로, 이들을 '기경험 쿨리(旣經驗苦力)'라고 부른다.

셋째, 농업노동에 종사하는 지방의 양민으로서 경작지에서 잉여노동력으로 간주되는 자

중에서 또는 이하에서 설명하는 파두(把頭)를 통해서나 업자가 직접 또는 공적 사적 소개 기관 등을 통해서 모집하는 자로, 이들을 '농민층 모집 쿨리'라고 부른다.

넷째, 이번 중일사변 이후 황군의 토벌작전에 따라 포로가 되거나 귀순한 병사들이 일정한 훈련소에 수용되어 정규훈련을 수료하고 일단 양민으로 풀려나는 자들을 쿨리반에 편성한 것, 즉 가칭 '포로·귀순병 쿨리'와 같이 네 종류가 있다.

이 중 어느 하나는 내지의 노동력 충족에서 일익을 담당할 수 있다고 생각한다.

제2장 난민 쿨리

제1절 유랑난민의 무리

천재지변, 기근, 병란, 도적 등의 재앙에 쫓겨 식량을 잃고, 가재도구를 빼앗기고, 몸에는 누더기를 걸치고, 병든 아내를 등에 지고, 유일한 재산인 한 장의 거적과 얇은 이불을 안고, 부락에서 부락으로, 역(驛)에서 역으로 유랑해 가는 거대한 무리의 난민.

우리들은 매일같이 이 거대한 무리가 톈진(天津), 지난(濟南)의 역 앞에 줄지어 서서, 북적거리고 있는 광경을 몇 번이나 경이로운 눈으로 바라보았다. 그리고 역시 이것이 우리가 이해하고 상상하고 있던 쿨리인데, '내지로 돌아갈 때도 이러한 거대 무리를 데리고 가야 할 텐데….'라고 상상하면서 실망이라 할지, 적막이라 할지 뭐라 표현할 수 없는 감정으로 쿨리 한 사람씩 다시 살펴보기도 했다.

그러나 이들이야말로 빈궁의 밑바닥에 있으면서도 돌에 부딪쳐도 살아가겠다는 삶에 대한 깊은 집착을 잃지 않는다. 역 앞의 돌무더기에 누워 하룻밤이라도 기차가 출발하기를 애타게 기다리고 있다. 아니, 저들에게 그런 일은 고통이 아닐지도 모른다. 천성적으로 하늘에 순응하고 호기심 많고 물질에 얽매이지 않는 성품 때문에 저들의 유랑난민의 여행이 '향락'인 것처럼 보이기도 한다. '삶'에 대한 집요한 끈기와 천의를 따르는 숙명관 때문에 번쩍이는 정어리 떼처럼 몰려다니는 난민의 무리가 일견 '화려한 노동시장'처럼 보이기도 하지만, 확실히 중국의 민족성을 한 마디로 축소해 보여 준다는 점에서 흥미롭다.

지친 얼굴, 야윈 손발, 흙빛을 띤 피부, 강해 보이는 남자도 있지만, 숨이 가쁜 노인도 있다. 다리를 절면서 걷는 노인, 때 속에 얼굴이 있는 것 같은 아귀 그리고 짐짝처럼 업고 다니는 아기, 그러한 일가권속을 거느린 이주자이며 다시 말해 돈을 벌기 위해 발버둥치는 쿨리의 무리이다. 매일매일 '아-, 아- 이거 뭐지?' 하며 놀라고, '어떻게 이렇게 많지?'라고 묻고 싶을 정도로 큰 역의 보도와 광장에는 시간을 초월하고 추위와 더위를 무시한 채 우글거리고 있다.

얼마나 많은 쿨리가 돈을 벌기 위해 만주로 가는지 화베이노공협회(華北勞工協會) 지난변사처(濟南辦事處)가 조사한 것을 살펴보면 다음과 같다. 화베이 전체에 걸쳐 있는 9개 변사처에서 조사한 숫자는 미루어 짐작할 만하다.

출국(경) 노공증(勞工證) 발급수 조사(만주국 방면, 1941년)

	단체	개인	계	동반가족수
1월	300	2,634	3,234	2,260
2월	3,969	10,365	14,334	4,826
3월	9,381	9,716	19,097	6,680
4월	16,704	4,995	21,699	3,613
5월	18,580	3,548	22,128	3,617
6월	7,241	2,233	9,474	1,968
7월	2,900	1,753	4,653	815
8월	1,374	857	2,231	468
9월	2,589	2,556	5,145	723
10월	3,024	2,184	5,208	1,040
11월	3,670	2,354	6,024	1,449
12월	5,949	2,673	8,622	1,762
계	75,981	45,868	121,849	29,221

만주, 관동주 방면 출경 쿨리의 수 조사(1942년)

	만주국	관동주	계
1월	4,026	124	4,150
2월	4,219	161	4,380
3월	27,891	498	28,389
4월	20,492	477	20,969
5월	11,823	289	12,112
6월	3,777	325	4,102
7월	6,527	251	6,778
8월	3,225	165	3,390
9월	4,759	367	5,126

	만주국	관동주	계
10월	9,247	623	9,870
11월	16,116	1,153	17,269
12월	–	–	–
계	112,102	4,433	116,535

위와 같이 지난변사처에서 취급한 쿨리의 총수만 해도 1941년의 가족 수를 합하여 약 15만 명, 1942년에는 가족 수를 제외한 수가 약 11만 6,000명이다. 도대체 이렇게 많은 쿨리들을 내지로 이입할 수 있을까?

질서정연하게 노무관리가 접수된 내지의 공장, 광산에 이들을 데려온 경우를 상상해 보아도 좋다. 아마 짐작하고도 남을 것이다. 새삼스럽지만, 이러한 난민 쿨리 무리들은 결코 내지의 공장이나 광산이나 항만 노무자로 데려올 수 없다.

능률 면, 소질 면, 치안 면에서 봐도 만일 이러한 무리들이 득실댄다면 공장과 광산의 질서와 시설, 관리는 아마 하루아침에 파괴되지 않을까 하는 생각마저 든다. 아무리 내지의 노동력 충족이 어렵더라도 이런 종류의 난민 쿨리를 이입하는 것은 아마 한참 후의 일이 아닐까 싶다.

제2절 천재(天災)와 인재의 빈발

민중이 농촌을 이탈하여 유민이나 이주민이 되고, 최악의 경우에는 도적이 되어 봉기가 일어나는 데는 여러 원인이 있다.

농촌 인구의 격증에 따른 생산과 소비의 불균형이 그 하나이며, 군벌정치의 가렴주구, 수년 전과 똑같은 세금 같은 것이 그 둘째지만, 화베이 농촌이 붕괴된 데는 끊으려고 해도 끊을 수 없는 악연으로서 '지나(支那)의 우울'이라고 알려진 황하와 여러 강물의 범람, 가뭄, 메뚜기, 풍해, 우박 등이 그 주요 원인이다. 해마다 화베이의 어느 곳에서든 맹위를 떨치는 천재(天災)와 더불어 내란과 도적에 따른 난리가 끊이지 않는다.

천재, 인재가 가장 격렬했던 것은 1927~1928년의 국민혁명의 내란에 따른 전란과 비적

중화민국 연간 산동 · 허베이의 재해표

중화민국	1년(1912년)	–	–
	2년(1913년)	허베이	잉딩허(永定河) 제방붕괴
	3년(1914년)	산둥	황하 범람
	4년(1915년)	허베이	톈진 지진
		산둥	황하 제방붕괴
	5년(1916년)	–	–
	6년(1917년)	허베이	수해(피해 13개 현)
		산둥	수해
	7년(1918년)	산둥	수해
	8년(1919년)	–	–
	9년(1920년)	허베이	가뭄
	10년(1921년)	허베이	수해(산시를 포함한 이재민 9,814,232명)
		산둥	수해
	11년(1922년)	–	–
	12년(1923년)	허베이	불명
		산둥	불명
	13년(1924년)	허베이	수해(손해 2,500만 위안)
		산둥	수해
	14년(1925년)	허베이	메뚜기
		산둥	황하 결궤(決潰)
	15년(1926년)	산둥	황하 결궤(침수 면적 12,194㎢)
	16년(1927년)	산둥	가뭄 및 메뚜기
	17년(1928년)	허베이	가뭄
		산둥	
	18년(1929년)	허베이	메뚜기
		산둥	수해 및 메뚜기
	19년(1930년)	–	–
	20년(1931년)	산둥	홍수
	21년(1932년)	허베이	수해
		산둥	가뭄, 수해, 메뚜기
	22년(1933년)	허베이	메뚜기
		산둥	수해, 메뚜기(피해자 100만 명)
	23년(1934년)	허베이	수해
		산둥	
	24년(1935년)	허베이	수해, 가뭄
		산둥	
	25년(1936년)	허베이	가뭄, 풍해
	26년(1937년)	허베이	역병
		산둥	가뭄
	27년(1938년)	허베이	수해
		산둥	가뭄, 메뚜기
	28년(1939년)	허베이	수해, 가뭄
		산둥	수해, 가뭄, 풍해

(匪賊)떼의 난리에 이어서 미증유의 수해, 가뭄이 더해져 산둥(山東)의 대부분과 허베이(河北) 남부가 완전히 재해를 당하였는데, 중화민국 연간에 들어서도 1939년(민국 28)에 이르기까지 불과 30년도 안 되는 사이에 무려 77회의 재해를 겪었다. 시험적으로 산둥, 허베이의 두 성(省)의 사례만 봐도 표와 같다.

이와 같이 최근 28년간 허베이와 산둥에서 천재지변이 없었던 해는 고작 5년에 지나지 않으며, 나머지 해는 몇몇 천재지변이 덮쳐왔고, 그 건수도 수해 24회, 가뭄 12회, 수해 8회, 그 밖에 풍해, 역병, 지진이라는 온갖 천재지변이 휩쓸었다. 이로 인해 유민이 되어 이주하는 자들이 허다하여 1927년의 대재해 시기에는 만주와 중국 간의 이동인구가 백만을 돌파했다고 한다.

난카이(南開)대학의 산둥 농민의 이촌(離村) 원인 분석에 따르면, 경제적 원인에 따른 것이 69%, 천재지변에 따른 것이 27%, 그 밖의 원인이 3%로 되어 있지만, 만주노공협회의 이촌 원인 조사에서도 가뭄에 따른 것이 25.4%, 수해에 따른 것이 15.2%, 메뚜기에 따른 것이 3.7%로 되어 있어, 이주민의 반수가 천재지변에 따른 것이라는 것을 알 수 있다.

제3장 기경험 쿨리

제1절 의미

기경험 쿨리는 현재 탄광, 공장, 하역작업 등에 종사하고 있는 고용노무자를 가리킨다.

이들은 회사가 직접 또는 파두(把頭)제도를 통해 노동조직에 포함되어 회사와 고용계약을 체결하여 정식으로 광부로 등록되어 있는 자이며, 확정된 취업조건하에서 작업하고, 주거의 경우 가족은 사택, 독신자는 기숙사에 수용되며, 자녀를 위한 학교를 제공받고 주부를 위해서는 주부회가 만들어져, 훈육과 연성도 어느 정도 진행되는 동시에 영화, 연극, 도서, 종교, 채소, 가축 사육 등과 같은 복리시설도 완비된 생활환경에 놓여 있다. 말하자면 내지의 번듯한 노무자와 비교해도 손색이 없는 매우 뛰어난 노동조건하에서 일하는 노동자를 말하는 것이다. 그 대표적 사례로, 카이란(開灤)탄광의 노동사정을 언급해 보겠다.

제2절 카이란탄광 노동사정

기경험 쿨리의 사례를 카이란탄광에서 살펴보자.

카이란탄광의 '사용노무자'는 직할공(直轄工), 청부공(請負工)을 합하여 1만 1,000명인데, 그중 25%가 갱외, 75%가 갱내에 근무하고 있다. '고용' 초부터 엄격주의를 견지하면서 채용 후 3개월 간을 수습기간으로 하고 그 기간 동안 성적이 60점 이하인 자는 해고한다. 채용할 때는 탄광 소재지에 점포를 지닌 보증인을 내세워 서약서를 제출하도록 하는 채용엄선주의의 원칙을 취하고 있다.

이렇게 엄선한 결과, 한 번 채용된 자는 탄광에 정착하고 이동률도 극히 적다. 연간 이동률은 직할공 28%, 외공 20%, 평균 16%, 연간 약 1회 이동하는 것도 드물고, 이동률이 70~80% 전후인 내지 탄광에서는 상상할 수 없이 낮은 비율이다. '평균근속연수'는 직할공이 13년, 외공조차 5년이다. 내지 탄광의 최근 평균이 3년인 것에 비하면 뜻밖의 결과이다.

평균 연령은 32살이다. '가족동반자'가 70.1%를 차지하고 있고, '독신자'는 겨우 20.9%라고 한다. 실로 우리나라의 탄광에서 요즘 가족동반자가 급감하는 실정과 비교할 때 오히려 부러움을 느낀다. 노동시간은 보통 8시간 3교대이며, 3번째는 수선작업이고 갱외는 9시간 노동이다. 그리고 '임금'은 96전(錢) 이하인 자가 전체의 25%, 96전 내지 1엔 16전인 자가 15%, 1엔 16전인 자가 60%를 차지하고 있다.

	최고(엔)	최저(엔)	평균(엔)
이공(裡工, 직할공)	2.54	0.78	1.06
외공(外工, 청부공)	3.73	0.65	0.99

쿨리의 노동은 원칙적으로 1년 무휴식이고, 적어도 연간 330일은 근무하는 것을 보통으로 하는데, 회사에 따라서는 다음과 같이 정해진 '정기휴일제'를 채택하고 있는 것 외에 연간 8일까지 유급 휴일이 설정되어 있다.

1월	1일, 2일, 3일
2월	11일
4월	3일, 29일
12월	30일, 31일
설날(春節)	음력 설날 당일, 2일, 3일
청명절(淸明節)	음력 4월 5일에 해당하는 날
단오절	음력 5월 5일
추석(仲秋節)	음력 8월 15일
공자탄신일	음력 8월 27일
중화민국건국일	음력 10월 10일

이들의 주택 또한 번듯하다. 현재 1,100명, 그 가족 1만 1,000명을 수용하고 있는데, 현재 경비 2,000만 엔의 예산으로 8,000호의 사택건설계획을 추진하고 있다. 벽돌 2칸(間)식과 3칸식이 있으며, 월세는 2엔 내지 3엔, 전기, 수도는 무료이다. 신설계획중인 사택은 1반(反)

2무(畝)의 밭이 딸린 10평의 주택인데, 밭에는 배추, 무, 청경채, 인삼, 땅콩, 옥수수, 수수 등을 경작하는 것 외에 사택에 딸린 가축우리에는 토끼, 닭, 돼지, 칠면조, 양 등을 사육한다. 대규모 시설인 견적도의 개략을 제시하면 앞서 말한 바와 같다.

쿨리는 목욕도 하지 않는 불결한 사람들로 인식되지만, 여기에는 훌륭한 공동목욕탕이 설

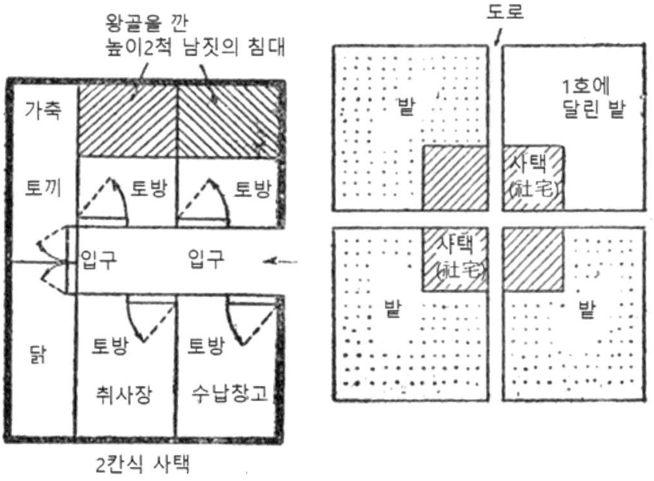

비되어 있다. 3회 목욕료 1전이라는 저렴한 가격이기 때문에 하루 이용자 수가 6,000명에 이른다.

병원과 설비는 내지의 탄광 어디에서도 볼 수 없을 정도로 외관과 장비가 구비되어 당당한 명물이다. 해당 탄광의 탕산(唐山)광업소 부속병원은 258병상을 보유하고 있으며, 공상(公傷) 환자에 대해서는 무료로 치료하고, 사상(私傷) 환자도 휴업수당을 지급하지 않을 뿐, 무료로 치료를 받을 수 있다.

공상 사망에 대해서는 조위금으로 600엔, 장례비 150엔, 그 밖의 수당으로서 공임 10개월분 약 300엔, 총 1,050엔 정도를 지급한다. 사상병 사망의 경우에도 조위금 500엔 외에 장례비 약간을 지급하는 것 외에 이들 유족 중 생계가 곤란한 자는 교양원에 수용하여 멍석 돗자리 짜기 등의 수내직을 제공하여 생활대책을 강구하고 있다. 불구자의 경우에는 앞서 서술한 조위금을 기준으로 그중 85% 정도를 최고로 하여 장애 정도에 따라 지급하는 것 외에 10개월분 정도의 공임을 지급한다.

자녀 교육에서도 12세 이하의 아동은 모두 회사에 있는 학교에 보내고, 18세가 되었을 경

우 남성은 작업공, 여성은 시집을 보내는 등의 방법을 강구하고 있다. 현재 회사 부설 초등학교는 12곳, 중학교 1곳, 여학교 1곳이 있다. 교사 수는 250명이며, 중학교, 여학교의 재학생은 570명 정도로 추산하고 있다. 그 밖에 기술자양성소, 간호사양성소 등의 시설도 함께 보유하고 있다.

위안오락시설로는 공인(工人)구락부가 있다. 극장풍의 건축으로 도서실이 부설되어 있다. 일체를 공인의 자치 관리에 맡겨 자유롭게 사용하도록 하고 있는데, 연극, 음악, 무도 등의 행사가 자주 반복된다.

상여금으로는 설날에 최고 1개월분의 임금을 기준으로 근무상황에 따라 차감 지급하고, 퇴직수당도 같은 방법으로 최고 10개월분을 기준으로 지급한다.

1년 이상의 근무자로서 성적이 우수한 자는 1일당 5전 내지 10전을 저축하게 하여 회사에 6%의 이자를 부과하고, 5개월 동안 지속하는 경우는 예금액과 같은 금액의 돈을 지급하는 제도를 취하고 있다. 현재 가입자 성적은 직접공이 35%, 청부공은 25%이다.

식량의 배급은 물자부족의 상황인 만큼 특히 신경을 쓰고 있다. 그들이 즐겨먹는 만두의 재료는 보통의 수단으로는 쉽게 입수할 수 없다. 예를 들어 입수한다고 하더라도 거의 암시장 가격이 될 수밖에 없다. 물가가 크게 오른 오늘날에는 밀가루 1포대의 암시세가 60엔 내지 80엔인데, 그 밖의 쌀, 옥수수 등도 마찬가지다. 회사는 입수하기 곤란한 생계물자는 현물배급을 통해 생활을 보장하고, 노동이동과 유랑의 방지책으로 삼고 있다. 엄격한 고용의 이유 또한 이러한 채용 후의 대우를 고려하기 때문이다. 식량 배급 방법은 다음과 같다.

(1) 1개월 11시간 공수(工數, 1공수는 8시간)당

밀가루 1포대를 2엔 40전으로 배급한다.

(2) 1개월 12~22시간 공수당

쌀 1포대의 시가보다 1엔 20전 할인된 금액을 현금으로 지급한다.(1엔 20전은 회사의 지출단가로서 시가의 변동에 대처하기 위해 차액을 보조하는 의미이다.)

(3) 1개월 23~25시간 공수당

쌀 1포대의 시가의 3/10을 현금으로 지급한다.

(4) 1개월 26공수 이상은 위 (1)의 밀가루제로 돌려 동일한 단계에 따른 배급방법을 반복한다.

(5) 식량배급 외 '연료'로서 2호분(粉) 1톤을 1엔 60전으로 계산하여 직접공에게는 연간 9톤, 외공에게 연간 6톤을 배급하고 있다.

이상은 카이란탄광의 노무자 취업상태를 대강 설명한 것인데, 대체로 이와 같은 취업조건 하에 근무하며, 근무율도 직접공 90%, 외공 82%, 평균 84%를 나타내며, 채탄능률도 갱내부 1일당 ○.○~○.○톤, 갱내외 평균은 ○.○톤을 기록하고 있다. 이것이 과연 내지에서 상상하고 있던 쿨리가 맞는가?

내지의 탄광노무자와 비교할 때 어떤 점에서 우열이 있느냐고 반문한다면, 어떻게 답해야 할까? 카이란탄광에 한정하지 않고 약간의 차이는 있어도 대체로 유사한 노동조건과 비슷한 생활환경에 있는 중싱(中興)탄광이나 톈진(天津), 탕구(塘古)의 하역작업에 있어서도 이러한 사례를 확인할 수 있다. 이전의 쿨리로서 한마디로 정의할 수 없는 이유가 여기에 있다.

이와 같이 기경험 쿨리라면, 내지의 탄광, 하역, 어떠한 사업장에 데려다 놓아도, 내일 당장 사용하더라도 훌륭한 노무자이지만, 이들을 좀처럼 쉽게 이입할 수 없는 데는 여러 가지 사정이 잠재해 있으니 세상의 일이란 생각처럼 쉽지 않다.

제3절 화베이(華北) 산업의 노동력수요도

북중국의 노동력이 아무리 풍부하다고 해도 앞에서 기술한 바와 같이 숙련된 노무자는 결코 남아돌지 않는다. 예를 들어 탄광만 하더라도 카이란(開灤), 중싱(中興)의 대탄광을 비롯하여 징싱(井陘), 정펑(正豊), 라이우(萊蕪), 구산(孤山), 신타이(新泰), 치셴(磁縣), 류허(柳河), 장청(長城), 쯔촨(淄川), 보산(博山), 먼터우거우(門頭溝), 류취안(柳泉), 자오줘(焦作), 화바오(華寶), 시산(西山), 서우양(壽陽), 푸자탄(富家灘), 쉬강전(軒崗鎮), 류허거우(六河口), 핑신(憑心), 시산(西山) 등 여러 탄광이 있고, 더욱이 몽강(蒙疆)지구에는 다둥(大同), 다칭산(大青山), 샤화엔(下花園) 및 룽옌(龍烟)철광 등 대동아공영권 건설을 위해 긴급히 개발해야 하는 곳이 적지 않는데도 필요한 노동력은 반드시 충분하다고 할 수 없는 실정이다.

해마다 화베이 노동력에 대한 국내외 의존도는 증가하고 있는데, 본보기로 1940년도 수요수를 열거하면 다음과 같다.

쿨리 수요 조사(1940년도)

(단위: 천 명)

	허베이		만주		몽강		합계	
	인원수	%	인원수	%	인원수	%	인원수	%
허베이	400	50	608	44.6	33.6	66	1,041.6	47
산둥	270	33	708	51.8	7.9	15.5	985.9	44.5
산시	60	8	9	0.7	2.6	5.2	71.6	3.2
허난(河南) 북부	30	4	32	2.3	2.6	5	64.6	2.9
장쑤(江蘇) 북부	30	4	4	0.3	0.9	1.7	34.9	1.6
안후이(安徽) 북부	10	1	3	0.2	0.1	0.3	13.1	0.6
기타	-	-	1	0.1	3.2	6.3	4.2	0.2
합계	800	100	1,365	100	50.9	100	2215.9	100

위와 같이 화베이 자체에서 80만, 만주 136만, 몽강 5만, 합계 221만을 계상하고 있는데, 이 엄청난 쿨리를 어디에서 구하는가 하면 아무래도 잉여노동력이 있다고 여겨지는 허베이성에 의존하고 있다. 즉, 화베이 자체와 만주는 50%, 몽강은 66%를 의존하고 있다. 1941년도의 화베이 주요 산업의 수요증가 수 또한 59%를 허베이성이 담당하고 있다. 그러다 보니 허베이성에서도 종래 지둥다오(冀東道), 진하이다오(津海道), 옌징다오(燕京道)에서 만몽으로 공출한 노동력은 적어도 그 일부만이라도 허베이 남부지방과 산둥성, 그 밖에 다른 지역으로 옮길 필요가 있다고 비명을 질렀을 정도이며, 그만큼 허베이의 노동력 공출도 점차 어려워지고 있다는 것을 알 수 있다.

화베이 자체의 수요자 80만 명 중 주요산업의 소요증가 수는 다음과 같다(전년 대비).

1941년 화베이 주요산업 노동력 수요 증가 수

	수요 증가 수	비율(%)
허베이성	118,568	59.74
산둥성	46,944	25.11
산시성	14,937	7.99
허난성, 장쑤 북부	13,386	7.16
계	186,952[34]	100

이리하여 화베이의 석탄철강·운수교통 등 주요산업의 향후 노동력 수요량을 보면, 그 증가지수는 1940년의 100에 대해 1941년 125.9, 1942년 140.2, 1943년 158.1, 1944년 171.1, 1945년 184.9로 예상된다.

1940년	1941년	1942년	1943년	1944년	1945년
100	156.9	205.8	263.5	343.1	419.7

따라서 몽강지구의 노무자 수요 증가 예상은 위 표와 같다. 더욱이 만주 노동력의 화베이 의존도를 함께 고려해 볼 때 자타가 공인하는 화베이의 노동력도 생각만큼 쉽지 않다는 것을 엿볼 수 있다.

화베이에 대해 화베이 자체와 만몽이 향후 얼마만큼의 노동력을 필요로 할 것인지 추정수를 세우면 다음 표와 같다.

(단위: 천 명)

연도	화베이 수요수	만주 수요수	몽강 수요수	합계[35]
1940	800	1,400	66	1,946
1941	1,007	1,200	85	1,893
1942	1,122	1,000	101	1,720
1943	1,266	1,000	120	1,825
1944	1,370	1,000	146	1,889
1945	1,481	1,000	172	1,968

34 실제 합산의 계(計)는 '193,835'이지만, 원문 그대로 표기함.

35 실제 합계(合計)는 모두 다르지만, 원문 그대로 표기함.

이처럼 북중국의 중요산업개발에 필요한 노동력 수요가 해마다 증가하는 것이 확실한 화베이에서는 노동력의 공급을 반드시 낙관할 수 없는 가운데, 특히 숙련공 부족을 호소하고 있는 오늘날 실제로 탄광, 하역 등에서 근속가동 중인 기경험 쿨리를 이출(移出)하는 것은 쉽지 않은 일이다.

특히, 카이란, 중싱과 같은 대표적인 탄광에서는 오늘날 군(軍)의 관리하에서 원활하게 조업하고 있는 데다가 현재 시국 이전의 방식과 전통을 갑작스럽게 바꾸지 못하는 부분도 있기 때문에 현재 사용 중인 외국인 파두와 노무자의 연고 등을 고려할 때 이곳에서 쿨리를 빼내 온다면 엄청난 파란을 일으킬 것이 불 보듯 뻔하다. 이는 대승적으로 생각해 보면 반드시 국책에 합치하지 않는다고 할 수 있다. 이로써 본래의 의도와는 매우 다르게 매우 나쁜 결과를 초래함으로써 이 방면의 기경험 노무자를 빼 오는 것은 매우 곤란하다는 것을 알 수 있다.

특히, 위의 유력 탄광에서는 매우 양질의 원료탄을 생산하고 있다고 한다. 예를 들면 중싱탄광은 회분 10% 이하 8,000칼로리의 원탄으로서 굉장한 것이며, 카이란은 35%이지만, 대일공급표준인 회분 19.5%로 맞추기 위해 거대한 수세기(水洗機)의 설치가 진행 중이며, 그 밖에 라이우나 신타이에서도 현시국의 전쟁목적 수행을 위해서는 절대불가결한 석탄생산을 서두르고 있는 상황으로 볼 때 여기에 종사하는 기경험 노무자를 빼 온다는 것이 망설여지는 것은 당연하며, 오히려 능률이 떨어지고 석탄의 질이 낮은 탄광의 노무자를 이들 유력 탄광에 제공하여 증산에 도움을 주어야 하는 느낌마저 든다. 대개 이러한 사정 때문에 기경험 쿨리의 내지 공출을 주저하고 있다.

제4장 농민층의 모집 쿨리

제1절 좋은 쿨리는 좋은 파두(把頭)에서

쿨리의 노동조직은 파두(把頭)를 중심으로 조직되어 있기 때문에 지방농민층에서 모집을 할 때도 역시 파두를 중심으로 모집하는 것이 가장 현명한 방법으로 여겨지고 있다. 기업자 스스로가 직접 모집을 할 경우에도 역시 파두의 존재를 무시할 수 없다는 점이 화베이 노무자 모집의 특징이다.

모집방식은 직접 모집하는 것, 주선업자와 그 밖의 공적 기관에 위탁하여 실시하는 것, '통제 모집'이라고 칭하는 것으로 구분된다.

기업인의 직접 모집은 현지에 모집사무소를 상시 설치하여 끊임없이 모집하는 것, 계절에 따라 임시로 모집사무소를 개설하거나 단순히 계원을 파견하는 정도의 것 등이 있다. 전자의 대표 사례는 탄광업, 중공업 관련 기업인, 후자는 토건업자이다.

예를 들어 상설 사무소를 설치하는 사례로는 만주탄광회사가 톈진, 칭다오, 산하이관(山海關), 푸순(撫順)탄광이 베이징, 지난(濟南)에, 둥볜다오(東邊道)개발회사가 톈진, 칭다오, 산하이관, 만주산금(滿洲産金)회사가 칭다오, 쇼와(昭和)제강이 톈진, 번시후매철공사(本溪湖煤鐵公司)가 지난에 모집사무소를 상설한 것을 들 수 있다.

모집 성적의 여하는 말할 것도 없이 각 사의 증산계획 수행에 영향을 미치며, 모집 비용의 증가는 생산 비용에 지대한 영향을 초래하기 때문에 각 회사 모두 이를 위해 숙련된 능력의 담당자를 파견하여, 감독관과의 절충, 현지의 개척유지, 경비의 절약, 수송일수의 단축, 응모자 전형 등 전반에 걸쳐 최선의 노력을 기울이고 있다. 하지만 결국 오늘날까지의 경험으로 볼 때 모집에 종사하는 파두에 대한 지방농민의 신뢰 정도가 얼마인지에 따라 성적이 좌우되는 경우가 많고, 오히려 회사의 크기, 모집조건, 취로지 사정 등은 부수적이라는 것이 명백한데, 이는 중국의 민족성으로 보아 있을 법한 일이다.

제2절 푸순탄광의 직접 모집

본보기로서 직접 모집 방면에서 경험이 가장 오래된 만철(滿鐵)의 푸순(撫順)탄광의 모집실정을 소개한다.

푸순탄광의 모집은 그 본부라고도 칭해야 할 초공(招工)사무소를 지난과 베이징에 두고, 다시 칭다오, 창셴, 탕산, 한단에 연락소를 두고, 그 밖에 필요한 곳에 수시 출장원을 파견하는 구조로 되어 있다.

모집방법은 다음과 같다.

1. 모집 기반의 선정

다음 조건을 구비한 지방을 유망한 지반으로 한다.

(1) 소(小)파두 2명 또는 채탄공 100명 이상의 출신지일 것.

(2) 수송비가 비교적 저렴할 것.

(3) 장래 지반으로 개척할 가능성이 있을 것.

2. 모집인의 선정 및 파견

종래, 파두 또는 소파두급인 자로서 향리에서 신망 있는 자를 초공자(招工者) 또는 초공부두(招工副頭)로 하여 해당 향리에 파견해 모집하도록 했지만, 최근에는 오히려 채탄공 중에서 성적이 우수한 자를 순차적으로 다수 귀향시켜 친척과 지인 중에서 가급적 단기간에 적은 수라도 끌어들이는 방법을 취하고 있다. 이들 파두 및 방망(幇忙, 工人의 모집자)의 1인당 평균 모집인원은 표준 5명, 실적 2명 정도이다.

3. 모집비용 및 수당

파견모집인에 대한 수당은 1940년 6월 규정 개정 전에는 출장 여비로 대(大)파두의 경우

1일에 4엔, 소파두 및 상용공(常傭工)의 경우 3엔, 기타 장려금으로서 모집 인원 1인당 3엔을 지급하도록 정해 놓았으나 개정 후에는 소속 모집사무소 왕복일수 이외에 출장여비 시급제를 폐지하고 모집수당으로 1인당 3엔을 지급하며, 상황에 따라 1인당 3엔 이내의 장려금을 추가하도록 했다. 예를 들어 소파두와 상용공이 10명을 모집했을 경우의 지급금은 다음과 같다.

3엔×10인=30엔(모집수당)

1엔 50전×10인=15엔(장려금)

위는 일수의 길고 짧음에 관계없이 지급되므로 일수가 짧고 인원이 많은 만큼 이득이 크며, 그렇지 않은 경우에는 손실이 되기도 한다.

상기 수단 외, 모집인의 여비, 자동차운임 및 모집자 수송비, 체재비, 식사비, 사무소 경비, 기타 잡비는 회사의 부담이며, 모집인의 체재비, 식비는 자기부담이다. 모집 현지에서 모집사무소까지의 수송일수 및 여러 비용에 대해 모집인이 부당한 청구를 하기 쉽기 때문에 지난 사무소에서는 이를 8일 이내로 제한하고, 1일 체재 및 식비에 관해서는 각 지역의 단가를 별표와 같이 정해 놓고 있다.

수송에 대해서는 종래 현지에서 100~200명이 모이기를 기다렸다가 한꺼번에 출발할 수 있었지만, 쓸데없이 체재비를 증가시키는 폐단이 있기 때문에 최근에는 20명이 모이면 최소한의 단체료를 받아 수송하고 있다. 이 편이 오히려 도중의 도주, 빼 오기 방지 측면에서도 좋은 방법이다.

응모자 체재비 및 식비 단가표

지방별	주요 식품	1근(0.6kg)의 단가	1일분(1.8kg)	숙박비	합계[36]
칭다오(青島)	국수	0.34	1.02	0.15	1.17
지난(濟南)	만두	0.34	0.90	0.15	1.05
지닝(濟寧)	만두	0.30	0.90	0.10	1.00

36 합계는 '1일분(1.8kg)'과 '숙박비'를 합산한 것이다.

지방별	주 식품	1근(0.6kg)의 단가	1일분(1.8kg)	숙박비	합계
○춘(○村)	만두	0.30	0.90	0.15	1.05
장뎬(張店)	만두	0.38	1.14	0.20	1.34
보산(博山)	만두	0.36	1.08	0.20	1.28
더셴(德縣)	만두	0.36	1.08	0.10	1.18
둥광(東光)	만두	0.30	0.90	0.10	1.00

4. 모집비용계산 사례

모집비의 총액은 1939년도에서는 탄광 도착 1인당 평균 33엔이 필요하지만, 최근에는 물가 폭등으로 그 2~3배가 예상되고 있다. 당시의 정산 일례를 열거하면 다음과 같다.

항목	금액(엔)	비고
모집지~칭다오 간 식비	11.16	-
숙박	1.59	-
잡비	0.52	-
수수료	1.90	파두 또는 방망에게 지불
수송비	1.57	주로 자동차 요금
여비	3.75	-
공작비	0.37	-
칭다오 체재 중 식비	5.54	-
칭다오 체재 중 숙박비	0.50	-
사증료	1.50	사증 1, 사진 0.30, 콜레라, 장티푸스 예방주사 0.20
종두비	0.09	-
잡비	0.85	-
선박료	4.80	칭다오, 다롄 간 동반가족분을 포함
선박 내 식비	2.64	-
합계	36.78	-

이상은 다롄 도착까지의 경비이며, 탄광 현장까지 자오지(膠濟)철도의 운임인 1인 평균

6엔을 포함한 것은 아니다.

- 참고 -

'만주탄광회사'의 모집도 대동소이하지만, 모집비는 탄광 도착 1인 평균 1939년도에 35엔, 다음 해인 1940년도에는 남만주 평균 60엔, 북만주 평균 100엔, 총 평균 약 70엔 정도가 되고 있다.

제3절 만주토건협회의 통제 모집

1. 통제 모집의 필요

통제 모집은 만주토건업자의 모집 방법을 가리킨다.

토목건축공사는 일의 성격이 기한부 도급공사이고, 더욱이 적은 예외를 제외하고 결빙기간 중 공사의 수행이 불가능하기 때문에 1년간의 도급량은 해빙기부터 결빙기에 이르는 기간 내에 완수하지 않으면 안 된다. 이 기간은 만주에서는 보통 7개월 내지 9개월이기 때문에 단기간에 소요 노동력의 대부분을 준비하지 않으면 안 된다. 이처럼 노동력 모집의 성적 여부에 따라 1년간의 하도급공사의 성패가 좌우되기 때문에 자연스럽게 모집에 치열한 경쟁이 초래되었다. 이는 공장과 광산에 비할 바가 아닌데, 선불금에 대한 협정위반, 경쟁적인 임금인상, 사람 빼 오기 등을 둘러싸고 항상 분쟁이 일어났다.

이에 만주토목건축업협회는 1940년도부터 이 폐단을 일소하기 위해 시기적인 통제 모집을 실시하게 되었다. 물론 이는 화베이 측의 모집통제도 아니고 만주국의 공적인 통제도 아닌 전문업체 측의 자치적인 통제이다. 그 규약의 대강은 다음과 같다.

2. 만주토건협회 국외노무자 통제 모집 규정 대강

(1940년 1월 15일 개정)

제1장 총칙

제1조 전 만주 각 사업에 관한 인력은 만주노공협회에서 모집을 통제함에 따라 업자가 필요한 국외노동자(허베이, 산둥, 중국 등)는 본 협회에서 통제 모집을 하고, 협회원 각 업체에 이를 배당한다.

제2조 노동자 통제 모집의 취지는 다음과 같다.

1. 만주-중국 양국 정부의 국책협정
2. 모집지 또는 취로지의 관헌 단속상의 요구
3. 만주, 중국 각종 산업별 단체와의 모집협정
4. 모집 또는 선차(船車)수송의 원활
5. 모집 비용의 통일, 여러 경비의 절약
6. 모집종사원(일본인 또는 쿨리두) 소질의 선정 또는 단속
7. 모집노동자의 소질, 건강 또는 사상의 주의선택
8. 외국인 노동자 보호 및 운용 편의
9. 방공방첩 및 치안상의 필요
10. 외환관리법 단속에 대한 모집지출의 정확

제3조 국외노동자 통제 모집을 위해 협회에 노동부를 설치하고 다음 직원을 둔다.

부장 1명, 차장 2명, 사무원 몇 명, 모집계원 약 1,000명

제4조 톈진에 노무부 출장소를 설치하고 산하이관, 지난, 칭다오, 즈푸[芝罘, 옌타이(煙台)의 옛 이름], 상하이 및 기타 필요한 곳에 임시출장소를 마련해 모집반장 또는 종사원을 둔다.

제5조~제8조 생략

제2장 위원회

제9조~제15조 생략

제3장 노동자 모집

제16조 각 업체에서 필요한 국외노동자(허베이, 산동, 중국 등)는 협회에서 통제 모집을 하고 배당하므로 각 업체는 필요노동자를 1월 25일까지 협회노무부에 신청하여야 한다. 단, 모집에 관해서는 노무부와 협력하기로 한다.

제17조 국외노동자 모집기간을 다음 2기로 나눈다.

1. 제1기 2월 초부터 3월 말

2. 제2기 4월 1일부터 5월 말

제18조 제1기 모집 수는 위원회에서 결정한 수의 3분의 2, 제2기 모집 수는 3분의 1로 한다. 단, 노동산지의 사정에 따라 변경하는 경우가 있다.

제19조 생략

제20조 통제 모집 종사원은 각 업체의 가장 큰 경험을 가지며 신용이 확실한 일본인 및 유력한 쿨리두(頭)를 필요에 따라 협회가 육성·초빙한다.

제21조 각 업체의 모집 종사원은 일본인 2명 내지 3명, 전속 쿨리두, 사역노동자 1,000명당 1명의 비율로 협회에 신고하도록 한다. 단, 다음에 해당하는 자는 이를 인정하지 않는다.

1. 신체가 강건하지 못한 자
2. 소행 또는 사상이 옳지 않은 자
3. 연령 25세 미만 또는 50세 이상인 자
4. 중국어를 못 하는 자
5. 실력, 신용 또는 주소가 불확실한 자
6. 도급업에 아무런 경험이 없는 자
7. 브로커 또는 착취적인 쿨리두
8. 다른 사업이 있어서 쿨리두로서 업무에 열의가 없는 자

앞 7, 8호에 해당하는 쿨리두는 도태, 숙청하기로 한다.

제22조 모집종사원(일본인 또는 쿨리두)은 본 협회에서 만주노공협회에 보고하고 정부의 허가를 받는 것으로 한다.

제23조~제32조 생략

제4장 노동자 배당방법

제33조 통제 모집 노동자 할당 및 배당 순위의 결정 자료로서 각 업체는 다음 서류를 협회·노무부에 제출해야 함

1. 이월공사 및 신규결정공사에 대한 소요노동자의 종별, 원수
2. 3월 말까지 결정해야 할 예상 공사량에 대한 소요노동자의 종별, 원수
3. 소요노동자 월 할당 예정표
4. 노동자 운용 또는 배급에 대한 희망

단, 이상의 각 항은 1월 25일까지 제출해야 한다.

제34조 각 필요한 노동자 배당은 제17조의 기간 내에 제18조의 모집총수의 비율에 비례하여 배당한다. 기존의 모집지인 창저우(滄州)현, 옌산(鹽山)현, 더(德)현 또는 산동 지방 외에 지난, 지닝, 쉬저우 방면에서 모집하는 경우를 고려해 배당하는 것으로 한다.

제35조 모집 노동자의 배당은 앞 조항에 따라 노무부 또는 모집현지(톈진, 산하이관, 칭다오, 쯔부, 상하이)의 반장으로 결정하여 선차 적재 전 각 업체에 통지한다.

제36조 모집노동자의 배당은 각 조에서 필요한 수의 절반은 가급적 해당 조에서 초빙할 수 있는 모집종사원이 모집하도록 하고, 그 밖에는 노동부장 또는 모집반장의 지시에 따른다. 단, 필요 수가 소수인 업체에 대해서는 이에 제한되지 않는다.

제37조~제40조 생략

제5장 모집 및 징수방법

제41조 모집비(수송 모임, 여비를 포함) 및 가불금은 위원회에서 사정(査定)한 한도 이내로 한다. 단, 현지의 정세에 따라 규정된 모집비 또는 가불금으로 실행할 수 없는 경우, 노무부장은 각 반장과 협의하여 이후 위원장에게 보고하도록 한다.

제42조 노동자 모집비는 위원회에서 정한 액수를 바탕으로 각 업체에서 다음 방법에 따라

분납하는 것으로 한다. 모집 착수와 동시에 사정액의 25%, 모집총수의 반수가 모집지를 출발했을 때 55%, 전부 발송했을 때 90%, 나머지는 제43조의 부담액을 결정 후 납입하여야 한다.

제43조 각 업체 필요노동자의 모집비는 전조의 비율에 따라 예납하는 것, 그 모집실비부담을 공평하게 하기 위해, 제17조의 제1기, 제2기간의 모집비는 모집지의 멀고 가까움에 관계없이 노동자 1인당 평균부담을 원칙으로 한다. 단, 모집 종료 후 위원회에서 각 조의 부담액을 결정한다.

제44조~제45조 생략

제6장 벌칙

제46조~제47조 생략

제7장 부칙

제48조 전국 각지의 노동임금은 토목건축통제위원회에서 정한 실비를 지불하고, 각종 공사의 단가도 이에 준하는 것으로 한다.

제49조~제50조 생략

3. 토건 분야 모집비

토건 분야 모집비는 1940년도에 1인당 평균 40엔 전후가 필요했는데, 이것이 최근의 물가 폭등에 따라 2~3배 정도 늘어났다.

---

37 원문 그대로 표기함.

1인당 토건관계 모집비(1940년 상반기 실적)

모집지	사증(査證)발급지	1인당(엔)[37]
옌산지구[오카(岡)구미]	톈진	42.63
지난지구(")		47.31
지닝지구(")		51.02
한단지구(")		51.52
자오지지구(")		48.20
자오지지구(")	칭다오	37.32
옌산지구[후지이다카나시(福井高梨)구미]	톈진	56.00
지난지구(")	지난	61.02
자오지지구(")	톈진	48.40
북중국 전체[오쿠라(大倉)구미]		39.74

위에 기재한 업체 중 오카구미의 옌산지구 모집비 42.63엔[38]의 내역을 보면 다음과 같다.

항목	금액(엔)	비고
모집지에서 가장 가까운 역간 체재비	3.60	체재일수 3일, +α1.20
가장 가까운 역의 도시락값	1.20	체재일수 3일, +α1.20
가장 가까운 역까지의 수송비	0.80	주로 자동차 요금
가장 가까운 역과 사증지 간 식비	2.40	2일분, +α1.20
철도운임	2.50	더현(德縣), 창현(滄縣) 간 각 역에서 톈진까지
톈진 체재비	16.80	일수 14일, +α1.20
파두 수수료	1.50	
도주 및 기타 손실	1.20	
사증료	1.40	사증료 1.00, 사진 0.30, 주사 0.10
전대금	10.00	
사무소 비용	0.23	
합계	42.63[39]	

주) 톈진 체재의 14일은 길어도 손해가 없는 최장 일수로 보아도 무방하다. 보통 출발 성수기인 3, 4월경 수송력 부족의 경우에는 창현에서 3일 정도, 톈진에서 평균 7일 정도의 체류가 필요한 것 같다.

38 원문 그대로 표기함.

39 합계가 41.63이지만, 원문 그대로 표기함.

제4절 공인 소개기관

영리주선업자의 도량은 대체로 '질'보다 '양' 위주의 노무자 주선에 치우치기 십상이며, 공급 노무자 중에는 모르핀 중독자, 병자, 상습 도주범 등의 악질분자가 섞이는 것을 면할 수 없을 뿐만 아니라 모집방법에서도 유괴적 행위, 선불금 미지급, 숙박료 갈취 등의 범죄행위가 발생하기 쉽고, 나중에 일이 더 번잡해지는 등 불미스러운 사태를 야기하기 때문에 공적 소개기관의 출범은 일반 관계자들이 공통적으로 희망하는 바였다. 이 때문에 나중에는 화베이노공협회와 같이 권위 있는 기관의 실현을 보게 되었지만, 초기에는 반관반민의 공인기관으로서 출발했다.

1941년 7월 화베이노공협회의 출범이 있기 전까지 과도기에는 다음과 같은 여러 기관이 다소나마 공적 기관으로서의 기능을 발휘했다.

1. 대륙화공공사(大陸華工公司)

소재지: 칭다오특별시 취푸(曲阜)로 24호

지점, 출장소: 톈진지점[일본 조계지 펑라이가(蓬萊街) 35], 신징(新京)[지금의 창춘(長春)]지점[아사히도리(旭通) 93], 룽커우(龍口), 쯔푸(芝罘), 다롄(칸부도리) 각 출장소

설립: 1939년(昭和 14) 2월

조직: 합자회사, 대표자 마스다 히데이지(增田英一)

자본금: 10만 엔

종업원: 일본인 15명, 중국인 15명, 계 30명(지점, 출장소 포함), 기타 임시직은 하청모집인에게 위탁

사업목적: 노무자모집의 수탁도급, 토목건축공사도급, 노동숙박소의 경영(미설치)

사업현황: 1939년도에 만주채금회사, 번시후매철공사(本溪湖煤鐵公司), 지린댐회사[대동공사(大東公司)], 만주토건협회 등과 공급계약을 체결하였다. 같은 해 화베이에서 계약된 인원수의 공급이 어려워지자 차례차례 남하해 난징, 항저우, 상하이 지방의 노무자를 모집 공급하게 되었는데, 일반적으로 체격 열악, 취로지에서 화

베이의 노무자와 융화되지 않고, 언어, 식습관의 차이 등으로 사역에 불편과 불만이 속출하였다. 그중 칭다오로 돌려보낸 자들이 그 조치에 대해 문제를 일으키는 등 화중(華中) 쿨리의 공급은 실패했다고 보고 있다.

모집도급비: 대체적인 표준을 보면 다음과 같다.

대륙화공공사 모집도급비

항목	1939년	1940년	적요
지난도(濟南渡)	15.00	20.00	전대금을 포함하지 않은 도급비
버스비	4.72	4.72	지난-칭다오 5.90, 20% 할인
숙박비	1.20	1.60	8일분
식비	4.50	7.00	10일분
사증료	1.55	1.55	비자 1.00, 사진 0.30, 예방주사 0.10, 증표입 0.10, 대서 0.05
기선 운임	4.00	1.00	칭다오-다롄 4등칸
감독비	0.70	1.00	수송감독비
도망, 손실비	3.00	5.00	도망률 15-20%
계	34.67	44.87	-
회사수수료	4.00	5.00	-
합계	38.67	49.87	-
별도 수송수요자 부담 전대비	5.00	10.00	-
총계	43.67	59.87	-

주) 화중 쿨리 수입의 경우에는 상하이-칭다오 간 기선운임 5엔, 도중식비 등을 더하여 8엔 내지 10엔 이상을 추가한다.

2. 신민회노공협회(新民會勞工協會)

소재지: 베이징시 서부 장안가 신민회 수도지도부 내

설립: 1938년(昭和 13) 6월 11일

조직: 회원제도, 노무자를 정회원으로 하여 기타 유지회원, 찬조회원, 협찬조회원, 명예회원을 두고 내부기구로서 서무과, 기획과, 지도과, 후생과, 회계과를 둔다.

경비재원: 회원회비(정회원 1일 임금의 10%, 입몽노무자 사증료, 신민회보조금)

임원: 회장 베이징특별시장 유진공(余晋供), 부회장 스즈키(鈴木善作), 이사장 구보 데쓰오(久保鐵夫)

종업원: 일본인 6명, 중국인 24명(계 30명)

설립목적: 노무자의 보호구제, 산업계에의 노무자공급, 신민주의(新民主義)에 따른 노동사상의 함양

사업: 회원노무자의 등록, 노동력공급 알선 및 모집, 노무자의 훈련, 공제위자료, 실업구제, 노동숙박소의 경영 등. 1940년 7월 몽강노동통제위원회와의 사이에 협정 성립, 입몽 노무자의 사증, 신원증명서의 발급, 모집공급의 알선 등과 같은 사업을 인계받아 사증수수료 1인당 85전(사진비 등 35전을 포함한다.)

모집인계의 상태: 1939년도 몽강노동통제위원회를 통하여 업자로부터 모집을 위탁받아 모집공급비용 정산액은 1인당 27엔(알선수수료 3엔 포함)에 해당한다. 1939년도 하반기 입몽 노무자 수는 4만 5,500명, 그중 신민회 사증 발급 수는 4,000건을 넘지 않으며 첫해는 시험적 경과로 끝났으나 2년째 이후에는 성적이 기대되고 있다.

3. 신민노동협회(新民勞動協會)

본부소재지: 톈진 하북대경략 110호

설립: 1938년 9월

조직: 신민회 톈진도시지도부의 노동기관으로서 탄생. 내부기구는 직업소개부, 조사대책부, 조직지도부, 경리부, 노동협회위원회, 직업소개위원회

임원: 회장 톈진특별시장 원스전(溫世珍), 부회장 가와지마 데쓰타로(川島鐵太郎, 만주노공협회 톈진지부장), 이사 고야마 세이조(小山淸藏)

종사원: 일본인 5명, 중국인 9명, 잡역 3명, 계 17명

설립목적: 신민주의에 따른 노무자의 조직 및 지도, 직업알선, 기타 노무자의 생활후생을 보조하는 사업을 행한다.

사업: 신민주의에 따른 분회조직, 직업소개, 노전(勞傳)시장의 개설관리, 노무자의 등록, 노

동모집의 수탁, 직할토목사업의 경영, 노동관계조사, 입몽 노무자의 사증, 신원증명서의 발급 및 공급알선업무 등(베이징의 신민회노공협회와 동일)

모집인계의 상태: 1939년도에는 만주 지린(吉林)의 경성토목(京城土木), 국제운수, 후반기에는 몽강으로부터 토건업 노무자의 모집의뢰가 있어 몽강으로 노무자를 공급했는데, 사용자가 임금을 지불하지 않은 문제가 발생하였다. 이 문제의 해결에 상당히 곤란을 겪었기 때문에 1940년에는 수탁모집을 하지 않고 모집은 업자가 하도록 하며, 협회는 이에 대한 감독 및 노무자 보호, 몽골 입국 노무자의 사증 발급만을 하고 있다.

4. 산둥노공복리국(山東勞工福利局)

소재지: 칭다오특별시 상하로(商下路) 35호

지국: 지모(卽墨) 및 하이저우(海州)

설립: 1938년 9월 방청(幇靑)조직인 황도회(黃道會) 성립(회장 쉬톄산徐鐵山) 그 활동기관으로서 노공복리국 설치

기본금: 별도로 없고 경비는 수수료 수입, 사업수입, 기부금에 따름.

대표자: 이시제키 한지(石關繁次)

종업원: 일본인 10명, 중국인 20명(지국을 포함)

사업목적: 자유노무자의 모집공급, 저렴한 노동숙박소 및 치료소의 경영, 만주 및 남양이민의 공급알선, 인사법률상담 및 기타 노동보호사업. 하이저우 지국은 하이저우 6개 현의 육상노무자의 통제를 해군으로부터 일임받아 노동력의 수급조정, 임금의 공정확보, 노무자의 선무(宣撫)사업을 담당하고 있다.

모집인계상황: 1939년도 동양척식회사의 남양 인(燐)광산 개발노무자의 모집공급을 이어받아 인원 5,000명, 모집수수료 1인당 3엔, 모집노무자의 여비 1인당 2.50엔(멀고 가까움에 상관없이 일률징수) 제1회 500명을 공급하고 나서 해약함.

5. 산둥노무공사(山東勞務公司)

소재지: 지난시 샹푸지 2대마로 위 5로 63호

설립인가: 1938년 10월 19일

조직: 중일병합합자회사

자본금: 10만 엔

대표자: 무나카타 긴고(宗像金吾)

설립목적: 산둥성 노무자의 수급조정, 노무모집비의 절감, 악질모집 및 브로커의 배척, 만주로 향하는 노무자에 대한 신원허가증명서의 저렴한 발급 실시, 기타 성 내 노무자의 복리증진에 공헌하는 사업을 행함. 영리사업의 본질을 갖추었지만, 대체로 공익적 활동을 목적으로 한다.

비고: 본 회사는 위 설립목적인 공익적 사명에 대해 산둥특무기관으로부터 설립인가를 받았으나 1940년 2월 산둥성 노공협회 설립이 계획되자 장래 여기에 통합될 예정하에 산둥성의 노공협회 설립준비위원으로서 참가하였다. 인가된 사업에 대해서는 거의 착수하는 바 없이 대기하고 있다.

제5절 모집통제의 공적 기관

1. 만주국의 모집통제

통제 없는 쿨리의 자유 모집은 업체 자체를 혼란시킬 뿐만 아니라 공급자인 화베이 측에서도 불편하기 짝이 없기 때문에 화베이 측에서는 노동시장의 혼란과 임금의 상승을 방지하고, 여러 영리주선업자의 난립에 따른 사회적 폐해를 제거하는 한편 수요자로서도 노동력의 원활한 확보, 모집비의 상승억제 및 임금의 경쟁적 상승을 피하기 위해서 관계자들은 모집의 공적 통제를 요망하였다. 이에 1939년 1월 만주국에서 먼저 '중국노무자 모집 수준의 사용에 대한 요강'을 반포하게 되었다. 주요 내용은 다음과 같다.

(1) 중국인 노동자의 모집은 원칙적으로 단체(예를 들면, 만주토건협회)를 통해 실시하도록 하여 각 업자의 경쟁을 피하도록 한다.

(2) 중국인 노동자의 모집에 관한 행위는, 민생부대신, 치안부대신의 감독하에 대동공사(大同公司, 현재 만주공업협회 국외부)로 하여금 통제하도록 한다.

(3) 노동자의 수요자를 노무자 모집의 책임자로 하고, 노동자의 임금체불, 기타 노동자 손해에 대해서는 직접 노동자를 고용하는 자(하청인), 업자(수요자) 통제단체의 순으로 이것의 보상책임을 맡도록 한다.

(4) 노무자의 임금에서 공제해야 할 모집 비용은 전대금으로 간주하고, 기타의 모집비 즉 쿨리두의 수수료, 노무자 여비, 식비, 사증료 등 일체는 모집주의 부담으로 한다.

이상이 대강인데, 화베이 측에서도 1939년 2월 베이징에서 개최된 군(軍)이 주최한 만지(滿支)노동관계자회의에서 '중국인 노동자의 만지(역자 주: 만주-중국) 배분 조정에 관한 요강안'이 심의되어 "화베이의 노동자 모집인은 화베이노공협회(당시 가명)가 지정하는 것으로 하고, 만주노공협회에서 지정하는 국외 노동자 모집인은 이를 화베이노공협회의 노동자 모집인으로 지정한다"라는 취지를 결정했는데, 이는 일단 모집의 허가주의 채용 방침을 명시한 것이다.

2. 화공노공협회의 출범에 따른 통제 모집

1939년 9월, 당국이 북중국 노동력의 일원적 통제기관 설치가 필요하다고 인정하여 '화베이노공협회' 설립 준비에 착수하였다. 이후 내외의 여러 방면과 긴밀한 연락하에 심의를 거듭하는데, 그 사이 몇 번의 우여곡절을 겪은 끝에 1940년 7월에 이르러 그 실현을 보게 되었다. 그 잠정조례 및 직제는 다음과 같다.

화베이노공협회 잠정조례

제1조 화베이노공협회는 재단법인으로 하여 화베이의 노무자를 보호하고 노동력을

함양하며 화베이 내외에 대한 노동력의 공급배분 교류를 원활하게 하여 노동대책 수행에 이바지하는 것을 목적으로 한다.

제2조 화베이노공협회는 다음 사업을 한다.

1. 화베이 내 노무자 모집 공급, 수송 및 그 알선
2. 출국(경)노무자 모집 배급, 수송 및 그 알선
3. 입국(경)노무자 배급 알선
4. 노무자 등록 및 노공증 및 노동표의 발급
5. 노무자 훈련 및 보호시설 경영
6. 노동소개소 관리경영 및 일반직업소개
7. 노동에 관한 각종 조사
8. 앞 각 항목의 부대사항
9. 그 밖의 화베이정무위원회로부터 특별히 명령받은 사항

제3조 화베이노공협회는 본부(주 사무소)를 베이징 특별시에 두고 필요한 곳에 지사를 마련한다.

제4조 화베이노공협회는 화베이정무위원회 및 기타 일반 출연과 관련된 재산을 기본재산으로 한다.

제5조 화베이노공협회의 경비는 사업 또는 재산에서 발생하는 수입과 기부금, 기타의 수입으로 이에 충당하며, 그 밖에 화베이 정무위원회가 이를 보조한다.

제6조 화베이노공협회에 이사 4명 이내 및 감사 3명 이내를 둔다. 이사 중 한 명을 이사장으로 한다.

제7조 이사장은 화베이노공협회를 대표하고 그 업무를 총괄한다. 이사장이 사고 시

에는 이사 중 한 명이 그 업무를 대행한다. 이사는 이사장을 보좌하며 감사는 화베이노공협회의 업무를 감사한다.

제8조 이사장, 이사 및 감사는 실업총서독판(實業總署督辦)을 임명한다. 이사장, 이사 및 감사의 임기는 2년으로 하고, 중임을 막지 않는다.

제9조 이사는 이사회를 조직하여 중요한 사항을 의결한다.

제10조 화베이노공협회에 평의원 몇 명을 두고 이사장이 이를 위촉한다. 평의원은 평의원회를 조직하여 중요한 사항에 관해 이사장에게 자문하거나 건의를 할 수 있다.

제11조 실업총서독판은 화베이노공협회의 업무에 관하여 감독상, 공익상으로 기타 필요한 명령을 할 수 있다.

제12조 화베이 노공협회는 업무상 필요한 경우 실업총서독판의 허가를 얻어 업무의 일부를 위임하거나 위촉할 수 있다.

제13조 화베이노공협회는 연도마다 사업계획을 정하여 사전에 이를 실업총서독판에게 제출해야 한다. 그 계획에 중요한 변경을 더할 경우에도 동일하다.

제14조 화베이노공협회는 연도마다 예산을 정하고, 그 결산을 하여 실업총서독판의 허가를 받아야 한다.

제15조 화베이노공협회는 다음 사항에 관하여 실업총서독판의 허가가 필요하다.

1. 기부행위의 변경
2. 중요한 재산의 양도 및 담보의 공여

3. 해산

4. 기타 중요한 사항

제16조 실업총서독판은 필요하다고 인정될 경우 화베이노공협회로 하여금 그 업무 또는 재산의 상황을 보고하고, 지부의 관리를 하여 그 금고장부 및 기타 제반 문서를 검사할 수 있다.

제17조 실업총서독판은 화베이노공협회의 이사장, 이사, 감사의 행위가 이 법령 또는 기타 법령에 위반되거나 공익을 해한다고 인정될 경우 이를 해임할 수 있다.

제18조 이 법은 공포일로부터 이를 시행한다.

화베이노공협회 직제규정(안)

제1장 통칙

제1조 이사장은 본 협회를 대표하여 그 업무를 총괄한다.

제2조 이사는 이사장을 보좌하고 본 협회의 업무를 담당한다.

제3조 조사(造事)는 본 협회의 업무를 감사한다.

제4조 본 협회에 직원을 둔다.

직원은 외부 촉탁 몇 명을 둘 수 있다.

직원의 정원은 별도로 정한다.

제5조 직원 및 촉탁은 상사의 명을 받아 사무에 종사한다.

제2장 본부기관

제6조 본 협회는 베이징특별시에 본부를 둔다.

제7조 본 협회 본부에 다음 부과를 설치한다.

1. 총무부: 총무과, 경리과, 기획과
2. 관리부: 관리과, 알선과, 등록과
3. 보도부: 보도과, 복리과

제8조 각 부에 부장, 각 과에 과장을 두고 필요할 경우에는 과에 부과장을 둘 수 있다. 부장은 이사가 이를 임명한다.

제9조 본부의 각 부과관리상 사항을 다음과 같이 정한다.

1. 총무부
   (1) 총무과: 기밀에 관한 사항, 인장의 보관에 관한 사항, 인사에 관한 사항, 문서에 관한 사항, 회의에 관한 사항, 섭외에 관한 사항, 감찰에 관한 사항, 각 부서의 연락에 관한 사항, 그 밖에 타 부서가 주관하지 않는 사항
   (2) 경리과: 예산 및 결산에 관한 사항, 금전의 출납에 관한 사항, 재산에 관한 사항, 용도 및 영선(營繕)에 관한 사항
   (3) 기획과: 노무동원계획에 관한 사항, 종합계획에 관한 사항, 중요안건의 심의에 관한 사항, 조사 및 대책연구에 관한 사항, 홍보통계 및 편찬에 관한 사항

2. 관리부
   (1) 관리과: 통제협정에 관한 사항, 노무관리에 관한 사항, 노무분쟁에 관한 사항
   (2) 알선과: 노동력의 배분조정에 관한 사항, 노무자의 모집공급 및 수송에 관한 사항, 모집소개소의 관리경영에 관한 사항
   (3) 등록과: 노무자 등록에 관한 사항, 노동표 및 출국(경)노무자에 대한 노공증 발

급에 관한 사항

3. 보도부

(1) 보도과: 노공직업단체의 보도에 관한 사항, 노무자의 교육훈련에 관한 사항

(2) 복리과: 노무자의 복리에 관한 사항, 노무자의 보호위생에 관한 사항, 노무자의 간이숙박소 경영에 관한 사항, 일반직업소개에 관한 사항

제3장 지방기관

제10조 본 협회는 주된 지방에 변사처(사무실)을 필요한 곳에 변사분처를 설치한다.

제11조 본 협회 변사처에 변사처장을 둔다. 변사처장은 명예직으로 하여 해당 지방 행정기관의 장이 이를 위촉한다.

제12조 변사처장은 변사처를 대표하여 변사처소관업무를 총괄한다.

제13조 변사처에 주임 1명을 둔다. 주임은 변사처장을 보좌하여 변사처장에게 사고가 발생 시 주임이 이를 대행한다.

제14조 변사처에 총무과 및 업무과를 둔다. 각 과의 소관사항을 다음과 같이 정한다.
총무과는 인사, 교서, 서무, 경리, 기획, 조사에 관한 사항
업무과는 관리, 알선, 등록, 보도, 복리에 관한 사항

제15조 본 협회 변사분처에 변사분처장을 둔다. 변사분처장은 명예직으로 하여 해당 지방의 행정기관의 장이 이를 위촉한다.

제16조 변사분처장은 변사처장의 명을 받아 변사분처 소관업무를 처리한다.

제17조 본 협회 변사분처에 주임 1명을 둔다. 주임은 변사처장을 보좌하고 변사분처장에 사고가 발생할 시 직무를 대행한다.

제18조 변사분처는 해당 지역 관할 내에 있어서의 제9조의 항, 특히 변사처의 명령에 의한 사항을 담당한다.

제4장 주재기관

제19조 본 협회는 만주국 및 몽강에 주재원을 둔다. 주재원은 이사장의 명을 받아 만주, 몽강 측 관계기관과의 연락을 담당한다.

제5장 모집의 가능성

제1절 농촌 잉여노동력의 추산

'노동력 공급의 원천지인 농촌에 얼마만큼의 잉여노동력이 있는가?' 하는 것은 내지에서도 그 산정이 쉽지 않은데, 하물며 봉건제의 잔재가 농후한 중국의 농촌사회에서는 한층 더 곤란하다고 하지 않을 수 없다.

대체로 중국의 면적이나 인구의 정확한 숫자는 오늘날에도 분명하지 않다. 따라서 농촌의 잉여노동력이라 해도 결국은 가설적으로 추산하는 것 외에는 방법이 없다.

화베이의 2년 3모작 경작 방식에서 성인 남자 1명의 경작능력은 대략 15무(畝) 내지 20무로 되어 있다. 한 가구의 성인 노동인구를 예를 들어 2명으로 보고, 15무의 경우, 산둥성의 경지면적 1억 1,066만 2,000무로 추산하면 737만 7,000명으로 계산되는데, 실제는 농업 호수 591만 8,000호에 1,183만 6,000명의 성인 노무자가 존재하기 때문에 이를 차감하면 대략 446만 명의 노동력이 있다는 계산이 된다. 이와 비슷한 방식으로 추산하면 허베이성의 잉여노동력은 155만 명이 된다.

예를 들어 1명의 경작능력을 20무로 하고, 각 호마다 평균 1명의 잉여 노무자를 낸다고 한다면 산둥성 370만 명, 허베이성 209만 명의 잉여노동력이 추산되고, 두 성을 모두 합치면 어림잡아 600만 명 안팎의 잉여노동력이 있다는 이야기가 된다.

이 잉여노동력을 파두의 손을 빌려 모집에 착수하면 어느 정도의 노동력을 모으는 것도 가능하다고 보는 견해가 있다. 특히 오늘날에는 화베이노공협회의 조직망이 거대하고, 내지의 대정익찬회(大政翼賛會)[40]와 맞먹는 '신민회(新民會)'가 기구를 완비하여 다음과 같이 밀접한 관계를 맺고 있기 때문에 농촌에서 노동력을 모으는 것이 한층 용이해졌다고 설명하는 사람도 있다.

---

40 고노에 후미마로(近衛文麿)가 동아 신질서 체제를 위해 각 정당을 통합하여 만든 일종의 관제단체

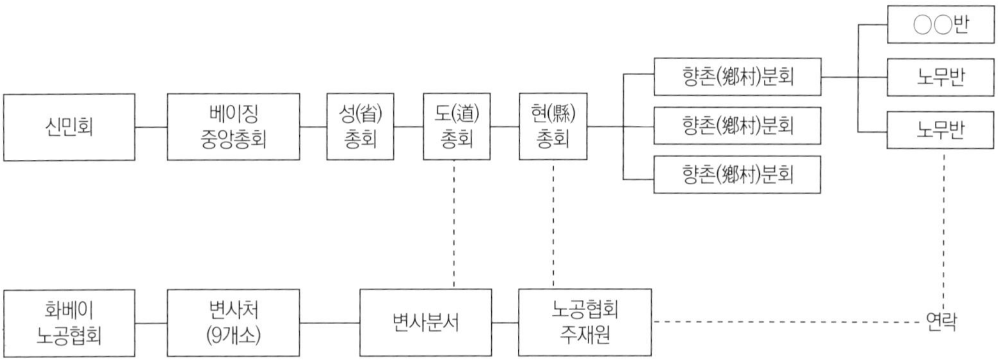

즉, 향촌부락에서 신민회의 말단기관이 여러 반으로 나누어져 있는데, 그중 노무반이 노공협회의 주재원과 긴밀한 연락을 취해 관내의 노동인구에 대해 조사한 명부를 이용하여 공출할 노무자를 선정할 수 있다는 설명이다. 더욱이 지방농촌에는 이미 만주, 몽강 방면에 나가 기경험 노무자가 되어 돌아온 자도 있기 때문에 이러한 사람들을 명부를 통해 차출하면, 매우 양질의 노무자를 모집할 수 있다고 하는 것이다. 과연 그렇게 쉬운 일인가?

제2절 모집을 저해하는 요인

화베이노공협회도 1941년 설립된 이래 아직 일천하기 때문에 그 진용이 완벽하다고 할 수 없다. 현재는 만주, 몽강에 대한 이출(移出) 노무자의 조정기관으로서 사무적 활동을 하기에 벅찬 정도이고, 지방 농촌에까지 가서 모집을 지도할 만큼의 진용은 아닌 것 같다. 앞으로의 일을 오늘 기대하는 것이 무리이지만, 만약 그렇게 할 수 있더라도 다음과 같이 모집을 어렵게 하는 사유가 줄어드는 것은 아니다.

첫째, 농민의 고향에 대한 집착이다. 어떤 속담에 "새가 있는 곳이면 쿨리가 있다"라고 할 만큼 이들은 어디로든 돈을 벌러 나가는 반면, 태어난 땅에 대한 집착은 매우 뿌리 깊다. 특히 돈을 벌기 위해 처음 타향으로 나가는 데 대한 의구심이 결심을 무디게 하지만, 역시 봉건적 가족제도에 따른 상호부조의 관습의 영향으로 동물과 같은 생활 속에서 떨어진다는 기분 때문에 모집을 완강히 거부하는 듯하다.

둘째, 저들을 받아들이는 쪽에도 여러 가지 사정이 있다. 예를 들면 만몽에서는 노무자가 생명에 위협을 느끼는 전쟁이나 나병 등이 유행하고, 국경의 단속 강화, 소지금의 제한, 송금의 중지, 노동 조건의 저하, 생활의 불안, 악선전의 유포 등 근무지에 대한 매력을 상실하게 하는 사실이 있다면 모처럼 모집에 응하겠다고 했던 사람도 주저하는 것이 당연하다.

그러나 무엇보다도 이 잉여노동력이 전부 모집의 대상이 될 수 없는 유력한 사유는 '북중국의 치안' 상황이다.

치안이 회복되지 않은 지방에 대해서는 예를 들어 수백만 명의 잉여노동력이 있다고 해도 이를 확보하는 것이 우선 불가능하다. 만약 치안회복지구가 전체의 50%라고 하면 당장 모집할 수 있는 잉여노동력은 반감된다고 봐야 한다. 과연 현재의 치안 상황은 어떠한가?

제3절 치안의 점(點), 선(線), 면(面)

비적의 토벌과 부락민에 대한 선무공작에 부단한 노력을 기울여 온 황군의 활약은 북중국의 치안에 심대한 기여를 하고 있지만, 집요한 공산팔로군의 준동은 5월의 파리떼처럼 쫓아내면 또 따라오기를 부아가 치밀 정도로 반복하고 있기 때문에 유감스럽게도 완벽한 치안은 아직 어려운 실정에 있다.

극단적으로 말하면, 북중국의 치안은 '점'과 '선'의 치안이며 '면'의 치안에까지 미치지 않았다고 할 수 있다. 즉, 베이징이나 톈진, 지난, 쉬저우라는 점과 이를 잇고 있는 철도연선에 대해서는 일단 치안이 안정되고 있다.

그러나 이러한 점과 선을 떠나 도시의 성곽 밖으로 나가거나 철도연선에서 몇 리 밖으로 벗어날 경우, 과연 우리들이 내지의 산골로 들어갈 때와 같은 안전성을 확보할 수 있을지는 매우 의문스럽다. 왜냐하면 거기에는 공산팔로군이 여전히 잠복하고 있고, 부락민 중에도 적의 편이 없다고 보장할 수 없기 때문이다.

우리들이 어린 시절 잠잘 때마다 들었던 '혈거하는 산적'이 바로 팔로군과 정확히 일치하는데, 밤마다 나타나서는 양민을 습격하고 재물을 빼앗고 인명을 해치는 등 짐승과도 같은 짓을 하고 있다. 더 나아가 철도선로를 파괴하고 열차를 전복시켜 승객을 위협하고 화물을 강탈한다.

미워하고도 남음이 있는 이들 비적의 토벌에 황군도 분주하기가 이만저만 아니다. 그 소굴을 파악하여 섬멸하면 꽤 쉬울 텐데, 도망치는 속도가 어찌나 빠른지 저들을 송두리째 붙잡아 둘 수 없는 모양이다. 예를 들면, '○○부대는 내일 ○○시 토벌을 위해 출동하라'라는 명령이 전달되면, 거의 동시에 팔로군에게도 첩보가 날아간다. 토벌군이 목적지에 도착할 무렵이면 저들은 거미 새끼들이 흩어지듯이 산 속 어딘가로 숨어버린다. 기세등등하게 달려온 토벌군도 허탕을 치고 돌아간다. 이러한 일이 한두 번이 아니다. '어떻게 하면 저들을 일망타진하여 해치울 수 있을까?' 하는 토벌작전의 어려움이 가히 짐작될 것이다.

도대체 무엇이 그렇게 만드는 것인가?

바로 부락민이다. 군의 근거지인 철도연선과 팔로군의 근거지인 산속 가운데에 산재하고 있는 마을의 주민들은 사실상 양자의 지배하에 있으면서 세금도 양쪽에 납부하고 부역도 양쪽에 제공하는 이중 지배하에 있다. 양측은 각각 서로 상대방을 '가짜 정부'라고 하고 있지만, 양쪽에 끼어 있는 이들 부락민들은 도대체 누구에게 복종하고 있는지 짐작이 가지 않는다.

물론, 팔로군의 편을 드는 자도 어느 정도 있다고 봐야 한다. 그들은 표면상으로는 양민이라는 것을 내세우지만, 임기응변에 따라 토비도 되고, 편의대(便衣隊)도 되는 무리들이다. 황군의 토벌작전이 하달되어 이미 전진을 시작할 무렵이면 농민들이 이 모습을 살피고 즉시 팔로군에 통보한다. 이런 식으로는 도저히 비적을 박멸할 수 없다. 화가 치민 토벌군이 옥석이 뒤섞인 부락민을 한꺼번에 검속하여 취조한 경험도 있지만, 그 결과가 반드시 좋지 않았기 때문에 최근에는 그런 방법을 쓰지 않는다. 주로 정치작전과 선무공작으로 부락의 양민들에게 일본에 대한 의존심을 깊게 하는 방법이 시도되고 있는데, 그 결과는 크게 유의할 만하다. 양민들이 일가를 거느리고 만주국으로 이주하게 되었는데 그 수가 해마다 증가하는 추세에 있다.

이들은 만주국의 신천지에서 안주낙토(安住樂土)의 생활에 큰 기대를 걸고 있다. 이들은 비구지대(비적지구=해방구)의 과중한 세금, 물가 폭등, 부역과 기부금, 식량의 제한 등의 생활고를 견디다 못해 논밭, 가축, 가재도구를 처분하고 만주에서 새로운 생활을 개척하려고 한다.

최근의 만주 이주자 수는 1942년도에 96만 명의 수를 나타내고 있다. 특히, 그 동반 가족의 수는 전년도의 30만 명에 비해 약 50% 증가하여 40만 8,000명으로 추산되기에 이르렀다. 화베이노공협회가 만주로 송출한 인원수는 1940년도 91만 명, 1941년도 140만 명, 1942년도 96만 명, 1943년도에도 거의 같은 수를 예상하고 있는 듯하다.

치안상 방심할 수 없는 곳은 탄광지대이다. 카이란탄광 부근, 대격전이 있었던 타이얼좡(台兒莊)의 근처에 있는 중싱탄광, 즉 진푸선(津浦線)의 린청(臨城)과 룽하이선(隴海線)의 자오둔(趙墩)을 잇는 린자오선(臨趙線)의 일대, 즈촨(淄川)탄광, 보산(博山)탄광 부근, 북으로는 징싱(井陘)탄광, 다퉁(大同)탄광 등의 연선 등은 특히 이러한 비적들이 빈번히 출몰하는 곳이다.

이들 중요한 탄광지대의 도착역에는 착검한 보초병이 서 있는 것을 볼 수도 있고, 여관에서도 언제라도 대응할 수 있을 정도의 준비와 마음가짐을 게을리하지 않고 있다.

철도연선에는 해자를 파고 흙으로 만든 제방을 축조한 뒤 적당한 간격을 두고 벽돌로 지은 경비감시탑을 세워 두었다. 열차가 통과하기 전에 만일에 대비해 일단 점검을 하는데, 집요하고 교묘하고 열심인 팔로군은 이러한 경비의 간극을 비집고 악행을 반복한다. 특히, 설날 전후가 소위 제철인데, 그 출몰도 빈번하다고 할 수 있다. 이를 소탕하여 북중국의 치안을 점과 선에서 면으로 확대하는 날이 한시라도 앞당겨지기를 염원하고 있다.

제6장 포로·귀순병 쿨리

제1절 결론은 여기에

전술한 바와 같이 내지로 이입해야 할 쿨리로서 첫 번째로 꼽혔던 난민 쿨리는 실질적으로 도저히 받아들일 수 없으며, 두 번째 기경험 쿨리 또한 북중국의 산업사정으로 볼 때 유출이 불가능한 여러 가지 이유가 잠재해 있으며, 세 번째로 꼽혔던 농민 중에서 모집하는 쿨리도 현재의 치안상황과 농촌의 잉여노동력 실태, 공사(公私)의 모집기관 진용 등 여러 가지 관점에서 볼 때 급속한 수요에 부응할 수 없다. 이제 남은 것은 토벌작전에 따라 확보한 포로·귀순병인데, 일단 훈련을 거친 자를 양민으로 해방하고 이를 내지로 이입하는 것 이외에는 쿨리 이입의 방법이 없다.

포로, 귀순병의 훈련수료자라면, 아마도 수시로 필요한 인원수를 이입할 수 있을지 모른다. 그러나 이들 쿨리가 과연 일반 쿨리와 같이 순종적이며 사상적으로도 안심할 수 있는 종류인지에 대해 의구심을 품는 자가 없지 않다. 이에 일단 훈련소의 내용을 알아 두어야 한다.

제2절 스먼(石門)포로훈련소

1. 위치·설립

베이징에서 징한선(京漢線)을 타고 약 10시간 거리에 있는 옛 스좌장(石家莊)이 오늘날의 신흥도시인 스먼(石門)시이다.

포로훈련소는 시의 교외에 5만 6,000평의 부지에 건설되었다. 1941년 8월 15일에 설립되었다.

2. 직원

소장은 부대장을 겸임한다. 실제로는 훈련소 내의 주석이 대장으로서 일체의 훈련지도의 책임을 지고 있다. 이하 직원으로서 하사관 ○명, 병사 ○○명, 회계 ○명, 회계 하사관 ○명, 군의 ○명, 위생하사관 ○명, 위생병 ○명, 통역 ○명이라고 하는 극히 적은 수의 일본군이 수용인원 2,000명 미만의 포로·귀순병을 훈련하고 있다.

3. 편성

이처럼 소수의 인원으로 어떻게 수많은 수용자를 통솔할 수 있는가? 그것은 수용소의 조직이 거의 자치적 관리로 되어 있기 때문이다. 훈련은 원칙적으로 공산팔로군의 편성방법을 채용하고 있다.

(1) 경비반: 18세 전후인 자 약 100명

(2) 보위반: 경비반을 양성하는 교육반

(3) 간부반: 쿨리두인 자를 양성한다.

(4) 간부견습반: 위의 보조반

(5) 공장반: 장갑, 제화, 목수, 미장, 원예 등에 숙련된 자를 모아 일을 맡긴다.

(6) 기술반: 〃

(7) 농원반: 〃

(8) 청훈반: 환자반, 군의위생병인 자들로 조직한다.

대략 20명을 단위로 반장 및 부반장을 두고 그 위에 총반장을 둔다. 모두 선거 또는 추천에 따른다. 수용하는 숙소에 료장을 둔다. 일본군은 핵심을 지시하는 데 그치며 거의 자치적으로 하도록 한다. 훈련소 주변의 감시를 비롯하여 신입자의 사상 조정, 소독, 수용 등 모두 저들의 손으로 하고 있다.

4. 대외공출의 내역

설립 이래 작년 말까지의 수용누계는 1만 2,477명이었고 이들 중 외부로 공출되어 훈련을 마친 자의 수는 1만 1,094명이다. 내역은 다음과 같다.

(1) 번시후(本溪湖) 20~30명

(2) 둥볜다오개발(東邊道開發) 900명

(3) 지역 탄광(징싱, 정펑) 1,000명

(4) 만주 탄광 2,200명

(5) 푸순 탄광 2,600명

(6) 쇼와제강소 300명

(7) 전향이 확실한 자로서 귀국하고자 하는 자 400명

5. 사상경향

공산팔로군이라는 명칭만 따지면 아무래도 공산당의 앞잡이인 것 같지만, 실은 지방의 농민들이 강제적으로 징발되어 억지로 팔로군이 되었기 때문에 저들은 이데올로기도 없고, 공산당이 무엇인지 이해하는 자도 적다. 대체로 사상이 악화될 수 있는 사람은 거의 없다. 설령 나쁜 자가 있어도 언제든지 그만두고 훈련을 받기 위해 바로 항복한다. 저들은 빨리 만주 부근의 사업장으로 나가기를 열망하고 있다. 이미 선배들이 만주 근방에 가서 돈도 벌고 안락한 생활을 하고 있다는 것을 통신이나 사진 등을 통해서 알고 있기 때문에 만주 지원자는 계속 희망의 대상이 되고 있는 상황이다. 다만, 적의 가짜 현(僞縣)정부에서 위원이었던 자나 유격대 또는 토적이었던 자는 순종적이기는 하지만, 노동을 싫어하는 경향을 보인다. 요컨대 사상적으로 우려할 점은 없다. 편하게 하루를 보내기를 염원하고 있는, 간단히 말해 사람 좋은 농민이라고 생각해도 무방할 정도이다.

6. 이력

아무래도 공산팔로군 관련자가 대다수를 차지하며, 귀순병은 현재 별로 수용하고 있지 않다.

(1) 팔로군이었던 자 29%

(2) 가짜 현정부의 위원 또는 그 유격대 22%

(3) 공산비적 32%

(4) 토비 12%

(5) 귀순병 3%

(6) 중앙군 0.2%

7. 연령

평균연령은 25세이다. 간부인 자는 20세 전후인 자가 많다.

8. 입소 시의 취급

입소 시에는 위문(衛門)에서 알몸인 채로 석탄산수 소독액을 넣은 드럼통에 온몸을 담가 소독한다. 의류는 포르말린, 증기 소독, 끓임 소독을 한다. 소지금은 임시로 맡아 두었다가 출소 시 전달하도록 되어 있다. 사망한 경우는 공동 기금에 집어넣는다.

9. 교육방법

정신 교육과 체력 향상에 중점을 둔다. 기술 교육은 하지 않는다. 1개월을 표준으로 훈련시키는데, 일본어 음악단, 합창단도 구성되어 있고 부대 행진 등은 일본어 구령으로 훌륭하게 하고 선두의 군악대를 따라 '이기고 오겠노라 용감하게(勝ってくるぞと勇ましく)'나 '보라 동해의(見よ東海の)' 등을 합창하며 행진하는 모습은 훌륭하다. 정신교육에서는 신문, 잡지, 라디오, 선전전문 등을 통해 대동아전쟁의 의의, 일본군의 대전과를 반복적으로 가르치고 있다.

무학인 자에게는 점호 시간에 이야기를 해 준다. 때로는 시가지에 나들이를 시켜 영화도 보여 준다. 공동노동, 경기, 놀이 등을 통해서 체력향상을 도모하는 일도 하고 있다.

10. 오락

오락 겸 독서실을 설치하고 신문, 잡지, 그림책 등을 구비해 두고 있다. 놀이도구로는 배구공, 농구공, 악대, 하모니카 6개, 중국 피리 10개, 호궁(胡弓) 5개, 라디오, 녹음기 각 1개가 준비되어 있다.

11. 노동의 내용

노동으로는 특수한 기술을 가지고 있는 자, 예를 들면 구두 수선을 할 수 있는 자에게는 작업 업무로 돌려 군화의 제조, 수리 등을 시키지만, 대체로 그런 기술자는 그다지 많지 않기 때문에 훈련소 내의 일반 잡역에 종사하게 하고 있다. 다음과 같다.

(1) 창고일 23명

(2) 구두닦이 21명

(3) 땜질, 도금 13명

(4) 미장, 목수 30명

(5) 농원의 지도 9명

(6) 훈련소 내 일반 노동 300명

(7) 훈련소 밖 일반 노동 500명

12. 위생·의료

전염병의 방역에 총력을 쏟고 있다. 포로 중 위생병을 동원해 일본군이 지도하지만. 위생병이라고 해도 그저 그런 자들로서 한의사 정도인 자가 많다. 환자는 문진, 시진에서 열병과 장기병(臟器病)이 가장 많고, 그 밖에 피부과도 가끔 보인다. 질병의 종류로는 주로 설사, 회귀열,

발진티푸스 등인데, 사망률은 8%이다.

13. 식사

식료는 보리, 조, 옥수수를 주식으로 하며, 부식물로 생야채, 말린 생선, 소금, 콩기름 등으로 일반인은 하루 2,800칼로리, 노동을 하는 사람에게는 하루 3,000칼로리를 표준으로 급식한다. 식기로 철깡통을 허리에 매달고 있지만, 저들은 그것으로 만사를 해결하고 있다. 환자에게는 우동, 좁쌀죽, 야챗국 등을 급식하도록 한다. 1인 1일 급식 정량은 다음과 같다.

(1) 주식 및 부식물

(2) 보리, 조, 옥수수 800g

(3) 콩기름 60g

(4) 야채절임 60g

(5) 소금 20g

(6) 어류 50g

(7) 소금에 말린 생선 35g

(8) 생야채 100g

14. 맺음말

이상이 훈련소의 개관인데, 내용을 대체적으로 파악할 수 있을 것이다.

요컨대 저들은 포로라 할지라도 백인 포로와는 전혀 다르다. 이들은 공산팔로군의 가면을 쓴 양민인 농부들로서 당장 입에 풀칠이라도 할 수 있는 최저생활만 보장해 준다면 어디라도 가는 단순무지한 토민이다. 사상적으로 핵심분자가 될 만한 자는 거의 없다. 교육훈련의 여하에 따라서 훌륭한 노무자가 될 수 있는 육체와 소질을 가지고 있다. 특히, 이들의 관리, 지도의 임무를 맡은 군 관계자는 이미 만주 방면, 현지 탄광 등으로 공출한 경험도 있기 때문에 향후 저들을 산업 방면으로 돌린다면 어떤 교육과 훈련을 시킬 것인지에 대해서도 충분한 관심과 계획이 있는 듯하다. 안심하고 저들을 받아들여도 무리가 없다고 생각한다.

다만, 향후 저들을 받아들일 경우에는 훈련소 작업반에서 어느 정도는 탄광, 하역 등의 사용업무에 관한 취업예비훈련을 실시하는 것이 더욱 효과적이라고 생각한다. 이를 위해서는 수요자 측에서 몇 명의 담당자 또는 숙련된 직원을 파견하여 훈련소 안에서 실무에 적합한 작업훈련을 실시하는 동시에 저들의 습성, 언어, 생활 등에 걸쳐 일련의 이해를 제고한 뒤 저들을 인솔해 가는 것도 하나의 방법이 될 것이다. 이렇게 하는 것이 실제로 서로 소통하기에 좋고, 여러 가지로 유익하다고 생각한다. 이 정도의 수고를 감수할 각오가 없다면 특수노무자인 쿨리를 사역할 자격이 없다.

제3절 지난(齊南)구국훈련소

지난시 교외의 첸산(千山) 기슭에 설립된 구국훈련소 역시 공산 비적의 포로를 수용하고, 이들을 훈련하여 황군의 은혜와 위엄을 느끼게 하고, 반공으로 이끌며, 대일 의존의 양민으로 만들려는 목적하에 운영되고 있지만, 스먼훈련소에 비하면 지난훈련소는 규모가 훨씬 작고, 훈련의 내용도 대외적인 노동공출보다는 다른 방면으로 사용되고 있다.

수용된 자는 공산 비적뿐만 아니라 국민당 중앙 정규군의 참모장급도 있다. 수용 중인 저들에 대한 태도는 애써 대승적 차원에서 적절하게 처우하고, 절도 있는 생활에 따라 과거의 생활을 청산하고 새롭게 갱생하도록 지도하고 있다. 즉, 포로라는 생각을 불식하고 자율적인 생활을 영위하며 이번 성전에 대한 황군의 진의를 철저하게 깨닫게 하는 훈련공작을 하고 있다.

훈련방법은 우선 사상훈련으로 라디오, 영화 등을 통한 시사문제, 역사 자료를 통한 교육, 일본어 교육에 주력하며, 사상동향에 대해서는 좌담회, 의견발표회 등을 개최해 이를 파악하는 데 힘쓰고 있다. 체력단련을 겸하여 농경, 양계, 양돈작업을 하는 것 외에도 훈련소 밖의 일화(日華)합작의 여러 시설을 견학함으로써 견문을 넓히고 출소 후의 준비로서 여러 가지 기술공작과 작업도 가르치는 등 시의적절한 훈련을 반복하고 있다.

훈련소는 1940년 5월에 설립되었다. 직원으로서는 소장, 서무, 경제, 교화, 수산의 각 계에 지도관이 ○○명 있으며, 훈련기간은 원칙적으로 2개월로 하고 있다.

입소 첫 행사로서는 위생소독은 물론, 세면식사, 목욕, 이발, 기숙사 할당, 소장의 훈시, 반 조직(청소, 물뿌리기, 취사분담) 입소 전 생활조사가 있는데, 각 가정에 대한 통신, 연락도 충분히 하고 있다. 급여 물품으로는 다음과 같은 것이 지급된다.

구두, 양말, 수건, 비누, 캐러멜, 세면기, 주전자, 차, 담배, 음식(만두 1근 1개, 1일 2식 및 야채), 축음기, 축구공, 그림책, 신문, 훈련수첩, 연필

매일의 일과는 다음과 같다.

7시 기상, 인원점호, 세면, 정돈, 훈화, 주의

8시 체조

9시 글공부

10시 아침식사

11~12시 작업 및 학과수업

17시 30분 저녁식사

18시 입욕

18~20시 자유시간(영화감상, 오락 등을 포함)

21시 인원점호

22시 30분 소등

이와 같이 규율 있는 생활훈련을 실시한 결과, 훈련졸업자로서 증명서를 교부받고 여비를 지급받아 생업에 종사하는 사람도 많이 있다. 이들 중에는 점령지 내의 반공평화운동에 참여하거나 동아시아 민족자주를 위해 적극 협력할 정도의 인물도 양성되었다. 특히, 가정생활에서 자매, 처자의 사상 선도와 주위 사람들의 생활을 개선하는 데 중심이 되는 사람도 있고, 공민으로서의 자각에 입각하여 경거망동을 엄히 삼가는 등 실로 의지가 될 만한 자들이 이 훈련소 수료자 중에서 다수 배출되고 있는 실정인데, 그 효과는 상당히 높게 평가해도 좋다고 할 수 있다. 단지, 스먼과 달리 인원수에 있어서 소수이기 때문에 내지의 노동력 공급원으로는 여력이 많지 않다.

제7장 쿨리 무리를 편성하는 파두제도

제1절 파두제도

쿨리는 그 특성상 작업의 운용에 있어서 중심세력이 없을 때는 충분한 능률을 도저히 발휘할 수 없기 때문에 쿨리 무리의 편성조직은 특정인을 중심으로 한 파두제도를 채택하고 있다.

파두는 작업상에서는 노무자의 훈련, 지도 등 일체의 관리를 하는 동시에 그 사생활에도 경제적 원조를 해 주며 노무자의 기분을 확실히 파악하고 있다. 그러므로 기업 측에서 볼 때는 '파두를 얼마나 수완 있게 장악하는가?' 하는 것이 노무관리상 중대한 문제이며, 여기에 일본식 노무관리의 획일적 공식만으로는 도저히 해결할 수 없는 미묘한 어려움도 존재한다.

파두제도는 쿨리 관리상 절대로 무시해서는 안 되지만, 물론 여기에는 여러 가지 폐해도 수반한다. 중간착취와 같은 것이 그중 하나이며, 임금 체불, 축첩 풍습, 아편 흡입, 도박 등의 악덕을 들 수 있다. 그러나 기업이 실제로 그 존재를 인정하고 단호하게 불식하지 못하는 이유는 쿨리의 내지 이입의 경우에 충분히 검토해 보지 않으면 안 되는 특수한 사정이 있다.

기업을 중심으로 볼 때는 사용하는 노무자 전부가 파두제도에 따른 것이 아니라 기업이 직할하는 노무자도 있고, 일용인과 비슷한 사람도 있다. 중싱탄광의 경우 노무자가 이공(裡工), 포공(包工), 장기 영공(零工), 산공(散工)의 4종으로 나누어져 있는 것과 같다. 그러나 이것을 인원수로 볼 때는 파두제도하에 있는 소위 외공이 절대다수를 차지하여 재적 1만 1,000명 중 83%를 차지하며, 이공, 영공은 불과 17%에 지나지 않는다.

파두의 명칭은 장소에 따라 다르다. 쿨리두(苦力頭), 포공두(包工頭), 공두(工頭), 대공두(大工頭) 등으로 불리고 있는데, 소속 노무자의 인수에 따라 300~500명의 공인을 통솔하는 자를 대파두(大把頭), 15~16명 내지 30명 내외를 통솔하는 자를 소파두(小把頭), 100명 내지 140~150명을 통솔하는 자를 중파두(中把頭)로 분류하고 있다.

대파두제는 쿨리의 운용상 작업 상황에 따라 그 수를 신축성 있게 할 수 있으며, 작업분배 등에서도 고민할 필요가 없지만, 자칫 대파두는 기업 내에 큰 세력을 만들어 권세를 늘려 불손한 행동을 하는 경우가 적지 않아 유사시에는 손을 쓸 방법이 없고, 사고에 따라 쇠락하거나 몇 백 명이나 되는 쿨리의 진퇴에 휩쓸려 작업에 심각한 영향을 미칠 수 있다는 결점을 갖고 있다.

소파두제는 대파두제의 단점을 제외할 수 있지만, 큰 작업에는 여러 명의 소파두를 병용해야 하기 때문에 운용상 이러한 협력의 일치가 매우 어렵다. 특히, 작업량의 공평한 분배를 기하고 대우, 급여 등에 있어서 분규를 방지하느라 노동관리에 골머리를 앓는 일이 다반사다. 지휘, 명령, 감독 등의 여러 점에 있어서 계원의 증가가 필요하다는 단점도 있다.

대파두제와 소파두제를 절충하여 양자의 장점을 취하고, 그 단점을 최대한 줄이기 위해 시도된 제도가 바로 중파두제이다. 이에 따르면, 대파두제가 지닌 위험성을 제외하고, 소파두제에서 나타나는 관리상의 번거로움을 줄이며, 담당자가 쿨리 운용의 열쇠를 쥐고 작업의 분배권을 장악한다. 작업능률에 따라 작업을 분배하고 능률이 높은 자에게 우선권을 부여하여 많은 작업분배를 할 수 있는 파두는 경쟁하면서 우수한 쿨리를 많이 양성하려고 하는 경향이 있기 때문에 능률의 증진을 기대할 수 있다. 즉, 파두로 하여금 작업에 열의를 갖게 한다는 점에 있어서 소파두제의 장점, 작업량의 분배가 비교적 번잡하지 않은 점에 있어서는 대파두제의 장점을 취하고 있다.

그러나 요점은 일의 내용, 성격, 파두의 인품 여하에 따라 좌우될 문제일 뿐, 반드시 제도의 잘못이 아니기 때문에 섣불리 그 장단점을 공식적으로 결정할 수는 없다.

제2절 파두제도의 편성

쿨리반의 편성은 각 업소마다 대동소이하지만, 그 대표적인 것 두세 개를 예시하면 다음과 같다.

[사례 1] 톈진역 톈진마두(碼頭)의 하역 쿨리

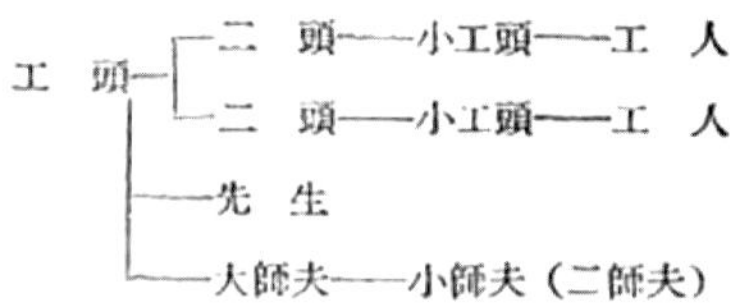

주) 1. '이두(二頭)'는 소두(小頭)급인 자로, 한 작업단위에 1~2명을 둔다. 현장 일선을 통솔하는 임무를 담당하여 경우에 따라서는 조장급에 상당하는 '삼두(三頭)'를 두는 일도 있다.

2. '선생(先生)'은 서기로서 서무회계를 관장한다.

3. '대사부(大師夫)'는 조리사, '소사부(小師夫)'는 잡역부이다.

4. 톈진과 같은 큰 역에서는 상기와 같은 대규모의 쿨리반 조직을 두지만, 작은 역에서는 좀 더 간단한 조직을 취할 수 있다. 예를 들면 다음과 같다.

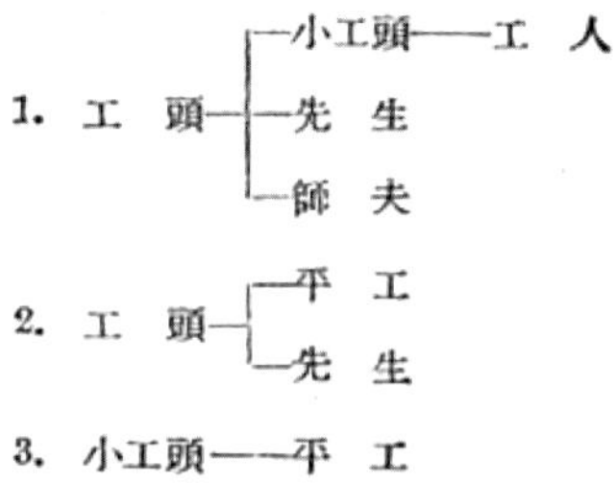

[사례 2] 카이란탄광의 채탄 쿨리

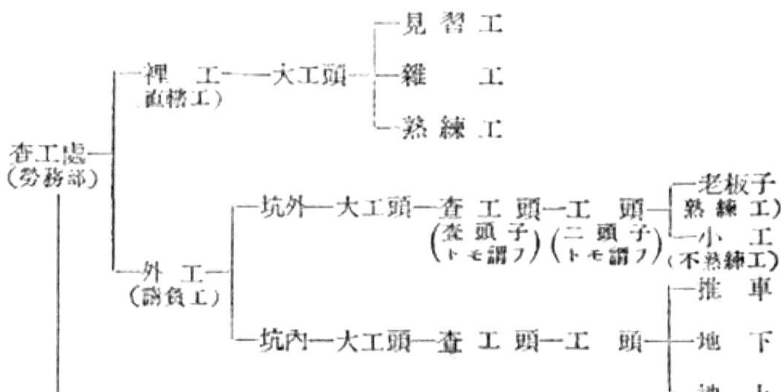

[사례 3] 중싱탄광의 채탄 쿨리(작업 면에 있어서의 편성)

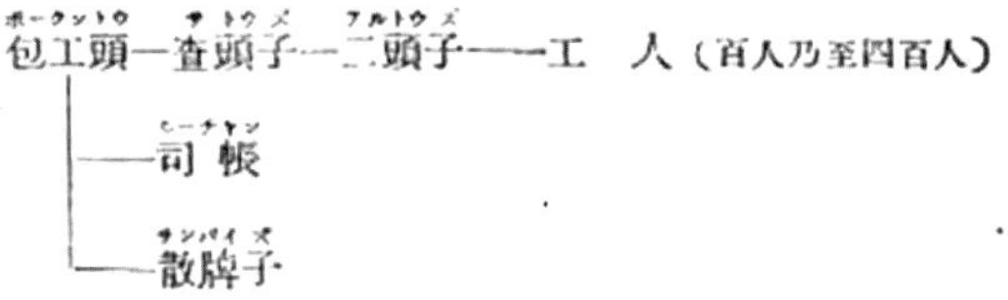

주) 1. 사두자(査頭子)는 포공두(包工頭)의 대리로 1명 내지 2명

2. 이두자(二頭子)는 갱내 절단감독, 5명 내지 10명, 1명당 30~40명의 공인(公人)이 있다.

3. 사장(司帳)은 도착, 회계, 장부 담당

4. 사두자 이하 임원은 월급제, 산패자(散牌子)에 한해 일당제, 전원 포공두의 회계에서 지급한다.

제8장 쿨리의 특성

“쿨리는 인간이 아니다”라는 말은 중국인들이 종종 하는 말이지만, 그 생활 형태는 육체적으로나 정신적으로 하나의 신비라고 생각될 정도의 어떤 저력을 발휘하고 있다.

세계가 문명이라는 병에 마취되고 있는 이때 쿨리가 그 동물적 정력을 세계 각지에서 발휘하고 있는 것은 중국의 입장에서 보면 백만 대군보다 든든한 존재일지 모른다. 사실 오늘날 중국을 살리는 것은 중국의 하급 노동자, 즉 쿨리라고 해도 과언이 아니라고 생각한다.

이 수수께끼 같은 존재인 쿨리는 어떤 특성을 가지고 있는가? 다음에서 이를 열거해 보자.

제1절 강건한 육체

중국에서는 아이라도 15살이 될 때까지는 의사에게 진찰시키지 않는다고 한다. 자식 중에서 의사의 신세를 져야 하는 아이는 빨리 죽는 편이 좋다는 의미일지도 모른다. 적자생존주의의 극단적인 신봉자들이다. 그렇기 때문에 살아남은 자는 처음부터 튼튼한 것이다. 화베이 주요 도시의 유일한 교통기관인 인력거꾼[톈진에 한하여 이를 자오피(膠皮)라고 칭하지만, 그 밖의 화베이 각지에서는 양처(洋車)라고 호칭한다]은 북경에만 8만 명을 헤아리고 있는데, 겨울에 인력거 밑에서 웅크리고 앉아 하루 종일 대기하고 있어도 감기 한번 걸리지 않고, 여름에는 길바닥에 뒹굴뒹굴 큰 대자로 누워 있어도 배가 차가워진다거나 뼈마디가 아프다거나 하는 일은 있을 수 없다. 모기가 물든 벼룩이 물든 상관없다. 먹는 약은 태어나서 거의 사용한 적이 없다. 어떤 의사의 말에 따르면 위경련 등이 일어났을 때 칫솔질만 해도 낫는다는 완전히 불가사의한 육체의 소유자들이다. 따라서 노동을 마다하지 않는다. 아무리 장시간의 노동이라도 ‘만만디(漫漫的)’지만 권태로운 기색 없이 계속한다. 하지만 그것도 지역에 따라 다소 차이가 있는 것은 물론, 일률적으로 단정할 수도 없다. 쿨리의 산지라고 하는 산둥성, 허베이성 쿨리의 그 특징은 다음과 같다.

산둥 쿨리	허베이 쿨리
신장평균: 167cm 체중평균: 62kg 악력: 46kg 등근력: 157kg	신장평균: 169cm 체중평균: 65.5kg 악력: 52kg 등근력: 169kg
허베이에 비해 약간 열등한 농민에서 전직한 자가 많고 노동자로서 도저히 선택하기 충분하지 않다.	산둥보다 우량하다. 대다수는 노동자의 경험을 지니고 있는데, 대체로 알짜만 골랐기 때문인가?
성질	**성질**
1. 둔감하고 행동은 약간 완만 2. 인내력이 강하고 노동계속성이 있음. 3. 지능 정도는 약간 낮음. 4. 성질이 온순하고 사상도 온건함. 5. 나쁜 길로 빠지는 일이 적음.	1. 두려움이 없고 적극적임. 2. 노동력이 왕성하나 계속성이 부족함. 3. 지능 정도는 약간 높음. 4. 성질이 세고 말을 듣지 않는 기색이 있음. 5. 노동자라는 기질이 있음.
총평	**총평**
1. 생활 정도가 낮고 어려움을 잘 견딤. 2. 부실한 식사에 만족함. 3. 취미, 기호는 원시적임. 4. 단순한 일에 만족함. 5. 반복적인 일에 적합함.	1. 생활 정도가 높고 멋대로 하는 것을 좋아함. 2. 음식도 호사스럽기 일쑤임. 3. 진보적이며 화려한 일을 좋아함. 4. 과격한 노동도 기분 내키면 해치우는 분위기가 있음. 쉽게 달고 금방 꺼지는 식인가?

위 표와 같이 산둥과 허베이에서는 노동자로서 기질에 다소 차이가 있다는 것을 알 수 있다. 어쨌든 중국은 '대지'이다. 이곳과 저곳이 전혀 반대인 경우가 얼마든지 있다. 그러니까 쿨리의 기질 역시 일괄적으로 이렇다 저렇다 판단하는 것은 경솔한 생각이다.

제2절 쿨리의 감정

1. 메이파즈(沒法子)

'메이파즈'라는 것은 중국어로 '어쩔 수 없다', '마땅한 방법이 없다', '포기하는 수밖에 방법이 없다'라는 뜻이다. 인간의 일이 다하여 천명을 기다린다고나 할까? 어떤 불행한 일을 당해도 이를 하늘의 뜻이라며 단념한다. 넓고 막막한 몇 백 리 끝까지 몇 달째 노숙을 하며 경작,

파종한 농작물이 차차 여물어 가는 무렵에 천재인화(天災人禍)로 하루아침에 황무지로 변하는 경우가 결코 적지 않다. 오늘날까지 역사(歷史)는 그것을 반복해 왔다. 그때마다 저들은 탄식하며 슬퍼하는 대신 유일한 단어인 "메이파즈!" 라고 하며 포기한다. 좀처럼 흉내낼 수 없는 인생관이다. 저 인력거꾼과 같은 사람도 손님이 다른 곳을 방문하여 문밖에서 기다리라고 하면 끈질기게 5시간도 8시간도 계속 기다린다. 교활한 남자는 카페 같은 곳에서 불러 타고 다른 곳에 들러서 문밖에서 기다리라고 해 놓고는 뒷문으로 슬쩍 도망치는 일이 있다. 그래도 인력거꾼은 가게가 끝날 때까지 밖에서 기다린다. 가게 문이 닫히고 손님이 없는 것을 알게 되면 그제야 비로소 속았다는 것을 알게 된다. 그래도 별로 화를 내지 않는다. "메이파즈!" 라는 말 한 마디로 끝이다. 실로 불가사의한 인생관이다.

2. 질투심이 매우 강하다

이를 경쟁의식으로 지도하면 오히려 발달의 소지가 되기도 한다. 이러한 성격을 이용하여 기술을 향상시키고 근무능률을 올렸다는 실례도 여러 번 있다.

예를 들면, 모 탄광에서는 출탄능률이 양호한 쿨리에게 아내가 좋아할 만한 물건을 상여로 주었는데, 이를 얻지 못한 다른 아내들이 자기 남편들의 뺨을 때리자 말처럼 힘을 발휘했다고 한다. 이처럼 질투심을 일으키는 동시에 평소 무서운 아내들의 비위를 맞추기 위한 경쟁심을 자극하여 채탄능률을 크게 향상시켰다는 예가 있다.

경쟁의식을 부추겨 향상심으로 이끈 사례로, 1년 내에 콜커터(채탄기)를 자유롭게 사용할 수 있는 일본인은 많지 않은데, 쿨리 중에서 3개월 만에 습득한 사람도 있고, 픽해머도 일본인은 2명이서 사용하는 것을 저들은 혼자서 잘 사용한 예도 있다. 잭해머도 일본인 3명이서 하는 것을 저들은 둘이서 한다거나 발전기 조종도 20세 미만의 일당 50전인 하급자가 자유롭게 사용한 예도 있다. 또한 보일러를 일본인에게 맡겨 두었을 때는 15파운드 정도가 보통이지만, 쿨리 중에는 3파운드 정도에 멈추는 운전능률이 좋은 사례도 있다. 사용하기에 따라서는 결코 경멸할 사람들이 아니다. 쿨리 중에 성적이 좋은 사람을 내지에 보내 잠시 시찰하게 하고, 이들을 직원으로 등용한 적이 있는데, 계속 차기 직원으로 쓰기 위해 후보자 25명을 선정한 결과, 질투심이 경쟁심으로 바뀌더니 무서울 정도로 공부했다는 실례도 있다.

3. 의기에 감동하는 감성

“이 사람을 위해서라면” 하고 감격하면 전폭적으로 신임하는 분위기가 있다. 그 사람을 중심으로 그의 지휘통솔에 순종하며 따라간다. 파두제도의 노동조직이 오늘날 견고하게 사라지지 않고 남아 있는 것은 이러한 성격의 일면에서 엿볼 수 있다. 모집한 쿨리를 수송하는 경우에도 수송의 우두머리가 그들의 신망을 얻기에 충분한 사람이라면, 단지 1명이라도 수백 명을 무사히 데리고 갈 수 있지만, 그렇지 않은 경우에는 10명, 20명의 감독을 붙여도 그들은 열차가 지나가는 도중에 뛰어내리는 대담한 행위를 식은 죽 먹기처럼 한다. 저들이 내지인에게 사역을 당하는 경우에도 먼저 주목하는 것은 “이 사람은 신뢰하기에 충분한 사람인가?” 이다. 사용하는 쪽이 반대로 시험을 당하는 것이다. 이 멘탈 테스트에서 낙제한 사람은 쿨리의 노무관리에서 낙제한 사람으로서 결코 잘되지 않는다. 그들이 파두를 믿고, 그 밑에서라면 어떤 곳이든, 어떤 조건이든 만족하며 따라간다는 것이 파두에 대한 신뢰이며 감격이다. 파두가 어떻게 저들의 인심을 장악하는가? 간단히 말하면(따로 말할 기회가 있겠지만), 요컨대 가난, 질병, 사망, 불행 등의 경우에 몸과 재산을 바쳐서라도 구해 주겠다는 평소의 마음가짐에 저들이 감격하는 것이다. 저들은 파두가 사업주와의 계약금 중에서 상당 부분을 횡령하여 이득을 본다는 것도 알고 있지만, 파두에게 착취당하는 것은 아무렇지 않게 생각한다. 금전에 대한 집착이 강한 쿨리로서는 드문 침묵이지만, 상대가 파두인 이상 조금도 불평하지 않는다. 한 번 신뢰하면 끝까지 가는 저들의 맹신은 이상할 정도로 강력하다.

4. 체면(面子)

동물과 같은 생활에 만족하는 쿨리에게도 멘쯔(체면)는 매우 중요한 특성이다. 남의 면전에서 발로 차거나 하면 앞으로 절대로 그 사람에게는 복종하지 않는다. 어떤 이에게 정당한 이유가 있더라도 쿨리를 때리거나 질책할 필요가 있을 때는 아무도 보지 않는 곳에 데리고 가서 해야 한다. 남의 면전에서 질책하는 것은 절대로 금물이다. 쿨리만이 아니다. 지배인이나 보이 같은 자도 체면 문제는 공통이다. 상점의 지배인을 해고할 때는 주인이 해고 통보를 하지 않고 밥 줄 때 반찬을 적게 주는 방법을 사용한다. 그러면 본인이 주인의 뜻을 살펴 스스로 퇴직을 신청한다. 체면은 이렇게 유지되는데, 실로 재미있는 성격을 지닌 사람들이다. 쿨리의 노무관리에서도 이처럼 사소한 부주의가 큰일을 야기하는 원인이 되지 않는다고 할 수 없다.

5. 교활함이 적고 의외로 약속을 지킨다

굳이 비교하면, 조선인들 쪽이 교활한 성격을 다분히 갖고 있다. 쿨리의 경우, 사람들이 방심하는 틈을 노리고 속이려는 나쁜 짓은 하지 않는다. 인력거의 예를 봐도 처음부터 50전으로 정하고 타면 상당히 멀어도 말없이 간다. 도착하고 나서 의외로 먼 거리였으니 할증이 붙는다는 등의 말은 하지 않는다. 1엔을 내도 어김없이 50전을 거슬러 준다. 처음부터 정해서 타지 않을 때는 얼마든지 많이 청구한다. 팁을 줄 생각으로 너무 많게 10전을 주면 만만하게 보고 다시 10전을 달라고 한다. 만만하게 하면 기어오르고, 고압적으로 대하면 반항한다. '흘순불흘역(吃順不吃逆)'이다. 다루기 어려운 것 같지만, 방법에 따라서는 순종하며 따라오는 예쁜 구석이 있다. 바로 가위와 대팻날을 다루는 것 같다.

제3절 쿨리의 습관

1. 위생관념이 부족하다

더러운 것을 싫어하지 않기 때문에 자연스레 비위생적이라고 생각되는 일도 아무렇지 않게 여긴다. 인력거의 예만 드는 것 같지만, 인력거를 타면 저들은 한 블록을 채 못 가는 동안에도 몇 번이나 큰소리를 내며 손으로 코를 푼다. 콧물 등을 차의 손잡이든 의복의 상의든 어디에나 마구 발라 버린다. 맞바람이 불 때면 가래가 섞인 물보라가 손님들의 발밑으로 날아든다. 우리가 정말로 싫어하는 것도 저들은 아무렇지 않다. 쿨리 사택을 시찰하면 공동화장실의 더러운 것은 말로 표현할 수가 없을 정도다. 칙칙한 거적으로 된 작은 오두막 안에 드럼통 같은 것이 하나 놓여 있을 뿐이다. 대변은 대개 변소 밖에서 일을 보고 모래나 재를 뿌려 놓는다. 비가 적고 건조한 곳이기 때문에 금방 말라 버린다. 마른 똥들이 여기저기 굴러다

닌다. 그것을 사 모으러 오는 상인도 있다고 한다. 분말로 만들어 비료로 쓰는 것 같다.

만수산(萬壽山), 천단(天檀) 등 베이징의 여러 명소에 가도 공동변소의 허술함에 놀랄 따름이다. 대변을 보는 곳에는 일본처럼 칸마다 칸막이가 없다. 나막신과 같은 것을 광장에 몇 개 늘어놓았을 뿐인데, 공원에 놀러 온 문인묵객을 비롯해 외국인이나 쿨리도 한곳에 나란히 쭈그리고 앉아서 용변을 본다고 한다. 순전히 공자의 가르침대로 "식(食), 색(色)은 본성"이라는 사상에서 온 것인지, '인간 자연의 본능적, 생리적 현상에 무슨 숨김이 필요하겠는가?'라고 강변하는 듯한 장면들이 우리를 씁쓸하게 만들 뿐이다.

2. 물건 쌓아올리기가 특기

중국인은 물건을 쌓아올리는 것에 흥미가 있는지, 마을을 둘러싸고 있는 흙담장이라도 그 안의 흙집, 벽돌로 만드는 공작물은 말할 것도 없고, 철도연선의 방호벽 등 어디를 가도 흙이나 돌을 쌓아 만든 것뿐이다. 이들을 탄광의 갱내 충전 등에 사용하면 쌓아놓기에 비범한 수완을 발휘할 것이다.

3. 눈, 비를 극단적으로 싫어한다

중국 군대는 전쟁에 나갈 때 우산을 가지고 간다는 말을 자주 듣는데, 사실 저들은 비나 눈을 극단적으로 싫어하는 것 같다. 부두에서 일하는 쿨리들은 여름 땡볕에 땀 흘려 일하는 와중에도 소나기가 오면 모두 도망가 버린다. 더울 때 소나기라도 맞으면 기분이 좋아질 것 같은데 도망가는 이유를 모르겠다. 옷을 갈아입지 않기 때문이라고 설명하는 사람도 있는데, 역시 성격상 비를 싫어하는 것 같다. 비가 많이 오는 일본, 눈이 많이 오는 홋카이도 등에서 쿨리를 사용하는 경우, 골칫거리 문제 중 하나이다.

4. 도박을 애호함

도박은 쿨리가 따르는 법이다. 임금을 받은 다음 날부터 2, 3일 동안 결근하는 사람이 속출하는 경우를 예로 들 수 있다. 이 때문에 급한 경우에는 월급날을 연기할 정도의 공작까지 해야 한다. 도구가 없어도 콩알만 몇 개 있으면 수백 엔의 도박도 할 수 있다. 차의 번호, 대나무 조각도, 왕래하는 사람, 모두 도박의 대상이 되지 않는 것은 없다. 다만 쿨리 중에서도 두 가지 종류가 있는데 베이징이나 톈진의 도시지역, 소위 도시에 걸맞은 쿨리는 과감하게 건다. 하룻밤을 넘기는 푼돈은 사용하지 않는 식이고, 날이 새고 다음 날이 될 때까지 잃어도 끄떡없다. 반년치 노동에 가불한 돈을 하루아침에 빼앗겨도 '메이파즈'다. 이에 반해 시골 출신의 쿨리는 같은 도박을 하더라도 잃어도 되는 한도를 미리 정해 두고 그 한도 이상을 넘지 않는다. 소위 심심풀이의 오락으로 도박을 하지 않을 수 없기 때문에 한다는 식이다. 내지에서 사용할 경우, 노동관리에서 도박을 어떻게 처리할지 골칫거리가 하나 더 늘어나는 것이다.

5. 술, 담배

술은 도수가 강한 바이간얼(白干兒)과 같은 것을 애호한다. 내지의 소주와 비슷한 것이다. 그러나 이상하게도 만취자를 볼 수 없다. 담배야말로 저들이 걸을 때나 앉을 때나 누워서도 입에서 뗄 수가 없는 애호품인 모양이다. 극단적인 자는 아편흡입자가 되고, 모르핀 중독자가 된다. 탄광처럼 갱내 가스폭발의 위험성이 있는 작업장에서는 이를 단속하기가 더욱 어려운 모양이다. 만주의 탄광에서도 누차 경험한 바에 따르면, 아무리 갱내 입구에서 검사를 열심히 해도 어디에 어떻게 숨겼는지, 라이터, 담배를 휴대한 자가 끊이지 않아 곤란했다고 한다. 내지와 마찬가지로 중요 탄광에서는 가스가 많아 이들을 사용할 경우, 저들의 보안훈련에 어느 정도 안심할 수 있을지가 고민거리이다.

6. 조선인과 사이가 나쁘다

중국인이 보기에 조선은 독립국이 아니라 일본에 종속된 국민이라고 생각한다. 조선인들이 보기에 자신들은 일본의 황국신민, 중국인은 패전국의 국민이라는 식의 상호 반대되는 사고방식을 가지고 있다. 서로 상대를 낮게 보려는 점에서 절충이 잘 안 되는 점이 있다. 양자를 같은 장소에 두면 결코 일이 원만하게 진행되지 않는다. 말다툼은 물론이요, 칼부림 정도의 소동은 나온다고 봐야 한다. 최근과 같이 조선인 사용이 증가하고 있는 내지의 공장이나 탄광에서 쿨리를 사용할 경우, 양자의 조정을 어떻게 돌파해 나갈 것인지 또한 노무관리상의 큰 문제이다.

7. 성(性) 문제

이 점에 대해서는 두 가지 설명이 있다. '성적인 문제를 충분히 고려하고 대비하지 않으면 사회 치안상 문제를 일으킨다'는 설, '그렇지 않다. 저들은 평생이라도 돈이 모이지 않는 한 신부도 사지 않고 참는다. 저들의 희망은 돈 벌고 저축을 해서 평생에 한 번 신부를 장만하고 싶은 것이다. 그때까지는 꾹 참고 지낸다'라는 반대설도 있지만, 아마 양쪽 설명 모두 맞을지도 모른다. 최근에 조선의 어느 시설공사에 쿨리가 들어온 적이 있다. 도착 후 한 달 정도는 아무런 문제가 없었는데, 그 후 일본인, 조선인 자녀들이 종종 위험한 일을 당하여 애를 태웠다는 실화도 있다. 물론 모든 쿨리가 그렇지는 않겠지만, 내지 이입의 경우에 역시 이 문제의 해결기관으로서 어떤 최소한의 대책이라도 세워야 한다고 생각한다.

8. 맺음말

대체로 쿨리는 역시 금전과 노동을 교환하는 저급 노동자이다. 저들에게 고매한 이상을 설명해도, 국가 관념을 불어넣어도, 정신적 교양으로 일깨우려고 해도, 아마 그것은 헛수고일 것이다. 6~7세의 유아기 때부터 열심히 훈육한다면 모를까, 오늘날 성인 노동자인 쿨리는 이미 정신교육의 대상으로서는 한 시대 이상 동떨어져 있다고 해야 할 것이다.

저들은 지식교양의 정도가 낮고, 사물을 이해하고 연구, 고찰하는 능력이 결여되어 있다. 복잡하게 변화하는 세상사를 돌파하거나 거기에 맞추려고 노력하는 기개도 없고, 적극적인 분발심도 없다. 저들은 자본가, 지주, 관료에 비해 전혀 다른 열악한 환경에서 자랐고 압박, 학대, 불법적인 생활을 묵묵히 견뎌왔기 때문에 지적관심을 가질 여유도 없이 전적으로 지금의 생활을 유지하는 것에 만족하고 있다. 통제하기 위해 금전을 사용하는 것은 물론 필요하지만, 저들은 핏줄을 존중하는 민족의식, 동향의식을 다분히 가지고 있기 때문에 외국인에게 사용될 경우에는 자국인보다 유리한 조건과 임금을 탐내고 보은관념이나 책임감이 결여된 채 악착같이 돈만 벌려는 근성을 벗어날 수 없다. 저들에게 장기근속을 요구하는 것은 무리이며, 1년, 기껏해야 2년의 계약이 고작이다.

만주의 예를 봐도 중국인 노무자의 계약 기간은 허강(鶴崗)탄광에서는 1년 미만이 70%를 차지하며, 미산(密山)탄광에서는 90% 미만을 차지하고 있다. 달래 주면 기어오르고 혼내면 체면상 반항하기 때문에 저들을 사용할 때는 엄하게 하면서 한편으로는 아량을 드러낼 부분은 아량을 드러내며, 한편으로는 금전적 급여를 충분히 가미하여 소위 물심양면의 조종이 필요하다. 이러한 특성을 고려하여 특수한 노무관리를 고려해야 한다.

제9장 쿨리의 취업실정

제1절 통계조사

1. 임금

임금의 형태는 일급, 생산실적량 기준급(出来高給)의 두 가지 방식이 있는데, 파두에게 지급하는 경우, 일급자분은 근무인원수에 단가를 곱한 금액, 생산실적량 기준급은 채굴탄량 1관당 또는 갱도굴진 1미터당 단가를 실적에 곱한 총액을 일괄적으로 파악하여 지급한다. 파두는 사두자 이하 임원의 급료만큼 공인의 임금을 지불하고, 남은 금액을 자기의 수입으로 한다. 즉, 여기에서 임금의 체불 또는 중간착취의 나쁜 풍속이 생성되는 것이다.

다만, 고려해야 할 것은, 파두는 공인의 공사(公私) 생활을 돌보는 것뿐만 아니라 계원, 상사 또는 외부 교제에서 파두로서 체면을 유지할 필요가 있으며, 그러한 경비의 지출이 상당히 많다는 점, 보통 좋은 파두에 대해서는 공인의 신임이 강하고 착취당하는 것에 대해 아무런 관심이나 불평을 하지 않는 분위기도 있어 중간착취의 문제도 제3자가 우려할 정도의 일이 아니라는 점 또한 말해 둔다. 내지 이입의 경우에도 파두 제도의 장단점에 대해 충분히 검토하고 노무관리의 대책을 수립하는 것이 중요하다고 생각한다.

중싱탄광에서 포공두의 체면을 유지하기 위한 임금은 공인 1인당 1엔 26전이 필요하다. 이 중 공인의 수취는 사키야마가 90전 내지 95전, 아토야마가 80전 내지 85전, 평균 88전 정도이다. 결국 1엔 26전의 임금은 도구비, 화약비, 안전등 구입비로 18전, 여러 부과금이 10전, 공인 수취금으로 88전이 차감되어 나머지 10전이 포공두의 수입이 된다.

중싱탄광 임금표(1942년 6월 1일)

	업종별	숙련공	비숙련공		임시공		합계
			직할공	청부공	직할공	청부공	
임금지불 총액	갱내	17,090.03		351,770.07	–	–	368,860.10
	갱외	39,415.81	9,094.81	46,121.04	–	54,045.60	148,677.26
	계	56,505.84	9,094.81	397,891.11	–	54,045.60	517,537,36
갱내	취업총인원	19,500	–	316,410	–	–	335,910
	공인 1인당 1일 평균 실수령액	0.876	–	1.112	–	–	1.098
갱외	취업총인원	–	–	–	–	–	–
	1인 1일당 1일 평균 실수령액	0.839	0.649	0.958	–	0.853	0.862
갱내외 평균임금	–	0.850	0.649	1.052	–	0.853	0.862
갱내	최고	3.32	–	3.40	–	–	3.40
	최저	0.70	–	0.80	–	–	0.70
갱외	최고	1.84	0.80	1.20	–	0.90	3.32
	최저	0.65	0.33	0.50	–	0.50	0.33

위 탄광에서는 공인의 최저임금제를 채택하고 있지만 근속년수의 증가에 따라 규정액을 초과하는 것은 물론, 이공(직할공)에 대해서는 매달의 급여 외에 석탄 2위안(元)어치를 지급하고 있다. 직종별 최고·최저임금은 다음 표와 같다.

직종별 최고최저임금표(1936년 7월 31일)

(단위: 위안)

직업별	현재 직공 수	1일 최고임금	1일 최저임금
이장간공(泥匠看工)	1	(월) 25.33	
장인(匠目)	10	2.65	1.25
공장(工匠)	147	2.10	0.70
하수(下手)	34	0.60	0.40
소공두(小工頭)	1	0.62	0.62
소공(小工)	43	0.59	0.37
잡공(雜工)	5	0.50	0.40

직업별	현재 직공 수	1일 최고임금	1일 최저임금
수위(守衛)	4	0.37	0.37
영공소공(零工小工)	88	0.37	0.37
수야(守夜)	3	0.37	0.37
영공하수(零工下手)	43	0.60	0.40
학도(學徒)	21	0.40	0.30
개교차정차(開絞車正車)	3	2.00	1.50
개교차이차(開絞車二車)	3	1.10	1.00
연습개차(練習開車)	1	0.60	0.60
영반소화(領班燒火)	3	0.64	0.64
화부(火夫)	12	0.54	0.37
교차가유(絞車加油)	3	0.46	0.42
영반세로(領班洗爐)	1	0.54	0.45
세로(洗爐)	3	0.44	0.44
개차가유(開車加油)	3	0.60	0.45

탄광노무자 1인 1일 평균임금(1939년 11월부터 1940년 4월까지)

월별	갱내						갱외						평균						임시직 평균
	11	12	1	2	3	4	11	12	1	2	3	4	11	12	1	2	3	4	
징싱	0.69	0.67		0.77	0.68	0.55	0.48	0.48		0.53	0.47	0.60	0.60	0.58		0.66	0.59	0.57	0.49
정펑	0.65	0.67		0.67	0.68	0.69	0.47	0.46		0.48	0.48	0.51	0.59	0.60		0.60	0.63	0.67	0.57
화펑	0.58	0.44			0.76	0.87	0.42	0.38			0.57	0.65	0.52	0.43			0.67	0.71	0.53
화바오	0.49				0.63	0.68	0.43				0.58	0.56	0.48				0.60	0.59	
양취안	0.91	0.95	0.90	0.92	1.11	1.03	0.69	0.67	0.62	0.63	0.76	0.51	0.82	0.85	0.79	0.78	0.92	0.88	
시산	0.83	0.82	0.89	0.84	1.00	1.05	0.75	0.74	0.78	0.67	0.61	0.96	0.83	0.81	0.88	0.82	0.98	0.96	
서우양					0.75	1.15					0.72	0.59	0.57	0.57	0.60	0.93	0.74	0.76	0.66
부자탄	0.90	0.90	0.90	0.90	0.82	1.25	1.80	1.80	0.90	0.80	0.80	1.05	0.86	0.85	0.90	0.84	0.81	1.13	0.60
솬강전		0.83	0.81	0.83	0.88			0.60	0.55	0.55	0.66			0.81	0.80	0.82	0.85		
쯔촨						0.84						0.54						0.82	0.40
보산						0.90						1.00						0.95	0.95
류취안	0.60	0.60			0.70	0.91	0.50	0.60			0.60	0.71	0.55	0.65			0.65	0.83	0.64

주) 1. 임금이 특히 낮은 곳은 현물급여로 보상하는 곳이 많음.

2. 1940년 4월부터 일부 탄광에서 임시수당을 지급하여 물가폭등에 따른 실질임금의 저하를 방지함.

3. 임시수당은 근로자 1명당 예를 들어 정펑 10전, 류취안 11전, 양취안 5전, 서우양 17전, 징싱 10전 등과 같음.

철도하역 노무자 임금표(1940년도)

월별	4월	5월	6월	7월	평균
톈진(天津)	1.40	1.43	1.65	1.58	1.51
톈진북역(天津北站)	1.30	1.25.	1.40	1.37	1.33
탕산(唐山)	1.18	1.05	1.20	1.23	1.16
첸먼(前門)	1.33	1.47	1.59	1.55	1.48
스먼(石門)	1.15	1.23	1.35	1.42	1.28
타이위안북역(太原北站)	1.17	1.10	1.07	1.15	1.12
타이위안남역(太原南站)	1.07	1.05	1.11	1.24	1.10
위츠(榆次)	1.14	1.07	1.07	1.27	1.13
양취안(陽泉)	1.34	1.20	1.25	1.28	1.26
지난(濟南)	1.12	1.09	1.28	1.34	1.21
보산(博山)	1.25	1.34	1.45	1.62	1.41
칭다오(靑島)	1.62	1.59	1.73	1.64	1.64
쉬저우북역(徐州北站)	0.99	1.21	1.09	1.16	1.11
쉬저우동역(徐州東站)	1.13	1.26	1.30	1.29	1.24
카이펑(開封)	0.93	1.09	1.03	1.24	1.07
신샹(新鄕)	0.94	0.94	1.18	1.13	1.04

2. 근무시간

탄광의 근무시간은 대체로 12시간 2교대 또는 8시간 3교대, 24시간 격일제 근무 등으로 나뉘어 있지만, 보통 하루의 낮과 밤을 3개 반으로 나누어 각 반마다 8시간제로 아침반과 중간반은 출탄을 담당하고, 야간반은 수리반이다. 오전 5시부터 6시까지가 아침반의 교대시간이고 6시부터 오후 2시까지 근무시간이다. 오후 2시부터 3시까지가 주간반의 교대시간이고, 3시부터 11시까지 근무시간이다. 야간반의 수리공인은 10시에 갱 안으로 들어가 다음날 아침 6시에 갱 밖으로 나오는 것이 통례이다.

탄광노무자 근무시간표(1940년 8월)

탄광	1일교대제	근무시간	탄광	일교대제월	근무시간
징싱(井陘)	3	9시간	쯔촨(淄川)	화부 3	8시간
		7시간		기타 2	12시간
		9시간			
정펑(正豊)	2	10시간 반	헤이산(黑山)	24시간	격일교대
류장(柳江)	2	12시간	보산(博山)	"	"
창청(長城)	갱내 3	8시간	팡즈(坊子)	2	12시간
	갱외 2	12시간			
카이란(開灤)	갱내 3	8시간	양취안(陽泉)	2	12시간
	갱외 2	12시간			
중싱(中興)	3	8시간	시산(西山)	2	12시간
자오줘(焦作)	2	12시간	펑신(馮心)	24시간	격일교대

부두의 하역 분야에서는 보통 11~12시간이 근무시간인데, 실제 근무시간은 다음과 같이 7시간 후반이다.

현장 도착에 필요한 시간	1시간 40분
식사를 위해 소비하는 시간	1시간 10분
화물차를 기다리는 시간	1시간 20분
점호에 필요한 시간	30분
실제 근무시간	7시간 20분
계	12시간

3. 이동

쿨리의 노동조직이 파두제도를 취하고 있기 때문에 채용, 해고, 사망, 취업 모두 파두에 일임하고 있어서 정확한 이동률을 파악하는 것은 극히 곤란하다. 특히, 탄광에서 현지 노동자는 이른바 반은 농민, 반은 광부가 되기 때문에 농번기가 되면 주기적으로 이동하는 경향이 한층 더 심해진다. 이동의 원인은 다음과 같다.

1) 임금이 통일적이지 않으며 물가에 비해 임금이 낮음.

2) 노무관리의 졸렬함.

3) 쿨리두제의 결함.

4) 모집상의 결함.

5) 업자 간의 사람 빼오기

6) 반농반광(半農半鑛)의 작업

7) 치안의 부재

8) 천재, 인재의 빈발

9) 중국인의 국민성

10) 생활고

현지의 노무자가 다수를 차지하는 소위 고정기반을 가진 탄광의 이동률은 다른 산업에 비해 일반적으로 낮은 것이 보통이다. 탄광에서는 농번기에 이동이 왕성할 때도 30% 정도로 보고 있다. 중싱탄광의 경우, 1942년 1~9월의 이동률은 평균 재적수 대비 28%를 나타내고 있으며, 화베이 전체에 걸쳐 원거리에서 모집한 쿨리의 이동률은 50%로 알려져 있다.

철도 하역의 이동률은 1940년 1~8월의 실적에 따르면 지난역 33%, 쉬저우역 27%, 탕산역 18%, 베이징역 23%를 나타내고 있다.

4. 출근율

북중국 여러 산업 분야에서 쿨리의 출근율은 대체로 양호하다. 카이란탄광에서 직할공은 90%, 청부공은 82%로 평균 84%를 보여 주고 있고, 탄광 전체에서 갱 내부는 72%, 갱 외부는 90%로 평균 75%를 나타내고 있다.

철도, 항만 하역 분야에서는 특히 출근율이 양호하여 천황다오는 99%, 철도의 중간 작은 역에서는 95~100%, 주요 역에서는 70~93%로 평균 75%, 화베이 전 역의 평균은 75~80%의 수치를 보여 주고 있다.

철도 분야 출근율 조사(1940년)

(단위: %)

월별	4월	5월	6월	7월	평균
톈진북역	84	74	70	70	75
톈진	74	67			70
쉬저우	75	82			79
카이펑	94	92			93
첸먼	82	74	63	75	75
스먼	69	61	58	70	65
지난	87	85	86	72	83
평균	77	73	70	72	75

5. 능률

쿨리의 작업 상태는 중국인 특유의 만만디 때문에 대체로 능률이 저조하다고 하지만, 시간에 구애받지 않고, 휴일에 집착하지 않고, 1년 360일 묵묵히 일하기 때문에 작업량의 성과에서 보면 상당한 일을 완수하고 있다.

탄광에서 1인 1일 출탄량은 카이란, 다통, 중싱 등의 대표적인 곳의 경우 내지의 대표적 탄광에 비해 60~70% 정도, 기타 여러 탄광에서는 40~50% 정도의 능률을 나타내고 있다.

철도 하역에서는 계절, 하역설비, 화물량, 종류 등에 따라 능률이 다르기 때문에 비교가 곤란하지만, 내지에 비해 매우 낮은 수치인 것은 부정할 수 없다. 1939년도의 1일 하역능력 평균을 보면 다음과 같다.

징산선(京山線)	5.2톤
징한선(京漢線)	4.7톤
징바오선(京包線)	5.2톤
진푸선(津浦線)	4.5톤
자오지선(膠濟線)	6.0톤
룽하이선(隴海線)	4.2톤

통푸선(同浦線)　　3.8톤

스타이선(石太線)　　4.7톤

다오칭선(道淸線)　　1.7톤

징구선(京古線)　　2.5톤

화물의 종류에 따라 하역능력에 차이가 생기는 것은 당연하지만, 곡물하역을 표준 100으로 할 경우, 기타 화물이 얼마의 노동력이 필요한 조사한 1시간당의 능률은 다음과 같다.

품목	능력	곡물을 100톤으로 한 노동 비교
곡물종자	1.379톤	100
면화	0.987톤	138
목재 및 장작	0.715톤	190
일반화물	0.700톤	194
석탄	0.599톤(적하)	227
모래, 토사	0.341톤(하역)	398
위험물품	1.569톤	83
	0.756톤	178

능률의 증진을 위해 강구해야 할 방책은 많겠지만, 북중국의 실정에 맞는 것으로는 우선 '작업기계화의 속진(速進)'을 생각할 수 있다. 탄광, 하역 전반에 걸쳐 기계화를 지연시키고 있는 것은 쿨리를 사용하는 것이 결국 경제적이면서도 민첩하게 처리되기 때문이라는 점, 쿨리가 기계를 사용하기에 적당하지 않다고 생각하는 점 때문이다.

그러나 쿨리라고 해도 방법에 따라서는 상당히 기계에 익숙해져 예상 외로 능률을 올릴 수 있다는 것은 중싱탄광과 그 밖에도 실례가 있고, 기계를 잘 다룰 수 있다면 공인이 아무리 풍부해도, 임금이 아무리 저렴해도, 경영·경제 측면에서 보면 이것이 훨씬 유리하다는 것은 논할 필요도 없다.

작업의 기계화와 함께 쿨리의 능력을 증진시키는 방책으로는 교육훈련을 채택해야 한다. 쿨리라 하더라도 교육훈련이 적절하면 반드시 훌륭한 노무자가 될 수 있으며, 처음부터 저들을 제도해 보지도 않고, 포기하지 말고 하나의 훈련목표를 정하고 거기에 도달하게 하는 아량과 인내가 필요하다. 또 하나의 능률증진책으로는 '생활의 안정'을 보장하기 위하여 오늘날 주요 탄광에서 시행하는 '식량의 실물급여', '지불임금의 일정 한도를 파두에게 의무화하는 제도'와 같은 방책을 강구하고, 소위 편하게 살 수 있다는 생각을 갖게 해야 능률이 증진될 것이다.

요컨대 쿨리는 공급이 많으니 얼마든지 싸게 사용할 수 있다는 생각 때문에 능률의 증진에 대해서는 깊이 고려하지 않았다. 이 점은 노무관리의 개선을 통해 반드시 재검토되기를 희망한다.

6. 생계비

1942년 12월 이후 북중국의 물가는 급등하여 내지 물가의 3~4배에 달하고 있다. 그뿐만 아니라 중국 상인의 매점매석, 적성지구의 억류, 군의 통제, 천재지변, 병화 등으로 물자공급이 원활하지 못하게 되어 생활필수품의 입수가 상당히 곤란하다고 판단된다. 탄광 지대에서 중일사변 이전의 물가와 최근의 물가를 비교하면 다음과 같다. 이 표에서도 아직 물가 폭등의 진상을 보여 주는 수치가 아닌 것이 많다.

중싱탄광 지구의 물가추세(1942년도)

(단위: 전)

품목	단위	8월	9월	10월	11월	12월	평균 가격	1937년 이전 가격	비율 (배수)
밀	1근	35	38	46	51	1.00	54	7	7
옥수수		25	28	31	38	90	42	5	7
대두		50	45	40	54	1.00	58	6	9
완두		45	40	42	70	90	57	7	8
좁쌀		34	38	55	60	1.00	57	4	14
쌀		80	85	90	1.10	1.40	1.01	10	10
밀가루(2등)		25.00	25.00	28.00	30.00	44.00	30.40	2.40	13
만두		50	50	40	64	1.10	63	16	4
전병		42	42	54	54	90	56	3	19
쇠고기		80	80	80	80	1.00	84	20	4
돼지고기		1.00	1.00	1.00	1.00	1.20	1.04	20	5
닭고기		80	60	80	90	80	78	40	2
오리고기		1.38	1.50	1.11	1.10	1.30	1.28	30	3
계란	1개	6	6	8	10	12	8	7	1
오리알		15	15	15	20	20	17	5	3
중국소면	1근	1.40	1.40	1.60	1.60	2.20	1.64	10	2
두부		24	28	28	32	40	30	14	2
땅콩		80	50	50	64	80	65	10	7
말린두부	1모	15	15	15	20	20	17	4	4

상기와 같이 12월 폭등의 개정 가격에 이르지 못한 것이라도 중일전쟁 이전의 것과 비교하면 적어도 몇 배 이상 올랐지만, 그 밖에 여러 물가에 관한 1942년 12월의 가격을 시국 이전과 비교하면 다음과 같다.

팥(5배), 깡통복숭아(18배), 깡통쇠고기(7배), 과자(10배), 잉어(30배), 비누(5배), 치약(5배), 전구(3배), 붓(7배), 먹(7배), 일본식 종이(7배), 갱지(8배), 편지지(12배), 봉투(19배), 중국구두(8배), 작업신발(6배), 중급 차(6배), 운동화(5배), 성냥(5배), 파(8배), 숙주나물(9배), 무(20배), 당근(10배), 감자(27배), 생강(8배), 고구마(17배), 마늘(26배), 참기름(5배), 고량주(42배), 황설탕(12배), 백설탕(10배), 소금(5배), 연료용 풀(37배), 석탄(3배), 불쏘시개(29배), 담배(2배), 인도산 면(11배), 캘리코(무명의 일종, 8배), 중국식 속옷(4배), 면(8배), 양말(5배), 손수건(5배)

최근에 이러한 물가 폭등의 경향이 점점 현저해지고 있기 때문에 탄광 당국에서는 노무자의 생계안정을 위해 최저한도의 식량 확보를 목표로 하여 현물지급 방법을 채택하고 있다. 그러나 이 또한 물자배급이 원활하지 못하자, 상당히 고민하고 있는 듯하다. 탄광 노무자의 1개월 생계비는 다음 표와 같다.

(1) 음식비

중싱탄광 노무자 생계비 조사(1942년 9월)

(단위: 엔)

	이공(裡工)	영공(零工)	포공(包工)	임시공(臨時工)
쌀, 밀	10.00	10.00	10.00	
옥수수	12.00	12.00	12.00	24.00
생선류	3.00	3.00	3.00	
채소류	3.00	3.00	3.00	3.00
두부, 절임류	3.00	3.00	3.00	3.00
조미료	3.00	3.00	3.00	
기름	6.00	6.00	6.00	3.00
간장	3.00	3.00	3.00	3.00
소금	1.50	1.50	1.50	1.50
차	3.00	3.00	3.00	
담배	3.00	3.00	3.00	3.00
주류			3.00	

(2) 피복비

(단위: 엔)

	이공(裡工)	영공(零工)	포공(包工)	임시공(臨時工)
의복류	6.00	6.00	5.00	5.00
생필품	3.00	3.00	1.00	1.00

(3) 광열비

(단위: 엔)

	이공(裡工)	영공(零工)	포공(包工)	임시공(臨時工)
석탄	2.50	2.50		
기타	1.00	1.00		
합계	63.00	63.00	59.50	46.50

주) 1. 노무자 가족 4인을 표준으로 함.
 2. 이 표에서는 최근의 물가폭등의 영향을 계상하지 않음.

도시의 일반 노무자 생계비 지수도 다음과 같이 중일사변 이전과 비교하면 약 4배의 폭등을 보여 주고 있다.

중싱탄광 지구의 물가추세

(단위: 엔)

		1937년	1938년		1939년		1940년	폭등률
			6월	12월	6월	12월	3월	
톈진	총지수	123.41	157.84	158.86	202.42	311.30	427.20	3.46배
	음식물	134.12	181.44	181.33	234.75	358.76	525.69	3.92배
베이징	총지수	113.90	155.5	143.3	182.9	241.1	393.6	3.46배
	음식물	116.20	155.2	136.8	179.9	244.7	431.2	3.71배

물가 폭등에 더하여 물자입수가 어려운 현상황에서 노무자의 이동을 방지하고 지원자를 흡수하는 길은 현물급여의 방법뿐이다. 대표적인 탄광, 부두에서는 가급적 물자를 모아서 이를 저렴한 가격 또는 무상으로 노무자에게 배급하고 있는데, 중싱탄광의 예를 들면 다음과 같다.

	밀가루	밀	옥수수
1개월 배급 총량	1,116.5포	564,402톤	738,390톤
배급단위	6.75	무상	갱외, 광예대 1톤 0.13 갱내, 0.143
구매단위	21	1톤 0.88	1톤 0.75
회사부담단위	14.25	1인당 0.586	갱외, 광예대 1톤 0.62 갱내, 1톤 0.607
배급방법	직원 및 그에 준하는 자의 월급 30엔 이상의 이공, 영공 1개월 1포 광예대 1개월 0.5포	갱내외 외공에 무상 지급	1인 1일당 지급량대가 갱외, 외공 1톤 0.13 갱내, 외공 1.4톤 0.20 광예대 1.8톤 0.234

부두의 하역 쿨리에 대해서도 흰 국수, 조, 옥수수 등의 현물급여를 하는 곳이 많다. 예를 들면 탕구(塘沽) 신항에서는 삯가 1포에 30엔 정도인 것을 12엔으로 싸게 팔거나 신허(新河) 부두에서는 만두를 만들어 이를 지급하고 야채국만 각자 준비하도록 하는 방법을 택하는 것이 그중 하나의 사례이다.

7. 소질

(1) 연령

연령의 구성은 탄광보다도 철도, 항만하역에서 노령자가 많은 갱내작업과 지상작업과의 차이에서 오는 필연적인 결과일 것이다. 중싱탄광에서는 20~40세가 약 반수를 보이고, 톈진역 하역에서는 45~60세가 약 반수를 차지하고 있다. 연령별 비율은 다음과 같다.

톈진역 쿨리 연령 조사

(단위: %)

15세 이하	2
16세 이상 20세 미만	16
20세 이상 25세 미만	10
25세 이상 30세 미만	10
30세 이상 35세 미만	11

(단위: %)

35세 이상 40세 미만	8
45세 이상 50세 미만	23
55세 이상 60세 미만	20

주) 10~20세인 자로서 아내가 있는 자는 2%이다.

중싱탄광 쿨리 연령조사

(단위: %)

노무자	숙련공	비숙련공		임시공(청부)	합계
		직할	청부		
14세 이하	1	1	0	1	1
15~20세	12	12	12	12	12
21~30세	23	23	23	23	23
31~40세	33	34	34	34	34
41~50세	29	29	29	29	29
50세 이상	2	1	2	1	1
합계	100	100	100	100	100

(2) 가족

가족의 수는 총평균으로 3.4명 내지 4명으로 추산되고 있다. 톈진역 하역 쿨리의 일부 423명에 대해 조사한 가족의 수는 3인 가족 107명, 4인 가족 100명, 5인 가족 93명, 6인 가족 58명, 7인 가족 41명, 8인 가족 24명으로 되어 있지만, 그 평균은 4인 가족 75명이 비교적 많은 부류에 속한다.

(3) 기타

톈진역 하역 쿨리의 이전 직업은 농부, 상인, 예술인, 목수 등 다양한 종류에 걸쳐 대체로 노동에 종사했던 자가 30%, 농업에 종사했던 자가 45%, 상업 5%, 기타 0%의 비율이다.

교육 정도는 초등학교 졸업자, 사숙(私塾, 사설 학원) 출신인 자가 전체 중 17%를 차지하며 대부분은 무학자이다. 중싱탄광에서는 자신의 이름과 간단한 숫자를 읽을 수 있는 자가 70%, 완전 문맹자는 30%이다.

8. 복리시설

주택 시설을 보유한 곳은 방적공장 대부분과 카이란, 중싱 등의 대표적 탄광과 함께 톈진역, 신허우 부두 등이 있으며, 그 구조도 벽돌 건축, 암페라(거적)로 만든 장막 또는 흙으로 지은 가옥 등 다양하게 나뉘어 있다. 보통 1칸 또는 2칸 식의 간단한 것이다. 단독합숙소의 외관은 웅장한 데 반해, 내부는 거의 내지의 토목인부들이 사용하는 임시막사를 연상하게 하는 정도이다. 오히려 갈대로 만든 집이 저들의 습성에 적합하지 않을까 생각한다. 일용품 배급시설, 의료시설 등은 배후에 도시가 존재하지 않는 광산에서 발달하고 있다. 배급소에서는 주요 식료품을 비롯하여 면포, 담배, 성냥, 주류 등을 저렴하게 판매하여 소비생활에 기여하고 있다. 그 밖에 언급해야 할 시설은 없는 듯하다. 카이란탄광의 장대하게 완비된 의료시설, 오락시설 같은 것은 특별한 경우이며, 이를 통해 복리시설 전반이 그러하다고 추정할 수는 없다.

9. 부조

부조에 관한 규정은 물론 통일된 법률이 있는 것도 아니기 때문에 방적, 광산과 같은 근대적인 기업을 경영하는 곳에서는 각각 독자적인 규정을 갖추고 있지만, 상당수는 임기응변식에 관습을 가미하여 시혜적으로 조치하는 정도이다. 광산의 부조에 대해 한 가지 사례를 들면 다음과 같다.

(1) 요양부조
업무상 질병은 무료로 개인적 질병은 실비

(2) 작업수당
휴업요양 중 1일당 일급의 전액 또는 70% 정도를 지급

(3) 장애부조
갑종(甲種) 상해 - 양쪽 눈 실명, 한쪽 손이나 발의 상실, 씹기 또는 언어기능의 상실, 자유자재로 의사표현이 불가능한 자

180일분 내지 220일분의 일당을 지급

을종(乙種) 상해 - 양쪽 귀가 들리지 않거나 한 손, 한 발의 상실, 생식기 손실 또는 기능 상실, 신체운동의 기능을 상실한 자

120~160일분의 일당을 지급

병종(丙種) 상해 - 시각 상실, 후각 상실, 씹기 또는 언어기능의 장애, 한 손 엄지 또는 양쪽 손가락, 손가락 3개 이상 상실, 한 발의 사지의 이상 및 상실, 목, 허리의 장애

80~100일분의 일당을 지급

(4) 조위금, 장제비

조위금은 220일분의 일당을 지급

장제비는 30엔 정도

관의 비용으로서 시가상당액, 단, 근속기간, 자격에 따라 차이 있음.

제2절 사생활

1. 식사

주거는 사택 거주자를 제외하면 일반적으로 방을 빌리는 경우가 많고, 단칸방(1칸)의 경우, 1~3엔 정도, 독신자는 급이 낮은 하숙집에서 숙박하는 사람이 많다. 옷은 여름에는 바지만 입고 거의 반나체다. 겨울에는 솜옷이 없는 사람은 모든 것을 껴입고 있다.

음식은 만두 또는 전병을 주식으로 하고 기름 등을 우려 낸 국 및 절임을 반찬으로 하는 정도이다. 주식의 재료는 바이멘(白麵, 밀가루)이다. 파오미(包米, 옥수수), 옥수수국수(옥수수를 가루로 만든 것, 노란색과 흰색의 2종류), 수수, 문화미(文化米, 수수를 가루로 만드는 것) 조, 기장, 교량 등이 있다. 보통은 두 끼 또는 세 끼지만, 노동자는 네 끼이다. 밀가루, 밀가루와 쌀의 혼식을 1등식, 밀가루와 옥수수의 혼식을 2등식, 밀가루와 수수의 혼식을 3등식, 옥수수와 수수의 혼식을 4등식, 수수와 조로 만든 죽을 열등식으로 하고 있다. 규제 정량은 1일 바이멘

1근, 잡곡 1근 반, 합계 1개월당 73근(37.5톤)으로 통제되고 있다. 부식은 국물 및 절임을 주로 하며, 기름으로 볶은 야채 같은 것을 좋아하나 육류는 생각만큼 먹지 않는다.

다음으로 주된 식량에 대해 설명을 추가해 보자.

2. 주식, 부식, 간식

(1) 주식으로 보는 것

① 만두

만두에는 밀가루 만두와 옥수수 만두가 있다. 호외 노동자의 대부분은 밀가루 만두보다 옥수수 가루로 만든 만두를 먹는다. 그 양이 많은 것과, 가격이 싼 점이 그들에게 환영받는다. 이와 마찬가지로 밀가루 만두에도 그 가루의 질에 따라 위아래가 있다. 더욱이 시중 만두에서 팔고 있는 것과 노천에서 팔고 있는 것은 그 크기 및 모양이 다르다.

② 요우빙[油餠, 라우빙(烙餠)이라고도 부른다]

밀가루를 물에 풀어 상당히 굳히지 않은 상태에서 이를 얇게 펴 준다. 그리고 납작한 냄비에 기름을 두르고, 큰 전병과 같이 늘인 것을 이 위에서 가볍게 굽는다. 가루에는 사전에 소금을 넣어 상당한 맛을 낸다. 노무자는 여기에 건두부나 과일전병 또는 훠투이(火腿, 중국식 햄)를 싸서 먹는다. 두부, 배추 등의 절임을 싸서 만두처럼 먹는 방법도 있다.

③ 젠빙(尖餠)

요우빙을 더욱 얇게 만든 것, 마치 오블라트(독일식 과자)처럼 묽게 하여 요우빙과 같이 먹는 방법을 사용한다. 재료는 밀가루, 옥수숫가루, 콩가루 등으로 일정하지 않으며 이들을 혼합해서 사용한 것도 있다.

④ 샤오빙(燒餠)

만두를 찐 것이지만, 샤오빙은(요우빙처럼 얇지는 않음) 구운 것이다. 형태는 원형이며 두께는 3~4푼, 외부에 참깨 등을 첨가한 것에 소금으로 간을 맞춘 것이다. 참깨를 더하지 않고 거기에 한층 붉게 홍색으로 쓰여진 것은 그중 설탕이나 소가 들어가 있다. 샤오빙에는 보통 대, 소의 두 가지 종류가 있으나 노무자들은 주로 대만 먹는다.

⑤ 궈빙(鍋餠)

밀가루를 요우빙처럼 얇게 하지 않고 5분 내지 1촌 이상의 두께로 하여, 이를 누르면서 굽기 때문에 마치 견고한 빵처럼 된다, 가루 안에는 소량의 설탕을 섞어 맛을 낸다, 식어도 맛있게 먹을 수 있는 까닭에 하층 중국인의 여행용 음식으로서 소중히 여겨지고 있다. 두께가 1촌 이상의 것도 있고, 그 안에 대추 열매 등을 넣은 것도 있다.

⑥ 궈빙자오(鍋餠角)

궈빙처럼 누르지 않고, 샤오빙처럼 세게 굽지 않으며, 정확히 요우빙을 약간 두껍게 한 것과 같으며, 크기 또한 샤오빙과 같은 크기(지름 3촌 5분 정도)로 모양은 마름모꼴, 동전 모양 등 일정하지 않다.

⑦ 파오즈(包子)

밀가루를 물에 굳혀 이를 지름 2촌 정도로 얇게 원형으로 평평하게 하여 이 안에 고기, 부추, 양파 등을 쌓아 넣고 기름을 둘러 냄비에 굽거나 쪄서 먹는다. 길거리에서는 주로 부추나 양파를 넣은 것을 구워서 팔고 있다. 형태는 만두가게에서 파는 것과 비교하면 매우 크다.

⑧ 자오즈(餃子)

앞의 파오즈처럼 굽지는 않고 뜨거운 물에 끓인 것이다. 파오즈, 자오즈 공히 식초, 간장으로 맛을 가미해서 먹는다.

⑨ 탕멘(湯麵)

우리나라의 우동이다. 우동 중에서 바지락, 돼지고기 편육 등을 넣고, 국, 즉 탕에 안카케(녹말가루로 만든 양념장)를 얹은 것이다(일반적인 국도 있지만) 맛을 더하기 위해 부추, 양파 등을 이용하고 맛이 부족할 때는 수시로 간장을 사용한다.

⑩ 탕빙(糖餠)

궈빙 사이에 황 또는 흑설탕을 소와 같이 끼워 넣은 것으로, 그 본질에 있어서는 궈빙과 하등 다를 바 없다. 설탕 외에 앞서 말한 바와 같이 대추열매 등을 넣어 둔 것도 있다.

⑪ 샤오미죽(小米粥, 粟粥)

죽만큼 걸쭉하게 끓인 것으로, 시판(稀飯)보다 진한 것을 말한다. 샤오미죽 안에는 시금치 등의 푸른 채소가 들어가 있다.

⑫ 탕훠샤오(湯火燒)

샤오빙의 일종으로 소나 설탕을 끼워넣지 않고, 밀가루 안에 설탕을 섞어, 이것을 샤오빙식으로 구운 것. 그러므로 전체적으로 설탕 맛이 난다, 크기는 샤오빙과 같다.

⑬ 가오량미시판(高粱米稀飯)

⑭ 다미간판(大米乾飯)

이는 길거리에서는 거의 팔지 않는다. 도시락 가게 또는 식당이라도 가지 않으면 먹을 수 없다. 여기에는 대, 소의 두 종류가 있다.

⑮ 다미시판(大米稀飯)

보통 일반적으로 팔고 있는 것이지만, 그중에는 쌀알 등은 거의 볼 수 없고, 풀과 같은 형태이다.

⑯ 빙즈(餅子)

(2) 부식으로 보는 것

① 궈빙(果餅)

밀가루에 베이킹파우더를 넣고 기름으로 튀긴 봉 모양으로, 소금기를 충분히 품고 있기 때문에 첸빙, 요우빙의 부식으로서 귀중하게 여겨진다. 시판의 부식으로도 사용한다. 이것만 그냥 먹는 것도 있다.

② 생선(魚, 주로 황조기)

소금과 간장으로 삶은 생선과 튀긴 생선이 있다.

③ 더우푸바이차이(豆腐白菜)

두부와 배추를 소금과 콩기름으로 볶은 것, 길거리 음식점에는 그다지 보이지 않는다. 주로 식당에서 팔고 있다.

④ 더우푸간(豆腐乾)

두부를 압축하여 맛을 더한 것으로, 고소한 맛을 지니고 있어 그대로 먹을 수 있다. 크기는 1촌 5푼에 두께는 2, 3푼이다.

⑤ 짱다더우차이(醬大頭菜)

순무를 간장에 절인 것을 말한다.

⑥ 훠투이(火腿)

햄. 고기 외에 내장으로 만든 것도 있다.

⑦ 기타

기타 식당에서는 부추, 돼지고기, 야채를 볶아 작은 접시에 담아 팔고 있다. 위의 것들 중 궈빙, 더우푸간, 훠투이 등을 가장 즐겨 먹는다. 먹는 방법이 간단하고 4계절 내내 판매하고 있기 때문이다.

(3) 간식으로 보는 것

① 더우푸나오(豆腐腦)

소위 안카케 두부이다. 두부 조각에 맛을 더하여 칡즙을 가미하여 팔고 있다.

② 량펀(梁粉)

녹두가루로 만든 한천 모양으로, 우리나라의 시로다마(白玉, 경단)와 같은 것이다. 이를 물에 적셔서 적당히 차가워졌을 때 물에서 꺼내 가라시(일본 전통 향신료), 무 조각 등을 더해 먹는다. 여기에 접시의 크기에 따라 동화 3장, 4장, 5장 등 일정하지 않다. 늦은 봄부터 여름, 초가을에 걸쳐 먹는 음식이다.

③ 탕궈얼(糖果兒)

복숭아를 사용하여 리궈얼(李果兒)이라고도 부른다. 사계절의 과일 또는 토란 등을 삶아 대나무 꼬챙이에 경단 모양으로 찌른 것을 말한다.

④ 땅콩

야외 노무자는 일과 도중 땅콩을 즐겨 먹는다. 땅콩도 껍질을 깐 것을 많이 좋아하는 것 같다.

⑤ 콰이징(塊精)

사탕류를 총칭한 것이다.

⑥ 피탕(皮糖)

얇은 조각으로 된 사탕을 말한다. 대부분의 노동자는 콰이피탕 또는 막과자류로 에너지를 보충한다.

⑦ 기타 당류, 즉 막과자

⑧ 쫑즈(粽子)

일본의 치마키(대나무를 만 찹쌀떡)다. 늦봄부터 초여름에 걸쳐, 즉 단오절을 중심으로 시장에 드문드문 보인다. 여기에 소량의 설탕을 곁들여서 팔고 있다.

⑨ 탕위안(湯元)-위안샤오(元宵)

쌀가루로 만든 경단 안에 설탕, 청매실 설탕절임 등을 넣고, 이를 끓는 물에 삶아서 밥그릇에 담아 낸다, 이를 일명 '위안샤오(元宵)'라고도 한다. 즉, 원소절(1월 15일)에 먹는 음식이기 때문에 일반적으로 겨울철에 주로 즐겨 먹는다.

제10장 쿨리 이입의 당면 과제

제1절 이입에 필요한 경비

경영과 경제의 관점 그리고 이미 거주하고 있는 내지인 및 조선인과의 균형이라는 관점에서 볼 때 쿨리의 이입을 위해 어느 정도의 경비 지출을 감당할 수 있느냐는 반드시 따져봐야 할 중요한 문제이다. 혹자는 다음과 같이 말할지 모른다.

> "내부에서 노동력 부족으로 어려움을 겪고 있는데 경비 등이 문제가 되겠는가? 노동력을 구할 수만 있다면 돈이 얼마가 들더라도 데려가야 하지 않겠는가?"

일단 맞는 말이지만, 경영담당자로서는 그렇게 간단하게 볼 수 없는 어려운 사정이 있다. 특히, 일본의 농촌과 도시에서 내지인을 모집하고, 조선인 모집과 기타 여러 가지를 경험했지만, 쿨리의 경우는 지나치게 부풀려진 경비를 지출할 여건이 허락되지 않는 것이 당연하다. 그러나 조선과 달리, 지리적으로나 민족적으로 상당한 거리가 있기 때문에 어느 정도 경비의 증가는 처음부터 각오하지 않으면 안 된다. 과연 어느 정도의 경비지출을 예상해야 하는가?

〔가정(假定)〕

아내 1명, 자녀 2명의 4인 가족, 처자를 남겨 두고 단신자 모집에 응하여 취업할 경우를 가정할 때 1명당 1년간 소요될 경비를 예상하면 다음과 같다.

1. 매월 나라에서 허락하는 가족으로의 송금	단가 120엔, 1년 1,444엔
2. 식비	단가 하루 1엔, 1년 365엔
3. 용돈	단가 하루 50전, 1년 182엔 50전

4. 귀국할 때 구입할 기념품	1인당 단가 150엔
5. 파두비 및 기타 할당	1인당 단가 90엔
6. 모집비 1인당	단가 200엔
7. 여행 및 기타 잡비	1인당 단가 100엔
합계	1인당 1년 계약 시 2,527엔 50전

1개월 20일 노무라고 하면 1년에 240일인데, 위 경비를 1일 노무비로 계산하면 1인당 1일 10엔 53전이 된다.

이렇게 경비가 증가하는 주된 원인은 가족 송금이 의외로 많기 때문이다. 하지만 오늘날의 물가로 본다면 아무래도 이 정도의 송금이 아니면 가족이 생활해 나갈 수 없다는 계산이기 때문에 어쩔 수 없이 경비가 증가한다. 즉, 식비로 조 또는 밀을 아내 1일 900g, 아이 2명이 600g, 총 1.5kg 정도가 필요하다고 보면, 600g의 삯가 1엔 30전으로서 1일당 1.5kg인 3엔 30전이 필요하고, 피복비로 성인 1년 150엔, 아이는 어른의 옷을 기워 입기 때문에 경비가 들지 않는다고 해도 하루에 40전이 필요하며, 주거비는 1개월 집세가 10엔이므로 하루에 33전이 된다. 즉, 하루의 의식주만으로 합계 4엔 33전이 필요하기 때문에 한 달 총 120엔이 소요된다. 다만, 귀순병 중에서 훈련이 종료된 자들을 이입하는 경우에는 물론 이야기가 달라진다.

파두비의 할당은 쿨리 100명에 대해 이두자(二頭子) 2명, 대사부(大師夫) 1명, 이사부(二師夫) 4명의 급료를 할당한 것으로, 이 또한 어쩔 수 없는 것이다. 모집비는 안가비(安家費, 준비금) 1개월분의 생활비 상당액, 그 밖 이불 1장, 조끼, 바지, 모자 등의 피복비를 최소한으로 해서 견적을 낸 것이다. 여비는 집결지인 지난에서 칭다오까지의 기차비와 칭다오에서 모지(門司, 지금의 기타큐슈)까지의 뱃삯과 칭다오의 숙박비, 숙박 도중의 식비를 포함하고, 모집지에서 집결지까지의 운송비는 계산하지 않았기 때문에 실제로는 더욱 늘어난다고 생각해야 한다. 수송 연락 절충 등을 위해 파견해야 할 담당자의 출장여비, 내지 상륙지에서 근무지까지의 수송비, 식비와 숙박료, 보통의 기타 간접비와 여러 경비를 계상한다면, 그 총액은 한층 증가하게 되어 1인당 경비 지출은 아마 12~13엔에 달할 것이다.

이러한 경비지출이 경영과 경제의 관점에서, 노동관리 측면의 균형이라는 견지에서 과연 허용될 수 있는지 여부는 충분히 검토해야 할 문제라고 생각한다. 물론, 경우에 따라서는 경비에 구애받지 않고 쿨리를 이입하고 싶을 때도 있겠지만, 적어도 '어느 정도의 경비가 소요되는가' 하는 점에 대해서는 상술한 바와 같이 일단 각오를 할 필요가 있다고 생각한다.

제2절 식량자재의 확보책

현재 공장, 광산에서 내지인과 조선인의 식량문제, 생활필수품 문제가 심각하게 논의되고 있는데, 한층 더 특별한 쿨리의 식량자재를 어떻게 확보할 것인지는 커다란 문제가 아닐 수 없다.

쿨리의 식량 및 필수품으로는 최소한 다음과 같은 것이 필요하다.

1. 주식(1인 1개월 소요량)

밀가루(7kg), 옥수숫가루(15kg), 조(5kg), 잡곡가루(7.5kg), 콩류(1.5kg)

2. 부식

배추(5kg), 중국절임(1.5kg), 콩나물(4kg), 양파(7.5kg), 돼지고기(0.5kg)

3. 조미료

참깨 및 땅콩기름(0.5kg), 중국식초(0.5kg), 소금(1kg), 간장(1kg), 마늘(1kg)

4. 연료

석탄(50kg), 조개탄(125kg), 장작(10kg), 성냥(5개)

5. 의복

면으로 된 긴 상의(1벌), 면으로 된 짧은 상의(1벌), 면바지(1벌), 겹옷 짧은 상의(1벌), 겹바지(1벌), 셔츠(2벌), 작업복(1벌), 모자(1개), 반바지(2벌), 팬티(2벌), 솜이불(1장), 담요(1장), 시트(1장), 면신발(1개), 지하버선(4개), 양말(4개), 각반(1개)

6. 기타

비누(1개), 수건(1장), 우비 또는 우산(1개), 식기류(1개), 담배(10보루)

이상에서 취업하는 곳에 따라서는 의복 중 일부는 필요 없고, 담요 대신 거적을 사용하는 것도 불가능한 것은 아니며, 연료와 같은 것도 기숙사의 구조와 장소에 따라서는 반드시 위와 같은 수량이 필요하지 않을 수 있지만, 적어도 이 정도의 식량과 생필품은 필수불가결한 것으로서 일단 유의해 두어야 한다. 그렇지 않으면 수많은 쿨리를 떠안은 상태에서 만일 식량자재의 공급난으로 어쩔 수 없는 상황이 발생하면, 능률 면에서나 치안상으로 곤란해질 수 있다.

이 점은 업주가 독자적인 능력으로 어찌할 수 있는 바가 아니며, 모름지기 정부의 강력한 원조에 기대어 만전의 대책을 수립해야 한다고 생각한다. 현상황으로 볼 때 쿨리의 이입에서 가장 관심을 기울여야 할 점은 이상과 같이 식량 확보의 문제일지도 모른다.

제3절 쿨리반의 편성

여러 곳에서 서술하였듯이 쿨리반의 편성은 파두제도에 있다는 것 그리고 북중국 당무자가 시사한 것도 역시 이 제도의 장점을 잊지 말라는 것이었다는 점을 종합하면, '과연 저들을 내지에 취로시킬 경우 어떤 편성방법을 취해야 할 것인가?' 하는 점은 일단 누구나 고민하고 있는 바이다.

그러나 망설일 필요는 없다. 내지의 노무관리에서는 역시 원칙적으로 일본식 노무관리를 내세워 쿨리반을 편성해야 한다고 생각한다. 그 좋은 사례가 바로 조선인 노무자의 경우이다. 즉, 조선인 노무자에게 적용했던 것처럼 '부대편성'을 채용하고 부대의 간부에 대해서는 파두제도의 '장점'을 채용하는 것이다. 이것으로도 충분히 해 나갈 수 있다고 생각한다. 특히, 포로인 쿨리의 경우에는 이미 완성되어 있는 부대조직을 그대로 활용할 수 있다.

예를 들어 쿨리가 100명이라면 20명을 1개 반으로 하여 5개 반으로 나누고, 각 반에 반장을 둠으로써 5명 단위의 조장을 두어도 좋다. 5명의 반장을 통할하기 위하여 1명의 대장을 둔다. 이 경우 대장은 '파두', 반장은 '이두자'이다. 그 밖에 취사반장 3명, 서기 2명, 통역 몇 명을 배치하면 파두조직과 같은 일단의 쿨리군(群)이 편성된다. 다만, 이러한 경우의 차이점은 고용계약은 각각의 쿨리 대 사업주와의 사이에 체결된다는 점, 임금은 대장을 통하지 않고 쿨리 각자에게 지불된다는 점이다.

그러나 대장 이하의 임원은 사업주로부터 충분한 급여를 받고 근무독려, 능률증진에 따라 장려금이 부가적으로 가산될 수 있기 때문에 물질적으로 파두제도의 장점이 유지될 뿐만 아니라 숙소에서의 사생활은 대장이 보살피게 되는 여지도 남게 되어 노무관리의 대부분은 대장을 통해 시달됨으로써 사실상 파두제도의 실현이 가능해진다. 한편, 작업 면에서는 이두자격인 반장이 대장과 함께 입갱하여 감독을 지도하게 되는데, 갱내 계원 및 내지인 사키야마의 기술적 지시는 오로지 통역을 통해 반장에게 시달됨으로써 쿨리 자체는 직접 내지인과 접촉할 기회가 적고, 파두제도에 따른 편성과 동일한 상태에서 작업에 종사할 수 있다는 결과가 된다.

이와 같이 사업주는 고용, 임금의 면에서 직접 쿨리 개개인에게 접촉함으로써 소위 중간착취의 폐단을 교정하는 동시에 관리상의 대체적인 상황을 파악할 수 있다. 대장, 반장 이하 임원은 공사 생활상의 감독지도와 더불어 물적 급여가 증가할수록 물심양면으로 파두제도의 '장점'을 만끽할 수도 있다. 또한 쿨리 자체는 같은 나라 사람인 대장, 반장의 직접지도하에 있기 때문에 여러 모로 번거로운 일이 발생할 소지가 있는 내지인과의 접촉기회가 줄어들어 편한 측면도 있다. 이로써 이상적인 편성이 가능해지는 것이다.

요컨대 쿨리 사용의 요령은 내지인에 대한 노무관리의 방식을 강제하지 않는 데 있다. 요점과 대강을 제대로 파악해 지엽적인 것은 쿨리의 우두머리격인 부대조직의 간부들에게 맡겨 둔다는 식으로 커다란 도량을 보여 주는 데 있다. 무엇이든지 신경과민적으로 관여하지 않으면 직성이 풀리지 않는다는 식의 노무관리는 쿨리에 대해서만큼은 실패한다는 것이 일반적인 통설이다.

제11장 쿨리 이출과 북중국 당국자의 심경

제1절 역선전을 경계하라

중국은 옛날부터 형용사가 많은 나라다.

'백발삼천장(白髮三千丈)', '후궁삼천(後宮三千)'이 그 예인데, 아무튼 과장이 심하다. 이처럼 선전도 잘하고 정말 의외로 기발한 것이 많다. 얼핏 보면 우습게 여겨질 법한 선전인데, 무지한 대중들에게는 이상하게 잘 먹히는 것 같다.

어찌 됐든 대중이라고 칭하는 자들은 태어나서 한 번도 바다를 본 적이 없는 자가 상당수이고, 정말이지 말이 되지 않을 만큼 교육수준이 낮은 우매한 농민들이 대다수를 차지하고 있기 때문에 선전 방법도 바뀌고 있다. 학교에서나 학원생은 바다나 강물을 노란 크레용으로 칠해야 한다. 범람하는 황하만 보고 자란 아이들은 바다나 강물이 대체로 누렇다고 믿고 있는 것 같다. 포로훈련소에서 들은 이야기에 따르면, 거의 대부분 영화 등을 본 적이 없고, 바다의 경치나 파도의 너울을 보게 되면 처음에는 '저게 뭐지?' 하며 어리둥절해하다가 "저건 물이다, 물!"이라며 대발견이라도 한 듯 놀라며 서로 떠들고 있는 자들도 있고, 기차가 자기 쪽으로 들어올 때는 모두 책상 밑으로 기어들어가 웅크리는 등 안타깝게도 웃지 못 할 희극이다.

우리로서는 듣고 웃어넘길 만한 일이지만, 그것이 훌륭한 선전 재료가 되어 중국의 민중을 끌고 가는 데 도움이 된다고 하니 전혀 무시할 수도 없는 일이다.

쿨리를 이출하는 데 있어서도 북중국의 실무자나 군 관계자들은 적의 역선전을 어떻게 봉쇄할 것인지에 대해서 적지 않게 고민하고 있는 것 같다. 쿨리가 내지로 간다. 그리고 중국의 가족과 통신을 주고받는 와중에 내지의 사정을 비방하는 구절이 하나라도 있다면, 적들은 '바로 이것이다'라는 듯이 최고로 잘하는 교묘한 선전 수단으로 이용할 것이 기정사실이다. 이것은 결국 선무공작에도 영향을 미쳐 귀순해야 할 자가 귀순하지 않게 되는 경우가 발생할 수 있다. 이 점을 매우 걱정하고 있는 것이다.

공산팔로군의 선전방법은 마치 10여 년 전에 내지에서 노동운동이 한창이었을 무렵, 극좌 계열의 조합원들이 노동쟁의 때 뿌렸던 선전전단의 수법과 매우 유사하다. 반쪽짜리 갱지에 활자나 등사판 인쇄로 만화, 경구, 명문장 등을 적어 넣는데, 실로 선명한 선전 문구를 나열하고, 이를 지방의 부락민과 심지어 황군에게까지 살포한다.

예를 들면, 토벌작전의 결과, 쿨리를 만주로 이출했을 때도 "일본도 점점 병력이 부족하니 중국인을 만주로 끌어내 강제로 일본군으로 만들어 남방의 전쟁터로 데려가는 것이다"라고 선전했고, 만주국이 호적령을 내렸을 때도 "이는 일일이 호구를 조사하여 군인으로 징발한 다음 포대(砲臺)를 만들 때 구멍에 메꿔 넣으려는 것이다"라고 선전했다.

이렇듯 각종 선전 전단을 읽다 보면 완전히 웃음이 터질 만한 것이 적지 않다.

"일본도 점점 대포의 탄환이 떨어지고 있다. 이제부터는 중국인을 데려가 대포에 쑤셔 넣고 포탄 대신에 쏠 것 같다."

"일본에 기름이 부족하니까, 중국인을 데려가서 압착기에 넣고 기름을 짠다고 하더라."

"일본이 중국인에게 벙어리가 되는 주사를 놓고, 이들을 남쪽으로 데려가서 총알받이로 사용한다."

이런 어처구니없는 선전이 우매한 민중에게는 의외로 효과적이다. 저들은 일본이 짐승이나 다름없는 행위를 하는 것으로 오해하고 있다. 절치부심하며 인술을 베푼 의료반의 주사에 대해서마저 '벙어리가 되는 주사'로 짐작하게 만든다. 이러한 악선전을 타파하기 위해서 얼마만큼의 노력이 필요한가? 한 번 각인된 인상은 좀처럼 불식하기 어렵다.

특히, 비위에 거슬리는 것은 황군 병사에 대한 반전사상의 선전전단이다. 만화가 담긴 경구를 붙여 전쟁혐오 사상을 불어넣으려고 한다. 공산당이 자랑하는 수법이다. 어느 수비지역의 고위 참모로부터 다음과 같은 말을 듣고 박장대소하기도 했다.

"요즘은 내지에서 오는 위문품의 수가 줄어드는 대신, 공산팔로군으로부터 위문품을 받게 되었다."

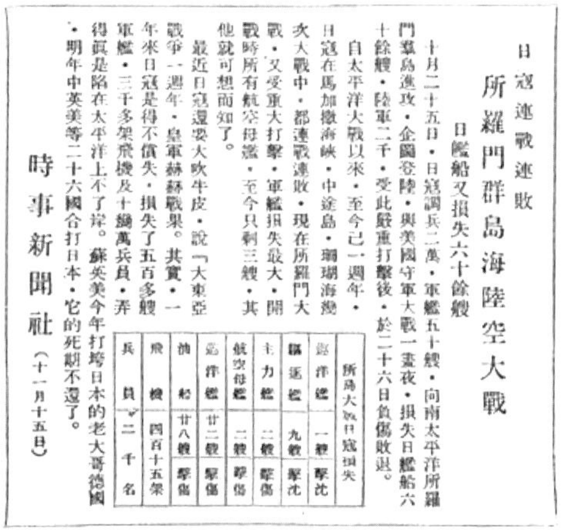

日寇連戰連敗

所羅門群島海陸空大戰

日艦船又損失六十餘艘

十月二十五日・日寇調兵二萬・軍艦五十艘・向南太平洋所羅門羣島進攻・企圖登陸・與美國守軍大戰一晝夜・損失日艦船六十餘艘・陸軍二千・受此嚴重打擊後・於二十六日負傷敗退。

自太平洋大戰以來・至今已一週年・日寇在馬加撒海峽・中途島・珊瑚海幾次大戰中・都連戰連敗・現在所羅門大戰・又受重大打擊・軍艦損失最大・開戰時所有航空母艦・至今只剩三艘・其他就可想而知了。

最近日寇還要大吹牛皮・說「大東亞戰爭一週年・皇軍赫赫戰果。」其實・一年來日寇是得不償失・損失了五百多艘軍艦・三千多架飛機及十幾萬兵員・弄得眞是陷在太平洋上不了岸。蘇英美今年打垮日本的老大哥德國・明年中英美等二十六國合打日本・它的死期不遠了。

所島大戰日寇損失		
巡洋艦	一艘	擊沈
驅逐艦	九艘	擊沈
主力艦	二艘	擊傷
航空母艦	二艘	擊傷
巡洋艦	廿二艘	擊傷
油船	廿八艘	擊傷
飛機	四百十五架	
兵員	二千名	

時事新聞社（十一月十五日）

솔로몬 해전을 보도하는 선전삐라

이 위문품 속에 무엇이 들어 있느냐 하면, 예의 반전사상을 포함한 선전전단이나 황군의 패배를 보도한 고약한 인쇄신문 등이 잔뜩 들어 있다고 하니 걱정할 것은 없다.

11월 15일 '시사신문'이라 칭하는 반쪽짜리 갱지에 인쇄된 솔로몬 해전의 기사 등이 대표적인 사례이다. 이에 따르면, 일본의 전함은 60여 척이나 당한 것으로 되어 있는데, 이는 저들이 처음으로 선보이는 역선전이다.

팔로군의 선전방식은 우매한 대중을 상대로 알기 쉽고 손쉬운 방법으로 여러 차례 집요하고도 끈질기게 반복하기 때문에 '개 한 마리가 공연히 짖으면 다른 개도 덩달아 짖는다'라는 말[41]과 같이 그 효과가 반드시 가볍지 않다.

쿨리의 이출에 대해서도, 그 역선전에 대해 상당히 경계를 해야 한다는 북중국 당국자의 의견도 지당하다고 생각한다.

41 한 사람이 거짓을 말하면 다른 사람들도 그것을 진실로 믿고 소문을 퍼뜨린다는 일본의 속담.

제2절 잉여노동력이라는 인식을 시정하라

북중국에 가면 노동력이 남아돌아 처리하기 곤란하다고 생각하는 사람도 적지 않은 것 같다. 그러나 아무리 북중국이라 해도 그렇게 무한정이지 않으며, 그렇게 쉽게 노동력을 모으지도 못한다. 특히, 경험공과 숙련공의 경우는 드물다. 심지어 때와 장소에 따라서는 일용직 쿨리를 모으기조차 힘든 경우도 있다. 예를 들면, '탕타이(溏太)지구'와 같은 염전지대에서는 부두하역, 토건, 공업 등에서 사용하는 노동력의 수급을 조절하지 못하는 경우가 많아서 노동보국대의 결성을 고려 중이라고 하는 것부터가 의외이다.

탄광에서도 마찬가지인데 현장의 주변 10킬로미터를 그 세력범위로 하여 다른 업종의 진입을 허락하지 않고 있는데, 최근의 상태로 볼 때 이것을 20킬로미터의 범위로 확대해야 한다는 의견이 흘러나올 정도이다.

중국 전체로 보면 인간의 머릿수가 적은 것은 아니다. 적기는커녕 도대체 총인구가 얼마나 되는지 짐작조차 할 수 없을 정도로 많다. 오늘날에도 정확한 인구는 알 수 없다. 센서스가 없기 때문에 인구통계와 같은 것도 지극히 애매하고, 속칭 중국 4억 명의 민중이라는 말은 20년째 똑같이 반복하고 있다.

중국 인구에 관해서 관청의 통계 중 권위 있는 것을 살펴보면, 1924년 우정국에서 발표한 4억 3,609만 4,593명, 1928년 내정부(內政部)에서 발표한 4억 7,478만 7,386명, 1929년 해관국에서 발표한 4억 3,893만 2,373명이 있는데, 1930년 도쿄에서 개최된 국제통계회의의 민간통계학자 윌콕스의 발표에 따르면 3억 4,290만 명, 같은 회의의 석상에서 이를 반박한 천샤인(陳夏寅)이 발표한 수는 4억 4,500만 명이다. 관청과 민간이 서로 발표한 숫자가 약 1억 명이나 차이가 나니 아무튼 중국은 대국이 맞는 듯하다.

총인구 자체에 애매한 점이 있기 때문에 화베이, 몽강의 인구가 어느 정도인가 하는 것도 막연하며, 결국 호수, 1호당 인구의 산출기준을 취하는 방법에 따라 여러 가지 답변이 이루어진다. 그리고 일반적으로 화베이의 인구는 1억 400만 명, 몽강의 인구는 550만 명이라는 것이 통설처럼 보인다.

이 중 노동인구를 표시하는 비율은 아마도 10% 이상이라고 보는 것이 타당할 듯하다. 즉, 화베이 1,200만 명, 몽강 65만 명 정도일 것이다. 업종별로는 농업 74.7%, 공업 8.9%, 상업

5.8%, 광업 1.3%로 뭐니 뭐니 해도 농업이 절대적인 왕좌를 차지하고 있다.

더욱이 그 분포는 허베이, 산둥, 허난 북부의 각 성이 높은 밀도를 보인다. 중국 18개 성의 1제곱킬로미터당 평균 인구밀도는 85명이라고 하는데, 허베이는 195명, 산둥은 206명, 허난 북부는 278명, 장쑤 북부는 240명, 안후이 북부는 189명으로 우세함을 보여 주기 때문에 북중국의 노동력 공급원이라는 점을 수긍할 만하다. 하지만 이렇게 남아도는 것처럼 보이는 노동력의 공급원도 최근에서는 현저하게 편재된 경향이 있다. 더욱이 북중국의 경우, 여러 산업의 개발과 5개년 계획의 실시, 만주 및 몽강으로의 노동력 유출 증가 등으로 사실은 예상 외로 궁핍한 상태인 것 같다. 특히, 북중국 산업의 고민은 숙련공의 부족에 있다는 점을 내지의 담당자들이 충분히 인식하기 바란다는 북중국 당국자의 설명에 한층 수긍할 만한 점이 있다.

제3절 화베이 노무자의 기술수준 향상을 바란다

화베이의 노동력을 대외적으로 이출하는 데는 두 가지 목표가 있다. 그중 하나는 긴급하게 소요되는 노동력의 충족이며, 다른 하나는 북중국 노무자의 기술수준 향상이다.

즉, 만주와 내지의 생산력 확충에 반드시 필요한 노동력을 현지에서 확보할 수 없다면, 일만중일체(日滿華一體)라는 근본원칙에 따라 어느 정도 여유가 있는 북중국에서 쿨리를 이전하는 것은 당연히 해야 할 일이지만, 북중국의 당국자로서는 저들을 받아들이는 내지 측이 북중국의 사정을 충분히 이해하고, 쿨리의 사용을 단순히 편의적 효용으로만 보지 말고, 노무관리의 차원에서도 선배나 부모와 같은 마음으로 유의하는 동시에, 기술지도에 있어서도 충분한 관심을 기울여 주기를 바란다. 저들이 임무를 마치고 북중국으로 돌아올 때는 어느 정도 훌륭한 경험을 쌓은 경험공으로서 돌아올 수 있도록 해 달라는 것이 북중국 당국자의 심정이다.

이와 같이 미숙련 쿨리를 내지로 이출하고 이들을 경험공으로서 북중국으로 송환하는 것을 몇 번이고 반복하는 동안, 화베이 노무자의 기술수준은 점차 향상될 소지가 있으며, 그것이 곧 일만중일체의 경제적 발전에 이바지할 것은 자명한 이치이다. 특히, 석탄광업과 같이 북중국의 풍부한 자원개발은 대동아공영권 발전을 위해 절대불가피한 오늘날, 화베이 노무자의 기술수준을 언제까지나 지금과 같이 미숙련 쿨리의 상태로 방치할 수는 없으며, 하루빨리 그 기술수준을 향상시켜야 하는 급박한 사태에 이르렀다는 것이 지각 있는 사람들의 한결같은 의견이다.

이러한 의미에서 내지로의 쿨리 이입이 동원계획에 포함되어 점점 본격화할 경우에는 내지의 당국자가 앞에서 언급한 두 가지 목표를 간과하지 않고 이 문제를 진지하게 처리해 주었으면 한다는 북중국 당무자의 심경에 대해 충심으로 경의를 표하는 바이다.

제4절 파두제도의 장점을 이용하라

쿨리의 노동조직이 파두제도를 채택하고 있는 것은 앞의 별도 항목에서 서술한 바와 같은데, 내지 이입의 경우, 이 제도를 어떻게 처리할 것인지는 분명 또 하나의 문제이다.

내지의 노무관리에서 노무자의 고용관계는 고용주와 노무자의 직접고용 계약에 따라 성립한다. 임금 및 기타 여러 급여를 비롯하여 모집, 할당, 출근, 근무는 물론 광산에 이르러서는 그 생활에 이르기까지 고용주의 지시에 따라 움직이는 경우가 적지 않을 정도로 양자의 관계는 불가분의 상태에 놓여 있다.

십여 년 전까지 남아 있던 광산의 함바(飯場)제도에 대해서는 함바주인이 연고를 통한 주선 등으로 모집한 광부를 자기 함바에 수용하고, 매일 받는 일당의 상당 부분을 가져가고 하숙비를 징수하거나 배급된 물품을 고가에 판매하는 등 상당히 교활한 중간착취를 대놓고 하는 것이 공인되어 있었다.

노무관리의 진보, 발달과 더불어 이러한 제도는 철저하게 타파되어 오늘날에는 그 잔재조차 인정할 수 없게 되었지만, 만약 파두제도를 그대로 내지로 들여오게 된다면 얼마 전까지 상당한 고심 끝에 간신히 폐지할 수 있었던 옛날의 함바제도와 비슷한 것을 다시 공인하는 결과가 되기 때문에 모처럼 기업의 직할 체제하에서 정비, 확충되어 가는 노무관리에 일말의 어두운 그림자를 드리우게 된다는 점을 상상하기 어렵지 않다. 오늘날의 노무관리에서는 도저히 용인할 수 없는 일이라고 생각한다.

그러나 파두제도는 쿨리의 습성상 어떻게든 받아들여야 한다. 저들을 내지의 방식대로 각각 따로 떼어 내서 회사와 직접 고용계약을 체결하려고 해도 그것은 아마 불가능할 것이다. 설사 그것을 강행한다고 해도 좋은 결과를 기대할 수 없다.

통제는 난맥이 된다. 의사소통은 결여된다. 상명하달도 하의상달도 바라는 만큼 되지 않아 완전히 벌집을 쑤시는 결과를 초래할 것이다. 그렇게 되면 노무관리는 엉망이 된다.

노무관리의 지도정신 차원에서는 파두제도를 배제하고 싶지만, 실제적인 문제로서 이를 배제할 경우 노무관리도 실패한다면, 도대체 어떤 방법을 채용하면 좋겠는가? 여기에 커다란 고민이 있다. 실제로 쿨리 사용의 경험자인 만주의 탄광 등에서도 저들의 습성과 전통에 관계없이 내지 식으로 일본인과 똑같은 노무관리를 강행하려고 했지만, 번번이 실패한 값진 경험이 우리들에게 많은 것을 시사해 주고 있다.

생각건대 쿨리는 국가의 은혜라는 것을 모른다. 저들이 느끼는 것은 국가가 아니라 인간과 인간의 연줄이다. 친자형제, 같은 고향, 같은 성, 같은 민족이라고 하는 인연의 연결이 가장 친숙한 사회국가다. 파두제도는 그 축소판일 뿐이다. 이러한 사회군의 입장에서 저들이 경외하는 중심인물을 세우고, 그 통제하에서 편하고 평화로운 생활을 갈구하는 것이 저들의 습성이자 전통이며, 쿨리 사회의 파두는 바로 그 중심적인 존재이다. 그러므로 이를 타파하는 것은 본래 의도와 배치된다는 것을 쉽게 이해할 수 있을 것이다.

사실 파두제도에는 저들을 끌어들이고 복종하게 한다는 매력도 있다. 파두는 부하 쿨리의 생사여탈권을 쥐고 있을 뿐만 아니라 쿨리가 곤경에 처하면 있는 힘껏 이를 구제하는 경우도 있다. 부모를 잃고 장례조차 치르지 못하는 쿨리에게 훌륭한 장례를 치러 주는 것이 파두이다. 질병, 부상, 이런 경우에 우두머리와 같은 존재가 되는 것도 이 파두다. 이러한 일들을 통해서 파두가 쿨리의 마음을 사로잡는 것이다. 쿨리들의 이해에 따르면, 파두라는 존재는 자신들을 위해서 한쪽 살도 양쪽 살도 모두 온전히 내 주는 자로 되어 있다. 이들의 존재 없이는 저들의 사회는 암흑이요, 적막이다. 중심존재가 없는 쿨리의 무리는 사분오열이다. 중간착취라는 것을 알면서도 맞아도, 발로 차여도 끄떡없고, 파두에 따라 이루어지는 악이라면 체면도 문제 삼지 않는다. 이와 같은 불가사의한 심리가 파두제도의 혈관에 흐르고 있다. 끈끈한 신뢰감 때문에 한 무리의 쿨리를 확실하게 장악할 수 있는 것이다. 여기에 파두 제도의 장점이 있다.

내지에서 노동관리에 적합한 쿨리의 노동조직을 어떠한 형태로 조정해 나가든 어떠한 경우라도 파두제도의 장점만은 결코 분리할 수 없다. 이는 오늘날까지 산전수전 다 겪어 본 노무관리의 해답이다. 내지 이입의 경우에도 이 점을 충분히 숙고할 필요가 있다는 북중국 당국자의 시사에 실로 경청할 점이 있다고 생각한다.

제5절 가족과의 송금, 통신을 자주 하게 하라

쿨리와 그 가족의 입장에서 내지로의 노동은 첫 경험이다. 그런 만큼 그들의 불안과 의구심은 분명히 매우 클 것이다. 더욱이 시국이 긴박한 가운데 감행하는 것이므로 그 정도는 더욱 배가 된다고 할 수 있다.

만약 내지로 건너간 후 저들에게서 아무런 소식도 없고 예정된 송금도 없을 경우에 가족들은 몹시 초조하고 불안에 휩싸여 터무니없는 헛소문을 퍼뜨리고 적성지구에서는 역선전의 좋은 먹잇감이 되기 쉬운 사태가 될 것이다. 이러한 결과는 이후의 노동력 유출을 크게 저해할 것이며 선무공작에서도 큰 장애를 초래할 것이다.

그러므로 저들을 사용할 때는 가능한 한도 안에서 송금하게 하는 번거로움을 마다하지 않아야 하며, 방첩상의 경계는 물론이거니와 충분한 감독하에서는 가족과의 안부통신이 부족하지 않을 만큼 편의를 도모해 주는 것이 바람직하다고 생각한다.

현재 포로훈련소에 수용된 포로, 귀순병과 같은 자들에 대해서도 도착 후 안부통신을 허용하고 있는데, 훈련수료자로서는 만주에서 일하고 있는 선배가 보내 오는 통신, 사진 등이 후배 포로, 귀순병의 심리에 아주 좋은 영향을 초래하고 있는 사례를 보더라도 내지 근로의 경우 통신, 송금이 얼마나 중요한지 쉽게 상상할 수 있을 것이다.

물론, 포로, 귀순병의 훈련수료자를 내지로 보낼 경우, 저들의 고향이 대부분 적성지구에 있기 때문에 현시점에서는 송금, 통신의 방법이 없을 것이다. 그러나 송금은 적립해 두었다가 귀국 시 일시지급하는 방법도 있고, 통신은 그 후배 훈련생에게 연락하게 하는 방법도 있기 때문에 어쨌든 통신, 송금에 있어서는 충분히 노무관리상 편의를 봐 줄 것을 부디 실행해 주었으면 한다는 북중국 당국자의 심경을 깊이 헤아려야 한다고 생각한다.

자료3

복명서

'囑託 小暮泰用, 「復命書」, 1944년 7월 31일'[42]의 번역

42 '水野直樹 編, 『戰時期植民地統治資料』 第7卷, 栢書房, 1998.9'에서 「Ⅳ장 식민지통치 일반 · 치안 상황」, '2. 치안상황'의 '(1) 復命書[小暮泰用](昭和一九年七月三一日)'을 참고로 하였다.

복명서

촉탁 오구레 야스치카(小暮泰用) 작성

명령에 따라 본직은 최근 조선의 민정과 동향 그리고 읍면 행정의 상황을 조사하기 위해 조선으로 출장을 다녀온 바, 조사한 내용을 별지 첨부하여 다음과 같이 보고합니다.

1944년(昭和 19) 7월 31일

관리국장 다케우치 도쿠지(竹内德治) 귀하

차례

제1장. 전시하 조선의 민심 동향

- 특히 지식계급의 동향에 관한 기탄없는 의견

전시하 조선에서 민심의 동향은 대체로 평온하다고 볼 수 있는데, 이전의 1919년(大正 8) 당시와 달리, 독립을 꿈꾸는 자가 없으며 관민 모두 황국신민으로서 일본인과 협력하여 극복하려는 경향을 보인다. 지식인 계급 역시 이와 비슷한데, 확고한 자주독립의 성공 가능성이 없으며, 오히려 러시아, 미국, 영국에 의존하는 독립은 지금 상황보다 반드시 낫다고 단정할 수 없기 때문에 이들은 결국 일본신민으로서 일본인과 일치단결하여 시국을 극복하려는 경향을 보인다.

그리고 대전(大戰)에 직면하여 조선에 살고 있는 2,500만 동포는 성스러운 황국의 신민으로서 엄숙하게 1억이 한 덩어리로 단결하고 있다. 만주사변 이래 내선일체라는 말이 나온 지 어느새 10년의 세월이 흘렀지만, 이제는 그 말이 필요치 않을 정도로 저들의 투쟁이 커다란 열정과 진정한 노력에 힘입어 생활 속에서 이루어지고 있다.

그리고 마침내 창씨제, 징병제, 학도 동원과 출병도 실시되어 ○와 총을 들고 일본인과 함께 가열차게 일선에 서서 명예로운 황국신민으로 살아가는 태도는 일본인이나 조선인이나 특별히 구분되지 않을 정도이다.

대동아전쟁에서 승리하고 황은(皇恩)을 세상(八紘)에 널리 전파하기 위한 싸움이 쉽지만은 않으며 그 싸움이 쉽지 않은 만큼 일선이나 총후(銃後)나 이 둘은 서로 다른 것이 아니라 고통스럽지만 생명을 걸고 참고 견뎌야만 하는 것인데, 이것이 조선의 실상이자 현실이다.

이러한 현상은 말뿐만 아니라 저들은 황국신민의 생활에 깊이 젖어 있고 이를 철저히 하는 자세가 남녀노소 모두 똑같고 앞으로 계속 견지하는 것만이 유일한 길이라고 인식하고 있다. 그리고 이러한 현상은 눈에 보이는 것뿐만 아니라 정신적인 내용에까지 도달하고 있는데, 경험해 보지 않은 일본식 생활에서 살아남고 대동아전쟁에서 승리하기 위해서 그들은 먼저 생활전선에서 살아남으려 하고 있다. 오래된 조선의 생활양식은 사라져 버리고 새로운 생활방식이 맹렬한 기세로 일본식으로 바뀌고 있다. 따라서 요즘에는 조선의 남녀노소에게 생활의 연성(錬成)이라는 것이 커다란 명제가 되고 있다.

이상은 오늘날 조선의 민심에서 일반적으로 관찰할 수 있지만, 다른 한편으로는 이와 정반대로 비관적인 시각도 있는데 소위 사상적인 사람들이나 경찰 분야에 있는 사람들의 시각이 그러하다. 그리고 일부 지식인 계급에서는 민족사상의 동향에 흥미를 갖고 있는 사람들이 그러하다.

어쨌든 조선에서 민심의 동향, 사상적 경향이 대동아전쟁 이후 급격하게 바뀌고 있는데, 단적으로 말하면 조선의 사상 경향은 일반적으로나 대중적으로 매우 좋아졌다.

그러나 앞에서 말한 바와 같이 다소 비관적 경향을 가진 사람들이 있는 것도 사실이기 때문에 나는 이번에 현지에서 각계각층의 사람과 직·간접으로 접촉하여 대화를 하고 자료를 대조하여 낙관론과 비관론의 두 분야에서 보고 들은 사실을 그대로 보고하기로 하였다. 우선 낙관론에서 볼 때 가장 변화가 큰 것으로 조선 종교계에 혁신적인 변화가 있고, 민족주의자 및 공산주의자들의 전향이 급증하고 질적으로 향상되었다는 점 그리고 교화운동이 발전한 상태라는 점을 들 수 있다.

모두가 주지하고 있다시피 조선에서 기존의 종교단체 가운데 가장 유력한 것은 기독교와 천도교였다. 이들 종교는 재래 종교보다 정치적 색채가 훨씬 강한데, 다시 말해 기독교, 특히 장로교파와 천도교는 조선에서 민족독립운동의 구심체와 같은 역할을 해 왔다. 그러나 이제 이들 종파는 크게 변하였다. 전 조선에서 50만 명 이상의 신도를 차지하고 질적으로도 가장 불량했던 장로회 신도들은 1936년까지 신사(神社)불참운동(역자 주: 신사참배거부)을 시작하여 점차 이 운동이 전 조선에 파문을 일으켰다. 그러나 1941년 대동아전쟁이 발발하고 무적 황군이 혁혁한 대승리를 전개해 나가자 1942년 봄 전조선총회에서 혁신적인 성명을 내놓았는데, 기존의 잘못된 내부규정을 개정하고 곧바로 이를 실천에 옮기기 위해 20여 개의 혁신적인 일본식 조항을 발표하였다.

천도교는 조선의 유사종교단체 중 가장 유력한 종교인데, 한때 신도 수가 100만 명에 달할 정도로 큰 세력을 가졌고, 1919년 독립만세운동을 주창하기도 했다. 그러나 이것도 전국적인 종교로 향상시키기 위해 교의를 개정하고 일본식 혁신을 단행하고 지금은 조선의 연맹운동에 순응하여 각각 장로교, 천도교 모두 국민연맹을 조직하고 전 조선에서 각 대표자가 모두 참가하는 등 황국신민으로서 국기에 경례하고 황국신민의 서사를 제창하고 만세를 부르고 신궁(神宮)에도 나아가 참배하는 등 참으로 감동적인 광경을 전개하고 있는 형편이다.

다음으로 전향자의 격증과 질적인 향상에 대해 설명하겠다. 대동아전쟁 이후 조선인주의자(朝鮮人主義者)의 전향이 수적으로 증가하고 질적으로도 상당히 향상된 경향을 보이고 있다. 기존에는 그저 이해타산 때문에 겉으로만 전향하고 실제로는 좀처럼 구태를 벗어나지 못한 자들이 상당히 많았는데, 최근에는 일본인이 되지 않는 한 조선인의 미래를 구원할 방법이 다시는 없을 것이라는 확고한 신념이 생겨서 진실로 전향하는 자가 속속 증가하고 이제 그 수가 상당한 수준에 이르렀다.

그리고 일본과 조선의 일체화는 역사적으로나 필연적으로 정해진 숙명인데, 수많은 전향자들이 세계에서 그 유례를 찾아볼 수 없는 황도정신을 연구함으로써 일본정신이 생겨나고 일본의 국체(國體)를 철저히 익히고 일상적으로 일본어를 사용해야 한다면서 획기적인 사상적 전환이 일어나고, 이렇게 함으로써 비로소 조선인이 발전할 수 있다고 생각하고 있다. 전향자들은 만약에 겉으로만 내선일체인 척한 것이라면 반드시 몇 년 못가서 마각을 드러낼 것이고, 그때는 정말로 조선이 영원히 일본으로부터 버림을 받을 것이라고까지 생각할 만큼 철저해졌다.

이와 동시에 저들의 내면적 혁신과 더불어 민간에서도 여러 가지 형태의 참된 실천운동이 자발적으로 전개되고, 발전하고 있다. 다시 말해 각 지역에서 교화운동이 부흥하고 있는데, 나는 이것이 조선의 사상계(思想界)와 민심이 좋아지는 증거라고 생각한다. 현재 조선의 각 지역에 팔굉요(八紘寮), 대화숙(大和塾), 황도회(皇道會), 학생숙(學生熟), 연성도장(鍊成道場)과 같이 일본정신을 바탕으로 하는 교화운동 단체가 상당수 생겨나고 있다.

따라서 조선의 사상계와 민심의 추세는 앞에서 설명한 바와 같이 극단적인 비관론도 없지 않지만, 이상과 같이 일반 대중은 어쨌든 찬란한 황도의 길로 나아가고 있고, 대체로 매우 좋아졌다고 결론 지어도 무리가 없으며 앞으로 이를 지도할 당국이 다시 조사, 연구하여 적당한 방법으로 힘차게 추진해 나가야 한다고 생각한다.

다음으로 비관론에 관해 말하면, 시국에 따라 다소의 고통과 그 밖의 불만 때문에 민심의 일부가 점차 악화되고 있다고 보는 시각도 있을 수 있고, 그와 같은 경향이 사실인 측면도 있다. 다시 말해 대동아전쟁이 장기화함에 따라 여러 가지 사상적으로 나쁜 파문이 일고, 정신상태가 느슨해짐에 따라 조선인 가운데 특히 지식계급 및 유산계층의 일부와 민족주의자 중에는 반전(反戰), 반관(反官)의 염세적인 경향이 있으며, 빨리 전쟁이 끝나면 좋겠다는 식으로 생각하는 자도 있다.

더욱이 최근의 전황을 비관하여 일본의 장래와 통제경제의 장래에 관해 상당한 유언비어가 나돌고 있는 지역도 있다. 다시 말해, 통제경제에 따른 영향, 예를 들면 물가가 높아져서 곤란하다거나, 물자가 부족하다거나, 물자의 자급이 원활하지 않다거나, 배급제도가 불공평하다는 등 같이 일상생활의 고충을 토로하고, 식량대책이 먹히지 않는다는 등 불평불만이 있는 것도 사실이다.

특히, 지방의 대지주나 도시의 부호들 가운데는 '일본의 신체제와 통제경제 강화 방침은 공산주의가 아닌가?, 통제라는 이름으로 실제는 공산주의를 실천하는 게 아닌가?'라는 일종의 의혹과 두려움을 품고 있는 자도 상당수 있다. 또한 사이비 전향자가 '소련의 방식이 가장 좋으며 소련은 강하다. 현재 일본의 방식은 소련을 따라하는 게 아닌가. 그러니 공산주의가 가장 옳다'라는 식으로 회의적인 생각을 가진 사람이 상당히 늘어난 것도 사실이다.

'이렇게 점차 일본의 국력을 의심하거나 제1차 세계대전 때 인도가 영국에게 속은 것처럼 조선인이 일본 정부에게 속고 있는 것이 아닌가?', '충칭(重慶) 정부가 성명을 낸 것처럼 전쟁이 길어짐에 따라 일본 정부가 경제적으로나 사상적으로 한계에 도달한 것이 아닌가?'라며 완전히 어리석은 생각을 품고 있는 사람이 최근 들어 각 지역에 상당히 증가하고 있는 것도 사실이다.

더욱이 일부 민족주의자는 내선일체에 대해 크게 오해하는 것 같다. 예를 들면 일본어를 장려하는 것이 조선말을 부정하는 것이라고 오해하는 경우가 있는데, 언문과 신문을 통제하는 것이 조선의 문화를 파괴하는 것이라고 생각하는 경향이 있다. 이는 일전에 경성에서 개최된 각계각층 대표자 간담회 자리에서 암암리에 관심을 불러일으켰던 적이 있는데, 특히 앞으로 결전의 시간이 다가옴에 따라 저들의 사상에도 상당한 변화가 생길 것이다.

다음으로 경성의 유지(有志)간담회 자리에서 조선인 유지들이 희망하는 사항의 요점을 기술하고자 한다. 아울러 출석자는 다음과 같다.

일시: 1944년 6월 17일 오후 5시

장소: 경성부 백운장(白雲莊)

출석자: 아라키(荒木) 민정과장(民政課長)

오구레(小暮) 촉탁(囑託)

사카테(坂手) 속(屬)

매일신보 편집국장	정인익(鄭寅翼)
매일신보 사회부장	홍종인(洪鍾仁)
매일신보 사회차장	가네무라(金村承熹)
인문사(人文社) 대표	이시다(石田耕造)
경성척식경제전문학교 교수 겸 생도감(生徒監)	다마오카(玉岡濬珍)
종교인	이종재(李重宰)
경성변호사회 부회장	강병순(姜炳順)
실업가	이성환(李晟煥)

이상의 각 유지들이 모임에서 밝힌 희망사항을 나열하면 다음과 같다.

1. 일본과 조선의 인사 교류를 매우 활발하게 하여 조선의 전통이라고 할 수 있는 일종의 특수한 관료적 분위기를 하루빨리 개선하고, 철저하게 상의(上意)가 하달되고 하의(下意)가 상통할 수 있도록 할 것.
2. 말단의 정치를 강화할 것. 즉, 읍장, 면장의 선정과 더불어 읍면 직원의 증원과 소질 향상을 도모할 것. 우선 이들의 처우 개선 방법을 강구할 것.
3. 노무관리를 개선하고 지도원을 재(再)연성 및 배치할 것.
4. 조선장학회(朝鮮奬學會)를 개편할 것. 특히 관료화, 통제적 경향을 뜯어고쳐 오직 지도와 교화에 힘쓸 것.
5. 일본에서 조선인 노무자가 많은 곳은 각 반(班)별로 실력 있는 조선인 반장 또는 숙소별 대표를 배치할 것.
6. 향후 조선에서 공출하는 노무자는 종전의 모집 또는 관(官)의 강제알선(强制斡旋) 방법을 바꾸어서 하루빨리 지명징용제(指名徵用制)를 실시할 것.

7. 향후 조선 및 조선인 문제에 관해 결론을 내릴 때 종합적인 명분보다 정(情)과 눈물로 호소하여 해결할 것.
8. 조선인 문제에 관해 좋은 것이든 나쁜 것이든 개괄적으로 평론하는 것은 대체로 삼가할 것. 당국이 지나치게 감시하는 태도를 바꾸어 어느 정도 조선인을 믿고 조선인에게 책임감을 갖게 할 것.
9. 배급제도의 공평성을 제고할 것.
10. 조선에서는 일본과 달리 전관예우라는 특수한 장애물이 있는데, 즉 고관·고위직을 퇴직한 자에게 조선 각 지역에 있는 특수기관의 실권을 주는 것이다. 이것이 조선을 통치하는 데 암적인 존재와 같은 경우가 매우 많은데, 이를 하루빨리 개혁할 것.
11. 내선일체의 완성은 내지와 조선 간에 차별을 없애는 것부터 시작되기 때문에 내지의 연장으로서 조선인에게도 참정권을 부여할 것.
12. 조선병합 당시에는 귀족과 상류계급을 대상으로 통합을 실시하고, 그 후 2차적으로 공직자를 상대로 정치를 시행했지만, 이들은 이미 시대에 뒤처졌으니 앞으로는 청년과 대중을 상대로 하는 근본적인 정책을 수립할 것.
13. 시류에 아첨하는 자를 등용하는 제도를 바꾸어서 진정성 있는 인물을 선출할 것.

제2장 도시 및 농촌의 식량사정

조선에서 도시와 농촌의 식량사정은 상당히 심각하다. 그 실례를 들면, 조선에서 여행할 때 기차 창문을 통해 바라보면 주변 임야에 껍질이 벗겨진 소나무가 상당히 많은데, 이런 모습은 기찻길 주변이 아닌 깊은 산속에 가면 더욱 심하다. 가까운 미래에 조선의 소나무들이 말라죽지 않을까 염려하는 사람이 상당히 많다. 조선병합 이래 데라우치(寺內) 조선총독을 비롯해 역대 총독들이 조선의 산림행정에 상당한 노력을 기울인 결과, 최근 들어 조선의 산림이 약간 좋아지고 있는데, 작년의 식량사정 때문에 이러한 현상이 벌어지니 실로 우려하는 바가 크다.

농민과 지방 유지들의 기탄없는 의견을 조사해 보면, 종전에 대체로 식량의 자급자족이 불가능하지 않았음에도 이러한 현상이 벌어진 것은 행정 당국의 조치가 적절하지 않았기 때문이라고 비난하는 지역도 있다. 다시 말해, 조선인들이 비난하는 바에 따르면, 배급·공출 기구가 불완전한 것은 물론, 우선 그 담당자가 실정을 제대로 알지 못하고 맹목적으로 행정을 편 결과라고 한다.

내가 지금 현장에서 조사하고 관찰한 것을 바탕으로 판단하여 단적으로 말하면, 조선의 식량사정은 도시에서는 배급, 농촌에서는 공출이 문제의 전부인 것처럼 부각되어 있다고 해도 과언이 아니다.

당국의 식량행정에서 공출량은 생산량에 따라 결정된다. 다시 말해, 전체 생산량에서 농가 인구의 1인당 1일 소비량을 농가보유량으로 두고 그 나머지를 공출량으로 결정하여 이를 농가에 공출하도록 명령하고 있다.

그러나 오늘날 조선에서 농가생산총계라는 것이 대체로 이전에 농촌이 진흥하던 시대의 통계 숫자를 기준으로 한 것이며, 이는 모두 지나치게 계산한 것이라는 데 여러 사람의 의견이 일치하고 있다. 더욱이 이렇게 과도한 생산통계의 전제하에서 각 농가의 수확량을 결정할 때는 세심한 노력을 기울여야 하는데, 대부분은 무의식적으로(또는 드물지만 의식적으로) 편차가 심한 경우도 상당히 많은 것이 사실이다.

이런 식으로 각 농가에 대한 구체적인 공출량이 결정되고, 이렇게 결정된 공출량이 문자 그대로 지상명령이 되어서 공출을 완수하라고 장려하기보다는 강압적이고 고압적으로 강제하는 경우가 상당히 많다.

더욱이 조선의 농민은 순박하고 순종적인데, 이들에게는 갖가지 눈물겨운 사정이 헤아릴 수 없이 많다. 어떤 이는 내일 먹을 식량까지 공출하는 자도 있고, 저들에게 무엇보다 중요한 소나 집이나 가재도구와 재산을 내다팔면서까지 자기에게 할당된 공출량을 완수하는 사람도 있다. 따라서 부락에서 세력이 있는 자, 즉 소위 유력자나 기타 부자와 권력자를 제외하면 지금과 같이 어려운 때 농촌의 식량사정은 대부분 궁핍한 상태이다.

그러므로 농민으로서 아침에 밥 한 그릇 저녁에 죽 한 그릇만 먹을 수 있어도 형편이 좋은 편에 속하고, 대부분은 굶주림에 힘겨워하면서도 자기가 생산한 식량은 전부 공출로 내다 바치고 콩이나 팥, 풀이나 초근목피로 겨우 목숨을 연명하여 얼굴이 부어오르니 그야말로 죽은 사람과 같은 참상이고 굶다 보니 기운이 없어 누워 있는 사람도 적지 않은 상태이다.

이처럼 조선 농촌의 식량사정은 농민이 식량을 생산해도 자기가 먹을 수 없으니 농촌에서 식량 증산의 의욕은커녕 오히려 농사를 꺼리는 풍조가 상당히 만연하고 생산물을 은닉하려는 경향이 강하다.

이에 공출 감독자는 농가나 주변을 수색하고, 밥을 지을 때 불시에 들이닥쳐 가마솥이나 식기를 검사하고, 면 주재소 등으로 호출하여 심문하는 등 완전히 조선에서만 볼 수 있는 이상한 현상이 여기저기에서 벌어지고 있다.

마땅히 앞으로는 농민에게 식량을 보장하고 산업전사로서 대우하는 것이 급선무이며 이것이 결국 식량을 증산할 수 있는 가장 확실한 길이라고 생각한다.

한편, 도시의 식량사정을 살펴보면 도시에서는 거의 완벽에 가까울 정도로 배급제도가 잘 실시되고 있다. 대체로 1인당 1홉 4작 내지 2홉 3작의 배급이 순조롭게 이루어져 포만감을 느낄 정도는 아니지만, 일단 불안하지 않을 정도의 상태에 있으며, 일반 도시인은 배급량이 적기 때문에 오후 4~6시경 공복감을 호소하면서도 거의 대부분 정해진 분량을 정확하게 배급받고 있기 때문에 농민들이 하루에 1홉 정도의 식량만 먹는 것에 비해 도시인은 다행이라고 하지 않을 수 없다. 농민의 창고에는 곡식이 없지만, 도시의 식당에는 항상 뭐라도 먹을 것이 있는데, 이는 일본과 정반대의 현상이라고 하지 않을 수 없다.

하지만 도시인 가운데에도 재력에 여유가 있고, 시국에 대한 인식이 부족하며, 의지가 박약한 무리들은 법망을 피해 암암리에 백미와 다른 식료품을 구입하여(조선에서 백미 1말의 암시장 가격은 60원 전후이다) 자기의 식생활을 충족하는 자도 상당히 있다. 같은 암거래라도 농민은 자기 공출량 책임을 완수하기 위해 암시장을 찾고, 도시인은 자기 배를 채우기 위해 암거래를 한다. 이 역시 조선에서만 볼 수 있는 참으로 기이한 대조이다.

요약하면, 조선의 식량사정은 도시에서는 거의 정확하게 소정의 식량을 배급받으면서도 배가 고프다고 불평하고, 농민들은 자기 식량을 생산하면서도 가을을 제외한 나머지 기간은 거의 식량이 궁핍한 상태이다.

도시든 농촌이든 대화를 나누어 보면 식량에 관한 이야기뿐이다. 도시에서는 거의 먹는 것에 관해서만 이야기를 하는데, 신사든 아니든 가리지 않는다. '민심은 먹을 것이 있어야 천심이다', '옷과 먹을 것이 넉넉해야 예의를 안다'라는 옛말이 바로 이런 것이다.

이상과 같이 조선의 식량사정이 궁핍한 원인은 어디에 있는지 그리고 어떻게 하면 이를 시정할 수 있는지 살펴보면, 기존의 경작지 면적과 생산에 관한 통계가 부정확한데도 아직도 이를 기초로 하고 있다는 점, 각 농가의 수확량 예상치가 실제와 큰 차이를 보이는 경우가 많다는 점, 농가가 소비하는 식량의 양을 너무 적게 규제한다는 점, 최근 수년간 흉작이 이어지고 있는 점 등을 들 수 있다.

그리고 농가의 식량 공출은 앞서 말한 폐단에 따라 공출 수량이 과다한데, 이 중에는 전체 생산량을 공출에 충당하는 사례가 적지 않다. 그러나 공출 수량은 확보해야 한다는 견지에서 무리하게 독려하다 보니 농가는 공출 다음날부터 거의 식량이 없는 상태가 되지만 배급은 반드시 다음날부터 이루어지는 것이 아니기 때문에 소규모 농가의 궁핍이 매우 심각하다. 또한 춘궁기에는 언젠가 갚아야 하는 특별배급을 받더라도 그 양이 매우 소량이어서 1일 1인당 1홉 미만인 경우가 많다. 따라서 이제는 단호하게 통계를 우선 시정하고 동시에 농가의 하루 소비식량을 적어도 1인당 4홉 이상으로 하고, 실제 상황에 맞추어 농가의 식량을 공제한 뒤 나머지 식량을 전부 공출하도록 해야 한다. 생산식량 전체를 전면적으로 매입한 다음날부터 농가든 비농가든 구분 없이 일정한 양을 배급하거나 어떻게든 조선의 식량사정 궁핍을 서둘러 해결해야 할 것 같다.

이제 조금 다른 이야기가 될지 모르지만, 조선의 식량문제 해결과 가장 밀접한 관계가 있는 문제들 가운데 하나로 1944년 조선미곡 생산량 책임수량 결정액에 관해 검토해 보고자 한다. 다시 말해 금년도의 식량생산 책임량은 다음과 같다.

(단위: 만 석)

쌀	2,600
보리	1,063
기타 잡곡	930
합 계	4,593

이 수량은 도대체 어떤 방법으로 산출된 것인지 모르겠다. 전문가가 아닌 내가 겨우 3주간이라는 짧은 기간 동안 조사한 것만으로 이 산출결과의 옳고 그름에 관해 단언할 수는 없지만, 우선 이 중에서 쌀 2,600만 석에 관해 살펴보면, 이는 이전에 있었던 미증유의 대풍년이라고 할 만한 1937년의 숫자라는 점을 제외하면 조선의 쌀 생산 역사상 전례가 없는 숫자이다.

즉, 1939년의 1,400만 석에 그친 대흉년 이래 조선의 쌀 생산량을 조사해 보면, 1940년에 1,500만 석, 1941년에 2,400만 석, 1942년에 1,500만 석, 1943년에 1,800만 석인데, 지난 5년간의 평균 수확량은 1,840만 석이 된다.

이러한 결과는 최근에 조선의 기후 때문에 연속적으로 가뭄이 많이 발생한 것과 관련이 있으며, 조선 안 노동력이 다소 감소하고, 화학비료가 부족한 원인에 기인하는 것 같다.

그러나 1944년, 즉 금년도의 쌀 작황을 살펴보면, 조선이 직면한 농업생산의 문제를 해소해 줄 것으로 보이지 않는다. 전황이 악화되어 금년부터 징병제가 실시됨에 따라 농촌의 청장년이 전투에 재배치되고 일본의 화학비료공업이 곤란한 상황에 직면하여 농업비료 생산 감축이 예상된다. 앞으로 날씨가 좋아도 2,600만 석이라는 쌀 수확량은 쉽지 않을 것 같다. 이는 지난 5년간의 평균 수확량인 1,840만 석과 비교할 때 760만 석(약 40%)이 증가하는 셈이다.

좀 더 자세히 말하면, 지난 5년간 평균 수확량이 10석인 농가인 경우 40% 증가하면 생산책임량이 14석이 되는 것인데, 날씨와 상관없이 동일한 조건하에서 40% 증산이라는 것은 조선의 농가로서는 매우 과중한 부담이라고 하지 않을 수 없다.

따라서 하루빨리 이 숫자를 재검토하거나 현시국을 고려할 때 2,600만 석이라는 숫자가 국가가 요구하는 절대적 생산량이라면 조선에 화학비료가 부족한 것에 대한 대책으로서 자급 비료의 증산, 적기에 시비하기, 적합한 비료를 시비하는 방법, 적정하게 시비하는 방법 등에 관해 근본 대책을 확립해야 한다. 그리고 300만 호 이상의 농가와 10만 호 이상의 지주, 수만 명의 지도자가 똘똘 뭉쳐서 인생 최고의 노력을 기울여야 나가야 한다고 생각한다.

제3장 이번 재근문관가봉령(在勤文官加俸令) 개정이 관가와 민간에 미칠 영향

이 문제에 관해 조선인 관리와 민간인에 대해 조사해 보니 대략 다음과 같은 현상이 발견되었다.

즉, 조선인 관리에 대한 봉급 인상 지급에 관해서는 다음과 같은 반응이었다.

1. 내선일체 이념을 구현하는 것에 대해 너무 늦었다는 느낌이 있지만, 한층 책임감과 명랑성을 갖게 되었다고 하는 자
2. 전황의 추이를 감안할 때 첨예화하는 조선의 민심을 이완시키기 위해 기획된 회유정책이라고 하는 자
3. 관가에서 일본인과 조선인의 차별을 완전히 없애는 것은 우수한 일본인의 조선 이입을 저해하고 일본인은 인적 자원의 빈곤을 겪게 될 것이라고 하는 자

1의 관점을 밝힌 자는 당연한 것을 말한 것이고, 2의 관점을 지닌 자는 정책이라고는 하지만 이 제도의 실시는 조선통치 역사상 획기적인 은전인데 이들에게 커다란 감명을 준 것 같지 않다. 특히 주목할 점은 이 제도가 일부 상층 관리에게만 은전을 주는 것이라는 둥, 섬나라 근성 때문에 대국적인 아량이 부족하다는 둥, 윗사람들에게는 두둑하게 주고 아랫사람들에게는 얄팍하다는 말은 실로 배은망덕한 소리이다. 심한 경우 조선의 상층 지도계급이 일반 민중을 선무(宣撫)하도록 이용하기 위해 회유하는 것이라고 단정하는 자도 있다.

한편 일반 하급 관리는 현재의 물가에 비해 현저하게 적은 봉급 때문에 살인적인 생활고를 겪고 있음에도 입을 다물고 있는 것은 당국의 의도에 다른 저의가 있다고 판단하여 조심스럽게 그 의도를 파악하려고 하는 자도 있다.

결국 이 제도는 조선 민중에게 내선일체의 이념을 제도적으로 실증하고 구현하는 것으로 받아들여지고 있고, 조선인 관리들에게 진정한 제국 관리의 일원이라는 사실을 자각시키고 그 책임의 중대성을 인식시키는 데 지대한 공헌을 하고 있다. 다만, 그 범위가 일부 상층 관리

에 한정됨에 따라 의혹이 발생하는 것도 부인하기 어렵다.

이 문제에 관해 조선의 민간인 유력자들의 기탄없는 견해를 조사해 보니, 그동안 조선인 관리들에게 봉급 인상을 하지 말 것을 논리적으로 주장하며 조선인의 심각한 반발 심리를 오랫동안 억제해 왔는데, 갑자기 일본인과 똑같은 비율로 봉급을 인상하여 지급하기로 한 데 대해 조선인 관리들이 먼저 놀랐다고 한다.

그리고 이번의 봉급 인상이 모두에게 적용되는 것이 아니라 일부 대상에 한정되다 보니 그 혜택을 입지 못한 계급의 불평이 몹시 심한데, 이 점은 우려되는 바가 매우 크다고 본다. 다시 말해, 비교적 생활이 안정된 고등관의 봉급만 인상하고, 생활에 여유가 없는 판임관 이하에게는 지급하지 않은 결과, 고등관 중에서 의혹을 품는 자가 많다. 그 이유는 전쟁이 끝나면 조선인 고등관의 수를 감축할 것이 필연적이기 때문에 내심 의심을 품지 않을 수 없다. 반면 판임관 이하의 불평이 매우 심각한 지방도 있는데, 이 점은 상당히 주목할 필요가 있는 문제라고 생각한다. 사실 일본인과 조선인이 절대 평등할 이유가 없지만, 갑자기 같은 비율로 봉급을 인상하여 지급하는 것에 대해 가까운 미래에 일본인이 불평하거나 반대운동을 일으킬 것인데, 이를 수습하는 것도 어려울 테지만 조속한 시일 내에 조선인 판임관 이하까지 봉급 인상을 확대하지 않으면 오히려 더 어려운 상황이 발생할 수 있다. 결국 이상의 조선인들은 이번의 봉급 인상에 대해 기술적으로 졸렬한 것이었다고 생각하고 있다.

제4장 일선 행정의 실정

특별히 행정이 부·읍·면(府·邑·面) 단위에 반영되는 실태에 대해 살펴본다.

결전이 벌어지고 있는 가운데 외지에서 일선 행정의 실정과 실태를 조사하는 것은 상부의 내밀한 지시가 있었기 때문이지만, 나 역시 직무상 큰 관심을 갖고 있기 때문에 나름대로 다방면의 사람들과 만나 이야기를 해 보았는데, 조선의 남반부와 서부 지방에서는 약간 비관적이었다. 이는 어느 지방의 유력자의 말에 따르면, 오늘날 조선의 일선 행정은 완전히 난관에 봉착한 상태라서 정말 걱정스럽기 짝이 없다고 한다. 그 이유를 살펴보면 다음과 같다.

조선에는 1941년경부터 '구한말보다 더하다(以上)'라는 말이 민간에 유행한다고 하는데, 그 원인은 사회정세의 급변과 관가의 기강이 느슨해지면서 일반 대중의 고통만 늘어나다 보니 이러한 말이 유행하는 것이다. 구한말 시대에는 일부 부호들만 고통을 받았을 뿐, 일반 대중은 오히려 오늘날과 같이 고통을 체감할 일이 없었는데, 오늘날에는 부호들보다 일반 대중이 더 고통을 받게 되었다는 뜻이다. 그러나 이와 같이 나쁜 소문의 원인은 결국 전세가 불리해짐에 따라 여러 가지 복잡한 문제와 책임질 일이 많아졌기 때문이다. 이렇게 복잡한 문제를 조선인들이 이해하고 소화할 수는 없으리라 생각한다. 즉, 상의하달(上意下達), 하의상통(下意上通)이 원활하지 않기 때문에 발생하는 일이다.

사실 조선에서 일선 행정의 실정은 4년 전에 비해 상당히 복잡해졌고, 특히 대동아전쟁 발발 이후 전황이 급변함에 따라 조선에 각종 영예로운 책무가 새롭게 부과되고 있는 점은 사실이다. 이 중에서 주요한 것만 열거하면 다음과 같다.

1. 식량을 주로 하는 기타 수십 종에 달하는 농업, 임업, 축산물의 공출
2. 저축 및 헌금 내지 헌납
3. 노무 공출
4. 지원병에서 징병에 이르는 제도
5. 특수철공물 증산

6. 의무교육실시와 교육정비

이상의 시책은 그 목표가 거의 달성되지 않은 것이 없는데, 그때마다 당국자들이 조선인 관리들의 노력과 협력에 감사하다고 밝힌 바 있다. 즉, 외형과 결과 모두 상부의 의도가 일선에서 말단 기관까지 거의 다 전달됨으로써 일선의 관리 역시 성전(聖戰) 완수에 분투하고 있다고 볼 수 있을 것이다.

그러나 조선에서 일선 행정의 실정은 결코 만족스러운 상태라고 할 수 없다. 문제는 그 결과에 이르기까지의 과정과 방법 등이 정치 기술의 여하에 달려 있다고 생각한다. 이 점에 관해서 상부에서는 오늘날 행정의 실정이 대체로 말단까지 스며들지 않는다고 판단하고 있다. 따라서 총독정치에 대한 예상치 못한 의혹과 불평불만이 생기는 것도 당연하다. 따라서 이와 같은 원인을 하루라도 빨리 제거하는 것이 조선통치 본연의 명랑한 모습을 되찾을 수 있는 최대의 급선무라고 믿는다.

몇 가지 주요 원인만 열거하면 다음과 같다.

1. 군수(郡守)에 이르기까지 전달되지 않는 원인

총독부에서는 지방 일선의 실정에 통달하지 않고 종합적 인식을 결여한 채 사람들이 자기 분야에 안주한 나머지 이론적으로만 정책을 세우고 있다. 그런데 그 정책의 대부분이 총독부보다 소질이 떨어지고 아둔한 도(道)의 관료들에게 제대로 이해되지 않고 그대로 이식되어 군(郡)에 집중되고 있다.(더욱이 총독부의 기획자 가운데는 실제 경험이 부족한 자가 많고, 도(道)의 아둔한 관료들 중에는 무식한 자가 많다.)

2. 군(郡)에서 읍면에 이르기까지 전달되지 않는 원인

군읍면 직원의 지식 부족과 소질 저하 등에 더하여 지나치게 많은 사무가 집중하고 쇄도하기 때문에 중점을 두어야 할 사무와 그렇지 않은 사무에 똑같이 관심을 두지 않게 되고 연구와 공부가 거의 이루어지지 않는다. 읍면에서는 재정이 고갈되어 허울뿐인 처우개선 때문에 일종의 피로감과 혐오감마저 품고 있다. 회의 때나 상급 관청의 감독과 지도 출장을 통해 강조하는 시책과 방법은 그때뿐이다. 특히 최종적인 결과, 예를 들면 식량증산 공출에 관해 조사하면 파종면적 확장, 경종법(耕種法) 개선 등은 그 대부분이 달성되었다고 허위로 보고된 경우가 많다. 이렇게 허위로 보고된 결과에 따라 할당한 공출의 달성에만 전력을 기울이기 때문에 민중들은 당국이 제시한 시책의 진의와 중요성을 인식하지 못하고, 당국자는 민중에 대한 생각과 연민 없이 오로지 무리하게 강제로 폭행(식량 공출 때의 구타, 가택수사, 호출고문 그리고 노무공출 때 불시에 사람을 납치하는 등)을 가하기 때문에 이따금 상해치사 사건과 같은 불상사가 발생하는 것이다.

이렇게 해서 공출은 약탈적 성격이 되고, 근로보국(노무공출)은 강제가 되며, 기부(헌금, 헌납)는 징수가 되는 경우가 많다고 하는 것이다.

3. 읍면에서 민중에 이르기까지 전달되지 않는 원인

읍, 면, 특히 면은 일선에서 일반 민중에 대해 총독부가 기획한 일체의 시책을 담당하고 실천하는 중요한 말단행정기관이지만, 지식수준이 매우 낮고 일본어도 제대로 이해하지 못하고 아주 부자연스런 조선말로 적은 공문서와 통첩을 수령하여 소박한 사고력으로 활동하는 구장(區長)이 있다. 모든 이론적 행정 시책이 이 구장들에게 이르러서는 그 정치적 의미가 퇴색하거나 사라져 버린다.

그렇다면 이러한 폐해를 어떻게 제거할 것인가? 주요 시정 방법을 열거하면 다음과 같다.

(1) 지적으로 소질이 우수한 조선인 청년을 도(道)의 관료에 많이 증원할 것.
(2) 부·읍·면 직원의 수준을 제고하는 의미에서 중등 정도의 지방행정강습소와 같은 연수교육을 한층 보급할 것(현재의 읍·면 직원 90%는 소학교 정도임).
(3) 구장(區長)의 대우를 한층 개선, 강화하여 우수한 인물을 배치할 것.
(4) 총독부 및 도(道)의 직원은 질적 향상을 도모하되 양적으로는 감축하고, 군읍면 특히 면 직원의 증원을 단행할 것.

결국 이상과 같이 조선의 행정은 실시과정에서 부정확한 방법을 사용하고 정치기술이 부족하기 때문에 본연의 모습에서 일탈하는 경우가 많다. 이 때문에 민중은 상층부가 의도한 것 이상의 의도하지 않은 부담을 지게 되고, 일반 민중의 인식과 능력이 관의 요청을 따라가지 못하기 때문에 민중이 의혹을 갖거나 경우에 따라서는 반감을 품게 되는 경우가 매우 많다.

그러나 어쨌든 표면적으로는 그 결과만 놓고 보면, 조선에서 지방행정의 말단까지 상부의 지시가 잘 전달되고 있는 것으로 조사되었다.

제5장 사립전문학교 등의 정비가 지식계급에 미친 영향

결전체제하에서 교육비상조치에 따라 조선의 사립전문학교 등을 정비하는 것에 대해 조선인 지식계급인 등의 의향을 조사해 보니 저들은 이 조치가 조선인의 지식계급을 절망적 궁지로 내몰아 조선인 사회에서 교육사업의 열의를 박탈했다고 생각하는데, 이는 대체로 오늘날까지 조선에서 사립전문학교가 조선인 지식계급에 기여한 역할과 기능을 전면적으로 소멸시키는 것을 의미하기 때문이다. 일반적인 조사 자료에 따르면, 사립전문학교의 정비에 대해 조선인, 특히 교육자와 지식인 계층의 불평이 매우 큰데 조선의 교육정책에 의혹을 제기하는 자들이 상당히 증가하고 있다.

각 방면에 미치는 영향이 매우 다양한데, 그중에서 주요한 몇 가지만 열거하면 다음과 같다.

1. 과거 조선에서 사립전문학교에는 비교적 소질이 우수한 자, 관공립학교에 진학하기를 바라지 않는 자, 사상적으로 불온한 자(이는 일본의 사립대학에 비해 문제가 되지 않을 정도로 소박한 편이지만) 등이 진학하는 경향이 있다. 일본의 문과 계통 사립대학으로 진학하는 길이 막혀버린 현재의 학생들은 근대문화의 전당에서 퇴출당했다고 생각한다. 전문학교 학생모집 총수는 1,200명 증가했지만, 진학희망자 수가 워낙 많기 때문에 이공과 계통 학교 확충보다는 관공립전문학교의 입학허가율에서 일본과 조선의 차별을 철저하게 철폐하지 않는 한, 이러한 사정은 조금도 완화되지 않을 것이라고 생각하는 자가 상당히 많은 것 같다.

2. 종래 조선에서 사립전문학교가 조선문화의 유지와 배양 면에서 큰 역할을 해 온 것은 누구나 인정하고 있다. 일찍이 조선어의 보급과 사용이 전면적으로 금지된 오늘날 사립전문학교 등을 정비하는 것은 앞으로 조선문화를 유지·배양할 가장 유력한 담당자를 잃게 되는 것이라고 한다. 더욱이 조선문화가 전부 조선어로 쓰여 있고 조선어로만 말할 수 있기 때문에 오늘날까지 조선문화의 모습이 그러했던 것이다. 지금도 중국어를

할 줄 아는 조선 사람이 겨우 10%에 지나지 않는 것도 이러한 영향 때문이다.

3. 원래 조선인 사회는 관공립교육기관이 부족하다고 생각하여 교육사업 열의가 상당히 왕성했다. 가난한 사람이나 부유한 사람이나 자녀 교육에 관해서는 거액을 기부하고 최근 들어 소학교 입학자 수도 일본인보다 몇 배나 높아서 이따금씩 부담스럽지만, 참고 지내는 실정이다. 역사적으로나 사회적으로 여러 차례 고통을 경험해 온 저들로서는 당연한 것이리라. 특히 최근 들어 지식계급에서 사립교육열과 교육 기성사업의 열의가 한층 더 왕성해졌지만, 저들이 이번의 사립전문학교의 정비를 목도하면서 자포자기하고 일체의 사학사업에 대한 희망을 버린 것 같은 느낌인데, 그야말로 조선인이 경영하는 교육기관을 뺏긴 것 같은 상태이다.

4. 종래 조선의 사립전문학교 교수진은 대부분 외국유학 또는 일본유학생이 태반을 차지하는데, 이들이 소위 조선인 지식계급의 최고 수준에 있던 것은 부정할 수 없는 사실이다. 그리고 훌륭한 황국신민으로서 최고의 교육을 받고 그만큼의 실력을 갖추었으면서도 관공립 대학과 전문학교의 교수가 될 수 없기 때문에 조선인 학자들에게 사립전문학교의 교수라는 것은 일생동안 신성한 학문연구의 길로 정진하고 상아탑에 진입할 수 있는 유일한 길이자 학자로서의 생활전선이었던 것이다. 따라서 조선인 교수진의 총사직으로 인해 저들의 대다수는 생활고에 직면할 것이고, 장차 조선인 자녀들에게도 학자로 살아갈 수 있는 문을 완전히 봉쇄하는 것이라고 생각한다.

5. 마지막으로 조선의 여자전문학교에 관해 조사해 보니, 최근에 지식계급의 배우자를 양성하고 제공하는 것과 동시에 대중들에게 첨단을 달리는 공허와 허영심(현재 조선인의 반(反)문화 정도를 보면)을 부식시킴에 따라 일부 식자와 대중들로부터 백안시되었던 사립여자전문학교를 정비한 것은 좋은 점과 나쁜 점이 서로 반반이라고 한다. 대체로 학교 정리방침에서 정치적 기술이 부족했고, 일본에서 실시한 것과 비교할 때 너무 지나치다 보니 놓친 부분이 있다는 점 그리고 교수진 총사직은 남자전문학교의 경우에 상당히 나쁜 영향을 미치는 것 같다.

제6장 일본으로 송출된 이주노무자 가정의 실상

종래 조선의 노무자원은 일반적으로 풍부하고 저렴한 것으로 알려져 있는데, 중일전쟁이 발발한 이래 대륙전진병참기지로서 조선의 중요성이 매우 높아지고 각종 중요산업이 급격하게 발흥하자 조선 자체의 노무 사정도 급격하게 바뀜에 따라 일본으로의 노무공출 수급 조정에 상당한 곤란이 발생하고 있다. 더욱이 조선인 노무자의 일본 이주는 단순히 노동력 문제에 그치지 않고 내선일체라는 견지에서 볼 때 커다란 정치적 문제이기도 하다.

그러나 전쟁에서 승리하기 위해서는 이러한 곤란한 사정이 다소 있더라도 국가의 지상명령에 따라 일본으로 송출해야만 하는 상황이다. 그렇다면 무리를 하면서까지 조선인 노무자를 일본으로 송출했는데, 이들의 잔여 가족은 과연 어떤 실상인가? 한두 마디로 단언할 수는 없지만, 실로 참담한 처지에 놓여 있다고 해도 과언이 아니다.

대개 조선인 노무자를 일본으로 송출하는 실정은 인질과 약탈, 납치의 성격이 있다 보니 조선의 민심에 나쁜 영향을 미치는 것도 당연하고, 송출은 곧 저들의 가계수입 중단을 의미하는 경우가 매우 많다. 자세한 통계는 밝혀지지 않았지만, 최근의 일례를 들면 그동안의 사정을 미루어 짐작할 수 있다.

대구부(大邱府)의 알선으로 노무자를 송출한 야마구치현(山口県)의 오키우베(沖宇部)탄광에 소속된 967명의 노무자에 대해 조사해 보니, 1인당 월평균 수입(역자 주) 76원 26전에서 회사측이 지출한 경비 월평균 62원 58전을 공제한 나머지 금액, 즉 13원 68전이 매월 1인당 순수입이 되는데, 이것이 이른바 가족의 생활비로 충당해야 하는 금액이다.

이처럼 1인당 월수입이 매우 적어서야 누가 과연 현재처럼 고(高)물가의 시대에 살아갈 수 있으며, 잔류 가족의 생활이 가능할 수 있겠는가? 더욱이 다음과 같은 이유 때문에 사정은 더욱 어려워진다.

1. 위의 순수입에서 노무자 자신의 사생활 비용으로 약간 지출한다.
2. 일본의 작업현장이 있는 지역마다 저축목표를 달성하고 노무자의 도망을 방지하기 위

해 반강제적으로 저금을 실시하고 사실상 지불(역자 주: 저금 인출)을 금지하기 때문에 위의 금액조차 송금하는 것이 도저히 불가능하다.

3. 위의 금액은 평균액일 뿐 개별적으로는 그보다 많고 적음이 제각각인데, 이 중에는 질병 때문에 적자인 사람도 있고, 수입이 많은 사람이라 해도 그 차이가 아주 적어서 송금하는 금액이 아주 적다.

이상과 같이 저들에게 노무송출은 가계수입의 중단이며, 더 나아가 작업 중 불구가 되거나 질병을 안고 귀환하는 경우 그 가정은 파탄에 이른다.

그러나 이러한 사정에 대해 다른 의견도 있는 것 같다. 즉, 노무원호나 노무협회를 통해 잔류가족 특히 부녀자의 적극적인 활동으로 수입을 확보할 수 있다고 하는데, 조선의 노무원호에 대해 말하면 다음과 같이 두 가지 방법이 있다.

첫째, 인보상조(隣保相助)를 들 수 있다. 조선의 농민과 노동자 대중이 이러한 미풍양속을 실천하기에는 아직 너무나 가난한 형편이다.

둘째, 노무협회의 원조가 있다. 이 역시 노무자 1인당 5원을 재원으로 하는 본 회의 사정상 그 예산으로는 현실적으로 연회(宴會)와 기타 비용에 충당하고 있는 실정이다.

그리고 잔류가족, 특히 부녀자의 노동에 관해 조사해 보니, 조선의 도시에서는 일가의 가계를 남성이 책임졌는데 이를 잔류부녀자가 대체할 수는 없다. 농촌에서도 토양이 척박하고 경작법 특히 농기구가 아직 발달하지 못하고 소작률이 높고 한발과 수해가 잦고 그 밖에 각종 부역 등이 증가하고 있는 오늘날에는 전 가족이 총동원되어 노동을 해야 겨우 가계를 유지할 수 있는데 호주 또는 장남 등이 송출된 후 부녀자가 노동을 해서 그 손실을 보상하거나 대체한다고 해서 가계를 호전시킬 수는 없는 노릇이다. 이는 명백한 사실이다.

이 점은 자연조건이 좋고 경작법과 기타 영농법이 발달한 일본의 농촌에서도 생각할 수 없는 일이다. 하물며 조선의 농촌에서 부녀자는 90% 이상이 거의 교육을 받지 않았고 청소년은 징병 실시에 따라 각종 연성훈련과 기타 행사 때문에 실질적으로 노동력으로서 거의 의미가 없는 실정이다.

이로써 송출 후의 가계는 어떤 식으로든 보완되지 않는 경우가 많다.

이상을 요약하면, 송출은 곧 조선인의 가계수입이 중단되는 것이기 때문에 작업계약 기간의 갱신 등으로 장기간이 되면 가계의 파멸을 초래하는 경우가 많다. 소식이 두절되고, 갑작스런 사망 소식을 알리는 전보 등이 오면 가족들은 망연자실한 상태가 된다. 그러나 잔류가족들은 생계걱정과 생활고 때문에 하루라도 빨리 귀환하기를 기다리고 있는 상태이다.

나는 이번 여행 중에 경상북도 의성읍(義城邑) 중리동(中里洞)의 가네모토(金本奎東, 23세)이라는 자가 1943년 7월 1일 관(官)알선으로 홋카이도(北海道)로 도항했는데, 그의 가정을 직접 방문하여 조사하였다.

처음 관이 알선할 때는 홋카이도 마쓰마에군(松前郡) 오누마무라(大沼村)에 있는 아라타니구미(荒谷瀨崎組, 역자 주: 책임자 이름을 딴 작업장의 명칭)에서 본봉 95원과 수당을 더해 월수입 합계 130원을 받을 것이라고 계약을 했는데, 어느덧 1년 가까이 되었지만 송금도 없고 소식도 없기 때문에 나는 금년에 63세가 된 병든 노모가 혼자 생활고로 인해 거의 빈사 상태에 있는 실정을 목격했다.

이러한 실정은 의성만이 아니라 조선의 서부와 북부 지역에서 더욱 심하다. 송출 가정에 남아있는 가족들에 대한 원호는 긴급한 문제라고 생각한다.

그중에서도 군부대로 징용된 자들은 가족과 다행히 연락이 되고 송금 등이 있기 때문에 잔류가족들도 비교적 안심하고 위에서 언급한 정도로 불편한 생활을 하지는 않지만, 특히 일반 탄광과 기타 회사 등에 송출된 경우에는 위와 같이 거의 소식이 두절되고 가족들이 소식을 보내도 반년 내지 1년이 지나도록 답장이 없고 송금도 전혀 없기 때문에 잔류가족 특히 노부모나 병든 아내 등은 거의 죽은 것 같은 비참한 상태에 있을 뿐만 아니라 안부를 알 수 없어 불안해하는 자가 매우 많다. 이는 당사자 가정에만 국한될 뿐만 아니라 앞으로 조선에서 노무자를 송출하는 데 커다란 영향을 미칠까 심히 우려된다.

만약 조선의 농촌에서 남자 노동력을 대신하여 부녀자에게 노동을 한층 더 강화하더라도 오늘날 조선인 부녀자들의 특수한 입장을 완전히 무시한 채 무조건 노동을 강요하는 것은 매우 삼가야 한다. 인구 증가에 중요한 사명을 지닌 부녀자들의 보건 문제에 대한 대책 그리고 조선인 부녀자들은 일본인 부녀자와 달리, 거의 대부분 무학이기 때문에 저들에 맞는 특수 시설과 대책을 마련해야만 한다. 예를 들면 공동취사, 탁아소, 여성 보건사의 설치, 식량 특별배급 등은 특히 긴급하게 마련해야 할 조건들이다.

조선 농촌의 부녀자, 특히 조선 남부의 부녀자들은 근로와 증산의욕이 떨어진다. 또한 가사와 육아만으로도 힘에 부치기 때문에 증산에 필요한 실질적 노동력을 제공할 여유가 없는 실정이다. 문제는 농가의 생활개선인데, 우선 증산의 의욕을 왕성하게 하여 증산에 정진할 수 있도록 환경을 만드는 것이 중요하다.

첫째, 증산근로부인인조대(增産勤勞婦人隣組隊)[43] 같은 것을 조직하여 생활의 공동화를 추진하되, 가정생활도 근로작업 공동화 조직과 일치시켜야 한다. 그리고 탁아소를 설치하고 보건사를 가급적 많이 초빙하여 임산부 보호, 육아 지도에 힘써 나가면 아마 조선 부녀자도 쉽게 노동에 익숙해질 수 있을 것이다.

이를 위해서는 종전과 달리, 매우 훌륭한 지도자가 많이 필요한데, 특히 탁아소, 보건사, 공동취사, 식량 특별배급 등의 지도자를 확보하는 것이 무엇보다 중요하다. 그러나 오늘날 조선 농촌의 현실을 보면 농촌에서 그러한 인물을 찾기란 불가능하다. 여기에서 심각하게 생각해 봐야 할 문제는 중등 이상의 교육을 받은 도시 여성들은 화려하게 치장을 하고 찻집과 영화관에서 공허하게 시간을 보내는 것이 현실인데, 이 여성들이 과연 진심으로 나라를 생각하는지, 비상시국을 인식하고 전쟁에 승리하기 위한 업무를 존중하며 땀을 흘릴 성의가 있을지 의문이다. 전혀 없지는 않겠지만, 많은 경우 생활환경 때문에 어려울 것이다.

따라서 이때 단호하게 적극적인 연성 대책을 수립하여 이 여성들을 총동원하여 농번기까지 농촌에 투입해야 한다. 이들을 보건사나 탁아소의 보모로 봉사시키면 진정으로 부인근로의 완전한 활용이 가능해질 것이다. 이는 화학비료 수백 포대 이상으로 실질적인 효과가 있을 것이다. 이 방법이 오히려 조선 부녀자의 근로강화를 지도하는 하나의 대책이 되리라 믿는다.

---

43 도나리구미(隣組)는 아시아태평양전쟁 기간 중 일제가 마을단위로 조직한 통제조직이다.

제7장 조선의 노무규제 상황 및 학교보국대 활동 상황

종래 조선에서는 비교적 노동력이 풍부했기 때문에 중일전쟁 발발 후 초기에는 종합적인 계획 없이 필요에 따라 그때그때 노무동원이 이루어졌다. 그러나 이후 여러 계급에 걸쳐 동원의 횟수와 인원수가 급증함에 따라 대략 대동아전쟁이 발발할 무렵부터 본격적인 노무규제가 이루어지기 시작했다.

그리고 오늘날 노무동원이 어느새 거의 한계점에 도달한 상태여서 여러 가지 문제를 드러내고 있으며, 동원 성적은 예정한 성과를 거둘 수 없는 상태이다. 주요 원인을 열거하면 다음과 같다.

1. 조선의 노무동원 방식

대체로 징용, 관알선, 근로보국대, 출동대의 네 가지 방식이 있다.

징용은 현재까지 매우 특별한 경우를 제외하고, 현원징용(이것도 최근 사례에 속한다) 이외에는 이루어지지 않았다. 그러나 앞으로는 징용을 대대적으로 강화하고 활용할 필요가 임박했는데, 이것은 예견된 사태에 도달한 것이다.

관알선은 기존에 보국대와 함께 가장 많이 채택된 방식인데, 조선의 노무동원은 대체로 이 방법으로 이루어지고 있다.

출동대는 대부분 지역에서 토목공사, 예를 들면 쌀 증산을 위한 저수지 공사 등에 참가할 때 적용하는 방식이다. 그러나 동원되는 민중 입장에서는 징용과 관알선, 경우에 따라서는 출동대나 보국대 역시 모두 마찬가지로 이해되고 있는 상태이다.

2. 노동력 자원

조선 안의 노동력 자원은 이미 한계점에 이른 상태라고 하는데, 실제로 그런 것 같다.

아직 여유가 있다고 보는 사람도 상당수 있지만, 이는 머릿수만 놓고 보는 것인데, 이 사람들은 조선인 남녀 모두 일본인 남녀와 마찬가지 능력을 가졌다는 전제를 깔고 있다.

단적으로 임금이 예상보다 빨리 치솟는 것이 그 첫 번째 증거이다. 조선인 부녀자는 잠재력을 갖고 있지만, 일반적으로 실제 가계 수입을 올리는 노동력으로서는 평가할 수 없는 상태이다. 이상에서 살펴본 바와 같이 조선 안의 노동력 자원은 매우 부족한 상태라고 평가할 수 있다.

절대 인원수에서 조선의 노동력 자원이 아직 풍부하다는 견해에 따라 또다시 남자를 동원하는 것은 가능하겠지만, 그렇게 되면 부녀자만 남게 되고 조선의 특수사정을 고려할 때 질적 노동력이 실로 빈약해지기 때문에 이 점은 면밀하게 실태를 관찰하고 조사할 필요가 있다고 생각한다.

일례를 들면, 경북 안동군의 경우 총 인구 17만 명 가운데 농업종사자가 6만 명, 일반 노무자로 등록된 자가 9,929명이다. 일반 노무자 약 1만 명 가운데는 이미 1939년 이래 일본으로 공출된 자가 6,426명, 조선 북부 지역으로 동원된 자가 약 800명으로 합계 8,000명 가까이가 이미 공출되었기 때문에 나머지 잔여 노동력이 매우 적은 상태이다. 그런데 금년에 또다시 잔여 노무자를 대상으로 일본으로 공출하라는 명령이 내려졌기 때문에 일선의 당국자와 농촌에서는 식량증산에 매우 큰 영향을 미칠 것으로 우려하고 있다.

3. 동원의 실정

징용은 차치하더라도 나머지 동원 방식 역시 완전히 납치나 마찬가지이다.

이는 사전에 동원 사실을 알려 주면 전부 도망하기 때문이라는데, 이 때문에 야밤에 습격하기, 유혹해서 불러 내기, 그 밖에 각종 방법을 동원한 인질과 약탈, 납치와 같은 사례가 많아졌다. 사전에 알려 주면 저들이 도망하는 이유는 무엇인가? 결국 조선인을 정신적으로 끌어들일 만한 것이 전혀 없기 때문에 벌어지는 일이라고 생각한다. 이는 일본이나 조선에서 노무관리가 매우 조악하고 자주 저들의 몸과 마음을 파괴할 뿐만 아니라 잔류가족의 생활고 내지 파멸이 누적되었기 때문이다.

특히, 조선 서부와 북부 지역의 노무관리는 전혀 말이 되지 않을 정도로 참혹하기 때문에 저들은 오히려 군대와 관련된 사업에 징용되기를 바랄 정도이다.

이렇게 조선의 노무규제가 소기의 성과를 거두지 못하자, '어떻게 하면 원만하게 동원을 할 것인가?', '어떻게 하면 도망을 방지할 것인가?'가 조선에서 노무규제의 초점이 되고 있는 실정이다.

4. 임금

이상과 같이 조선의 노동력도 점차 부족해지고 있기 때문에 어떤 사업이든지 관공서가 사업자에게 노동자를 알선하지 않는 이상 도저히 사업수행이 불가능하며 사업자 개인이 천신만고 끝에 노동자를 자유계약으로 고용하려고 하면 깜짝 놀랄 정도의 높은 임금을 요구하게 된다.

이와 반대로 관공서의 사업은 예산과 기타 사정 때문에 이상과 같이 높은 임금을 지불하지 않는다. 이에 대부분은 부락연맹에 하청을 준다. 따라서 조선의 부락민은 관의 사업에 거의 부역(강제봉사)하는 심정으로 참가한다고 말하는 실정이다.

5. 학교보국대 활동상황

최근 조선에서도 근로교육을 강조함에 따라 학교보국대 활동이 문자 그대로 의외의 성적을 거두고 있는데, 여기에 지나쳐버리기 쉬운 몇 가지 문제점이 있다.

(1) 윗사람 또는 일반에 보여 주기식 동원을 하기 때문에 실적을 올리지 못한다.

(2) 학교에 따라 근로 시간과 정도에 현저한 차이가 있다.

(3) 아동과 학생 개인의 심신의 상태를 무시하고 일률적으로 과중한 근로를 부과하여 심신이 완전히 피로해져서 부모들의 우려가 매우 크다.

일반적으로 조선의 지방과 농촌에서는 근로가 과중한 경우가 많은데, 극단적인 경우 하루 세 끼니를 초근목피로 연명하기 때문에 신체단련 시간에도 빈혈로 쓰러질 정도로 허약한 어린이가 곡괭이와 낫을 들고 말 그대로 몸이 부서질 정도로 근로에 종사하고 있는 것을 발견하면 차마 눈물을 흘리지 않을 수 없는 실정이다.

조선의 노무규제 상태와 학도보국대의 활동상황은 대체로 이상과 같은데, 단적으로 말해 비관적인 것들이 대단히 많다. 이를 앞으로 어떻게 시정하고 원활하게 할 것인지 생각해 보면, 선결과제는 노무관리의 근본적 혁신에 있다. 앞에서 간단히 설명한 바와 같이, 조선에는 전쟁에 필요한 물자가 풍부하고 노동력도 남아 돌 정도로 풍부하여 이를 어떻게 전력화할 것인지의 문제는 결국 노무관리의 좋고 나쁨에 달려 있다. 그런데 이러한 노무관리의 근본 대책이 부족했기 때문에 오늘날 이렇게 일찍 한계점을 드러내고 비관적인 상태에 이르게 된 것은 실로 유감이라고 하지 않을 수 없다.

그야말로 일본인이 옥쇄(玉碎)하듯이 조선의 노무자를 근로에 종사하도록 하기 위해서는 종전과 같은 형식적·관념적 노무관리를 버리고 우선 일본인으로서 국체(國體)사상을 자각하고 전쟁정신을 함양시켜야 한다. 특히 조선인에게는 뒷일을 걱정하지 않도록 생활을 원호하고 노력하는 자에게는 생활필수물자를 충족시켜 주는 등 정신적으로나 생활적으로 항상 끊임없이 지도하는 조건이 필요하다. 다시 말해 조선의 노무관리는 사상관리, 생활관리에 이르기까지 철저하지 않으면 만전을 기할 수 없을 것이다.

그동안 조선에서 노무관리가 어떻게 이루어졌는지에 대해서는 이상에서 현실 상황을 요약하여 정리했지만, 여기에 이를 다시 서술하면 상당히 길어질 것이고 이미 두루 주지하고 있기 때문에 여기에서 다시 사족을 붙이지 않겠다. 다만, 모순된 두 가지 요점만을 지적하고 빨리 개선하고 싶다.

첫째, 아직 조선에는 모든 부문에 걸쳐 자본이윤의 확보와 증진을 목적으로 하고 있다.

둘째, 자유주의자 내지 마르크스주의자를 긍정하는, 즉 반자본주의적 인텔리들에 따른 조직이 많다.

그리고 이 두 가지 정신의 요점은 필연적으로 모순되며, 조선의 노무관리 담당자는 항상 이러한 모순 속에서 고뇌하고 있다.

최근 특히 대동아전쟁 발발 이래 급격하게 약진한 국체주의적 대세 앞에 조선인은 상하 관민의 대부분이 어찌할 바를 모르고 각각 서로 다른 사상과 생각을 내포하며 표면적, 형식상으로 어쨌든 대세에 따르는 것처럼 보이는 것도 사실이지만, 본질을 말하면 조선인의 국체관념과 전쟁에 대한 헌신은 대부분 형식적일 수밖에 없다. 여기에 수많은 내재적 어려움이 발생하고 있다.

다시 최근에 이르러 비직업노무, 즉 징용, 학도, 여자정신대와 같은 것이 뒤섞여서 조선에서 근로관리의 어려움이 점점 더 가중되는 것 같다.

결국 조선에서 노무관리 문제의 근본적인 대책은 우선 지금까지와 같은 관알선이라든지 일반 모집과 같은 방법은 그만두고, 소위 황국의 제도를 강화하여 국민개병(國民皆兵)과 같은 지도와 정신 아래에서 일본과 같은 급여(給與)와 국가를 위한 봉사정신을 강조하는 근로관리로 돌아가야만 한다. 즉, 징용을 더욱 강화하되 일단 한결같이 적자(赤子)로서 국가에 보답하는 성격, 소위 동일한 자격과 동일한 중요성에 입각하여 가족주의를 융합한 절대표준을 보장한다는 원칙하에 일본과 조선 간에 특수한 사정이나 노무자 개인의 역사적 지위, 능력, 지식, 기술, 근태, 노동량 등을 가산 조건으로 하는 것이다.

결국, 원칙적으로는 전 가족을 부양하고 각 구성원이 각자의 성향과 능력에 따라 진충보국을 하고, 이를 할 수 있는 데까지 향상시킬 수 있다는 것을 절대 보증하는 것이 조속히 실천되어야 한다고 생각한다.

자료4

노동자원조사에 관한 건

'労働資源調査に関する件(1940년)'[44]의 번역

44 이 자료는 조선총독부가 1940년에 작성한 「労働資源調査に関する件(昭和15年)」을 이후 대한민국정부가 『勞務資源調査關係書類(단기 4273~4274년, 노무 을종, 기록 제5호)』로 편철하고, 그 안에 「勞務資源調査에 關한 件(昭和 15년)」으로 정리한 자료이다. 이 자료는 현재 국가기록원에 소장(관리번호 CJA0016565)되어 있다.

페이지	월일	수신	발신	분류기호 문서번호	제목
~7	1940년				각 도 노동출가 및 전업자 수 조사
8~10	6.20				노무자원 조사에 관한 건(경기도)
11~13	5.18				노무자원 조사에 관한 건(충북)
14~22	5.17				노무자원 조사에 관한 건(충남)
23~29	5.20				노무자원 조사표 보고에 관한 건(전북)
30~42	5.16				노무자원 조사에 관한 건(경북)
43~45	5.29				노무자원 조사에 관한 건(경남)
46~48	5.22				노무자원 조사에 관한 건(황해도)
49~53	6.7				노무자원 조사에 관한 건(평남)
54~56	6.13				노무자원 조사에 관한 건(평북)
57~64	5.9				노무자원 조사에 관한 건(강원도)
65~68	5.23				노무자원 조사에 관한 건(함남)
69~71	6.4				노무자원 조사에 관한 건(함북)
72~74	9.3				노무자원 조사에 관한 건(충남)
75~77	9.10				노무자원 조사에 관한 건(평북)
78~81	8.19				노무자원 조사에 관한 건
82~124	3.6				노무자원 조사에 관한 건
125~129	3.13				노무자원 조사 실시의 경비에 관한 건
130	5.27				노무자원 조사에 관한 건
131	5.3				노무자원 조사에 관한 건

1. 노동출가(出稼) 및 노동전업(轉業) 희망자 수 조사표[45]

(단위: 명)

도별	성별	연령별				합계
		12~19세	20~30세	31~40세	41~45세	
경기도	남	–	2,158	829	298	3,285
	여	513	–	–	–	513
충청북도	남	–	23,635	7,143	1,636	32,461
	여	3,938	–	–	–	3,938
충청남도	남	–	34,004	8,649	1,954	41,607
	여	2,717	–	–	–	2,717
전라북도	남	–	17,397	7,995	2,948	28,540
	여	1,790	–	–	–	1,790
전라남도	남	–	13,376	8,060	3,501	24,937
	여	1,544	–	–	–	1,544
경상북도	남	–	24,254	8,831	2,826	35,911
	여	2,815	–	–	–	2,815
경상남도	남	–	23,306	9,375	3,790	36,469
	여	3,691	–	–	–	3,691
황해도	남	–	2,073	1,275	815	4,163
	여	1,000	–	–	–	1,000
평안남도	남	–	2,201	2,505	1,069	8,575
	여	721	–	–	–	721
평안북도	남	–	10,671	4,139	1,941	16,750
	여	1,127	–	–	–	1,127
강원도	남	–	999	476	121	1,396
	여	325	–	–	–	325
함경남도	남	–	4,111	1,913	708	6,632
	여	227	–	–	–	557
함경북도	남	2	734	413	239	1,390
	여	29	–	–	–	29
합계	남	2	158,919	61,502	21,893	242,316
	여	20,767	–	–	–	20,767

45 조사표의 내용 중 충청남도와 평안북도의 결과는 오류이다. 나중에 충청남도와 평안북도는 오류를 정정하여 다시 보고하였다. 정정한 내용을 반영한 조사표는 '4. 노동출가 및 노동전업 희망자 수 조사표'이다. 조사표의 순서는 원문에 편철된 그대로이다.

2. 노동출가 및 노동전업 가능자 수 조사표[46]

(단위: 명)

도별	성별	연령별				합계
		12~19세	20~30세	31~40세	41~45세	
경기도	남	–	14,744	8,661	2,829	26,234
	여	6,017	–	–	–	6,017
충청북도	남	–	89,505	44,861	14,759	149,123
	여	39,967	–	–	–	39,967
충청남도	남	–	66,017	19,409	4,751	90,176
	여	17,785	–	–	–	17,785
전라북도	남	–	36,332	20,423	8,330	65,085
	여	11,408	–	–	–	11,408
전라남도	남	–	37,765	26,092	15,258	79,113
	여	17,631	–	–	–	17,631
경상북도	남	–	64,969	30,035	12,108	107,112
	여	19,304	–	–	–	19,304
경상남도	남	–	71,384	40,502	21,719	133,605
	여	44,671	–	–	–	44,671
황해도	남	–	16,218	10,930	6,271	33,419
	여	11,050	–	–	–	11,030
평안남도	남	–	30,396	32,201	14,547	97,144
	여	33,179	–	–	–	33,179
평안북도	남	–	34,076	17,480	8,084	59,640
	여	12,667	–	–	–	12,667
강원도	남	–	14,104	7,869	3,312	25,295
	여	4,760	–	–	–	4760
함경남도	남	–	32,692	13,310	3,292	51,294
	여	10,744	–	–	–	10,744
함경북도	남	–	5,870	3,115	1,321	10,306
	여	3,478	–	–	–	3,478
합계	남	–	534,068	274,887	118,581	927,536
	여	232,641	–	–	–	232,641

46 조사표의 내용 중 충청남도와 평안북도의 결과는 오류이다. 나중에 충청남도와 평안북도는 오류를 정정하여 다시 보고하였다. 정정한 내용을 반영한 조사표는 '3. 노동출가 및 노동전업 가능자 수 조사표'이다. 조사표의 순서는 원문에 편철된 그대로이다.

(비고)

1. 조사 목적

군수 및 생산력 확충에 차질이 없도록 주로 농촌의 과잉노동력 소재와 질을 조사함으로써 노무를 적절히 배치하도록 한다.

2. 조사 방법

(1) 조사 범위는 1940년 3월 말 현재로 하고, 각 부(府)와 읍(邑)을 제외하고 면(面)에 대해서만 실지조사를 하였다. 조사의 철저를 기하기 위해 각 면의 사정에 밝은 자를 평균 5명씩 조사원으로 두었다.

(2) 각 군(郡)마다 농가의 이상적인 경지면적을 산정하고 1개 면에서 위의 이상적 경지면적 미만의 토지를 경작하는 농가 100호에 대해 별지 노무자원조사표에 기초하여 실지조사를 하였다.

(3) 위 (2)의 조사결과에 따라 '노동출가 및 노동전업 가능자'와 '노동출가 및 노동전업 희망자'의 1호당 평균 인원을 산정하고, 이를 바탕으로 군의 농가 이상경지면적(理想耕地面積) 미만의 경작농가 호수를 곱하여 해당 군에서 '노동출가 및 노동전업 가능자'와 '노동출가 및 노동전업 희망자'의 수를 추정하였다.

3. 노동출가 및 노동전업 가능자 수 조사표[47]

(단위: 명)

도별	성별	연령별				합계
		12~19세	20~30세	31~40세	41~45세	
경기도	남	-	14,744	8,661	2,829	26,234
	여	6,017	-	-	-	6,017
충청북도	남	-	89,503	44,861	14,759	149,123
	여	39,967	-	-	-	39,967
충청남도	남	-	8,383	2,590	653	11,626
	여	2,221	-	-	-	2,221
전라북도	남	-	36,332	20,423	8,330	65,085
	여	11,408	-	-	-	11,408
전라남도	남	-	37,763	26,092	15,258	79,113
	여	17,631	-	-	-	17,631
경상북도	남	-	64,969	30,035	12,108	107,112
	여	19,304	-	-	-	19,304
경상남도	남	-	71,384	40,502	21,719	133,605
	여	44,671	-	-	-	44,671
황해도	남	-	16,218	10,930	6,271	33,419
	여	11,030	-	-	-	11,030
평안남도	남	-	50,396	32,201	14,547	97,144
	여	33,179	-		-	33,179

47 조사표의 내용은 충청남도와 평안북도가 보낸 잘못된 결과를 정정하여 '2. 노동출가 및 노동전업 가능자 수 조사표'를 바로잡은 것이다.

평안북도	남	-	345,849	181,433	84,498	611,780
	여	132,596	-	-	-	132,596
강원도	남	-	14,104	7,869	3,312	25,285
	여	4,760	-	-	-	4,760
함경남도	남	-	32,692	13,310	5,292	51,294
	여	10,744	-	-	-	10,744
함경북도	남	-	5,870	3,115	1,321	10,306
	여	3,478	-	-	-	3,478
합계	남	-	788,207	422,022	190,987	1,401,126
	여	337,006	-	-	-	337,006

4. 노동출가 및 노동전업 희망자 수 조사표[48]

(단위: 명)

도별	성별	연령별				합계
		12~19세	20~30세	31~40세	41~45세	
경기도	남	-	2,158	829	298	3,285
	여	513	-	-	-	513
충청북도	남	-	33,635	7,143	1,683	32,461
	여	3,938	-	-	-	3,938
충청남도	남	-	3,780	1,081	249	5,110
	여	359	-	-	-	359
전라북도	남	-	17,597	7,995	2,948	28,540
	여	1,790	-	-	-	1,790
전라남도	남	-	13,376	8,060	3,501	24,937
	여	1,544	-	-	-	1,544
경상북도	남	-	24,254	8,831	2,826	35,911
	여	2,815	-	-	-	2815
경상남도	남	-	23,306	9,373	3,790	36,469
	여	3,691	-	-	-	3,691
황해도	남	-	2,073	1,275	815	4,163
	여	1,000	-	-	-	1,000

48 조사표의 내용은 충청남도와 평안북도가 보낸 잘못된 결과를 정정하여 '1. 노동출가(出稼) 및 노동전업(轉業) 희망자 수 조사표'를 바로잡은 것이다.

평안남도	남	-	5,001	2,505	1,069	8,575
	여	721	-	-	-	721
평안북도	남	-	107,355	42,425	20,645	170,425
	여	12,691	-	-	-	12,691
강원도	남	-	999	476	121	1,596
	여	325	-	-	-	325
함경남도	남	-	4,111	1,813	708	6,632
	여	557	-	-	-	557
함경북도	남	2	734	415	339	1,390
	여	29	-	-	-	29
합계	남	2	228,379	92,221	38,892	359,494
	여	29,973	-	-	-	29,975

조사요강에 따라 산출한 별지 조사표에서 전라남도(해남군, 제주도), 강원도(회양군, 통천군, 철원군, 평강군)는 이상경작면적 및 이상농가호수에 비추어 볼 때 다음과 같이 기타 지역에서 이주시킬 필요가 있다.

5. 노동출가 및 노동전업 가능자 수 조사표

(단위: 명)

도별	성별	연령별				합계
		12~19세	20~30세	31~40세	41~45세	
전라남도	남	-	12,423	7,398	5,576	25,397
	여	9,666	-	-	-	9,666
강원도	남	-	1,964	1,388	470	3,822
	여	756	-	-	-	756

6. 노동출가 및 노동전업 희망자 수 조사표

(단위: 명)

도별	성별	연령별				합계
		12~19세	20~30세	31~40세	41~45세	
전라남도	남	-	8,628	3,949	2,244	14,821
	여	4,307	-	-	-	4,307
강원도	남	-	207	110	54	371
	여	27	-	-	-	27

사(社) 제 호

1940년 6월 20일

경기도지사

내무국장 귀하

노무자원조사에 관한 건

표제의 건을 별지와 같이 제출합니다.

〔제1호 양식〕 노동출가 및 노동전업 가능자 수 조사표(경기도)

(단위: 명)

부·군·명	성별	연령별				합계	비고
		12~19세	20~30세	31~40세	41~45세		
경성부	남	-	-	-	-	-	
	여	-	-	-	-	-	
인천부	남	-	-	-	-	-	
	여	-	-	-	-	-	
개성부	남	-	-	-	-	-	
	여	-	-	-	-	-	
고양군	남	-	470	226	61	757	
	여	99	-	-	-	99	
황주군	남	-	1,142	546	214	2,902	
	여	524	-	-	-	524	
양주군	남	-	786	448	144	1,374	
	여	328	-	-	-	328	
연천군	남	-	272	157	43	472	
	여	118	-	-	-	118	
포천군	남	-	532	212	77	821	
	여	115	-	-	-	115	
가평군	남	-	483	216	95	794	
	여	76	-	-	-	76	
양평군	남	-	1,225	541	221	1,987	
	여	462	-		-	462	
여주군	남	-	599	301	104	1,994	
	여	292	-	-	-	292	
이천군	남	-	238	171	67	476	
	여	92	-	-	-	92	
용인군	남	-	1,629	912	301	2,842	
	여	485	-	-	-	485	
안성군	남	-	963	533	187	1,683	
	여	515	-	-	-	515	
평택군	남	-	518	280	90	888	
	여	219	-	-	-	319	
수원군	남	-	1,498	903	387	2,758	
	여	833	-	-	-	833	
시흥군	남		769	398	141	1,308	
	여	434	-		-	434	
부천군	남	-	404	248	111	763	
	여	166	-	-	-	166	
김포군	남	-	336	201	52	589	
	여	136	-	-	-	136	
강화군	남	-	1,069	1,186	172	2,427	
	여	324	-	-	-	324	
파주군	남	-	566	324	106	996	
	여	194	-	-	-	194	
장단군	남	-	401	271	85	757	
	여	107	-	-	-	107	
개풍군	남	-	848	587	201	1,636	
	여	498	-	-	-	498	
합 계	남	-	14,744	8,661	2,829	26,234	
	여	6,017	-	-	-	6,017	

〔제2호 양식〕 노동출가 및 노동전업 희망자 수 조사표(경기도)

(단위: 명)

부·군·명	성별	연령별				합계	비고
		12~19세	20~30세	31~40세	41~45세		
경성부	남	–	–	–	–	–	
	여	–	–	–	–	–	
인천부	남	–	–	–	–	--	
	여	–	–	–	–		
개성부	남	–	–	–	–	–	
	여	–	–	–	–	–	
고양군	남	–	16	6	1	23	
	여	–	–	–	–	–	
황주군	남	–	189	70	15	274	
	여	56	–	–	–	56	
양주군	남	–	100	41	13	154	
	여	20	–	–	–	20	
연천군	남	–	39	18	3	60	
	여	18	–	–	–	18	
포천군	남	–	95	36	13	144	
	여	13	–	–	–	13	
가평군	남	–	147	52	42	241	
	여	29	–	–	–	29	
양평군	남	–	76	40	17	133	
	여	12	–	–	–	12	
여주군	남	–	163	60	13	336	
	여	6	–	–	–	64	
이천군	남	–	41	20	9	70	
	여	5	–	–	–	5	
용인군	남	–	289	81	49	419	
	여	67	–	–	–	67	
안성군	남	–	200	121	39	360	
	여	79	–	–	–	79	
평택군	남	–	91	42	18	151	
	여	8	–	–	–	8	
수원군	남	–	161	63	21	245	
	여	62	–	–	–	62	
시흥군	남	–	82	31	7	120	
	여	24	–	–	–	24	
부천군	남	–	34	25	1	60	
	여	19	–	–	–	19	
김포군	남	–	66	32	2	100	
	여	26	–	–	–	26	
강화군	남	–	206	33	14	253	
	여	35	–	–	–	35	
파주군	남	–	34	2	2	38	
	여	4	–	–	–	4	
장단군	남	–	48	19	8	75	
	여	13	–	–	–	13	
개풍군	남	–	81	37	11	129	
	여	17	–	–	–	17	
합 계	남	–	2,158	829	298	3,285	
	여	513	–	–	–	513	

충북 사(社) 제 호

1940년 5월 18일

충청북도지사

내무국장 귀하

노무자원조사에 관한 건

3월 12일자 표제의 건을 별지와 같이 제출합니다.

곧이어 조사표는 별도로 송부합니다.

〔제1호 양식〕 노동출가 및 노동전업 가능자 수 조사표(충청북도)

(단위: 명)

군명	남녀별	연령별				합계	비고
		12~19세	20~30세	31~40세	41~45세		
청주	남	–	15,703	8,697	2,174	26,574	
	여	7,730	–	–	–	7,730	
보은	남	–	6,800	3,552	812	11,164	
	여	2,740	–	–	–	2,740	
옥천	남	–	8,443	4,278	1,125	13,846	
	여	3,602	–	–	–	3,602	
영동	남	–	8,909	4,020	2,010	14,939	
	여	4,020	–	–	–	4,020	
진천	남	–	4,370	2,537	916	7,823	
	여	2,044	–	–	–	2,044	
괴산	남	–	11,020	6,344	1,669	19,033	
	여	4,842	–	–	–	4,842	
음성	남	–	8,579	4,289	1,043	13,911	
	여	3,478	–	–	–	3,478	
충주	남	–	13,813	5,525	1,617	22,100	
	여	5,870	–	–	–	5,870	
제천	남	–	7,587	3,234	2,762	12,438	
	여	3,607	–	–	–	3,607	
단양	남	–	4,279	2,385	631	7,295	
	여	2,034	–	–	–	2,034	
합 계	남	–	89,503	44,861	14,759	149,123	
	여	39,967	–	–	–	39,967	

〔제2호 양식〕 노동출가 및 노동전업 희망자 수 조사표(충청북도)

(단위: 명)

군명	남녀별	연령별				합계	비고
		12~19세	20~30세	31~40세	41~45세		
청주	남	-	5,314	1,691	241	7,246	
	여	724	-	-	-	724	
보은	남	-	1,827	609	203	2,639	
	여	101	-	-	-	101	
옥천	남	-	2,476	1,013	112	3,601	
	여	337	-	-	-	337	
영동	남	-	5,528	2,135	753	8,416	
	여	1,130	-	-	-	1130	
진천	남	-	1,218	211	35	1,464	
	여	140	-	-	-	140	
괴산	남	-	1,669	-	-	1,669	
	여	834	-	-	-	834	
음성	남	-	1,159	238	115	1,512	
	여	57	-	-	-	57	
충주	남	-	2,072	345	51	2,468	
	여	172	-	-	-	172	
제천	남	-	1,741	621	124	2,486	
	여	373	-	-	-	373	
단양	남	-	631	280	49	960	
	여	70	-	-	-	70	
합 계	남	-	23,635	7,143	1,683	32,461	
	여	3,938	-	-	-	3,938	

충남 사(社) 제 호

1940년 5월 17일

충청남도지사

내무국장 귀하

노무자원조사 보고에 관한 건

금년 3월 31일 현재 이하 실시한 본 도의 노무자원 조사결과를 다음과 같이 보고합니다.

기(記)

1. 노무자원조사표(별표 제1호표 1, 2)
2. 이상호수 및 과잉호수조사(별표 제2호표 1, 2)
3. 노동자 출가 및 노동전업 가능자 수 조사(별표 제3호표 1, 2)
4. 노동출가 및 노동전업 희망자 수 조사(별표 제4호표 1, 2)
5. 노무자원조사표는 별도 송부함.

〔제1호 양식〕 노동자원조사서(여자)(충청남도)

(단위: 명)

군명	과잉 농가호수	조사 총호수	12~19세						비고
			출가 및 전업 가능자 수			출가 및 전업 희망자 수			
			가능자 조사수	1호 평균	총수	희망자 조사수	1호 평균	총수	
대덕	7,047	1,100	169	0.153	1,078	41	0.037	360	
연기	6,863	600	95	0.158	1,084	11	0.016	123	
공주	12,953	1,100	174	0.158	2,046	13	0.011	142	
논산	2,013	1,300	143	0.11	1,574	49	0.037	407	
부여	12,077	1,600	202	0.126	1,521	51	0.031	374	
서천	9,053	1,200	291	0.242	2,190	13	0.01	90	
보령	7,715	1,000	70	0.07	540	8	0.008	61	
청양	9,126	1,000	73	0.073	666	77	0.017	155	
홍성	7,697	1,100	99	0.09	692	2	0.001	7	
예산	7,882	1,200	133	0.11	867	18	0.015	118	
서산	9,835	2,000	152	0.076	747	19	0.009	88	
당진	9,472	1,000	156	0.156	1,477	18	0.016	170	
아산	9,055	1,200	172	0.143	1,294	75	0.062	561	
천안	8,971	1,300	292	0.224	2,009	24	0.016	161	
합계	128,759	16,700	2,221	0.133	17,785	359	0.021	2,717	
비고	각 군별 가능자, 희망자 총수 산출에서 1호 평균은 영점 이하 4위에서 4사5입하여 3위로 제한했기 때문에 충남 전체의 평균율에서 산출한 것과 차이가 발생하는데, 이를 각 군별 산출 총수로 집계하였다.								

〔제1호 양식〕 노동자원조사서(남자)(충청남도)

(단위: 명)

군명	과잉 농가호수	조사 총호수	31~40세						비고
			출가 및 전업 가능자 수			출가 및 전업 희망자 수			
			가능자 조사수	1호 평균	총수	희망자 조사수	1호 평균	총수	
대덕	7,047	1,100	372	0.338	2,382	107	0.097	684	
연기	6,863	600	367	0.612	4,200	143	0.238	1,633	
공주	12,953	1,100	978	0.889	2,515	540	0.491	6,360	
논산	2,013	1,300	365	0.281	3,095	335	0.181	1,993	
부여	12,077	1,600	898	0.561	6,775	568	0.355	4,287	
서천	9,053	1,200	671	0.559	5,061	326	0.272	2,461	
보령	7,715	1,000	338	0.338	2,608	108	0.108	833	
청양	9,126	1,000	329	0.329	3,003	167	0.167	1,524	
홍성	7,697	1,100	654	0.595	4,580	244	0.222	1,709	
예산	7,882	1,200	641	0.534	4,209	218	0.182	1,435	
서산	9,835	2,000	1,083	0.542	5,331	243	0.122	1,199	
당진	9,472	1,000	501	0.501	4,745	235	0.235	2,225	
아산	9,055	1,200	495	0.413	3,740	321	0.267	2,418	
천안	8,971	1,300	691	0.532	4,773	325	0.250	2,243	
합계	128,759	16,700	8,383	0.502	66,017	3,780	0.226	31,004	
비고	앞의 표와 같다.								

〔제1호 양식〕 노동자원조사서(남자)(충청남도)

(단위: 명)

군명	과잉 농가호수	조사 총호수	41~45세						합계	
			출가 및 전업 가능자 수			출가 및 전업 희망자 수				
			가능자 조사수	1호 평균	총수	희망자 조사수	1호 평균	총수	가능자 총수	희망자 총수
대덕	7,047	1,100	29	0.07	119	1	-	7	2,966	761
연기	6,863	600	19	0.031	212	12	0.011	137	5,187	2,134
공주	12,953	1,100	45	0.04	518	20	0.016	233	14,753	8,096
논산	2,013	1,300	9	0.006	66	8	0.006	66	3,855	2,576
부여	12,077	1,600	129	0.08	966	65	0.04	483	10,881	6,412
서천	9,053	1,200	34	0.028	253	17	0.014	126	6,437	3,204
보령	7,715	1,000	21	0.021	162	8	0.008	61	3,341	1,048
청양	9,126	1,000	26	0.026	247	13	0.013	118	4,062	2,044
홍성	7,697	1,100	54	0.049	377	23	0.02	153	6,281	2,470
예산	7,882	1,200	73	0.06	472	18	0.015	118	6,052	1,947
서산	9,835	2,000	136	0.068	668	14	0.007	68	8,615	1,759
당진	9,472	1,000	35	0.035	331	16	0.016	151	6,658	3,020
아산	9,055	1,200	25	0.02	181	19	0.015	135	4,772	3,105
천안	8,971	1,300	28	0.02	179	15	0.011	98	6,316	3,032
합계	138,759	16,700	653	0.039	4,751	249	0.015	1,954	90,176	41,608
비고	앞의 표와 같다.									

〔제2호 양식〕 이상호수 및 과잉호수 조사표(충청남도)

(단위: 명)

군명	농가 총호수	이상호수	과잉호수	비고
대덕	13,026	9,979	7,747	이상면적 1정 1반보
연기	8,826	1,963	6,863	"
공주	18,152	5,199	12,953	"
논산	16,693	5,680	11,013	"
부여	19,945	6,968	12,077	"
서천	14,803	5,750	9,053	이상면적 1정 1반보
보령	12,180	4,465	7,715	이상면적 1정 1반보
청양	11,136	2,010	9,126	"
홍성	14,739	7,042	7,697	"
예산	16,606	8,724	7,882	"
서산	26,179	16,344	9,835	이상면적 1정 1반보
당진	15,555	5,528	9,472	이상면적 1정 1반보
아산	14,153	5,598	9,955	"
천안	14,150	5,179	8,971	"
합계	214,688	85,929	128,759	

〔제3호 양식〕 노동출가 및 노동전업 가능자 수 조사표(충청남도)

(단위: 명)

군명	남녀별	연령별				합계	비고
		12~19세	20~30세	31~40세	41~45세		
대덕	남	–	372	73	19	464	
	여	169	–	–	–	169	
연기	남	–	367	68	19	454	
	여	95	–	–	–	95	
공주	남	–	978	231	45	1,254	
	여	174	–	–	–	174	
논산	남	–	365	82	9	456	
	여	143	–	–	–	143	
부여	남	–	898	416	129	1,443	
	여	202	–	–	–	202	
서천	남	–	671	149	34	854	
	여	291	–	–	–	291	
보령	남	–	338	74	21	433	
	여	70	–	–	–	70	
청양	남	–	329	89	26	444	
	여	73	–	–	–	73	
홍성	남	–	654	189	54	897	
	여	99	–	–	–	99	
예산	남	–	641	209	73	923	
	여	133	–	–	–	133	
서산	남	–	1,083	352	136	1,751	
	여	152	–	–	–	152	
당진	남	–	501	167	35	703	
	여	156	–	–	–	156	
아산	남	–	495	113	25	633	
	여	172	–	–	–	172	
천안	남	–	691	198	28	917	
	여	292	–	–	–	292	
합계	남	–	3,838	2,590	653	11,626	
	여	2,221	–	–	–	2,221	

〔제4호 양식〕 노동출가 및 노동전업 희망자 수 조사표(충청남도)

(단위: 명)

군명	남녀별	연령별				합계	비고
		12~19세	20~30세	31~40세	41~45세		
대덕	남	–	107	9	1	117	
	여	41	–	–	–	41	
연기	남	–	143	32	12	187	
	여	11	–	–	–	11	
공주	남	–	540	128	20	566	
	여	13	–	–	–	13	
논산	남	–	235	61	8	304	
	여	49	–	–	–	49	
부여	남	–	568	217	65	850	
	여	51	–	–	–	51	
서천	남	–	326	82	17	425	
	여	13	–	–	–	13	
보령	남	–	108	20	8	136	
	여	8	–	–	–	8	
청양	남	–	167	44	13	224	
	여	17	–	–	–	17	
홍성	남	–	244	87	23	354	
	여	2	–	–	–	2	
예산	남	–	218	60	18	296	
	여	18	–	–	–	18	
서산	남	–	243	100	14	357	
	여	19	–	–	–	19	
당진	남	–	235	68	16	319	
	여	18	–	–	–	18	
아산	남	–	321	73	19	413	
	여	75	–	–	–	75	
천안	남	–	325	100	15	440	
	여	24	–	–	–	24	
합계	남	–	3,780	1,081	249	5,110	
	여	359	–	–	–	359	

〔제4호 양식〕 노동출가 및 노동전업 희망자 수 조사표(충청남도)

(단위: 명)

군명	남녀별	연령별				합계	비고
		12~19세	20~30세	31~40세	41~45세		
대덕	남	–	684	70	7	761	
	여	260	–	–	–	260	
연기	남	–	1,633	364	137	2,134	
	여	123	–	–	–	123	
공주	남	–	6,360	1,503	233	8,096	
	여	142	–	–	–	142	
논산	남	–	1,993	517	66	2,576	
	여	407	–	–	–	407	
부여	남	–	4,287	1,642	483	6,412	
	여	374	–	–	–	374	
서천	남	–	2,461	616	126	3,204	
	여	90	–	–	–	90	
보령	남	–	833	154	61	1,048	
	여	61	–	–	–	61	
청양	남	–	1,524	402	116	2,044	
	여	155	–	–	–	155	
홍성	남	–	1,709	608	153	2,470	
	여	7	–	–	–	7	
예산	남	–	1,435	394	118	1,947	
	여	118	–	–	–	118	
서산	남	–	1,199	492	68	1,759	
	여	88	–	–	–	88	
당진	남	–	2,225	644	151	3,020	
	여	170	–	–	–	170	
아산	남	–	2,418	552	135	3,105	
	여	561	–	–	–	561	
천안	남	–	2,243	691	98	3,032	
	여	161	–	–	–	161	
합계	남	–	31,004	8,649	1,954	41,607	
	여	2,717	–	–	–	2,717	

〔제5호 양식〕 노동출가 및 노동전업 가능자 수 조사표(충청남도)

(단위: 명)

군명	남녀별	연령별				합계	비고
		12~19세	20~30세	31~40세	41~45세		
대덕	남	-	2,382	465	119	2,966	
	여	1,078	-	-	-	1,078	
연기	남	-	4,200	775	212	5,187	
	여	1,084	-	-	-	1,084	
공주	남	-	11,515	2,720	518	14,753	
	여	2,046	-	-	-	2,046	
논산	남	-	3,095	694	66	3,855	
	여	1,574	-	-	-	1,574	
부여	남	-	6,775	3,140	966	10,881	
	여	1,521	-	-	-	1,521	
서천	남	-	5,061	1,123	253	6,437	
	여	2,190	-	-	-	3,190	
보령	남	-	2,608	571	162	3,341	
	여	540	-	-	-	540	
청양	남	-	3,003	812	247	4,762	
	여	666	-	-	-	666	
홍성	남	-	4,580	1,324	377	6,281	
	여	992	-	-	-	692	
예산	남	-	4,209	1,371	472	6,052	
	여	867	-	-	-	867	
서산	남	-	5,331	2,616	668	8,615	
	여	747	-	-	-	747	
당진	남	-	4,745	1,582	331	6,658	
	여	1,477	-	-	-	1,477	
아산	남	-	3,740	851	181	4,772	
	여	1,294	-	-	-	1,294	
천안	남	-	4,773	1,364	179	6,316	
	여	2,009	-	-	-	2,009	
합계	남	-	66,017	19,408	4,751	90,176	
	여	17,785	-	-	-	17,785	

전북 사(社) 제　호

1940년 5월 20일

전라북도지사

내무국장 귀하

노무자원조사표 보고에 관한 건

3월 12일자 통첩에 관한 표제의 군별 조사서를 별지와 같이 제출합니다.

곧이어 노무자원조사표는 별도로 송부합니다.

〔제1호 양식〕 노동출가 및 노동전업 가능자 수 조사표(전라북도)

(단위: 명)

부·군·명	남녀별	연령별				합계	비고
		12~19세	20~30세	31~40세	41~45세		
완주군	남	-	4,852	2,592	1,000	8,444	
	여	1,363	-	-	-	1,363	
진안군	남	-	2,792	1,306	393	4,491	
	여	626	-	-	-	1,626	
금산군	남	-	2,688	1,164	633	4,485	
	여	736	-	-	-	736	
무주군	남	-	2,841	1,384	531	4,756	
	여	1,048	-	-	-	1,048	
장수군	남	-	1,054	685	99	1,838	
	여	140	-	-	-	140	
임실군	남	-	2,087	1,097	437	3,621	
	여	1,655	-	-	-	1,655	
남원군	남	-	3,368	1,404	496	4,268	
	여	678	-	-	-	678	
순창군	남	-	3,086	1,919	1,061	6,066	
	여	1,539	-	-	-	3,539	
정읍군	남	-	3,901	2,392	1,012	7,315	
	여	947	-	-	-	947	
고창군	남	-	3,840	2,149	849	6,838	
	여	1,332	-	-	-	1,332	
부안군	남	-	1,351	1,078	421	2,850	
	여	486	-	-	-	486	
김제군	남	-	2,126	1,174	491	3,791	
	여	579	-	-	-	579	
옥구군	남	-	1,291	896	348	2,535	
	여	529	-	-	-	529	
익산군	남	-	2,055	1,183	559	3,797	
	여	750	-	-	-	750	
합 계	남	-	36,332	20,423	8,330	65,085	
	여	11,408	-	-	-	11,408	

〔제2호 양식〕 노동출가 및 노동전업 희망자 수 조사표(전라북도)

(단위: 명)

부·군·명	남녀별	연령별				합계	비고
		12~19세	20~30세	31~40세	41~45세		
완주군	남	-	2,068	981	381	3,430	
	여	209	-	-	-	209	
진안군	남	-	1,194	519	184	1,897	
	여	72	-	-	-	72	
금산군	남	-	1,365	370	113	1,848	
	여	103	-	-	-	103	
무주군	남	-	1,766	575	218	2,559	
	여	76	-	-	-	76	
장수군	남	-	600	371	52	1,023	
	여	14	-	-	-	14	
임실군	남	-	1,125	441	148	1,714	
	여	120	-	-	-	120	
남원군	남	-	1,092	446	127	1,665	
	여	92	-	-	-	92	
순창군	남	-	1,125	507	268	1,900	
	여	151	-	-	-	151	
정읍군	남	-	2,512	1,067	487	4,066	
	여	340	-	-	-	340	
고창군	남	-	1,038	600	156	1,794	
	여	32	-	-	-	32	
부안군	남	-	745	560	228	1,544	
	여	64	-	-	-	64	
김제군	남	-	1,352	650	202	2,204	
	여	216	-	-	-	216	
옥구군	남	-	614	352	156	1,115	
	여	101	-	-	-	101	
익산군	남	-	1,001	563	228	1,792	
	여	200	-	-	-	200	
합 계	남	-	17,597	7,995	2,948	28,540	
	여	1,790	-	-	-	1,790	

1940년 7월 1일

전라남도지사

내무국장 귀하

노무자원조사에 관한 건

(대호 3월 12일자 통첩)

표제의 건을 별지와 같이 제출합니다.

곧이어 자원조사표는 별도로 송부함을 양지하시기 바랍니다.

〔제1호 양식〕 노동출가 및 노동전업 가능자 수 조사표(전라남도)

(단위: 명)

군명	남녀별	연령별				합계	비고
		12~19세	20~30세	31~40세	41~45세		
목포	남	-	-	-	-	-	
	여	-	-	-	-	-	
광주	남	-	-	-	-	-	
	여	-	-	-	-	-	
광산	남	-	1,580	884	538	3,002	
	여	1,006	-	-	-	1,006	
담양	남	-	1,232	1,176	633	3,041	
	여	538	-	-	-	538	
곡성	남	-	1,925	1,749	945	4,619	
	여	940	-	-	-	940	
구례	남	-	1,432	1,371	1,218	4,021	
	여	627	-	-	-	627	
광양	남	-	485	207	99	791	
	여	342	-	-	-	342	
여수	남	-	4,313	2,704	1,248	8,265	
	여	3,031	-	-	-	3,031	
순천	남	-	1,349	629	366	2,344	
	여	253	-	-	-	235	
고흥	남	-	2,299	965	442	3,706	
	여	454	-	-	-	454	
보성	남	-	119	130	50	299	
	여	43	-	-	-	43	
화순	남	-	1,753	1,214	522	5,489	
	여	918	-	-	-	918	
장흥	남	-	142	56	22	220	
	여	22	-	-	-	22	
강진	남	-	993	696	337	2,026	
	여	369	-	-	-	369	
해남	남	-	80	26	12	118	
	여	16	-	-	-	16	

(단위: 명)

군명	남녀별	연령별				합계	비고
		12~19세	20~30세	31~40세	41~45세		
영암	남	-	714	449	187	1,350	
	여	224	-	-	-	224	
무안	남	-	8,575	6,219	4,516	19,310	
	여	4,389	-	-	-	3,489	
나주	남	-	3,058	1,918	1,043	6,019	
	여	419	-	-	-	419	
함평	남	-	1,708	948	563	3,219	
	여	696	-	-	-	696	
영광	남	-	892	953	464	2,309	
	여	480	-	-	-	480	
장성	남	-	2,141	1,490	798	4,429	
	여	1,271	-	-	-	1,271	
완도	남	-	2,764	2,115	1,164	6,043	
	여	1,530	-	-	-	1,530	
진도	남	-	289	219	103	611	
	여	79	-	-	-	79	
제주	남	-	13,343	7,372	5,564	26,279	
	여	9,650	-	-	-	9,650	
합계	남	-	37,763	26,092	15,258	79,113	
	여	17,631	-	-	-	17,631	

〔제2호 양식〕 노동출가 및 노동전업 희망자 수 조사표(전라남도)

(단위: 명)

군명	남녀별	연령별				합계	비고
		12~19세	20~30세	31~40세	41~45세		
목포	남	-	-	-	-	-	
	여	-	-	-	-	-	
광주	남	-	-	-	-	-	
	여	-	-	-	-	-	
광산	남	-	831	284	78	1,193	
	여	140	-	-	-	140	
담양	남	-	342	360	334	1,036	
	여	60	-	-	-	60	
곡성	남	-	565	565	277	1,407	
	여	38	-	-	-	38	
구례	남	-	837	518	198	1,553	
	여	125	-	-	-	125	
광양	남	-	277	71	31	379	
	여	16	-	-	-	16	
여수	남	-	667	273	146	1,086	
	여	66	-	-	-	66	
순천	남	-	1,036	448	258	1,742	
	여	76	-	-	-	76	
고흥	남	-	879	459	175	1,513	
	여	17	-	-	-	17	
보성	남	-	38	37	13	88	
	여	1	-	-	-	1	
화순	남	-	404	185	101	690	
	여	76	-	-	-	67	
장흥	남	-	78	26	7	111	
	여	7	-	-	-	7	
강진	남	-	507	276	111	894	
	여	63	-	-	-	63	

(단위: 명)

군명	남녀별	연령별				합계	비고
		12~19세	20~30세	31~40세	41~45세		
해남	남	–	△45	△16	△3	△64	
	여	–	–	–	–	–	
영암	남	–	327	176	58	561	
	여	14	–	–	–	14	
무안	남	–	2,220	1,710	525	4,455	
	여	525	–	–	–	525	
나주	남	–	1,360	874	485	2,719	
	여	95	–	–	–	95	
함평	남	–	1,092	463	200	1,755	
	여	144	–	–	–	144	
영광	남	–	422	441	181	1,044	
	여	60	–	–	–	60	
장성	남	–	946	597	177	1,720	
	여	–	–	–	–	–	
완도	남	–	463	260	133	856	
	여	17	–	–	–	17	
진도	남	–	85	37	13	135	
	여	13	–	–	–	13	
제주	남	–	△8,583	△3,933	△2,241	△14,757	
	여	△4,307	–	–	–	△4,307	
합계	남	1,544	13,376	8,060	3,501	24,937	
	여	–	–	–	–	1,544	

〔제3호 양식〕 농가 이상호수 및 과잉농가 호수 조사표(전라남도)

(단위: 명)

군명	총 경지면적	이상면적	이상호수	현재호수	과잉호수	비고
목포	–	–	–	–	–	
광주	–	–	–	–	–	
광산	14,484.7	14	10,341	14,718	4,377	
담양	13,022.0	13	10,072	14,412	4,340	
곡성	10,573.8	13	7,944	12,818	4,874	
구례	6,747.2	14	4,816	8,863	4,047	
광양	7,691.9	9	8,649	9,640	991	
여수	11,680.1	14	8,229	14,907	6,678	
순천	17,079.7	12	14,242	18,770	4,528	
고흥	18,142.8	12	15,446	21,123	5,677	
보성	14,282.8	10	13,654	14,499	845	
화순	14,737.3	14	10,521	18,952	8,431	
장흥	13,597.5	13	10,982	14,730	3,748	
강진	12,874.4	15	8,728	11,385	2,657	
해남	28,615.4	12	23,838	23,132	706	
영암	17,226.4	14	12,299	15,983	3,684	
무안	35,482.2	13	26,614	34,117	7,503	
나주	25,553.8	15	17,029	24,381	7,352	
함평	14,991.4	14	10,704	14,409	3,705	
영광	15,993.6	12	12,765	15,391	2,626	
장성	13,894.1	14	9,919	15,835	5,916	
완도	9,790.5	11	8,852	14,648	5,796	
진도	10,939.3	11	10,815	11,251	436	
제주	80,431.1	19	41,860	37,238	4,622	
합계	407,833.0	13	298,319	381,202	82,883	

경북 사(社) 제　호

1940년 5월 16일

경상북도지사

내무국장 귀하

노무자원조사에 관한 건

표제의 건을 다음과 같이 송부합니다.

아울러 조사표는 철도편으로 별도 송부합니다.

기(記)

노동출가 및 노동전업 가능자 수 조사표

노동출가 및 노동희망자 수 조사표

산출기초참고표

비고

본 도에서 현경지 1호당 경지면적은 1정 6무(1町 6畝)인데, 본 조사에 따라 1정 7반 3무(1町 7反 3畝)를 이상경지면적의 기준으로 정하여 조사한 결과 과잉농가 호수는 12만 8,000여 호로 다수에 이름. 따라서 전업가능자 및 희망자 모두 실제보다 숫자가 많다는 점을 양지하기 바람.

울릉도는 보고가 도착하지 않아서 추후에 송부함.

〔제1호 양식〕 노동출가 및 노동전업 가능자 수 조사표(경상북도)

(단위: 명)

군명	남녀별	연령별				합계	비고
		12~19세	20~30세	31~40세	41~45세		
대구	남	-	-	-	-	-	
	여	-	-	-	-	-	
달성	남	-	1,659	443	215	2,317	
	여	1,995	-	-	-	1,995	
군위	남	-	2,148	951	313	3,412	
	여	759	-	-	-	759	
의성	남		3,424	1,115	548	5,087	
	여	689	-	-	-	689	
안동	남	-	2,918	915	394	4,227	
	여	410	-	-	-	410	
청송	남		2,132	943	300	3,375	
	여	348	-	-	-	348	
영양	남	-	2,402	808	395	3,605	
	여	236	-	-	-	236	
영덕	남	-	3,444	1,773	747	5,864	
	여	1,108	-	-	-	1,108	
영일	남	-	5,450	4,164	1,577	11,191	
	여	2,594	-	-	-	2,594	
경주	남	-	5,063	2,734	914	8,711	
	여	804	-	-	-	804	
영천	남	-	2,992	2,199	855	6,046	
	여	1,675	-	-	-	1,675	
경산	남	-	2,436	1,151	524	4,111	
	여	1,218	-	-	-	1,218	
청도	남	-	1,531	911	653	3,095	
	여	448	-	-	-	448	
고령	남	-	1,509	486	203	2,198	
	여	561	-	-	-	561	

(단위: 명)

군명	남녀별	연령별				합계	비고
		12~19세	20~30세	31~40세	41~45세		
성주	남	–	1,629	803	428	2,860	
	여	95	–	–	–	95	
칠곡	남	–	1,890	992	465	3,347	
	여	864	–	–	–	864	
김천	남	–	4,097	1,435	548	6,080	
	여	646	–	–	–	646	
선산	남	–	2,597	1,217	512	4,326	
	여	1,072	–	–	–	1,071	
상주	남	–	6,217	2,656	732	9,605	
	여	613	–	–	–	613	
문경	남	–	4,017	1,062	390	5,469	
	여	552	–	–	–	552	
예천	남	–	4,144	1,689	861	6,695	
	여	1,265	–	–	–	1,265	
영주	남	–	2,554	1,298	518	4,370	
	여	1,203	–	–	–	1,203	
봉화	남	–	715	290	116	1,121	
	여	150	–	–	–	150	
울릉도	남	–	–	–	–	–	
	여	–	–	–	–	–	
합계	남	–	64,969	30,035	12,108	107,112	
	여	19,304	–	–	–	19,304	

〔제1호 양식〕 노동출가 및 노동전업 희망자 수 조사표(경상북도)

(단위: 명)

군명	남녀별	연령별				합계	비고
		12~19세	20~30세	31~40세	41~45세		
대구	남	-	-	-	-	-	
	여	-	-	-	-	-	
달성	남	-	366	139	37	809	
	여	139	-	-	-	139	
군위	남	-	1,495	517	124	2,136	
	여	146	-	-	-	146	
의성	남	-	1,839	500	237	2,576	
	여	184	-	-	-	184	
안동	남	-	997	250	69	1,288	
	여	31	-	-	-	31	
청송	남	-	932	321	75	1,328	
	여	36	-	-	-	36	
영양	남	-	259	76	35	370	
	여	23	-	-	-	23	
영덕	남	-	659	107	5	771	
	여	35	-	-	-	35	
영일	남	-	2,601	1,300	321	4,222	
	여	284	-	-	-	284	
경주	남	-	3,268	1,413	253	4,934	
	여	152	-	-	-	152	
영천	남	-	1,227	530	151	1,908	
	여	172	-	-	-	172	
경산	남	-	940	349	143	1,432	
	여	107	-	-	-	107	
청도	남	-	924	514	198	1,636	
	여	726	-	-	-	726	
고령	남	-	198	69	4	271	
	여	-	-	-	-	-	

(단위: 명)

군명	남녀별	연령별				합계	비고
		12~19세	20~30세	31~40세	41~45세		
성주	남	-	354	211	111	676	
	여	-	-	-	-	-	
칠곡	남	-	726	223	113	1,062	
	여	99	-	-	-	99	
김천	남	-	691	195	170	1,056	
	여	90	-	-	-	90	
선산	남	-	1,629	541	176	2,346	
	여	130	-	-	-	130	
상주	남	-	2,989	994	202	4,185	
	여	124	-	-	-	124	
문경	남	-	672	150	240	1,062	
	여	60	-	-	-	60	
예천	남	-	202	98	94	394	
	여	51	-	-	-	51	
영주	남	-	796	257	48	1,101	
	여	189	-	-	-	189	
봉화	남	-	251	77	20	348	
	여	37	-	-	-	37	
울릉도	남	-	-	-	-	-	
	여	-	-	-	-	-	
합계	남	-	24,254	8,831	2,826	35,911	
	여	2,815	-	-	-	2,815	

〔제2호 양식〕 경지면적 및 이상농가호수 산출기초(경상북도)

(단위: 명)

군명	논	밭	계(反)	농가호수	1호당 경지면적		이상경지 면적(反)
					논(反)	밭(反)	
대구	144.6	121.5	266.1	1,113	1.30	1.09	-
달성	12,255.0	9,923.9	22,178.9	23,019	5.32	4.31	15
군위	4,597.0	5,236.0	9,833.0	9,576	4.80	5.47	1517
의성	12,446.0	11,576.9	24,022.9	21,594	5.76	5.56	20
안동	10,777.7	19,135.7	29,913.4	22,944	4.70	8.34	22
청송	3,065.0	6,792.4	9,857.4	8,767	3.50	7.75	22
영양	1,967.9	5,990.5	7,958.4	7,159	2.75	8.37	15
영덕	4,468.3	4,736.1	9,204.4	11,528	3.88	4.11	16
영일	11,397.3	10,019.5	21,416.8	23,853	4.78	4.20	15
경주	16,965.7	11,019.3	27,985.0	27,970	6.07	3.94	15
영천	10,691.0	8,844.3	19,535.3	19,919	5.37	4.44	15
경산	8,996.5	5,438.5	14,435.0	14,550	6.18	3.74	15
청도	8,047.3	4,589.2	12,636.5	14,366	5.60	3.19	15
고령	4,101.2	3,248.2	7,349.4	8,296	4.94	3.92	17
성주	7,918.4	5,585.7	13,504.1	13,232	5.98	4.22	17
칠곡	7,371.6	4,716.3	12,087.9	11,386	6.47	4.14	17
김천	11,960.4	8,301.2	20,261.6	19,431	6.16	4.27	17
선산	8,723.3	5,902.9	14,626.2	12,061	6.23	4.89	17
상주	19,724.8	10,656.4	30,381.2	27,995	7.05	3.81	17
문경	7,360.7	7,283.1	14,643.8	14,619	5.03	5.00	17
예천	10,360.0	10,554.2	20,914.2	17,478	5.93	6.04	17
영주	8,380.7	7,730.6	16,111.3	13,066	6.41	5.92	18
봉화	5,145.4	10,770.3	15,915.7	10,500	4.90	10.26	22
울릉도	555	2,041.6	2,099.9	1,316	0.42	15.51	20
합계	196,921.1	180,214.3	577,125.4	355,738	5.54	5.07	173

〔제3호 양식〕 이상농가 호수 및 과잉농가 호수(경상북도)

군명	총 경지면적 (1937년분)	이상면적(反)	이상호수	현재호수	과잉호수
대구	266.1	–	–	1,113	–
달성	22,178.9	15	14,785	23,019	8,234
군위	9,833.0	15	6,555	9,576	3,021
의성	24,022.9	17	14,131	21,594	7,463
안동	29,913.4	20	14,956	22,944	7,988
청송	9,857.4	22	4,480	8,767	4,287
영양	7,958.4	22	3,617	7,159	3,542
영덕	9,204.4	15	6,136	11,528	5,392
영일	21,416.8	16	13,385	23,853	10,468
경주	27,985.0	15	18,856	27,970	9,314
영천	19,535.3	15	13,023	19,919	6,896
경산	14,435.0	15	9,623	14,550	4,927
청도	12,633.5	15	8,424	14,366	5,942
고령	7,349.4	17	4,323	8,296	3,973
성주	13,504.1	17	7,943	13,232	5,289
칠곡	12,087.9	17	7,110	11,386	4,276
김천	20,261.6	17	11,918	19,431	7,513
선산	14,626.2	17	8,603	12,061	3,458
상주	30,381.2	17	17,871	27,995	10,124
문경	14,643.8	17	8,614	14,619	6,005
예천	20,914.2	17	12,302	17,478	5,176
영주	16,111.3	18	9,477	13,066	3,589
봉화	15,915.7	22	9,362	10,500	1,138
울릉도	2,096.9	20	1,048	1,316	268
합계	377,135.4	17.3	226,342	355,738	128,283

〔제4호 양식〕 100호당 가능인원(경상북도)

(단위: 명)

군명	면(面) 수	남녀별	12~19세	20~30세	31~40세	41~45세	적요
대구	-	남	-	-	-	-	100호당 인원 실제 인원
		여	-	-	-	-	
달성	13	남	24,230	20,153	5,304	2,615	
		여	315	262	70	34	
군위	8	남	25,125	71,125	31,500	10,375	
		여	201	569	252	83	
의성	17	남	9,235	45,882	14,941	7,352	
		여	157	780	254	125	
안동	15	남	5,133	36,533	11,466	4,933	
		여	77	548	172	74	
청송	8	남	8,125	49,750	22,000	700	
		여	65	398	176	56	
영양	6	남	6,666	67,833	22,833	11,166	
		여	40	407	137	67	
영덕	9	남	20,555	63,888	32,888	12,000	
		여	185	575	296	108	
영일	14	남	24,785	52,071	39,785	15,071	
		여	347	729	557	211	
경주	11	남	8,636	54,363	29,363	9,918	
		여	95	598	323	108	
영천	10	남	24,300	43,400	31,900	12,400	
		여	243	434	319	124	
경산	11	남	24,727	49,454	23,363	10,636	
		여	272	544	257	117	
청도	9	남	7,555	25,777	15,333	11,000	
		여	68	232	138	99	
고령	8	남	14,125	38,000	12,250	5,125	
		여	113	304	98	41	
성주	10	남	1,800	30,800	15,200	8,100	
		여	18	308	152	81	

(단위: 명)

군명	면(面) 수	남녀별	12~19세	20~30세	31~40세	41~45세	적요
칠곡	9	남	20,222	44,222	23,222	10,888	
		여	182	398	209	98	
김천	15	남	8,800	55,733	19,530	7,466	
		여	132	836	293	112	
선산	9	남	31,000	75,111	35,222	14,833	
		여	279	716	317	134	
상주	17	남	6,058	61,411	26,235	7,235	
		여	103	1,044	446	128	
문경	10	남	9,200	66,900	17,700	6,500	
		여	92	669	177	65	
예천	11	남	24,454	8,000	32,636	16,636	
		여	269	881	359	183	
영주	11	남	33,545	71,181	36,181	14,454	
		여	369	783	398	159	
봉화	9	남	13,222	62,888	2,555	10,222	
		여	119	566	230	92	
울릉도	3	남	–	–	–	–	
		여	–	–	–	–	
합계	243	남	3,741	12,581	5,630	2,299	[45]
		여	–	–	–	–	

49 원문에 따름.

〔제5호 양식〕 희망자(경상북도)

(단위: 명)

군명	면(面) 수	남녀별	12~19세	20~30세	31~40세	41~45세	적요
대구	-	남	-	-	-	-	100호당 인원 실제 인원
		여	-	-	-	-	
달성	13	남	1,692	7,692	1,692	461	
		여	22	100	22	6	
군위	8	남	4,850	49,500	17,125	4,125	
		여	39	396	137	33	
의성	17	남	2,470	24,647	6,705	3,176	
		여	42	419	114	53	
안동	15	남	400	12,133	3,133	866	
		여	6	182	47	13	
청송	8	남	850	21,750	7,050	1,750	
		여	7	174	60	22	
영양	6	남	666	7,333	2,166	1,000	
		여	4	44	13	6	
영덕	9	남	666	12,222	2,000	111	
		여	6	110	18	1	
영일	14	남	2,714	24,856	12,428	3,071	
		여	38	348	174	43	
경주	11	남	1,636	35,090	15,181	2,726	
		여	18	386	167	30	
영천	10	남	2,500	17,800	7,700	2,200	
		여	25	178	77	22	
경산	11	남	2,181	19,090	7,090	2,909	
		여	24	210	78	32	
청도	9	남	12,222	15,555	8,666	3,333	
		여	11	144	78	30	
고령	8	남	-	5,000	1,750	125	
		여	-	40	14	1	
성주	10	남	-	6,700	4,000	2,100	
		여	-	67	40	21	

(단위: 명)

군명	면(面) 수	남녀별	12~19세	20~30세	31~40세	41~45세	적요
칠곡	9	남	2,333	17,000	5,222	2,666	
		여	21	153	47	24	
김천	15	남	1,200	9,200	2,600	2,266	
		여	18	138	39	34	
선산	9	남	3,777	47,111	15,666	5,111	
		여	34	424	141	46	
상주	17	남	1,234	29,529	9,823	2,000	
		여	21	502	167	34	
문경	10	남	100	11,200	2,500	400	
		여	1	112	25	4	
예천	11	남	999	3,909	1,909	1,818	
		여	1	43	21	2	
영주	11	남	5,272	22,181	7,181	1,363	
		여	58	244	79	15	
봉화	9	남	3,333	22,111	6,777	1,777	
		여	30	199	61	16	
울릉도	3	남	–	–	–	–	
		여	–	–	–	–	
합계	243	남	–	–	–	–	
		여	426	4,613	1,619	489	

경남 사(社) 제 228 호

1940년 5월 29일

경상남도지사

내무국장 귀하

노무자원조사에 관한 건

조사서를 별지와 같이 송부합니다.

곧이어 노무자원조사표는 별도로 송부함을 양지하시기 바랍니다.

〔제1호 양식〕 노동출가 및 노동전업 가능자 수 조사표(경상남도)

(단위: 명)

군명	남녀별	연령별				합계	비고
		12~19세	20~30세	31~40세	41~45세		
진양	남	–	8,953	5,350	2,218	16,521	
	여	2,680	–	–	–	2,680	
의령	남	–	293	258	151	702	
	여	190	–	–	–	190	
함안	남	–	4,000	2,015	1,054	7,069	
	여	2,181	–	–	–	2,181	
창녕	남	–	812	485	283	1,580	
	여	517	–	–	–	517	
밀양	남	–	7,027	4,375	2,220	13,622	
	여	4,685	–	–	–	4,685	
양산	남	–	1,183	585	256	2,024	
	여	654	–	–	–	654	
울산	남	–	3,431	1,582	753	5,766	
	여	1,642	–	–	–	1,642	
동래	남	–	1,838	1,187	713	3,738	
	여	2,218	–	–	–	2,218	
김해	남	–	2,413	1,605	674	4,692	
	여	788	–	–	–	688	
창원	남	–	669	322	150	1,141	
	여	362	–	–	–	362	
통영	남	–	10,256	4,667	2,531	17,454	
	여	6,734	–	–	–	6,734	
고성	남	–	6,761	4,631	3,519	14,911	
	여	5,870	–	–	–	5,870	
사천	남	–	459	229	120	808	
	여	177	–	–	–	177	
남해	남	–	1,338	384	248	1,970	
	여	–	–	–	–	–	

(단위: 명)

군명	남녀별	연령별				합계	비고
		12~19세	20~30세	31~40세	41~45세		
하동	남	-	5,029	3,450	1,474	9,953	
	여	3,607	-	-	-	3,607	
산청	남	-	682	475	146	1,303	
	여	1,840	-	-	-	164	
함양	남	-	5,276	3,383	2,035	10,694	
	여	3,927	-	-	-	3,927	
거창	남	-	2,806	1,863	1,059	5,728	
	여	1,840	-	-	-	1,840	
합천	남	-	8,158	3,656	2,115	13,929	
	여	3,927	-	-	-	3,927	
합계	남	-	71,384	40,502	21,719	133,605	
	여	44,671	-	-	-	44,671	
비고	남자연령별 12~19세란, 여자연령별 20~45세란은 기재하지 않음.						

〔제2호 양식〕 노동출가 및 노동전업 희망자 수 조사표(경상남도)

(단위: 명)

군명	남녀별	연령별				합계	비고
		12~19세	20~30세	31~40세	41~45세		
진양	남	–	4,028	1,605	361	5,994	
	여	503	–	–	–	503	
의령	남	–	174	84	34	292	
	여	26	–	–	–	26	
함안	남	–	1,550	806	237	2,593	
	여	382	–	–	–	382	
창녕	남	–	282	125	57	464	
	여	33	–	–	–	33	
밀양	남	–	1,823	1,094	575	3,492	
	여	155	–	–	–	155	
양산	남	–	540	285	87	912	
	여	142	–	–	–	142	
울산	남	–	1,336	370	196	1,902	
	여	123	–	–	–	123	
동래	남	–	260	46	3	309	
	여	226				226	
김해	남	–	1,358	807	266	2,431	
	여	57	–	–	–	57	
창원	남	–	334	107	64	505	
	여	111	–	–	–	111	
통영	남	–	1,823	434	73	2,330	
	여	299	–	–	–	299	
고성	남	––	1,389	537	249	2,175	
	여	259	–	–	–	259	
사천	남		143	54	25	222	
	여	21	–	–	–	21	
남해	남	–	231	180	21	432	
	여	–	–	–	–	–	

(단위: 명)

군명	남녀별	연령별				합계	비고
		12~19세	20~30세	31~40세	41~45세		
하동	남	–	1,369	386	104	1,859	
	여	334	–	–	–	334	
산청	남	–	207	112	8	327	
	여	17	–	–	–	17	
함양	남	–	2,040	538	384	2,886	
	여	458	–	–	–	458	
거창	남	–	1,979	943	384	3,306	
	여	267	–	–	–	267	
합천	남	–	2,440	860	738	4,038	
	여	278	–	–	–	278	
합계	남	–	23,306	9,373	3,790	36,469	
	여	3,691	–	–	–	3,691	
비고	남자연령별 12~19세란, 여자연령별 20~45세란은 기재하지 않음.						

사(社) 제 호

1940년 5월 22일

황해도지사

내무국장 귀하

노무자원조사에 관한 건

(대호 3월 12일자 통첩)

표제에 관한 관련 서류를 별지와 같이 송부합니다.

곧바로 노무자원조사표는 별도로 발송 완료함.

〔제1호 양식〕 노동출가 및 노동전업 가능자 수 조사표(황해도)

(단위: 명)

군명	남녀별	연령별				합계	비고
		12~19세	20~30세	31~40세	41~45세		
벽성군	남	-	1,538	1,243	969	3,750	20개면
	여	1,248	-	-	-	1,248	
연백군	남	-	1,295	910	367	2,572	19개면
	여	736	-	-	-	736	
금천군	남	-	665	385	135	1,185	12개면
	여	480	-	-	-	480	
평산군	남	-	1,214	914	670	2,798	14개면
	여	888	-	-	-	888	
신계군	남	-	778	576	442	1,796	8개면
	여	604	-	-	-	604	
옹진군	남	-	543	356	152	1,051	10개면
	여	316	-	-	-	316	
장연군	남	-	1,204	712	302	2,218	10개면
	여	350	-	-	-	350	
송화군	남	-	653	457	191	1,301	13개면
	여	519	-	-	-	519	
은율군	남	-	1,032	618	288	1,938	7개면
	여	255	-	-	-	255	
안악군	남	-	696	447	204	1,347	8개면
	여	475	-	-	-	475	
신천군	남	-	748	456	183	1,387	14개면
	여	479	-	-	-	479	
재령군	남	-	554	356	85	995	10개면
	여	405	-	-	-	405	
황주군	남	-	1,067	755	529	2,351	12개면
	여	758	-	-	-	758	
봉산군	남	-	1,214	914	670	2,798	13개면
	여	888	-	-	-	888	
서흥군	남	-	1,130	758	285	2,173	12개면
	여	864	-	-	-	864	
수안군	남	-	1,082	546	558	2,188	9개면
	여	978	-	-	-	978	
곡산군	남	-	805	527	241	1,573	12개면
	여	787	-	-	-	787	
합계	남	-	16,218	10,930	6,271	33,419	203개면
	여	11,030	-	-	-	11,030	

〔제2호 양식〕 노동출가 및 노동전업 희망자 수 조사표(황해도)

(단위: 명)

군명	남녀별	연령별				합계	비고
		12~19세	20~30세	31~40세	41~45세		
벽성군	남	–	85	84	70	239	20개면
	여	36	–	–	–	63	
연백군	남	–	206	65	16	287	19개면
	여	31	–	–	–	31	
금천군	남	–	67	37	22	126	12개면
	여	35	–	–	–	35	
평산군	남	–	99	67	44	210	14개면
	여	52	–	–	–	52	
신계군	남	–	45	29	25	99	8개면
	여	21	–	–	–	21	
옹진군	남	–	42	35	18	95	10개면
	여	18	–	–	–	18	
장연군	남	–	68	48	6	122	10개면
	여	16	–	–	–	16	
송화군	남	–	85	60	25	170	13개면
	여	16	–	–	–	16	
은율군	남	–	17	30	19	66	7개면
	여	14	–	–	–	14	
안악군	남	–	115	43	24	182	8개면
	여	43	–	–	–	43	
신천군	남	–	113	72	55	240	14개면
	여	120	–	–	–	120	
재령군	남	–	102	49	22	173	10개면
	여	65	–	–	–	65	
황주군	남	–	239	150	115	504	12개면
	여	116	–	–	–	116	
봉산군	남	–	362	271	247	880	13개면
	여	220	–	–	–	220	
서흥군	남	–	208	108	28	344	12개면
	여	75	–	–	–	75	
수안군	남	–	95	76	60	231	9개면
	여	51	–	–	–	51	
곡산군	남	–	125	51	19	195	12개면
	여	44	–	–	–	44	
합계	남	–	2,073	2,075	815	6,163	203개면
	여	1,000	–	–	–	1,000	

사(社) 제　호

1940년 6월 7일

평안남도지사

내무국장 귀하

노무자원조사에 관한 건

(대호 3월 12일자 통첩)

표제 조사표 및 군별 조사서를 별표와 같이 보고합니다.

곧바로 노무자원조사표는 철도편으로 별도 송부합니다.

〔제1호 양식〕 노동출가 및 노동전업 가능자 수 조사표(평안남도)

(단위: 명)

군명	남녀별	연령별				합계	비고
		12~19세	20~30세	31~40세	41~45세		
대동	남	–	6,073	3,721	1,484	11,278	
	여	3,927	–	–	–	3,927	
순천	남	–	3,349	2,011	875	6,235	
	여	1,808	–	–	–	1,808	
맹산	남	–	2,480	1,534	826	4,840	
	여	1,509	–	–	–	1,509	
양덕	남	–	1,736	1,249	562	3,547	
	여	1,236	–	–	–	1,236	
성천	남	–	5,109	2,993	1,398	9,500	
	여	3,095	–	–	–	3,095	
강동	남	–	2,330	1,932	936	5,198	
	여	2,196	–	–	–	2,196	
중화	남	–	4,497	2,900	1,206	8,603	
	여	2,971	–	–	–	2,971	
용강	남	–	6,525	4,075	1,818	12,418	
	여	3,998	–	–	–	3,998	
강서	남	–	5,650	4,090	1,775	11,515	
	여	4,450	–	–	–	4,450	
평원	남	–	3,395	2,126	1,020	6,541	
	여	2,580	–	–	–	2,580	
안주	남	–	2,763	1,949	897	5,609	
	여	1,602	–	–	–	1,602	
개천	남	–	2,041	1,092	613	3,746	
	여	1,242	–	–	–	1,242	
덕천	남	–	1,464	882	363	2,709	
	여	1,156	–	–	–	1,156	
영원	남	–	2,984	1,647	774	5,405	
	여	1,409	–	–	–	1,409	
합계	남	–	50,396	32,201	14,547	97,144	
	여	33,179	–	–	–	33,179	

〔제2호 양식〕 노동출가 및 노동전업 희망자 수 조사표(평안남도)

(단위: 명)

군명	남녀별	연령별				합계	비고
		12~19세	20~30세	31~40세	41~45세		
대동	남	-	457	183	69	609	
	여	91	-	-	-	91	
순천	남	-	393	114	76	583	
	여	32	-	-	-	32	
맹산	남	-	90	65	40	195	
	여	-	-	-	-	-	
양덕	남	-	-	3	-	3	
	여	-	-	-	-	-	
성천	남	-	410	205	93	708	
	여	121	-	-	-	121	
강동	남	-	456	269	87	812	
	여	29	-	-	-	29	
중화	남	-	478	310	106	894	
	여	44	-	-	-	44	
용강	남	-	438	180	25	643	
	여	25	-	-	-	25	
강서	남	-	731	419	71	1,221	
	여	95	-	-	-	95	
평원	남	-	687	368	155	1,210	
	여	212	-	-	-	212	
안주	남	-	228	133	4	365	
	여	4	-	-	-	4	
개천	남	-	335	130	71	536	
	여	39	-	-	-	39	
덕천	남	-	52	37	255	344	
	여	21	-	-	-	21	
영원	남	-	246	89	17	352	
	여	8	-	-	-	8	
합계	남	-	5,001	2,505	1,069	8,575	
	여	721	-	-	-	721	

평북 사(社) 제 102 호

1940년 6월 13일

평안북도지사

내무국장 귀하

노무자원조사에 관한 건

3월 12일자 통첩에 관한 표제 조사요강에 따라 노무자원조사표를 철도편으로 별도 송부하오니 양지하시기 바랍니다.

곧바로 위에 따라 산출한 군별 조사서를 별표와 같이 첨부합니다.

〔제1호 양식〕 노동출가 및 노동전업 가능자 수 조사표(평안북도)

(단위: 명)

부·군·명	남녀별	연령별				합계	비고
		12~19세	20~30세	31~40세	41~45세		
신의주부	남	-	-	-	-	-	
	여	-	-	-	-	-	
의주군	남	-	7,290	4,535	2,155	13,980	
	여	4,520	-	-	-	4,520	
구성군	남	-	19,365	10,910	6,000	36,275	
	여	8,018	-	-	-	8,018	
태천군	남	-	19,473	9,224	4,521	33,218	
	여	5,606	-	-	-	5,606	
운산군	남	-	4,162	2,317	1,064	7,543	
	여	591	-	-	-	591	
희천군	남	-	37,215	20,891	9,642	67,748	
	여	15,911	-	-	-	15,911	
영변군	남	-	54,454	30,605	15,501	100,560	
	여	24,842	-	-	-	24,842	
박천군	남	-	33,871	13,617	4,968	52,456	
	여	8,372	-	-	-	8,372	
정주군	남	-	70,986	27,653	11,959	110,598	
	여	22,423	-	-	-	22,423	
선천군	남	-	17,011	8,178	3,598	28,787	
	여	4,841	-	-	-	4,841	
철산군	남	-	1,902	990	456	3,348	
	여	960	-	-	-	960	
용천군	남	-	5,312	2,501	890	8,703	
	여	899	-	-	-	899	
삭주군	남	-	7,579	3,468	1,070	11,817	
	여	2,226	-	-	-	2,226	
창성군	남	-	1,874	779	360	5,015	
	여	308	-	-	-	308	
벽동군	남	-	15,747	8,858	4,046	28,651	
	여	9,787	-	-	-	9,787	
초산군	남	-	2,500	1,530	560	4,590	
	여	1,090	-	-	-	1,090	
위원군	남	-	1,920	1,114	344	3,378	
	여	681	-	-	-	681	
강계군	남	-	40,596	31,679	15,364	87,639	
	여	19,163	-	-	-	19,163	
자성군	남	-	1,716	940	329	2,985	
	여	141	-	-	-	141	
후창군	남	-	2,876	1,944	1,671	6,491	
	여	2,217	-	-	-	2,217	
합계	남	-	345,849	181,433	84,498	611,780	
	여	132,596	-	-	-	132,596	
비고							

〔제2호 양식〕 노동출가 및 노동전업 희망자 수 조사표(평안북도)

(단위: 명)

부·군·명	남녀별	연령별				합계	비고
		12~19세	20~30세	31~40세	41~45세		
신의주부	남	–	–	–	–	–	
	여	–	–	–	–	–	
의주군	남	–	2,155	1,332	508	15,995	
	여	643	–	–	–	643	
구성군	남	–	6,273	3,054	2,018	11,345	
	여	1,036	–	–	–	1,036	
태천군	남	–	7,958	3,014	1,929	12,901	
	여	663	–	–	–	663	
운산군	남	–	2,110	1,229	402	3,741	
	여	47	–	–	–	47	
희천군	남	–	8,804	2,564	1,367	12,735	
	여	169	–	–	–	169	
영변군	남	–	8,943	2,981	1,192	13,116	
	여	198	–	–	–	198	
박천군	남	–	10,949	2,484	920	14,353	
	여	736	–	–	–	736	
정주군	남	–	28,778	9,529	3,924	42,229	
	여	2,802	–	–	–	2,802	
선천군	남	–	5,561	2,093	719	8,373	
	여	1,046	–	–	–	1,046	
철산군	남	–	474	264	66	804	
	여	66	–	–	–	66	
용천군	남	–	899	271	121	1,251	
	여	112	–	–	–	112	
삭주군	남	–	2,119	942	406	3,467	
	여	85	–	–	–	85	
창성군	남	–	889	108	169	1,166	
	여	73	–	–	–	73	
벽동군	남	–	3,827	1,695	984	6,506	
	여	710	–	–	–	710	
초산군	남	–	480	240	60	780	
	여	50	–	–	–	50	
위원군	남	–	212	131	36	379	
	여	–	–	–	–	–	
강계군	남	–	15,364	9,754	5,697	30,815	
	여	4,143	–	–	–	4,143	
자성군	남	–	775	258	47	1,080	
	여	–	–	–	–	–	
후창군	남	–	787	482	80	1,349	
	여	112	–	–	–	112	
합계	남	–	107,355	42,425	20,645	170,425	
	여	12,691	–	–	–	12,691	
비고							

강원 사(社) 제　호

1940년 5월 9일

강원도지사

내무국장 귀하

노무자원조사에 관한 건

(대호 5월 6일자)

3월 12일자 통첩에 관한 표제 보고는 5월 4일자로 제출 완료했는데, 재조사하여 회신합니다.

강원 사(社) 제　호

1940년 5월 4일

강원도지사

내무국장 귀하

노무자원조사에 관한 건

(대호 3월 12일자)

표제의 건 노무자원조사요강에 따라 조사한 결과를 별지와 같이 송부합니다.

〔제1호 양식〕 노동출가 및 노동전업 가능자 수 조사표(강원도)

(단위: 명)

군명	남녀별	연령별				합계	비고
		12~19세	20~30세	31~40세	41~45세		
춘천	남	-	353	207	53	613	
	여	121	-	-	-	121	
인제	남	-	1,076	717	361	2,154	
	여	451	-	-	-	451	
양구	남	-	105	63	23	191	
	여	44	-	-	-	44	
회양	남	-	90	74	25	189	
	여	35	-	-	-	35	
통천	남	-	494	245	109	848	
	여	131	-	-	-	131	
고성	남	-	230	171	82	483	
	여	129	-	-	-	129	
양양	남	-	747	441	215	1,403	
	여	270	-	-	-	270	
강릉	남	-	1,544	1,059	308	2,911	
	여	574	-	-	-	574	
삼척	남	-	2,295	1,302	543	4,140	
	여	641	-	-	-	641	
울진	남	-	2,615	762	308	3,685	
	여	221	-	-	-	221	
정선	남	-	226	107	37	370	
	여	55	-	-	-	55	
평창	남	-	948	577	474	1,999	
	여	574	-	-	-	574	
영월	남	-	558	495	154	1,207	
	여	320	-	-	-	320	
원주	남	-	383	142	54	579	
	여	105	-	-	-	105	
횡성	남	-	1,020	677	289	1,986	
	여	570	-	-	-	570	

(단위: 명)

군명	남녀별	연령별				합계	비고
		12~19세	20~30세	31~40세	41~45세		
홍천	남	–	1,254	611	249	2,114	
	여	396	–	–	–	396	
화천	남	–	452	374	101	927	
	여	202	–	–	–	202	
금화	남	–	126	79	31	236	
	여	47	–	–	–	47	
철원	남	–	1,301	1,026	319	2,646	
	여	569	–	–	–	569	
평강	남	–	79	43	17	139	
	여	21	–	–	–	21	
이천	남	–	172	85	30	287	
	여	40	–	–	–	40	
합계	남	–	16,068	9,257	3,782	29,107	
	여	5,516	–	–	–	4,760[46]	
비고	붉은색으로 쓴 것은 현재 농가호수가 경지면적의 관계상 이상농가호수에 비해 소수이기 때문에 그 부족분은 다른 데서 산입할 필요가 있다는 것으로서 해당 군의 출가가능자를 조사하여 산출한 평균을 부족수에 더하여 산출하고 도의 합계에서 붉은색 부분을 공제하도록 한다. 이 표에 기재된 대부분은 현재 지역 또는 인접 군의 철도공사 또는 발전소 공사, 광산, 어업, 기타에서 겸업으로 노동하고 있다.						

50 실제 합계는 5,516명임.

〔제2호 양식〕 노동출가 및 노동전업 희망자 수 조사표(강원도)

(단위: 명)

군명	남녀별	연령별				합계	비고
		12~19세	20~30세	31~40세	41~45세		
춘천	남	-	66	47	14	127	
	여	28	-	-	-	28	
인제	남	-	93	39	15	147	
	여	7	-	-	-	7	
양구	남	-	33	16	4	53	
	여	9	-	-	-	9	
회양	남	-	10	6	3	19	
	여	1	-	-	-	1	
통천	남	-	28	23	8	59	
	여	3	-	-	-	3	
고성	남	-	17	24	1	42	
	여	2	-	-	-	2	
양양	남	-	77	29	5	111	
	여	33	-	-	-	33	
강릉	남	-	52	10	4	66	
	여	55	-	-	-	55	
삼척	남	-	98	52	14	164	
	여	28	-	-	-	28	
울진	남	-	53	29	7	89	
	여	4	-	-	-	4	
정선	남	-	66	30	7	103	
	여	-	-	-	-	-	
평창	남	-	104	78	15	197	
	여	21	-	-	-	21	
영월	남	-	18	4	1	23	
	여	14	-	-	-	14	
원주	남	-	84	23	15	122	
	여	10	-	-	-	10	
횡성	남	-	48	29	8	85	
	여	14	-	-	-	14	
홍천	남	-	110	16	2	128	
	여	67	-	-	-	67	
화천	남	-	32	22	2	56	
	여	25	-	-	-	25	
금화	남	-	21	13	4	38	
	여	3	-	-	-	3	
철원	남	-	152	73	39	264	
	여	21	-	-	-	21	
평강	남	-	17	8	4	29	
	여	2	-	-	-	2	
이천	남	-	27	15	3	45	
	여	5	-	-	-	5	
합계	남	-	1,206	586	175	1,596	
	여	325[47]	-	-	-	325[48]	
비고							

함남 사(社) 제　호

1940년 5월 23일

함경남도지사

내무국장 귀하

노무자원조사에 관한 건

(대호 1940년 3월 12일자 통첩)

표제의 건을 다음과 같이 보고합니다.

기(記)

1. 노무자원조사표

소포우편으로 별도 송부함.

2. 노동출가 및 노동전업의 가능자와 희망자 수 조서

별지와 같음.

〔제1호 양식〕 노동출가 및 노동전업 가능자 수 조사표(함경남도)

(단위: 명)

군명	남녀별	연령별				합계	비고
		12~19세	20~30세	31~40세	41~45세		
함주군	남	-	5,000	2,569	105	7,774	
	여	1,688	-	-	-	1,688	
정평군	남	-	1,816	978	454	3,248	
	여	544	-	-	-	544	
영흥군	남	-	2,716	1,393	619	4,728	
	여	766	-	-	-	766	
고원군	남	-	397	291	132	820	
	여	105	-	-	-	105	
문천군	남	-	403	141	55	599	
	여	126	-	-	-	126	
덕원군	남	-	1,097	339	175	1,611	
	여	329	-	-	-	329	
안변군	남	-	2,390	103	119	2,612	
	여	900	-	-	-	900	
홍원군	남	-	3,009	1,357	557	4,919	
	여	787	-	-	-	787	
북청군	남	-	6,398	2,357	1,122	9,877	
	여	2,690	-	-	-	2,690	
이원군	남	-	7	-	-	7	
	여	-	-	-	-	-	
단천군	남	-	3,290	1,289	573	5,152	
	여	838	-	-	-	838	
신흥군	남	-	2,069	580	348	2,997	
	여	569	-	-	-	569	
장진군	남	-	1,384	823	373	2,580	
	여	655	-	-	-	655	
풍산군	남	-	1,082	362	273	1,717	
	여	242	-	-	-	242	
삼수군	남	-	642	327	179	1,148	
	여	232	-	-	-	232	
갑산군	남	-	996	401	208	1,609	
	여	273	-	-	-	273	
합계	남	-	32,692	13,310	5,292	51,294	
	여	10,744	-	-	-	10,744	
비고							

〔제2호 양식〕 노동출가 및 노동전업 희망자 수 조사표(함경남도)

(단위: 명)

군명	남녀별	연령별				합계	비고
		12~19세	20~30세	31~40세	41~45세		
함주군	남	–	392	190	70	612	
	여	42	–	–	–	42	
정평군	남	–	405	181	76	662	
	여	48	–	–	–	48	
영흥군	남	–	459	191	76	726	
	여	83	–	–	–	83	
고원군	남	–	152	134	38	324	
	여	3	–	–	–	3	
문천군	남	–	10	60	15	85	
	여	–	–	–	–	–	
덕원군	남	–	208	57	30	295	
	여	21	–	–	–	21	
안변군	남	–	95	135	23	253	
	여	7	–	–	–	7	
홍원군	남	–	339	96	106	541	
	여	48	–	–	–	–	
북청군	남	–	684	213	44	941	
	여	157	–	–	–	157	
이원군	남	–	–	–	–	–	
	여	–	–	–	–	–	
단천군	남	–	687	121	50	858	
	여	71	–	–	–	71	
신흥군	남	–	191	75	17	283	
	여	–	–	–	–	–	
장진군	남	–	258	145	75	478	
	여	27	–	–	–	27	
풍산군	남	–	12	61	17	90	
	여	–	–	–	–	–	
삼수군	남	–	83	31	29	143	
	여	8	–	–	–	8	
갑산군	남	–	176	123	42	341	
	여	42	–	–	–	42	
합계	남	–	4,111	1,813	708	6,557	
	여	557	–	–	–	–	
비고							

함남 사(社) 제　호

1940년 5월 13일

함경남도지사

내무국장 귀하

노무자원조사에 관한 건

5월 6일자로 표제의 건에 관한 조사서류를 지급 제출하라고 했는데, 조사표를 제출하지 않은 면(面)이 있어 미비한 서류를 정비하라고 지시하였습니다. 이에 잠시 유예해 주시기 바라며 일단 현재 내용을 보고합니다.

함북 사(社) 제 177 호

1940년 6월 4일

함경북도지사

내무국장 귀하

노무자원조사에 관한 건

표제의 건을 별지와 같이 회신합니다.

곧바로 노무자원조사표는 철도편으로 별도(3개) 송부합니다.

〔제1호 양식〕 노동출가 및 노동전업 가능자 수 조사표(함경북도)

(단위: 명)

군명	남녀별	연령별				합계	비고
		12~19세	20~30세	31~40세	41~45세		
경성군	남	-	525	185	32	742	
	여	221	-	-	-	221	
명천군	남	-	379	183	65	627	
	여	193	-	-	-	193	
길주군	남	-	1,024	532	300	1,856	
	여	644	-	-	-	644	
성진군	남	-	291	105	22	418	
	여	88	-	-	-	88	
부령군	남	-	336	143	77	556	
	여	150	-	-	-	150	
무산군	남	-	654	362	176	1,192	
	여	343	-	-	-	343	
회령군	남	-	1,430	881	379	2,690	
	여	885	-	-	-	885	
종성군	남	-	355	208	105	668	
	여	258	-	-	-	258	
온성군	남	-	68	27	15	110	
	여	81	-	-	-	81	
경원군	남	-	632	368	110	1,110	
	여	448	-	-	-	448	
경흥군	남	-	176	121	41	338	
	여	167	-	-	-	167	
합계	남	-	5,670	3,115	1,321	10,306	
	여	3,478	-	-	-	3,478	

〔제2호 양식〕 노동출가 및 노동전업 희망자 수 조사표(함경북도)

(단위: 명)

군명	남녀별	연령별				합계	비고
		12~19세	20~30세	31~40세	41~45세		
경성군	남	-	34	-	4	38	
	여	12	-	-	-	12	
명천군	남	-	25	2	2	29	
	여	-	-	-	-	-	
길주군	남	-	-	-	-	-	
	여	-	-	-	-	-	
성진군	남	-	-	-	-	-	
	여	-	-	-	-	-	
부령군	남	-	20	14	5	39	
	여	6	-	-	-	6	
무산군	남	2	41	26	7	76	
	여	2	-	-	-	2	
회령군	남	-	500	322	199	1,021	
	여	4	-	-	-	4	
종성군	남	-	-	-	-	-	
	여	-	-	-	-	-	
온성군	남	-	5	3	-	8	
	여	-	-	-	-	-	
경원군	남	-	92	44	19	155	
	여	4	-	-	-	4	
경흥군	남	-	17	4	3	24	
	여	1	-	-	-	1	
합계	남	-	734	415	239	1,390	
	여	29	-	-	-	29	

충남 사(社) 제　호

1940년 9월 3일

충청남도지사

내무국장 귀하

노무자원조사에 관한 건

8월 28일자 공문 표제의 건 제3, 4호표를 별지와 같이 다시 제출합니다.

〔제1호 양식〕 노동출가 및 노동전업 가능자 수 조사표(충청남도)

(단위: 명)

군명	남녀별	연령별				합계	비고
		12~19세	20~30세	31~40세	41~45세		
대전	–	–	–	–	–	–	
대덕	남	–	2,382	465	119	2,966	
	여	1,078	–	–	–	1,078	
연기	남	–	4,200	775	212	5,187	
	여	1,084	–	–	–	1,084	
공주	남	–	11,515	2,720	518	14,753	
	여	2,046	–	–	–	2,046	
논산	남	–	3,095	694	66	3,855	
	여	1,574	–	–	–	1,574	
부여	남	–	6,775	3,140	966	10,881	
	여	1,521	–	–	–	1,521	
서천	남	–	5,061	1,123	253	6,437	
	여	2,190	–	–	–	2,190	
보령	남	–	2,608	571	162	3,341	
	여	540	–	–	–	540	
청양	남	–	3,003	812	247	4,062	
	여	666	–	–	–	666	
홍성	남	–	4,580	1,324	377	6,281	
	여	692	–	–	–	692	
예산	남	–	4,209	1,371	472	6,052	
	여	867	–	–	–	867	
서산	남	–	5,331	2,616	668	8,615	
	여	747	–	–	–	747	
당진	남	–	4,745	1,582	331	6,658	
	여	1,477	–	–	–	1,477	
아산	남	–	3,740	851	181	4,772	
	여	1,294	–	–	–	1,294	
천안	남	–	4,773	1,364	179	6,316	
	여	2,009	–	–	–	2,009	
합계	남	–	66,017	19,408	4,751	90,176	
	여	17,785	–	–	–	17,785	

〔제2호 양식〕 노동출가 및 노동전업 희망자 수 조사표(충청남도)

(단위: 명)

군명	남녀별	연령별				합계	비고
		12~19세	20~30세	31~40세	41~45세		
대전	-	-	-	-	-	-	
대덕	남	-	684	70	7	761	
	여	260	-	-	-	260	
연기	남	-	1,633	364	137	2,134	
	여	123	-	-	-	123	
공주	남	-	6,360	1,503	233	8,096	
	여	142	-	-	-	142	
논산	남	-	1,993	517	66	2,576	
	여	407	-	-	-	407	
부여	남	-	4,287	1,642	483	6,412	
	여	374	-	-	-	374	
서천	남	-	2,461	616	126	3,204	
	여	90	-	-	-	90	
보령	남	-	833	154	61	1,048	
	여	61	-	-	-	61	
청양	남	-	1,524	402	116	2,044	
	여	155	-	-	-	155	
홍성	남	-	1,709	608	153	2,470	
	여	7	-	-	-	7	
예산	남	-	1,435	394	118	1,947	
	여	118	-	-	-	118	
서산	남	-	1,199	492	68	1,759	
	여	88	-	-	-	88	
당진	남	-	2,225	644	151	3,020	
	여	170	-	-	-	170	
아산	남	-	2,418	552	135	3,105	
	여	561	-	-	-	561	
천안	남	-	2,243	691	98	3,032	
	여	161	-	-	-	161	
합계	남	-	31,004	8,649	1,954	41,607	
	여	2,717	-	-	-	2,717	

평북 사(社) 제 102 호

1940년 9월 10일

평안북도지사

내무국장 귀하

노무자원조사에 관한 건

6월 13일자 평북 사(社) 제102호로서 보고한 표제 조사에 착오가 있었기 때문에 별표와 같이 수정하여 제출하오니 잘 처리해 주시기 바랍니다.

곧바로 위에 따라 산출한 군별 조사서를 별표와 같이 첨부합니다.

〔제1호 양식〕 노동출가 및 노동전업 가능자 수 조사표(평안북도)

(단위: 명)

군명	남녀별	연령별				합계	비고
		12~19세	20~30세	31~40세	41~45세		
신의주부	남	–	–	–	–	–	
	여	–	–	–	–	–	
의주군	남	–	481	301	143	930	
	여	300	–	–	–	300	
구성군	남	–	1,936	1,091	600	3,628	
	여	802	–	–	–	802	
태천군	남	–	2,164	1,024	500	3,688	
	여	620	–	–	–	620	
운산군	남	–	1,040	579	266	1,885	
	여	147	–	–	–	147	
희천군	남	–	4,135	2,321	1,071	7,527	
	여	1,768	–	–	–	1,768	
영변군	남	–	3,889	2,186	1,107	7,182	
	여	1,774	–	–	–	1,774	
박천군	남	–	4,234	1,702	621	6,557	
	여	1,046	–	–	–	1,046	
정주군	남	–	5,915	2,304	996	9,215	
	여	1,868	–	–	–	1,868	
선천군	남	–	2,126	1,022	449	3,597	
	여	605	–	–	–	605	
철산군	남	–	317	165	76	558	
	여	160	–	–	–	160	
용천군	남	–	442	208	74	724	
	여	75	–	–	–	75	
삭주군	남	–	1,268	528	178	1,978	
	여	371	–	–	–	371	
창성군	남	–	234	97	45	376	
	여	83	–	–	–	38	
벽동군	남	–	1,968	1,107	505	2,580	
	여	1,222	–	–	–	1,223	
초산군	남	–	250	153	56	459	
	여	109	–	–	–	109	
위원군	남	–	174	169	49	492	
	여	97	–	–	–	97	
강계군	남	–	2,537	1,979	960	5,476	
	여	1,198	–	–	–	1,198	
자성군	남	–	286	156	54	196	
	여	23	–	–	–	23	
후창군	남	–	575	388	334	1,297	
	여	443	–	–	–	443	
합계	남	–	34,076	17,480	8,084	59,640	
	여	12,667	–	–	–	12,667	
비고							

〔제2호 양식〕 노동출가 및 노동전업 희망자 수 조사표(평안북도)

(단위: 명)

군명	남녀별	연령별				합계	비고
		12~19세	20~30세	31~40세	41~45세		
신의주부	남	-	-	-	-	-	
	여	-	-	-	-	-	
의주군	남	-	143	88	34	265	
	여	43	-	-	-	43	
구성군	남	-	627	305	201	1,133	
	여	103	-	-	-	103	
태천군	남	-	884	335	214	1,433	
	여	74	-	-	-	74	
운산군	남	-	525	307	100	932	
	여	12	-	-	-	12	
희천군	남	-	978	285	152	1,415	
	여	19	-	-	-	19	
영변군	남	-	638	215	85	936	
	여	14	-	-	-	14	
박천군	남	-	1,368	310	115	1,793	
	여	82	-	-	-	82	
정주군	남	-	2,394	794	327	3,515	
	여	233	-	-	-	233	
선천군	남	-	695	261	89	1,045	
	여	130	-	-	-	130	
철산군	남	-	79	44	11	154	
	여	11	-	-	-	11	
용천군	남	-	74	23	10	107	
	여	9	-	-	-	9	
삭주군	남	-	353	157	68	578	
	여	14	-	-	-	14	
창성군	남	-	111	15	21	147	
	여	9	-	-	-	9	
벽동군	남	-	478	212	125	813	
	여	88	-	-	-	88	
초산군	남	-	48	24	6	78	
	여	5	-	-	-	5	
위원군	남	-	30	19	5	54	
	여	-	-	-	-	-	
강계군	남	-	960	609	356	1,925	
	여	259	-	-	-	259	
자성군	남	-	129	43	8	180	
	여	-	-	-	-	-	
후창군	남	-	157	96	16	269	
	여	22	-	-	-	22	
합계	남	-	10,671	4,138	1,941	16,750	
	여	1,127	-	-	-	1,127	
비고							

기안 1940년 8월 19일

주무 내무국장

충청남도지사 귀하

노무자원조사에 관한 건

내무국장

5월 17일자 표제의 건 보고서 가운데 제3, 4호표의 계수는 다른 도에 비해 너무 적다고 사료되는 바, 그 산출의 기초가 되는 제1호표에 따르면 '가능자, 희망자 조사 수'를 그대로 제3, 4호표에 옮겨 적고 '총수'를 기재하지 않았는데, 빨리 다시 조사하여 회보하기 바람.

제2안

평안북도지사 앞

노무자원조사에 관한 건

내무국장

6월 13일자로 표제의 건을 보고하였는 바, 자원조사 요강 3, 2에서 말하는 가능자 및 희망자를 합치면 927,493명이 되는데, 귀 도의 총인구의 과반수를 차지하는 결과가 된다. 조사의 근본에 착오가 있다고 사료되는 바, 재조사하여 회신하기 바람.

〔제1호 양식〕 노동출가 및 노동전업 가능자 수 조사표

(단위: 명)

도명	남녀별	연령별				합계	비고
		12~19세	20~30세	31~40세	41~45세		
경기도	남	-	14,744	8,661	2,829	26,234	
	여	6,017	-	-	-	6,017	
충청북도	남	-	29,503	44,861	14,759	149,123	
	여	39,967	-	-	-	39,967	
충청남도	남	-	8,383	2,590	653	11,626	
	여	2,221	-	-	-	2,221	
전라북도	남	-	36,332	20,423	8,330	65,085	
	여	11,408	-	-	-	11,408	
전라남도	남	-	37,763	26,092	15,258	79,113	
	여	17,631	-	-	-	17,631	
경상북도	남	-	64,969	30,035	12,108	107,112	
	여	19,304	-	-	-	19,304	
경상남도	남	-	71,384	40,502	21,719	133,605	
	여	44,671	-	-	-	44,671	
황해도	남	-	16,218	10,930	6,271	33,419	
	여	11,030	-	-	-	11,030	
평안남도	남	-	50,396	32,201	14,547	97,144	
	여	33,179	-	-	-	33,179	
평안북도	남	-	245,846	181,433	84,498	611,780	
	여	132,596	-	-	-	132,596	
강원도	남	-	14,104	7,869	3,312	25,285	
	여	4,760	-	-	-	4,760	
함경남도	남	-	32,692	13,310	5,292	51,294	
	여	10,744	-	-	-	10,744	
함경북도	남	-	5,870	3,115	1,321	10,306	
	여	3,478	-	-	-	3,478	
합계	남	-	788,207	422,022	190,897	1,401,126	
	여	337,006	-	-	-	337,006	
비고							

〔제2호 양식〕 노동출가 및 노동전업 희망자 수 조사표

(단위: 명)

도명	남녀별	연령별				합계	비고
		12~19세	20~30세	31~40세	41~45세		
경기도	남	-	2,158	829	298	2,285	
	여	513	-	-	-	513	
충청북도	남	-	23,635	7,143	1,683	32,461	
	여	3,938	-	-	-	3,938	
충청남도	남	-	3,680	1,082	249	5,110	
	여	359	-	-	-	359	
전라북도	남	-	17,597	7,995	2,948	28,540	
	여	1,790	-	-	-	1790	
전라남도	남	-	13,376	8,060	3,501	24,937	
	여	1,544	-	-	-	1,544	
경상북도	남	-	24,254	8,831	2,826	35,911	
	여	2,815	-	-	-	2,815	
경상남도	남	-	23,306	9,373	3,790	36,469	
	여	3,691	-	-	-	3,691	
황해도	남	-	2,073	1,275	815	4,163	
	여	1,000	-	-	-	1,000	
평안남도	남	-	5,001	2,505	1,069	8,575	
	여	721	-	-	-	721	
평안북도	남	-	107,355	42,425	20,645	170,425	
	여	12,691	-	-	-	12,691	
강원도	남	-	999	476	121	1,596	
	여	325	-	-	-	325	
함경남도	남	-	4,111	1813	708	6,632	
	여	557	-	-	-	557	
함경북도	남	2	734	415	239	1,390	
	여	29	-	-	-	29	
합계	남	2	228,379	92,221	38,892	359,494	
	여	29,973	-	-	-	29,973	
비고							

1940년 3월 6일 기안

1940년 3월 12일 결재

건명 : 노무자원조사에 관한 건

내무국장

각 도지사 앞

최근 반도에서 노동력 수요는 해마다 누적되고 증가했지만, 전업(專業) 노동자가 완전히 바닥남에 따라 노동력을 원활하고 적정하게 조정하는 것이 더욱 어려워진 실정이다. 현시국에서 생산력 확충 산업과 군수산업 등의 강화가 점점 노동력의 수요를 초래하는 추세일 뿐만 아니라 내지의 노무동원계획 실시에 따라 노동자를 공출해야 하는 사정 때문에 노동력 수급 조정이 매우 시급하고 중요한 가운데 기존에 해 오던 방식으로는 도저히 소기의 효과를 기대할 수 없는 사태에 직면하였다.

이에 앞으로 필요한 노동력의 대부분은 농촌의 인적 자원에서 수급하는 수밖에 없는 실정이므로 신속하게 과잉노동력의 소재와 노동량을 파악함으로써 전시 노무대책의 일환으로 삼기 위해 금년도부터 별지 요강에 따라 농촌의 노무자원 조사를 실시할 것. 이상의 내용을 숙지하고 이를 시행함에 있어 유감이 없도록 만전을 기할 것.

노무자원조사요강(勞務資源調査要綱)

1. 조사 목적

군수 및 생산력 확충에 차질이 발생하지 않도록 하기 위해 주로 농촌 과잉노동력의 소재와 양(量)을 상시 조사함으로써 노무를 적정히 배치하는 데 사용하고자 한다.

2. 조사 방법

1) 각 군(郡)의 이상경지면적을 표준으로 하여 1개 면(面)에서 이상경지면적 미만의 토지를 경작하는 농가의 호수를 별지 노무자원조사표에서 따라 (금년 3월 현재 시점으로) 조사할 것.

2) 별표(1), 도별(道別) 이상경지면적은 대체적인 표준에 따라 산출가정한 것이기 때문에 각 도에서는 다시 각 지방의 실정을 고려하여 군별(郡別) 이상경지면적을 정할 것.

3) 조사는 부(府)와 읍(邑)을 제외하고 면(面) 단위에서만 실시하여 조사하며, 철저한 조사를 위해 각 면마다 평균 5명의 조사원을 두되, 조사원은 면의 사정에 밝은 자를 임명할 것. 또한 이상의 조사원에 대해서는 1인당 약 2엔의 수당을 지급하는데, 별도로 도에 예산을 교부할 예정임.

4) 노무자원조사표는 총독부에서 작성하여 3월 15일까지 배부할 것임.

3. 조사표 정리

1) 각 면(面)은 노무자원조사표를 4월 10일까지 도(道)에 제출할 것.

2) 각 도에서는 위의 조사표에 따라 도 전체의 노동출가 및 노동전업 가능자 수(이하 줄여서 '가능자 수'라고 칭한다.) 그리고 노동출가 및 노동전업 희망자 수(이하 줄여서 '희망자 수'라고 칭한다.)를 산출할 것.

3) 산출 방법은 조사표를 군(郡)·도(역자 주: 島=제주도)로 일괄하는데, 이를 남녀별, 연령별(여자만 12~19세, 20~30세, 31~40세, 41~45세), 1호당 평균 가능자 수와 희망자 수를 산출하고 이상의 숫자를 해당 군(郡)의 농가 이상경작면적에 미치지 못하는 경작농가 호수로 곱할 것.

4) 각 도는 노무자원조사표와 위에서 산출된 군별 조사표(별지 양식 1, 2)를 4월 말까지 총독부로 제출할 것.

별표 1

전 조선 농가 이상호수 및 과잉 농가호수

도명	총 경지면적 1936년도분	이상면적	이상호수	현재호수	과잉호수
경기도	393,244.4	20	187,259	244,605	57,346
충청북도	161,158.6	20	69,533	142,162	52,629
충청남도	249,258.0	16	178,041	223,372	45,331
전라북도	243,405.5	16	152,128	237,546	85,418
전라남도	430,990.2	18	239,439	401,161	161,722
경상북도	384,013.8	17	225,890	358,415	132,525
경상남도	277,623.9	16	173,514	297,742	124,228
황해도	579,684.1	28	193,228	246,543	53,315
평안남도	467,399.5	30	141,636	179,043	37,407
평안북도	535,812.7	30	157,592	211,747	54,155
강원도	421,189.0	30	105,297	247,593	142,296
함경남도	556,229.4	35	126,416	189,893	63,477
함경북도	241,575.3	35	65,291	78,933	13,642
합 계	4,941,584.4	-	2,035,264	3,058,755	1,023,491
비고	이상호수 및 과잉호수의 산출에서 농가 1호당 이상적 수입 원천을 전답경작에서만 구해야 하기 때문에 농가의 부업을 통한 수입과 기타 현금 수입을 고려하면 이상호수는 증가하며 과잉호수는 감소하게 된다.				

제1호 양식

노동출가 및 노동전업 가능자 수 조사표(　　도)

(단위: 명)

군별	남녀별	연령별				합계	비고
		12~19세	20~30세	31~40세	41~45세		
	남						
	여						
	남						
	여						
	남						
	여						
	남						
	여						
합계	남						
	여						
비고	남자 연령별 12~19세부터 여자 연령별 20~45세부터						

제2호 양식

노동출가 및 노동전업 희망자 수 조사표(　　도)

제1호 양식과 같다.

조사원 수

(단위: 명)

도명	면 수	조사원 수	비고
경기도	232	1,160	노무자원조사원 수당 예산액: 26,542엔 1인당 2엔씩 × 11,355명분 = 22,710엔 차감잔액 : 3,832엔
충청북도	104	520	
충청남도	167	835	
전라북도	172	860	
전라남도	244	1,220	
경상북도	243	1,215	
경상남도	230	1,150	
황해도	203	1,015	
평안남도	138	690	
평안북도	173	865	
강원도	168	840	
함경남도	125	625	
함경북도	72	360	
합 계	2,271	11,355	
비 고			

제　호

노무자원조사표

1940년　월　일 조사
조사원 :

경지면적				
계	논		밭	
	소작	자작	소작	자작
단	단	단	단	단

생활상황							
연지출				연수입			
계	기타	영농비	가계비	계	기타	부업수입	농업수입

구분 구분	세대주 가족 및 동거자								
관계									
씨명									
연령									
건강상태									
노동출가 및 노동전업 가능성 유무									
노동출가 및 노동전업 희망자 유무									

세대주			
직업		주소	본적
겸업	주업		
		도 군 면 리/동 번지	도 군 면 리/동 번지
적요			

기입 주의

1. 직업(주업)
   - 자작농, 자작 겸 소작농, 소작농 및 농업노동자별로 기입할 것.
2. 건강상태
   - 강(强), 보(普), 약(弱)의 구분으로 기입할 것.
3. 노동출가 및 노동전업 가능자는 다음 표준에 따라 인정할 것.
   - 남자 연령 20세 이상 45세 미만으로서 건강상태가 보통 이상인 자
   - 여자 연령 12세 이상 20세 미만으로서 건강상태가 보통 이상인 자
4. 노동출가 및 노동전업 희망자 유무는 1940년 이내에 본인이 희망을 밝힌 자로서 위에 해당하는 자로 할 것.
5. 적요란에는 조사원이 참고로 인정한 사항을 기입할 것.

1940년 3월 6일 기안

주무 내무국장

결재 정무총감

사회과장

회계과장

문서과장

건명: 노무자원조사용지 인쇄에 관한 건

표제 조사용지를 다음과 같이 인쇄할 것을 재가함.

기(記)

1. 인쇄 품목: 노무자원조사표
2. 인쇄 매수: 950,000매
3. 인쇄 견본 및 지질(紙質)은 별지와 같다.
4. 납부 월일: 1940년 3월 15일
5. 송부처 및 매수: 각 도 사회과장 앞, 매수는 별지 내역과 같다.
6. 지출 과목: 관(款) 노무수급조정 및 실업대책 제 비용

항(項) 노무수급조정 및 실업대책 제 비용

목(目) 청비(廳費)

조사표 배포수 내역

도명	배포수	
경기도	95,000	
충청북도	45,000	
충청남도	70,000	
전라북도	72,000	
전라남도	101,000	
경상북도	101,000	
경상남도	95,000	
황해도	84,000	
평안남도	58,000	
평안북도	73,000	
강원도	71,000	
함경남도	53,000	
함경북도	19,000	
총독부	13,000	
합 계	950,000	
비 고		

조사표 배포수 산출기초표

도명	면(面) 수	조사원 수 (1면당 5명)	조사표 소요매수	배포수	비고
경기도	232	1,160	92,800	95,000	100,000
충청북도	104	520	41,600	45,000	50,000
충청남도	167	835	66,800	70,000	75,000
전라북도	172	860	68,800	72,000	80,000
전라남도	244	1,220	97,600	101,000	110,000
경상북도	243	1,215	97,200	101,000	100,000
경상남도	230	1,150	92,000	95,000	90,000
황해도	203	1,015	81,200	84,000	65,000
평안남도	138	690	55,200	58,000	80,000
평안북도	173	865	69,200	73,000	
강원도	168	840	67,200	71,000	
함경남도	125	625	50,000	53,000	
함경북도	72	360	28,800	19,000	
총독부				13,000	
합 계	2,271	11,355	908,400	950,000	
비 고					

제 호	노무자원조사표	1940년 월 일 조사 조사원 :

경지면적				
계	논		밭	
	소작	자작	소작	자작
단	단	단	단	단

생활상황							
연지출				연수입			
계	기타	영농비	가계비	계	기타	부업수입	농업수입

구분	세대주 가족 및 동거자
관계	
씨명	
연령	
건강상태	
노동출가 및 노동전업 가능성 유무	
노동출가 및 노동전업 희망자 유무	

세대주			
직업		주소	본적
겸업	주업		
		도 군 면 리/동 번지	도 군 면 리/동 번지
적요			

기입 주의

1. 직업(주업)
   - 자작농, 자작 겸 소작농, 소작농 및 농업노동자별로 기입할 것.
2. 건강상태
   - 강(强), 보(普), 약(弱)의 구분으로 기입할 것.
3. 노동출가 및 노동전업 가능자는 다음 표준에 따라 인정할 것.
   - 남자 연령 20세 이상 45세 미만으로서 건강상태가 보통 이상인 자
   - 여자 연령 12세 이상 20세 미만으로서 건강상태가 보통 이상인 자
4. 노동출가 및 노동전업 희망자 유무는 1940년 이내에 본인이 희망을 밝힌 자로서 위에 해당하는 자로 할 것.
5. 적요란에는 조사원이 참고로 인정한 사항을 기입할 것.

1940년 2월 7일 기안

주무 내무국장

결재 정무총감

내무국장

건명 : 노무자원조사에 관한 건

각 도지사 앞

최근 조선에서 노동력 수요는 해마다 누적일로였기 때문에 전업(專業) 노동자가 완전히 바닥남에 따라 노무자를 원활하게 유입하는 데 어려움을 겪는 실정이다. 현시국은 생산력확충산업과 군수산업 등의 강화가 점점 노동력의 수요를 초래하는 추세일 뿐만 아니라 앞으로 기존에 해 오던 방식으로 도저히 소기의 효과를 기대할 수 없는 사태에 직면하였다.

이에 앞으로 필요한 노동력의 대부분은 농촌의 인적 자원에서 수급하는 수밖에 없는 실정이므로 신속하게 과잉노동력의 소재와 노동량을 파악함으로써 전시 노무대책의 일환으로 삼기 위해 금년도부터 별지 요강에 따라 농촌의 노무자원 조사를 실시할 것. 이상의 내용을 숙지하고 이를 시행함에 유감이 없도록 만전을 기할 것.

노무자원조사요강

1. 조사 목적

군수 및 생산력 확충에 차질이 발생하지 않도록 하기 위해 주로 농촌 과잉노동력의 소재와 양(量)을 상시 조사함으로써 노무를 적정히 배치하는 데 사용하고자 한다.

2. 조사 방법

1) 1개 면에 4명의 조사원을 두어 각 조사원에게 1명당 면 내 농가 중 상·중·하 각 2호씩 실지에 가서 노동력을 조사한다. 단, 부(府)와 읍(邑)에 대해서는 조사할 필요가 없다.(농가 표준은 다음의 7)에 따른다.)

2) 잉여노동력은 각 호당 소재 노동력에서 농가 농업소요 노동력과 가사, 기타 필요노동력을 뺀 나머지를 산출할 것.

3) 소재 노동력은 각 호의 농업종사 가능자 수에서 1년의 일수(365일)를 곱하여 구한다.

4) 농업종사가능자는 연령 17세 이상 65세 미만으로 농업에 종사할 수 있는 노동력을 가진 자를 가리키며, 그 노동력은 대체로 다음의 표준에 따라 산출할 것.

(단위: 명)

성별＼연령	17~18세	19~50세	51~55세	56~60세
남자	0.8	1.0	0.9	0.8
여자	0.6	0.8	0.7	0.6

5) 농업소요노동력은 각 사람당 한 해의 다음 일수에 농업종사가능자 수를 곱하여 구할 것.

(1) 정지(整地), 파종(播種), 수확(收穫), 조정(調整) 등에 필요한 일수

(2) 양축(養畜), 양잠(養蠶) 등에 필요한 일수

(3) 퇴비 제조, 가마니 짜기, 새끼줄 꼬기, 직포(織布) 등에 필요한 일수

6) 가사, 기타 필요노동력은 각 사람당 한 해의 다음 일수에 농업종사가능자 수를 곱하여 구할 것.

(1) 공휴일 수

(2) 병가 기타 일수(상정)

(3) 가사 때문에 필요한 일수

(4) 부역, 시장에 가는 날, 교제, 관혼상제, 기타 필요한 일수

7) 농가의 상중하 표준은 면(面) 안에서 농가 1호당 평균 경지면적 정도의 경지면적을 소유 농가를 '중', 그 이상을 '상', 그 이하를 '하'로 정할 것.

3. 조사 기일 및 정리

1) 본 조사는 매년 2회, 6월 및 12월의 각 월 말 현재를 기준으로 조사할 것. 단, 금년도는 3월 20일 현재를 기준으로 조사할 것.
2) 조사원은 노무자원조사표에 따라 조사하되, 매년 7월과 1월의 10일까지 조사표와 함께 별지 제1호 양식의 조사결과표를 면에 제출할 것. 단, 금년도는 3월 말까지로 할 것.
3) 면(面)은 각 조사원이 제출한 조사표에 따라 매년 7월과 1월의 20일까지 별지 제2호 양식의 조사결과표를 군에 제출할 것. 단, 금년도는 4월 10일까지로 할 것.
4) 군(郡)은 매년 7월 및 1월 말까지 별지 제3호 양식의 조사결과표를 제출할 것. 단, 금년도는 4월 20일까지로 할 것.
5) 도(道)는 매년 8월 및 2월 10일까지 별지 제4호 양식의 조사결과표에서 노무자원조사표는 제1호~제3호 양식 조사결과표를 첨부하여 총독부에 제출할 것. 단, 금년도는 4월 말까지로 할 것.
6) 노무자원조사표는 총독부에서 제작하여 2월 말까지 도에 배부할 것임.

4. 조사원 설치

본 조사를 위해 설치하는 조사원은 면의 사정에 밝은 자로서 도지사가 임명할 것. 조사원에 대해서는 1인당 연액 약 3엔의 수당을 지급하는데, 별도로 도에 예산을 교부할 예정임.

제1호 양식

노무자원조사결과표

주소		호주 씨명	농가 표준	농업종사 가능자수 인	소재 노동력 일	농업소요 노동력 일	가사,기타 소요노동력 일	잉여 노동력 일	비고
리, 동	번지								
			상						
평균									
			중						
평균									
			하						
평균									
비고	이 표는 노무자원조사표에 옮겨 적기 때문에 농가표준별로 합계와 평균을 구한 것임								

제2호 양식

노무자원조사결과표 도 군 면									
농가표준 종별	조사농가 1호당 평균				표준해당 농가호수 호	좌의 호수에 1호당 평균 잉여 노동력을 곱한 일수 일	조사농가 1호당 평균농업 종사 가능자수 인	잉여 인원수 인	비고
	소재 노동력 일	농업소요 노동력 일	가사, 기타 소요 노동력 일	잉여 노동력 일					
상									
중									
하									
합계									
비고	1. 조사농가 1호당 평균란 및 농업종사가능자 수는 제1호 양식 조사결과표에서 옮겨 적을 것. 2. 표준에 해당하는 농가 호수의 합계는 면에서 농가 호수와 일치할 것. 3. 잉여 인원은 표준에 해당하는 농가 호수에 조사농가 1호당 평균 잉여노동력 일수를 곱한 것에서 조사농가 1호당 농업종사가능자 수에 365일을 곱한 것을 뺀 것. 4. 출가 중인 자는 비고란에 그 인원수를 따로 적을 것.								

제3호 양식

노무자원조사결과표 도 군 면								
표준 / 호수인원 / 면별	표준농가 상		표준농가 중		표준농가 하		합 계	
	호수	잉여 인원	호수	잉여 인원	호수	잉여 인원	호수	잉여 인원
합 계								

제4호 양식

노무자원조사결과표 도 군 면								
표준 / 호수인원 / 면별	표준농가 상		표준농가 중		표준농가 하		합 계	
	호수	잉여 인원	호수	잉여 인원	호수	잉여 인원	호수	잉여 인원
합 계								

1940년 2월 7일 기안

주무 내무국장

사회과장

회계과장

건명: 노무자원조사 용지 인쇄에 관한 건

표제 조사용지를 다음과 같이 인쇄할 것을 재가함.

기(記)

1. 인쇄 품목: 노무자원조사표
2. 인쇄 매수: 450,000매
3. 인쇄 견본 및 지질(紙質)은 별지와 같다.
4. 납부 월일: 1940년 3월 15일
5. 송부처 및 매수: 각 도 사회과장 앞, 매수는 별지 내역과 같다.
6. 지출 과목: 관(款) 노무수급조정 및 실업대책 제 비용

항(項) 노무수급조정 및 실업대책 제 비용

목(目) 청비(廳費)

조사표 배부수 내역

도명	배부 수
경기도	40,000
충청북도	20,000
충청남도	30,000
전라북도	31,000
전라남도	42,000
경상북도	42,000
경상남도	40,000
황해도	35,000
평안남도	25,000
평안북도	31,000
강원도	30,000
함경남도	23,000
함경북도	14,000
총독부	57,000
합 계	450,000
비 고	

조사표 배포수 산출기초표

도명	면(面) 수	조사원 수 (1면당 4명)	조사표 소요매수	배포매수	비고
경기도	232	928	37,120	40,000	
충청북도	106	416	16,640	20,000	
충청남도	167	666	36,720	30,000	
전라북도	172	688	27,520	31,000	
전라남도	244	976	39,040	42,000	
경상북도	243	972	38,880	42,000	
경상남도	230	920	36,800	40,000	
황해도	203	812	32,480	35,000	
평안남도	138	552	22,080	25,000	
평안북도	173	692	27,680	31,000	
강원도	168	672	16,880	30,000	
함경남도	125	500	20,000	23,000	
함경북도	72	288	11,520	14,000	
총독부				47,000	
합 계	2,271	9,084	363,360	450,000	
비 고	노무자원조사원 수당 예산액: 26,542엔 1인당 3엔씩 × 9,084명분 = 27,252엔 차감부족액: 710엔 차감부족액 710엔은 조사용품비 20,600엔에서 전용한다.				

제 호

노무자원조사표

년 월 일 조사
조사원:

<table>
<tr><th colspan="7">경지면적</th><th colspan="9" rowspan="3">가족 및 동거자</th><th rowspan="3">구분</th><th colspan="4">세대주</th></tr>
<tr><th rowspan="2">계</th><th colspan="3">논</th><th colspan="3">밭</th><th colspan="2">직업</th><th colspan="2" rowspan="2">씨명</th></tr>
<tr><th>겸업</th><th>주업</th></tr>
<tr><td rowspan="2">단</td><td>소작 단</td><td colspan="2">자작 단</td><td>소작 단</td><td colspan="2">자작 단</td><td>계</td><td></td><td></td><td></td><td></td><td></td><td></td><td></td><td></td><td>관계</td><td rowspan="2"></td><td rowspan="2"></td><td rowspan="2">연령 세</td><td rowspan="2"></td></tr>
<tr><td colspan="6"></td><td colspan="9"></td><td>씨명</td></tr>
<tr><th colspan="7">생활상황</th><td colspan="9"></td><th>연령</th><td></td><td></td><th rowspan="2">주소</th><th rowspan="2">본적</th></tr>
<tr><th colspan="4">연지출</th><th colspan="3">연수입</th><td colspan="9"></td><th>건강 상태</th><td></td><td></td></tr>
<tr><td>계</td><td>기타</td><td>영농비</td><td>가계비</td><td>계</td><td>부업수업</td><td>주업수입</td><td colspan="9"></td><th>국어 이해 정도</th><td></td><td></td><td></td><td></td></tr>
<tr><td colspan="7"></td><td colspan="9"></td><th>농업 종사 가능 노동력</th><td></td><td></td><td></td><td></td></tr>
<tr><td colspan="7"></td><td colspan="9"></td><th>소재 노동력</th><td></td><td></td><td></td><td></td></tr>
<tr><th colspan="7">적 요</th><td colspan="9"></td><th>가사 기타 필요 노동력</th><td></td><td></td><td></td><td></td></tr>
<tr><td colspan="7" rowspan="2">표준농가 상 · 중 · 하</td><td colspan="9"></td><th>잉여 노동력</th><td></td><td></td><td></td><td></td></tr>
<tr><td colspan="9"></td><th>비고</th><td></td><td></td><td></td><td></td></tr>
</table>

기입 주의

1. 직업(주업)

 - 자작농, 자작 겸 소작농, 소작농 및 농업노동자별로 기입할 것.

2. 건강상태

 - 강(强), 보(普), 약(弱)의 구분으로 기입할 것.

3. 국어이해정도

 - 모두 이해(全解), 절반 이해(半解), 불능(不能)으로 구분하여 기입할 것.

4. 농업종사가능자는 연령 17세 이상 60세 미만으로 농업에 종사할 수 있는 노동력을 지닌 자를 가리키며, 동시에 노동력은 대체로 다음의 표준에 따라 산출한다.

성별 \ 연령	17~18세	19~50세	51~55세	56~60세
남자	0.8	1.0	0.9	0.8
여자	0.6	0.8	0.7	0.6

5. 농업소요노동력은 각 사람당 전년도의 다음 일수에 농업종사가능자 수를 곱하여 구할 것.

 (1) 정지(整地), 파종(播種), 수확(收穫), 조정(調整) 등에 필요한 일수

 (2) 양축(養畜), 양잠(養蠶) 등에 필요한 일수

 (3) 퇴비 제조, 가마니 짜기, 새끼줄 꼬기, 직포(織布) 등에 필요한 일수

6. 가사, 기타 필요노동력은 각 사람당 전년도의 다음 일수에 농업종사가능자 수를 곱하여 구할 것.

 (1) 공휴일 수

 (2) 병가 기타 일수(상정)

 (3) 가사 때문에 필요한 일수

 (4) 부역, 시장에 가는 날, 교제, 관혼상제, 기타 필요한 일수

7. 적요란에는 표준농가의 상중하에 해당하지 않는 것을 배제할 것.

8. 출가 중인 자는 비고란에 따로 적을 것.

1939년 7월 24일 기안

주무 내무국장

결재 정무총감

건명: 노무자원조사 용지 인쇄에 관한 건

내무국장

각 도지사 앞

최근 조선의 노동력 수요는 해마다 누적일로였기 때문에 노동주업자(勞動主業者)의 공급력이 완전히 바닥남에 따라 관알선에 따르지 않는다면, 도저히 이것을 원활하게 충족할 수 없는 실정에 이르렀으며, 더해가는 시국하에서 생산력 확충 산업과 군수산업 등의 강화는 점점 노동력의 수요를 초래하여, 이후 이것의 수급 조정은 기존에 해 오던 방식으로는 도저히 소기의 효과를 기대할 수 없는 사태에 직면하였다.

이에 앞으로 필요한 노동력의 대부분은 농촌의 인적 자원에서 수급하는 수밖에 없는 실정이므로 신속하게 과잉노동력의 소재와 노동량을 파악함으로써 전시 노무대책의 일환으로 삼기 위해 금년도부터 별지 요강에 따라 농촌의 노무자원 조사를 실시할 것. 이상의 내용을 숙지하고 이를 시행함에 유감이 없도록 만전을 기할 것.

노무자원조사요강

노동출가 및 노동전업 가능자의 인정에 관해서는 별지의 (2)와 같이 농가 호수를 표준으로 하여 결정할 것. 과잉농가 호수는 대체로 표준에 따라 산출 가정하는데, 각 도에서는 다시 도내의 사정에 따라 위와 같이 한다. 필수영농 노동력을 확보하여 고려하되, 잉여농가 호수를 산정하여 노무자원으로 삼는다.

1. 조사 대상

1) 각 도에서 농가의 이상경지면적을 대체로 별표 (1)의 표준으로 하되, 주로 이상에 미달하는 경지를 소유한 농가 및 농가노동자는 성별, 연령, 희망노무, 생계상태, 가족상태, 노동출가 및 노동전업의 가부를 조사하여 정리하고 등록할 것.

   그 밖에 이상경지면적 이상을 경작하는 농가에 대해서도 희망자가 있으면 이를 조사하여 등록할 것.

2) 본 조사는 즉시 착수하여 8월 31일까지 완료할 것.

3) 조사는 부(府)와 읍(邑)을 제외하고 면(面)을 대상으로 실시하되, 조사에 철저를 기하기 위해 각 면당 평균 4명의 조사원을 둔다. 조사원은 면의 사정에 밝은 자로 하되, 도지사가 임명할 것.

   위 조사원 외에 도지사의 임명으로 직업소개연락원을 각 면당 4명 설치하고, 본 조사를 병행할 것.

4) 조사표는 본 총독부에서 제조하여 8월 15일까지 배부함.

2. 조사표의 정리

1) 조사표는 조사원과 연락원이 9월 10일까지 정리를 완료하여 면에 제출할 것.

2) 면은 위의 조사표를 바탕으로 9월 15일까지 제1호 양식에 따른 명단을 군에 제출할 것.

3) 군은 9월 20일까지 제2호 양식에 따른 명부를 도에 제출할 것.

4) 도는 9월 30일까지 제3호 양식에 따른 명부를 본 총독부에 제출할 것.

3. 조사원 수당

본 조사를 위해 조사원에 대해서는 수당으로서 1인당 연간 약 3엔을 지급하는데, 별도로 도에 예산을 교부할 예정임.

직업소개연락원에 대해서는 별도 수당(연간 5엔)을 지급하고 있으므로 본 조사를 위해 수당을 지급하지 않도록 할 것.

4. 직원의 고용

1) 조사의 지도감독 등의 사무에 종사하기 위해 각 도에서 고원(雇員) 1명을 8월부터 고용할 것.
2) 고원의 임금은 연액 780엔(일 65엔)으로 하고, 별도 예산을 교부할 것임.

제1호 양식

노동출가(노동전업) 가능자 명부

조사번호	씨명	연령	노무별	출가시기 및 기간 또는 전업 시기	비고
계					
주의					

1. 노동출가 가능자 및 노동전업 가능자 명부는 각각 별책으로 할 것.
2. 이 표는 리(里)·동(洞)별, 남녀별로 조제할 것.
3. 이 표는 조사표에 있는 '인정노무란'의 결과에 따라 기입할 것.

제2호 양식

노동출가(노동전업) 가능자 조사표

노동력인원 / 면별	공장	광산	토건	비고
	남자 명 여자 명			
계				
주의				

1. 노동출가 가능자 조사와 노동전업 가능자 조사는 각각의 표로 할 것.

제3호 양식

노동출가(노동전업) 희망자 조사표

노동력인원 / 면별	공장	광산	토건	비고
	남자 명 여자 명			
계				
주의				

1. 노동출가 가능자 조사와 노동전업 가능자 조사는 각각의 표로 할 것.

농가 이상경지면적

도명	이상면적	
경기도	20	
충청북도	20	
충청남도	16	
전라북도	16	
전라남도	18	
경상북도	17	
경상남도	16	
황해도	28	
평안남도	30	
평안북도	30	
강원도	30	
함경남도	35	
함경북도	35	
합 계		
비 고	이상경지면적은 1세대당 5.4명을 표준으로 한다. 이상경지면적은 전답을 합친 면적이다.	

전 조선 농가 이상호수 및 과잉농가 호수

도명	총 경지면적 (1936년도 분)反	이상면적 (反)	이상호수 (戶)	현재호수 (戶)	과잉호수 (戶)
경기도	393,244.4	20	187,259	244,605	57,346
충청북도	161,158.6	20	89,533	142,162	52,629
충청남도	249,258.0	16	178,041	222,372	45,331
전라북도	243,405.5	16	152,128	237,546	85,418
전라남도	430,990.2	18	239,439	401,161	161,722
경상북도	384,013.8	17	225,890	358,415	132,525
경상남도	277,623.9	16	173,514	297,741	124,228
황해도	579,684.1	28	193,228	246,543	53,315
평안남도	467,399.5	30	141,636	179,043	37,407
평안북도	535,812.7	30	157,592	211,747	54,155
강원도	421,189.0	30	105,297	247,593	142,296
함경남도	556,229.4	35	126,416	189,893	63,477
함경북도	241,575.3	35	65,291	78,933	13,642
합 계	4941,584.4		2,035,264	3,0587,55	1,023,491
비 고					

조사원 수

도명	면 수	조사원 1면당 4명	비고
경기도	232	928	
충청북도	104	416	
충청남도	167	668	
전라북도	172	688	
전라남도	244	976	
경상북도	243	972	
경상남도	230	920	
황해도	204	816	
평안남도	139	556	
평안북도	174	696	
강원도	169	676	
함경남도	127	508	
함경북도	72	288	
합 계	2,277	9,108	
비 고			

1939년 7월 24일 기안

주무 내무국장

사회과장

건명: 노무자원조사용지 인쇄에 관한 건

표제 조사용지를 다음과 같이 인쇄할 것을 재가함.

기(記)

1. 인쇄 품목: 노무자원조사표 1,050,000매

인쇄 견본은 별지 견본과 같으며 지질(紙質), 크기는 같다.

2. 납부 월일: 1939년 8월 10일

3. 송부처 및 매수는 각 도 사회과 앞(충북은 지방과 앞)

4. 지출과목: 관(款) 노무수급조정 및 실업대책 제 비용

항(項) 위와 같음.

목(目) 노무자원조사비 보조

제2호

사회과장

회계과장 앞

노무자원조사용지 인쇄에 관한 건

표제 조사용지를 다음과 같이 인쇄하여 각 도에 배부하도록 함.

기(記)

** 이하 기재할 것.

조사표 배부 수

도명	배부 수	
경기도	59,000	
충청북도	54,000	
충청남도	47,000	
전라북도	87,000	
전라남도	163,000	
경상북도	134,000	
경상남도	126,000	
황해도	55,000	
평안남도	39,000	
평안북도	56,000	
강원도	144,000	
함경남도	65,000	
함경북도	15,000	
총독부	6,000	
합 계	1,050,000	
비 고		

제 호	노무자원조사표	昭和 년 월 일 조사원 인

노동가능자	구분 성별	희망					인정					비고
		인원	공장	탄광산	토건	기타	인원	공장	탄광산	토건	기타	
	남											
	여											

경지 면적						가족 및 동거자						구분	세대주		
계		논		밭									직업		씨명
		소작	자작	소작	자작							관계	부업	본업	
												씨명			

생활상태														구분		주소	본적
연지출				연수입										성별			
계	기타	농가경영비	가계비	계	부업수입	주업수입								건강상태			
														국어정도			

비고							희망노무		
							인정노무		

조선총독부 내

조선회사사업협회 귀중

기입 주의

1. 직업(주업)

  - 자작농, 자작 겸 소작농, 소작농 및 농업노동자별로 기입할 것.

2. 건강상태

  - 강(强), 보(普), 약(弱)의 구분으로 기입할 것.

3. 국어이해정도

  - 모두 이해(全解), 절반 이해(半解), 불능(不能)으로 구분하여 기입할 것.

4. 희망노무

  - 위 난에는 본인이 희망하는 노무, 아래 난에는 출가 또는 전업 시기를 기입할 것.

5. 인정노무

  - 본인의 희망 여부와 관계없이 조사원이 본인의 생계상태, 건강, 성격 등을 참작하여 적당하다고 인정하는 노무 또는 출가할 직업의 시기를 기입할 것.

6. 비고

  - 비고란에는 출가 경험 유무, 기타 조사원이 참고로 인정할 사항을 기입할 것.

1940년 3월 13일 기안

1940년 3월 15일 시행

주무 내무국장

건명: 노무자원조사 실시에 수반되는 경비 및 예산 교부에 관한 건

각 도지사 앞

표제 조사에 관해서는 3월12일자로 통첩하였는데, 이번에 실시에 수반되는 경비와 예산을 다음과 같이 별도로 지불위임하는 명령을 하달하는 것을 양지하기 바람.

기(記)

1. 지불과목 및 금액

관(款) 노무수급조정 및 실업대책 제 비용

항(項) 노무수급조정 및 실업대책 제 비용

목(目)	노무자원조사비 보조	엔
내역	조사원 수당 보조	엔
	조사용품비 보조	엔
	계	엔

비고

1. 본 보조비는 면(面)에서 보조하여 실시할 것.
2. 조사원 수당은 1인당 2엔 예상함.
3. 조사용품비는 노무자원조사표 인쇄비에서 충당하고 1매에 8리(厘) 예상함.

1940년 3월 14일

(주무시행)

사회과장

사계(司計)과장 앞

표제 건의 별도 결재를 청하오니 별지에 따른 예산을 교부해 주시기 바랍니다.

노무자원조사비, 보조예산 교부 일람표

(단위: 엔)

도명	조사원수당보조	조사용품비보조	계	비고
경기도	2,320	760	3,080	
충청북도	1,040	360	1,400	
충청남도	1,670	560	2,230	
전라북도	1,720	576	2,296	
전라남도	2,440	808	3,248	
경상북도	2,430	808	3,238	
경상남도	2,300	760	3,060	
황해도	2,030	672	2,702	
평안남도	1,380	464	1,844	
평안북도	1,730	584	2,314	
강원도	1,680	568	2,248	
함경남도	1,250	424	1,674	
함경북도	720	256	976	
합 계	22,710	7,600	30,310	
비 고	관(款) 노무수급조정 및 실업대책 제 비용 항(項) 노무수급조정 및 실업대책 제 비용 목(目) 노무자원조사비 보조 절(節) 조사원수당보조 26,542엔 절(節) 조사용품비보조 20,600엔			

조사원 수당 및 조사표 인쇄비 예산 교부액 산출기초표

도명	면 수	조사원 수 면당 5명	조사원수당 (1인 2엔)	조사표 소요매수	조사표 인쇄비 소요액(엔)	예산교부액 (엔)	비고
경기도	232	1,160	2,320	95,000	760	3,080	
충청북도	104	520	1,040	45,000	360	1,400	
충청남도	167	835	1,670	70,000	560	2,230	
전라북도	172	860	1,720	72,000	576	2,296	
전라남도	244	1,220	2,440	101,000	808	3,248	
경상북도	243	1,215	2,430	101,000	808	3,238	
경상남도	230	1,150	2,300	95,000	760	3,060	
황해도	203	1,015	2,030	84,000	672	2,702	
평안남도	138	690	1,380	58,000	464	1,844	
평안북도	173	865	1,730	73,000	584	2,314	
강원도	168	840	1,680	71,000	568	2,248	
함경남도	125	625	1,250	53,000	424	1,674	
함경북도	72	360	720	32,000	256	976	
합 계	2,271	11,355	22,710	95,000	7,600	30,310	
비 고							

조사표 배포수 산출기초표

도명	면 수	조사원 수 면당 5명	조사표 소요매수	배포매수	비고
경기도	232	1,160	92,800	95,000	
충청북도	104	520	41,600	45,000	
충청남도	167	835	66,800	70,000	
전라북도	172	860	68,800	72,000	
전라남도	244	1,220	97,600	101,000	
경상북도	243	1,215	97,200	101,000	
경상남도	230	1,150	92,000	95,000	
황해도	203	1,015	81,200	84,000	
평안남도	138	690	55,200	58,000	
평안북도	173	865	69,200	83,000	
강원도	168	840	67,200	71,000	
함경남도	125	625	50,000	53,000	
함경북도	72	360	28,800	32,000	
합 계	2,271	11,355	908,000	950,000	
비 고	조사표 소요 매수는 조사원 1명당 80매로 하여 계산함.				

기안 1940년 5월 27일

결재 1940년 5월 29일

주무 내무국장

건명: 노무자원조사에 관한 건

내무국장

경기, 전남, 경남, 평남, 평북, 함북 각 도지사 앞

3월 12일자 통첩의 표제 조사요강에 따른 노무자원조사표 및 군별 조사서를 현재 제출하지 않았는데, 빨리 제출할 것.

기안 1940년 5월 3일

결재 1940년 5월 6일

주무 내무국장

건명: 노무자원조사에 관한 건

내무국장

각 도지사 앞

3월 12일자 통첩의 표제 조사요강에 따른 노무자원조사표 및 군별 조사서를 빨리 제출할 것.

| 찾아보기

ㅇ

ㅈ

동북아역사재단 일제침탈사 자료총서 82
강제동원편

전시 노동력 동원 번역자료집(1)

초판 1쇄 인쇄 2021년 12월 20일
초판 1쇄 발행 2021년 12월 31일

기획 | 동북아역사재단 일제침탈사 편찬위원회
번역 | 오일환
펴낸이 | 이영호
펴낸곳 | 동북아역사재단

등록 | 제312-2004-050호(2004년 10월 18일)
주소 | 서울시 서대문구 통일로 81 NH농협생명빌딩
전화 | 02-2012-6065
팩스 | 02-2012-6189
홈페이지 | www.nahf.or.kr
제작·인쇄 | 공앤박 주식회사

ISBN 978-89-6187-700-8 94910
978-89-6187-699-5 (세트)